LUDWIG VON MISES

GOVERNO ONIPOTENTE

A ASCENSÃO DO ESTADO TOTAL E DA GUERRA TOTAL

2ª Edição Revista

Tradução:
Pedro Sette-Câmara

São Paulo | 2021

LVM
Editora

Título original: *Omnipotent Government: The Rise of the Total State and Total War*
Copyright © 1999 by Ludwig von Mises Institute © by 2011 Liberty Fund

Os direitos desta edição pertencem à LVM Editora, sediada na
Rua Leopoldo Couto de Magalhães Júnior, 1098, Cj. 46
04.542-001 • São Paulo, SP, Brasil
Telefax: 55 (11) 3704-3782
contato@lvmeditora.com.br

Gerente Editorial | Giovanna Zago
Editor | Pedro Henrique Alves
Tradutor(a) | Pedro Sette-Câmara
Copidesque | Chiara Di Axox e Renan Zago
Revisão ortográfica e gramatical | Maurício Pedroso
Preparação dos originais | Pedro Henrique Alves
Produção editorial | Pedro Henrique Alves
Projeto gráfico | Mariangela Ghizellini
Diagramação | Rogério Salgado / Spress
Impressão | Colorsystem

Impresso no Brasil, 2021

Dados Internacionais de Catalogação na Publicação (CIP)
Angélica Ilacqua CRB-8/7057

M678g	Mises, Ludwig von, 1881-1973 Governo onipotente : a ascensão do estado total e da guerra total / Ludwig von Mises ; tradução de Pedro Sette-Câmara. — 2. ed. -- São Paulo : LVM Editora, 2021. 344 p. ISBN 978-65-86029-45-1 Título original: Omnipotent Government: The Rise of the Total State and Total War 1. Ciências sociais 2. Política e governo 3. Economia 4. História 5. Estado 6. Guerra 7. Guerra Mundial, 1939-1945 8. Totalitarismo 9. Comunismo 10. Fascismo 11. Nazismo I. Título II. Sette-Câmara, Pedro
21-2368	CDD 300

Índices para catálogo sistemático:
1. Ciências sociais 300

Reservados todos os direitos desta obra.
Proibida a reprodução integral desta edição por qualquer meio ou forma, seja eletrônica ou mecânica, fotocópia, gravação ou qualquer outro meio sem a permissão expressa do editor. A reprodução parcial é permitida, desde que citada a fonte.

Esta editora se empenhou em contatar os responsáveis pelos direitos autorais de todas as imagens e de outros materiais utilizados neste livro. Se porventura for constatada a omissão involuntária na identificação de algum deles, dispomo-nos a efetuar, futuramente, as devidas correções.

SUMÁRIO

Agradecimentos 11
Prefácio 13
Introdução 17

PARTE 1
O Colapso do Liberalismo Alemão

Capítulo I
Liberalismo alemão 39
    1 - O antigo regime e o liberalismo 39
    2 - A fraqueza do liberalismo alemão 43
    3 - O exército prussiano 45
    4 - O conflito constitucional na Prússia 48
    5 - O programa dos "Pequenos Alemães" 50
    6 - O episódio Lassalle 53

Capítulo II
O triunfo do militarismo 55
    1 - O exército prussiano no novo Império Alemão 55
    2 - O militarismo alemão 58
    3 - Os liberais e o militarismo 63
    4 - A explicação atual para o sucesso do militarismo 64

PARTE 2
Nacionalismo

Capítulo III
Etatismo 69
    1 - A nova mentalidade 69
    2 - O Estado 71
    3 - As doutrinas sociais e políticas do liberalismo 73
    4 - Socialismo 76
    5 - O socialismo na Rússia e na Alemanha 81
    6 - Intervencionismo 84
    7 - Etatismo e protecionismo 93
    8 - Nacionalismo econômico e preços de monopólio doméstico .. 96
    9 - Autarquia 100
    10 - Protecionismo alemão 102

Capítulo IV
Etatismo e nacionalismo 107
    1 - O princípio de nacionalidade 107
    2 - O grupo linguístico 112
    3 - O liberalismo e o princípio de nacionalidade 118
    4 - Nacionalismo agressivo 122
    5 - Imperialismo colonial 125
    6 - Investimentos estrangeiros e empréstimos estrangeiros 130
    7 - Guerra total 133
    8 - Socialismo e guerra 138

Capítulo V
Refutação de algumas explicações falaciosas 142
    1 - Limitações das explicações atuais 142
    2 - A suposta irracionalidade do nacionalismo 143
    3 - A doutrina aristocrática 147
    4 - Darwinismo mal compreendido 152
    5 - O papel do chauvinismo 154
    6 - O papel dos mitos 157

PARTE 3
O Nazismo Alemão

Capítulo VI
As características peculiares do nacionalismo alemão 163
    1 - O despertar 163
    2 - A ascendência do pan-germanismo 166
    3 - O nacionalismo alemão dentro de um mundo estatista 170
    4 - Uma crítica do nacionalismo alemão 173
    5 - O nazismo e a filosofia alemã 175
    6 - Polilogismo 179
    7 - Pan-germanismo e nazismo 183

Capítulo VII
Os sociais-democratas na Alemanha imperial 185
    1 - A lenda 185
    2 - O marxismo e o movimento trabalhista 187
    3 - Os trabalhadores alemães e o Estado alemão 192
    4 - Os sociais-democratas dentro do sistema de castas alemão 199
    5 - Os sociais-democratas e a guerra 202

Capítulo VIII
Antissemitismo e racismo 207
    1 - O papel do fascismo 207
    2 - A luta contra a mente judaica 213
    3 - O intervencionismo e a discriminação legal contra os judeus .. 220
    4 - A "facada nas costas" 225
    5 - O antissemitismo como fator na política internacional 227

Capítulo IX
A República de Weimar e seu colapso 235
    1 - A Constituição de Weimar 235
    2 - A socialização abortiva 246
    3 - Os partidos armados 249
    4 - O Tratado de Versalhes 254

    5 - A depressão econômica 262
    6 - O nazismo e o trabalho alemão 263
    7 - Os críticos estrangeiros do nazismo 266

Capítulo X
O nazismo como problema mundial 273
    1 - O escopo e as limitações da história 273
    2 - A falácia do conceito de "caráter nacional" 275
    3 - O Rubicão da Alemanha 278
    4 - A alternativa 282

PARTE 4
O Futuro da Civilização Ocidental

Capítulo XI
Os delírios do planejamento mundial 287
    1 - O termo "planejamento" 287
    2 - O complexo de ditador 288
    3 - Um governo mundial 290
    4 - Produção planejada 293
    5 - Acordos de comércio exterior 297
    6 - Planejamento monetário 299
    7 - Planejando transações de capital internacional 302

Capítulo XII
Esquemas de paz 304
    1 - Controle de armamentos 304
    2 - Uma crítica de outros arranjos propostos 308
    3 - A união das democracias ocidentais 314
    4 - A paz no Leste Europeu 320
    5 - Os problemas da Ásia 327
    6 - O papel da Liga das Nações 329

Conclusão 332

GOVERNO ONIPOTENTE

A ASCENSÃO DO ESTADO TOTAL E DA GUERRA TOTAL

AGRADECIMENTOS

Sou grato à Fundação Rockefeller e ao National Bureau of Economic Research por bolsas que me permitiram realizar este estudo. O sr. Henry Hazlitt auxiliou-me muito com suas críticas e sugestões e editando o manuscrito inteiro. O sr. Arthur Goodman assessorou-me em questões linguísticas e estilísticas. O sr. Eugene Davidson, da Yale University Press, ajudou-me de várias maneiras. A responsabilidade pelas opiniões expressas, é claro, é exclusivamente minha.

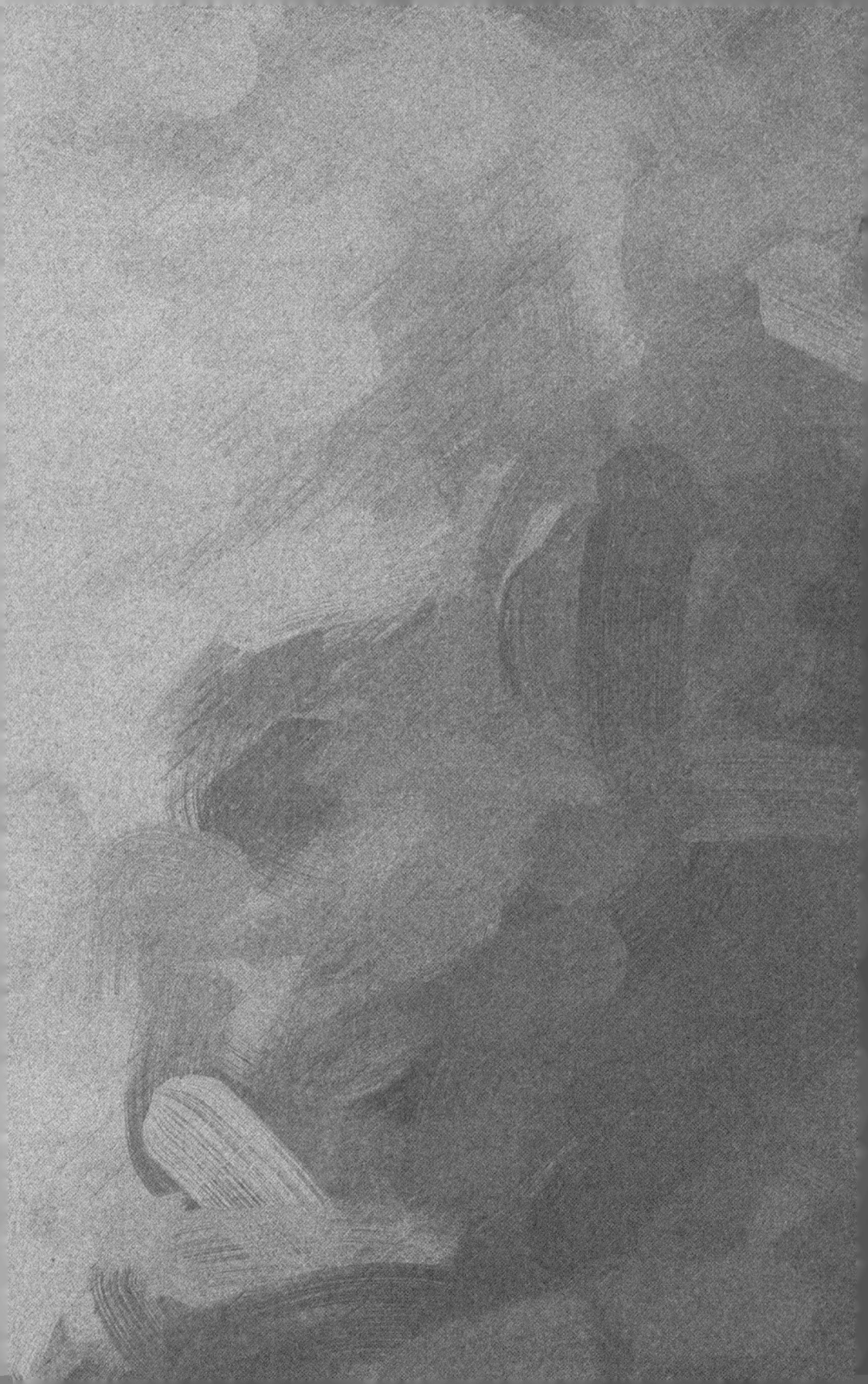

PREFÁCIO

Ao tratar dos problemas das políticas sociais e econômicas, as ciências sociais consideram apenas uma questão: se as medidas sugeridas realmente são adequadas para produzir os efeitos buscados por seus autores ou se resultarão num estado de coisas que — *do ponto de vista de quem as apoia* — é ainda mais indesejável do que o estado anterior que se pretendia alterar. O economista não troca seu próprio juízo sobre a desejabilidade dos fins últimos pelo de seus concidadãos. Ele apenas se pergunta se os fins buscados por nações, governos, partidos políticos e grupos de pressão podem efetivamente ser obtidos pelos métodos escolhidos para sua consecução.

Sem dúvida, a tarefa é ingrata. A maioria das pessoas é intolerante a qualquer crítica a seus princípios sociais e econômicos. Elas não entendem que as objeções levantadas se referem apenas a métodos inadequados e não discutem os fins últimos de seus esforços. Elas não estão preparadas para admitir a possibilidade de que podem atingir seus objetivos com maior facilidade seguindo o conselho dos economistas do que o desprezando.

Esse dogmatismo obstinado é pernicioso e também uma das principais causas do atual estado de coisas no mundo. Um economista que afirme que o salário mínimo não é o meio adequado de elevar o padrão de vida dos assalariados não é um inimigo dos trabalhadores. Pelo contrário, ao sugerir métodos mais adequados para a melhoria do bem-estar material dos assalariados, ele contribui o máximo que pode para a verdadeira promoção de sua prosperidade.

Observar as vantagens que todos tiram do funcionamento do capitalismo não é a mesma coisa que defender os interesses declarados dos capitalistas. Um economista que quarenta ou cinquenta anos atrás defendia a preservação do sistema de propriedade privada e de livre empresa não lutava pelos interesses egoístas de classe dos ricos *de então*. Ele queria que houvesse uma mão livre para os desconhecidos entre seus contemporâneos pobres que tiveram a engenhosidade de desenvolver todas as novas indústrias que hoje tornam mais agradável a vida do homem comum. Muitos pioneiros dessas mudanças industriais, é verdade, ficaram ricos. Porém, eles adquiriram sua riqueza oferecendo ao público automóveis, aviões, rádios, geladeiras, filmes sonorizados e várias inovações menos espetaculares, mas não menos úteis. Esses novos produtos certamente não foram obra de gabinetes e burocratas. Não se pode creditar uma única melhoria técnica aos soviéticos. O melhor que os russos fizeram foi copiar algumas das melhorias dos capitalistas de quem continuam a falar mal. A humanidade não chegou ao estágio da perfeição tecnológica definitiva. Há bastante espaço para mais progresso e para novas melhorias dos padrões de vida. O espírito criador e inventivo subsiste, apesar de todas as afirmações em contrário. Porém, ele só floresce onde há liberdade econômica.

Tampouco um economista que demonstre que uma nação — chamemo-la de Thule — fere seus próprios interesses essenciais na condução de suas políticas de comércio exterior e em seu trato com grupos minoritários domésticos, se torna inimigo de Thule e de seu povo.

É inútil xingar os críticos de políticas inapropriadas e suspeitar de suas motivações. Isso pode silenciar a voz da verdade, mas não vai fazer com que políticas inadequadas passem a ser adequadas.

Os defensores do controle totalitário chamam de negativismo as atitudes de seus oponentes. Enquanto eles insistem na melhoria de condições insatisfatórias, os outros desejam apenas permitir que os males perdurem. Isso equivale a julgar todas as questões sociais do ponto de vista de burocratas tacanhos. Somente a burocratas pode ocorrer a ideia de que estabelecer novos gabinetes, promulgar novos decretos e aumentar o número de funcionários públicos pode, por si, ser descrito como medidas positivas e benéficas, ao passo que tudo o mais é passividade e quietismo.

O programa de liberdade econômica não é negativista. Ele visa positivamente a estabelecer e preservar o sistema de economia de mercado baseado na propriedade privada dos meios de produção e na livre iniciativa. Ele visa a livre concorrência e a soberania dos consumidores. Como resultado lógico dessas demandas, os verdadeiros liberais opõem-se a todas as tentativas de colocar o controle governamental no lugar da operação de uma economia de mercado desimpedida. *Laissez-faire, laissez-passer* não significa "que os males perdurem". Pelo contrário. Significa: "não interfira na operação do mercado porque essa interferência necessariamente restringirá a produtividade e empobrecerá as pessoas". Significa também: "não tente abolir nem aleijar o sistema capitalista, o qual, apesar de todos os obstáculos colocados em seu caminho por governos e políticos, aumentou de maneira inédita o padrão de vida das massas".

A liberdade não é, como afirmavam os precursores alemães do nazismo, um ideal negativo. Um conceito ser apresentado de forma afirmativa ou negativa é só uma questão de linguagem. A *"liberdade de viver sem penúria"*[1] é equivalente a "buscar um estado de coisas onde as pessoas estejam mais bem aprovisionadas. Liberdade de expressão é equivalente a um estado de coisas onde todos podem dizer o que querem dizer".

No fundo de todas as doutrinas totalitárias está a crença de que os governantes são mais sábios e sublimes do que seus súditos e que, portanto, eles conhecem melhor o que beneficia os governados do que estes próprios. Werner Sombart (1863-1941), por muitos anos defensor fanático do marxismo e, depois, proponente não menos fanático do nazismo, teve a ousadia de afirmar francamente que o Führer recebia suas ordens de Deus, o Führer supremo do universo, e que o *Führertum*[2] é uma revelação permanente[3]. Quem quer que admita isso deve, é claro, parar de questionar a conveniência da onipotência governamental.

Aqueles que discordam dessa justificativa teocrática da ditadura clamam para si o direito de discutir livremente os problemas envolvidos. Eles não escrevem *estado* com E maiúsculo. Não fogem de analisar hegelianismo e marxismo como noções metafísicas. Eles reduzem toda essa sonorosa oratória a uma questão simples: os meios sugeridos são adequados para obter os fins buscados? Ao responder essa pergunta, eles esperam prestar um serviço à grande maioria de seus semelhantes.

Ludwig von Mises
Nova York, janeiro de 1944

---

1 Referência ao discurso das "Quatro liberdades" do presidente americano Franklin Delano Roosevelt (1882-1945), pronunciado em 6 de janeiro de 1941. (N. T.).
2 "Liderança" (N. T.).
3 SOMBART, Werner. **Deutscher Sozialismus.** Charlottenburg: Buchholz und Weisswange, 1934. p. 213. Edição americana: SOMBART, Werner. **A New Social Philosophy**. Trad. K. F. Geiser. Princeton: Princeton University Press, 1937. p. 194.

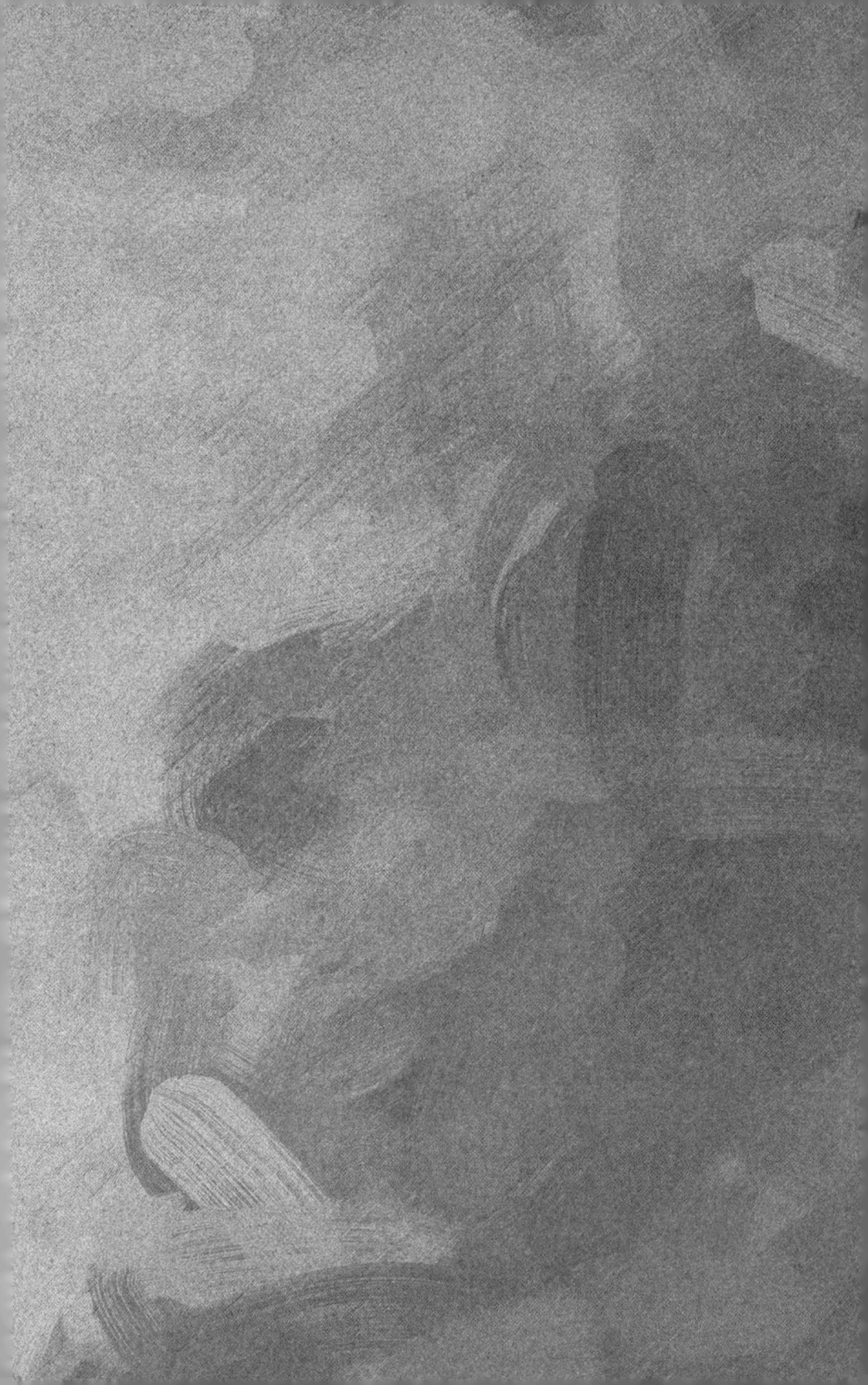

INTRODUÇÃO

I

Nos planos do Partido Nacional-Socialista dos Trabalhadores Alemães, o essencial é a conquista de *Lebensraum* para os alemães, isto é, um território tão grande e tão rico em recursos naturais que eles poderiam viver com autossuficiência econômica num padrão não inferior ao de nenhuma outra nação. É óbvio que esse programa, que desafia e ameaça todas as outras nações, só pode ser realizado por meio do estabelecimento da hegemonia mundial alemã.

A marca distintiva do nazismo não é o socialismo, nem o totalitarismo, nem o nacionalismo. Em todas as nações, hoje, os "progressistas" estão ansiosos para trocar o capitalismo pelo socialismo. Ao mesmo tempo em que combatem os agressores alemães, a Grã-Bretanha e os Estados Unidos estão pouco a pouco adotando o padrão alemão de socialismo. A opinião pública nos dois países está plenamente convencida de que o controle total das empresas pelo governo é inevitável em tempo de guerra, e muitos políticos eminentes, e milhões de eleitores estão firmemente decididos a manter o socialismo depois da guerra como nova ordem social permanente. A ditadura e a opressão violenta dos dissidentes também não são traços peculiares do nazismo. É o modo soviético de governo, defendido no mundo inteiro por numerosos amigos da Rússia atual. O nacionalismo — um resultado da interferência governamental nas empresas, como será demonstrado neste livro — determina, em nossa era, a política exterior de todas as nações. Aquilo que caracteriza especificamente os nazistas é seu tipo particular de nacionalismo, a busca do *Lebensraum*.

Esse objetivo nazista não difere, em princípio, dos objetivos de nacionalistas alemães anteriores. O grupo mais radical destes se denominava, nos trinta anos que antecederam a Primeira Guerra Mundial, *Alldeutsche* (pan-alemães).

Foi essa ambição que levou a Alemanha do kaiser à Primeira Guerra Mundial, e — vinte e cinco anos depois — animou a Segunda Guerra Mundial.

O programa do *Lebensraum* não pode ser remontado a ideologias alemãs anteriores ou a precedentes na história alemã dos últimos quinhentos anos. A Alemanha tinha seus chauvinistas, assim como todas as outras nações. O chauvinismo, porém, não é nacionalismo. O chauvinismo é a supervalorização das realizações e das qualidades da própria nação e o desdém por outras nações; em si, ele não resulta em ação nenhuma. O nacionalismo, por outro lado, é um projeto de ação política e militar e a tentativa de realizar esses planos. A história alemã, assim como a história de outras nações, é o registro de príncipes ansiosos por conquistas; porém, esses imperadores, reis e duques queriam obter riquezas e poder para si e para seus familiares, não *Lebensraum* para sua nação. O nacionalismo agressivo alemão é um fenômeno dos últimos sessenta anos. Ele se desenvolveu a partir de condições econômicas e de políticas econômicas modernas.

O nacionalismo também não deve ser confundido com a busca de um governo popular, com a autodeterminação nacional e com a autonomia política. Quando os liberais alemães do século XIX almejavam a substituição do governo tirânico de trinta e tantos príncipes por um governo democrático de toda a nação alemã, eles não guardavam nenhum projeto hostil contra outras nações. Eles queriam se livrar do despotismo e estabelecer o governo parlamentar. Eles não cobiçavam conquistas nem a expansão do território. Não pretendiam incorporar ao Estado alemão dos seus sonhos os territórios poloneses e italianos que seus príncipes tinham conquistado; pelo contrário, eles simpatizavam com as aspirações dos liberais poloneses e italianos de estabelecer democracias polonesas e italianas independentes. Eles ansiavam por promover o bem-estar da nação alemã, mas não acreditavam que oprimir nações estrangeiras e fazer mal a estrangeiros era o que melhor atendia sua própria nação.

O nacionalismo também não é idêntico ao patriotismo. O patriotismo é o zelo pelo bem-estar, pelo florescimento e pela liberdade da própria nação. O nacionalismo é um dos vários métodos propostos para a consecução desses objetivos. Porém, os liberais afirmam que os meios recomendados pelo nacionalismo são inapropriados e que sua aplicação não apenas não realizaria os fins buscados como, pelo contrário, resultaria inevitavelmente num desastre para a nação. Os liberais também são patriotas, mas suas opiniões sobre os devidos caminhos para a prosperidade e para a grandeza nacionais diferem radicalmente das dos nacionalistas. Eles recomendam o livre-comércio, a divisão internacional do trabalho, a boa vontade e a paz entre as nações não por causa dos estrangeiros, mas pela promoção da felicidade de sua própria nação.

O objetivo do nacionalismo é promover o bem-estar da nação inteira ou de alguns grupos de seus cidadãos fazendo o mal a estrangeiros. O método essencial do nacionalismo moderno é a discriminação contra estrangeiros na esfera econômica. Os bens estrangeiros são excluídos do mercado doméstico ou somente são admitidos após o pagamento de uma taxa de importação. O trabalho estrangeiro é impedido de competir no mercado de trabalho doméstico. O capital estrangeiro é passível de confisco. Esse nacionalismo econômico há de resultar em guerra sempre que os prejudicados julgarem-se fortes o bastante para afastar, por meio da ação violenta armada, as medidas prejudiciais a seu próprio bem-estar.

A política de uma nação forma um todo integral. A política estrangeira e a política doméstica estão intimamente associadas. Elas formam um único sistema. Elas condicionam-se mutuamente. O nacionalismo econômico é o corolário de políticas domésticas atuais de interferência do governo nas empresas e do planejamento nacional, assim como o livre-comércio era o complemento da liberdade econômica doméstica. Não pode haver protecionismo num país com livre-comércio doméstico, mas onde não há livre-comércio doméstico o protecionismo é indispensável. A força de um governo nacional limita-se ao território submetido a sua soberania. Ele não tem o poder de interferir diretamente nas condições em outros territórios. Onde há livre-comércio, a competição estrangeira, no curto prazo, chegaria mesmo a frustrar os objetivos buscados pela várias médidas de intervenção governamental nas empresas domésticas. Quando o mercado doméstico não está isolado dos mercados estrangeiros por causa de alguma medida, o controle governamental não pode colocar-se. Quanto mais uma nação avança no caminho da regulamentação e da regimentação públicas, mais ela é empurrada para o isolamento econômico. A divisão internacional de trabalho torna-se suspeita porque impede o uso pleno da soberania nacional. A tendência à autarquia é essencialmente uma tendência de políticas econômicas domésticas. É o resultado do esforço de tornar o Estado supremo em questões econômicas.

Num mundo de livre-comércio e de democracia, não há incentivo para guerra e conquista. Nesse mundo, pouco importa se a soberania de um país se estende a um território maior ou menor. Seus cidadãos não podem tirar vantagem nenhuma da anexação de uma província. Assim, os problemas territoriais podem ser tratados sem viés e sem paixão. Não é doloroso ser justo diante das reivindicações de autodeterminação de outras pessoas. A Inglaterra do livre-comércio concedeu livremente o *status* de domínio, isto é, autonomia prática e independência política aos assentamentos britânicos no estrangeiro e cedeu as ilhas Jônicas à Grécia. A Suécia não arriscou uma ação militar para impedir a ruptura do laço entre a Noruega e a Suécia. A casa real de Bernadotte perdeu sua coroa norueguesa, mas, para o cidadão individual da Suécia, não fazia diferença se seu rei era ou não era também soberano da Noruega. Na época do liberalismo, as pessoas podiam crer que plebiscitos e decisões de tribunais internacionais resolveriam pacificamente todas as disputas entre nações. O que era necessário para preservar a paz era a derrubada dos governos antiliberais. Algumas guerras e revoluções ainda eram consideradas inevitáveis para eliminar os últimos tiranos e destruir algumas barreiras ao comércio que ainda existiam. E se esse objetivo algum dia fosse atingido, não restaria nenhuma causa de guerra. A humanidade estaria em posição de dedicar todos os seus esforços à promoção do bem-estar geral.

Porém, enquanto os humanitários entregavam-se à descrição das bênçãos dessa utopia liberal, eles não percebiam que novas ideologias estavam a caminho de suplantar o liberalismo e de moldar uma nova ordem, a qual incitaria antagonismos para os quais não poderia ser encontrada nenhuma solução pacífica. Eles não viam isso porque enxergavam essas novas mentalidades e políticas como a continuação e a realização dos princípios essenciais do liberalismo. O antiliberalismo capturou a imaginação popular disfarçado de liberalismo verdadeiro e genuíno. Hoje, aqueles que se dizem liberais defendem programas inteiramente opostos aos princípios e doutrinas do antigo liberalismo. Eles menosprezam a propriedade privada dos meios de produção e a economia de mercado e são amigos entusiasmados de métodos totalitários de gerenciamento econômico. Eles buscam a onipotência do governo e celebram cada medida que dá mais poder às autoridades e às agências governamentais. Condenam como reacionário e monarquista econômico quem quer que não compartilhe de sua predileção pela regimentação.

Esses autoproclamados liberais e progressistas estão francamente convencidos de que são verdadeiros democratas. Porém, sua ideia de democracia é exatamente o contrário da noção do século XIX. Eles confundem democracia com socialismo. Não apenas não enxergam que o socialismo e a democracia são incompatíveis, como creem que apenas o socialismo significa democracia de

INTRODUÇÃO

verdade. Enredados nesse erro, eles consideram o sistema soviético um tipo de governo popular.

Os governos e parlamentos europeus, há mais de sessenta anos anseiam por dificultar a operação do mercado, por interferir nas empresas e por aleijar o capitalismo. Eles ignoraram com alegria as advertências dos economistas. Criaram barreiras ao comércio, incentivaram a expansão do crédito e uma política monetária frouxa, recorreram ao controle de preços, a salários mínimos e a subsídios. Transformaram a tributação em confisco e em expropriação, proclamaram que o gasto descuidado era o melhor método para aumentar a riqueza e o bem-estar. Porém, quando as inevitáveis consequências dessas políticas, previstas muito tempo antes pelos economistas ficaram cada vez mais óbvias, a opinião pública não colocou a culpa nessas políticas tão queridas. Ela condenou o capitalismo. Aos olhos do público, é o capitalismo, e não as políticas anticapitalistas, que causa a depressão econômica, o desemprego, a inflação e o aumento de preços, o monopólio e o desperdício, a desordem social e a guerra.

O erro fatídico que frustrou todos os esforços para proteger a paz foi que as pessoas precisamente não percebiam o fato de que somente num mundo de capitalismo puro, perfeito e desimpedido não existem incentivos à agressão e à conquista. O presidente Woodrow Wilson (1856-1924) era guiado pela ideia de que somente os governos autocráticos são beligerantes, ao passo que as democracias não podem lucrar com a conquista e, portanto, aferram-se à paz. Aquilo que o presidente Wilson e os demais fundadores da Liga das Nações não enxergavam era que isso só é válido dentro de um sistema de propriedade privada dos meios de produção, de livre empresa e de economia de mercado desimpedida. Onde não há liberdade econômica, as coisas são inteiramente distintas. Em nosso mundo de etatismo[4], onde cada nação anseia por isolar-se e buscar a autarquia, é deveras errado afirmar que homem nenhum pode tirar algum ganho da conquista. Nesta era de barreiras comerciais e migratórias, de controle do câmbio estrangeiro e de expropriação de capital estrangeiro, existem amplos incentivos à guerra e à conquista. Praticamente todo cidadão tem um interesse material na anulação de medidas com as quais os governos estrangeiros possam prejudicá-lo. Praticamente todo cidadão, portanto, anseia por ver seu próprio país forte e poderoso porque

---

[4] O termo "etatismo" (derivado do francês état, "estado") me parece preferível a "estatismo", termo recém-cunhado. Ele expressa claramente o fato de que o etatismo não teve sua origem em países anglo-saxões e só recentemente se apossou da mente anglo-saxã.

ele espera vantagens pessoais de sua força militar. A ampliação do território submetido à soberania de seu próprio governo significa ao menos um alívio dos males que um governo estrangeiro infligiu-lhe.

Podemos, por ora, abster-nos de lidar com o problema da democracia poder sobreviver num sistema de interferência governamental nas empresas ou de socialismo. De qualquer modo, não há dúvidas de que, no etatismo, os próprios cidadãos comuns voltam-se para a agressão, desde que as perspectivas militares de sucesso sejam favoráveis. As nações pequenas não têm como evitar ser vitimadas pelo nacionalismo de outras nações. Porém, as nações grandes depositam sua confiança na bravura de suas Forças Armadas. A belicosidade atual não é o resultado da ganância de príncipes e das oligarquias Junker. É uma política de pressão grupal, cujo traço distintivo está nos métodos aplicados, mas não nos incentivos e motivos. Os trabalhadores alemães, italianos e japoneses buscam um padrão de vida mais alto quando lutam contra o nacionalismo econômico de outras nações. Eles estão gravemente equivocados. Os meios escolhidos não são adequados para atingir os fins buscados. Porém, seus erros são coerentes com as doutrinas de guerra de classes e de revolução social, tão amplamente aceitas hoje. O imperialismo do Eixo não é uma política saída dos objetivos de uma classe superior. Se fôssemos aplicar os conceitos espúrios do marxismo popular, teríamos de denominá-lo "imperialismo trabalhista". Parafraseando a famosa frase do general prussiano Carl von Clausewitz (1780-1831), poderíamos dizer: trata-se apenas da continuação da política doméstica por outros meios, trata-se de uma guerra de classe doméstica transferida para o âmbito das relações internacionais.

Por mais de sessenta anos, todas as nações europeias ansiaram por dar mais poder a seus governos, por expandir a esfera de compulsão e de coerção governamental, por submeter ao Estado todas as atividades e esforços humanos. E, no entanto, os pacifistas repetiram de novo e de novo que não dizia respeito ao cidadão individual seu país ser grande ou pequeno, poderoso ou fraco. Eles louvaram as bênçãos da paz, ao mesmo tempo que milhões de pessoas no mundo inteiro colocavam suas esperanças na agressão e na conquista. Eles não viram que o único meio para uma paz duradoura era remover as causas fundamentais da guerra. É verdade que esses pacifistas fizeram algumas tentativas tímidas de oposição ao nacionalismo econômico. Porém, eles nunca atacaram sua causa primeira, o etatismo — a tendência para o controle governamental das empresas — e, por isso, seus esforços estavam condenados ao fracasso.

INTRODUÇÃO

Claro que os pacifistas almejam uma autoridade mundial supranacional que pudesse resolver pacificamente todos os conflitos entre várias nações e aplicar suas decisões por meio de uma força policial supranacional. Porém, o que é necessário para uma solução satisfatória do problema urgente das relações internacionais não é nem uma nova autoridade com mais comitês, secretarias, comissários, relatórios e regulamentações, nem um novo corpo de aplicadores armados, mas a derrubada radical de mentalidades e de políticas domésticas que hão de resultar em conflitos. O lamentável fracasso do experimento de Genebra deveu-se precisamente ao fato de que as pessoas, enviesadas pelas superstições burocráticas do etatismo, não perceberam que gabinetes e burocratas não podem resolver problema nenhum. A existência ou a inexistência de uma autoridade supranacional com um parlamento internacional é uma questão de importância menor. A verdadeira necessidade é abandonar políticas nocivas aos interesses de outras nações. Nenhuma autoridade internacional pode preservar a paz se continuarem as guerras econômicas. Em nossa era de divisão internacional de trabalho, o livre-comércio é o pré-requisito para qualquer acordo amistoso entre as nações. E o livre-comércio é impossível num mundo de etatismo.

Os ditadores nos oferecem outra solução. Eles planejam uma "nova ordem", um sistema de hegemonia mundial de uma nação, ou de um grupo de nações, com o apoio e a proteção das armas de exércitos vitoriosos. Os poucos privilegiados dominaram a imensa maioria das raças "inferiores". Essa nova ordem é um conceito bastante antigo. Todos os conquistadores a almejaram: Genghis Khan (1162-1227) e Napoleão Bonaparte (1769-1821) foram precursores do *Führer*. A história testemunhou o fracasso de muitos esforços para impor a paz pela guerra, a cooperação pela coerção, a unanimidade pelo assassinato dos dissidentes. Uma ordem duradoura não pode ser estabelecida por baionetas. Uma minoria não pode governar sem o apoio e o consentimento dos governados. A rebelião dos oprimidos cedo ou tarde vai derrubá-la, ainda que ela tenha sucesso por algum tempo. Porém, os nazistas não têm nem a chance de ter sucesso por um breve período. Seu ataque está condenado.

II

A crise atual da civilização humana tem seu ponto focal na Alemanha. Há mais de meio século, o Reich tem sido o perturbador da paz. A principal preocupação da diplomacia europeia nos trinta anos que antecederam a Primeira Guerra Mundial foi conter a Alemanha com vários arranjos e truques. Porém, para a belicosidade alemã, nem a sede de poder dos tzares, nem os antagonismos e rivalidades das várias nacionalidades do Sudeste Europeu, teriam perturbado seriamente a paz mundial. Quando os dispositivos de apaziguamento escangalharam em 1914, as forças do inferno irromperam.

Os frutos da vitória dos Aliados foram perdidos pelas falhas dos tratados de paz, pelos defeitos das políticas do pós-guerra e pela ascendência do nacionalismo econômico. No tumulto dos anos entre as duas guerras, enquanto cada nação ansiava por infligir o máximo de danos possível a outras nações, a Alemanha teve a liberdade de preparar um ataque mais formidável. Porém, para os nazistas, nem a Itália nem o Japão seriam páreo para as Nações Unidas[5]. Essa nova guerra é uma guerra alemã, assim como foi a Primeira Guerra Mundial.

É impossível conceber as questões fundamentais desta, que foi a guerra mais terrível de todas as guerras já travadas, sem um entendimento dos principais fatos da história alemã. Cem anos atrás, os alemães eram muito diferentes do que são hoje. Na época, não era ambição deles superar os hunos e ir além de Átila (400-453). Suas estrelas-guias eram Friedrich Schiller (1759-1805) e Johann Wolfgang von Goethe (1749-1832), Johann Gottfried von Herder (1744-1803) e Immanuel Kant (1724-1804), Wolfgang Amadeus Mozart (1756-1791) e Ludwig van Beethoven (1770-1827). Seu *leitmotiv* era a liberdade, não a conquista e a opressão. As fases do processo que transformou a nação que os observadores estrangeiros disseram ser a dos poetas e dos pensadores na nação das gangues implacáveis da SS nazista precisam ser conhecidas por qualquer pessoa que deseje formar seu próprio juízo das questões e dos problemas da política mundial de hoje. Entender as molas e as tendências da agressividade nazista é da máxima importância, tanto para a conduta política e militar da guerra quanto para a formulação de uma ordem durável para o pós-guerra. Muitos erros poderiam ter sido evitados e muitos sacrifícios poupados por uma percepção melhor e mais clara da essência e das forças do nacionalismo alemão.

---

5 O leitor pode estranhar o uso do termo "Nações Unidas" num livro que foi publicado em 1944, dois anos antes da fundação da ONU. Porém, o termo "Nações Unidas" surgiu na "Declaração das Nações Unidas" de 1942, isto é, a declaração de união das 26 nações que lutavam contra o Eixo. A expressão "Nações Unidas" foi cunhada pelo presidente Franklin Delano Roosevelt. (N. T.)

INTRODUÇÃO

A tarefa a que se propõe este livro é fazer um esboço das mudanças e dos acontecimentos que produziram a situação contemporânea alemã e europeia. Ele pretende corrigir muitos erros populares que nasceram de lendas que distorcem gravemente fatos históricos e de doutrinas que representam erradamente desenvolvimentos e políticas econômicas. Ele trata tanto de história quanto de questões fundamentais de sociologia e de economia. Ele tenta não negligenciar nenhum ponto de vista cuja elucidação seja necessária para uma descrição do problema nazista do mundo.

III

Na história dos dois últimos séculos, podemos discernir duas tendências ideológicas distintas. Primeiro houve a tendência para a liberdade, para os direitos humanos e para a autodeterminação. Esse individualismo resultou na queda do governo autocrático, no estabelecimento da democracia, na evolução do capitalismo, em melhorias técnicas e numa ascensão sem precedentes do padrão de vida. Ele colocou o esclarecimento no lugar de velhas superstições, os métodos científicos de pesquisa no lugar de preconceitos inveterados. Foi uma época de grandes realizações artísticas e literárias, a era de músicos, pintores, escritores e filósofos imortais. E ela afastou a escravidão, a servidão, a tortura, a inquisição e outros resquícios da idade das trevas.

Na segunda parte desse período, o individualismo abriu caminho a outra tendência, a tendência para a onipotência estatal. Os homens hoje parecem ansiosos para atribuir todos os poderes aos governos, isto é, ao aparato de compulsão e coerção social. Eles almejam o totalitarismo, isto é, condições em que todos os assuntos humanos são geridos pelos governos. Eles saúdam cada passo na direção de mais interferência governamental como progresso na direção de um mundo mais perfeito, confiam que os governos transformarão a terra num paraíso. Como seria de esperar, hoje, nos países que mais progrediram no caminho do totalitarismo, até o uso do tempo livre dos cidadãos é considerado tarefa do governo. Na Itália, *dopolavoro* e, na Alemanha, *freizeitgestaltung* são campos legítimos de interferência governamental. Os homens estão tão entranhados nos princípios da idolatria estatal que não enxergam o paradoxo do lazer regulado pelo governo.

Não é tarefa deste livro lidar com todos os problemas da *estatolatria* ou do *etatismo*. Seu escopo limita-se ao tratamento das consequências do etatismo para as relações internacionais. Em nossa época de divisão internacional do trabalho, o totalitarismo, em várias dezenas de governos nacionais soberanos, é autocontraditório. As considerações econômicas estão empurrando todos os governos totalitários para a dominação mundial. O governo soviético é, segundo o título de sua fundação, não um governo nacional, mas um governo universal, impedido apenas temporariamente, por condições infelizes, de exercer seu poder em todos os países. Seu nome oficial não contém referência nenhuma à Rússia. Era o objetivo de Vladimir Lenin (1870-1924) fazer dele o núcleo de um governo mundial. Em todo país, há partidos leais apenas aos soviéticos, a cujos olhos os governos domésticos são usurpadores. Não é mérito dos bolcheviques que esses planos ambiciosos não tenham tido sucesso até agora e que a esperada revolução mundial não tenha acontecido. Os nazistas não mudaram a desinação oficial de seu país, o Deutsches Reich. Porém, seus campeões literários consideram o Reich o único governo legítimo e seus chefes políticos anseiam abertamente pela hegemonia mundial. Os líderes intelectuais do Japão foram imbuídos, em universidades europeias, do espírito do etatismo e, de volta a seu país, reviveram a velha ideia de que seu divino imperador, o filho do Céu, tem o legítimo direito de governar todas as pessoas. Mesmo o Duce, apesar da impotência militar de seu país, proclamou sua intenção de reconstruir o antigo Império Romano. Os falangistas espanhóis tagarelam a respeito da restauração do domínio do império de Filipe II (1527-1598).

Numa atmosfera como essa, não sobra espaço para a cooperação pacífica entre as nações. O ordálio pelo qual passa a humanidade em nosso tempo não é o resultado da operação de forças naturais incontroláveis. Trata-se, antes, do resultado inevitável de doutrinas e de políticas populares entre milhões de nossos contemporâneos.

Porém, seria um erro fatídico presumir que um retorno às políticas do liberalismo, abandonadas pelas nações civilizadas algumas décadas atrás, poderia curar esses males e abrir o caminho para a cooperação pacífica das nações e para a prosperidade. Se os europeus e os povos de ascendência europeia em outras partes do planeta não tivessem cedido ao etatismo, se não tivessem embarcado em vastos planos de interferência governamental nas empresas, nossos desastres políticos, sociais e econômicos recentes poderiam ter sido evitados. Os homens, hoje, vivem em condições mais satisfatórias e não dedicariam todas as suas capacidades e todos os seus poderes intelectuais à exterminação mútua. Porém, esses anos de antagonismo e de conflito deixaram uma impressão profunda na mentalidade humana, que não pode ser erradicada facilmente. Eles marcaram as almas dos homens, desintegraram o espírito de cooperação humana e engendraram ódios que só podem desaparecer daqui a séculos. Sob as condições atuais, a adoção de uma política de *laissez-faire* e de *laissez-passer* puros pelas nações civilizadas do ocidente seria o equivalente a um rendimento incondicional às nações totalitárias. Consideremos, por exemplo, o caso das barreiras migratórias. Abrir irrestritamente as portas das Américas, da Austrália e da Europa Ocidental seria, hoje, o equivalente a abrir as portas para as vanguardas dos exércitos da Alemanha, da Itália e do Japão.

Não existe outro sistema que poderia proteger a coordenação suave dos esforços pacíficos dos indivíduos e das nações além do sistema que hoje é escarnecido com o nome de manchesterismo. Podemos ter a esperança — embora essa esperança seja bastante tênue — de que os povos do mundo democrático ocidental estarão preparados para reconhecer esse fato e para abandonar suas tendências totalitárias atuais. Porém, não pode haver dúvida de que, para a imensa maioria dos homens, as ideias militaristas têm muito mais apelo do que as do liberalismo. O máximo que se pode esperar para o futuro imediato é a separação do mundo em duas seções: um ocidente liberal, democrático e capitalista, com cerca de um quarto da população mundial total, e um oriente militarista e totalitário que abrange uma parte muito maior da superfície do planeta e de sua população. Esse estado de coisas forçará o ocidente a adotar políticas de defesa que prejudicarão seriamente seus esforços de tornar a vida mais civilizada e as condições econômicas mais prósperas.

Até mesmo essa imagem melancólica pode revelar-se otimista demais. Não há sinal de que os povos do ocidente estejam preparados para abandonar suas políticas de etatismo. Mas aí eles serão impedidos de abandonar sua guerra econômica mútua, seu nacionalismo econômico e de estabelecer relações pacíficas entre seus próprios países. Aí estaremos onde esteve o mundo no período entre as duas guerras mundiais. O resultado será uma terceira guerra, mais terrível e mais desastrosa do que suas precursoras.

A tarefa da última parte deste livro é discutir as condições que poderiam preservar, ao menos para as democracias ocidentais, alguma medida de segurança política e econômica. É seu objetivo descobrir se é possível conceber algum arranjo que possa trazer uma paz duradoura nesta era de onipotência do Estado.

IV

O principal obstáculo, tanto de toda tentativa de estudar de maneira desinteressada os problemas sociais, políticos e econômicos da nossa época, quanto de todos os esforços para trocar as políticas que resultaram na crise atual da nossa civilização por outras mais satisfatórias, pode ser encontrado no dogmatismo obstinado e intransigente da nossa época. Um novo tipo de superstição dominou as mentes das pessoas: o culto ao Estado. As pessoas exigem o exercício dos métodos de coerção e de compulsão de violência e de ameaça. Triste daquele que não se ajoelha diante dos ídolos da moda!

O caso é óbvio na Rússia e na Alemanha atuais. Não é possível descartar esse fato chamando os russos e os alemães de bárbaros e dizendo que essas coisas não acontecem nem acontecerão com as nações mais civilizadas do ocidente. Restam somente poucos amigos da tolerância no ocidente. Os partidos da esquerda e da direita, por toda parte desconfiam muito da liberdade de pensamento. É muito característico que, nestes anos da luta desesperada contra a agressão nazista, um renomado autor britânico, pró-soviético, tenha a audácia de defender a causa da inquisição. *"A inquisição"*, diz J. G. Crowther (1899-1983), *"é benéfica para a ciência quando protege uma classe ascendente"*[6] porque *"o risco ou valor de uma inquisição depende dela ser usada a favor de uma classe governante reacionária ou progressista"*[7]. Mas quem é "progressista" e quem é "reacionário"? Há uma diferença notável quanto a essa questão entre Harold Laski (1893-1950) e Alfred Rosenberg (1893-1946).

É verdade que, fora da Rússia e da Alemanha, os dissidentes ainda não correm o risco de ir para o pelotão de fuzilamento nem de morrer lentamente num campo de concentração[8]. Porém, poucos ainda estão dispostos a realmente

---

6 CROWTHER, J. G. *Social Relations of Science*. Londres: Macmillan, 1941. p. 333.
7 Idem. *Ibidem.*, p. 331.
8 O fascismo também é um sistema totalitário de opressão implacável. Porém, ainda existem pequenas diferenças entre o fascismo, de um lado, e, de outro, o nazismo e o bolchevismo. Benedetto Croce (1866-1952), historiador e filósofo, morador de Nápoles, era cuidadosamente seguido pela polícia, mas pôde escrever e publicar vários livros repletos do espírito da democracia e do amor pela liberdade. O professor Antonio Graziadei (1873-1953), comunista e ex-parlamentar italiano, aferrou-se obstinadamente a suas ideias comunistas. Mesmo assim, morou na Itália, escreveu e publicou (pelas mais eminentes editoras italianas) livros de marxismo ortodoxos. Existem ainda mais casos do tipo. Esses fatos excepcionais não alteram os traços característicos do fascismo. Porém, o historiador não tem o direito de ignorá-los.

prestar atenção em opiniões discordantes. Se um homem tenta questionar as doutrinas do etatismo ou do nacionalismo, praticamente ninguém se aventura a considerar seus argumentos. O herege é ridicularizado, escarnecido, ignorado. Já se considera insolente ou escandaloso criticar as opiniões de grupos de pressão poderosos ou de partidos políticos ou duvidar dos efeitos benéficos da onipotência estatal. Há cada vez menos liberdade para atacar o conjunto de dogmas adotado pela opinião pública. Em nome do progresso e da liberdade, tanto o progresso quanto a liberdade estão sendo criminalizados.

Toda doutrina que recorre ao poder da polícia ou a outros métodos de violência ou de ameaça para proteger-se revela sua fraqueza interior. Se não tivéssemos outros meios para julgar as doutrinas nazistas, o mero fato de que elas abrigavam-se atrás da Gestapo seria prova suficiente contra elas. Doutrinas capazes de resistir ao julgamento da lógica e da razão podem dispensar a perseguição dos céticos.

Essa guerra não foi causada apenas pelo nazismo. As outras nações não terem conseguido erigir uma barreira contra uma nova agressão alemã foi uma causa igualmente importante do desastre, assim como os acontecimentos da evolução doméstica alemã. Não houve segredo quanto às ambições dos nazistas. Os nazistas mesmos as defenderam em incontáveis livros e panfletos e em cada edição de seus vários jornais e periódicos. Ninguém pode censurar os nazistas por terem bolado seus planos clandestinamente. Quem tivesse ouvidos para ouvir e olhos para ver, inevitavelmente conheceria todas as suas aspirações.

A responsabilidade pelo atual estado de coisas no mundo é das doutrinas e dos partidos que dominaram o curso da política nas últimas décadas. Acusar o nazismo é um jeito esquisito de livrar a cara dos culpados. Sim, os nazistas e seus aliados são más pessoas. Porém, o objetivo primário da política deveria ser proteger as nações contra os riscos que vêm das atitudes hostis de más pessoas. Se não houvesse más pessoas, não haveria necessidade nenhuma de governo. Se aqueles que estão na posição de dirigir as atividades dos governos não conseguem impedir desastres, deram provas de que não estão à altura da tarefa.

Nos últimos vinte e cinco anos, houve apenas um problema político: impedir a catástrofe desta guerra. Porém, ou os políticos ficaram cegos ou ficaram incapazes de fazer qualquer coisa que evitasse o desastre iminente.

Os partidos de esquerda estão na feliz posição de pessoas que receberam uma revelação que lhes diz o que é bom e o que é mau. Eles sabem que a propriedade privada é a raiz de todos os males e que o controle público dos meios de produção transformará a terra num paraíso. Eles lavam as mãos para toda responsabilidade. Essa guerra "imperialista" é simplesmente um resultado do capitalismo, como foram todas as guerras. Porém, se examinarmos as atividades políticas dos partidos socialistas e comunistas nas democracias ocidentais, facilmente descobriremos que eles fizeram tudo o que podiam para incentivar os planos nazistas de agressão. Eles propagaram a doutrina de que o desarmamento e a neutralidade são os melhores meios de deter os nazistas e as demais potências do Eixo. Eles não pretendiam ajudar os nazistas. Porém, se tivessem tido essa intenção, não poderiam ter agido de outro jeito.

Os ideais da esquerda estão plenamente realizados na Rússia soviética. Ali o marxismo é supremo, somente os proletários governam. Porém, a Rússia soviética, mais do que qualquer outra nação, lamentavelmente não conseguiu impedir essa guerra. Os russos sabiam muito bem que os nazistas estavam ansiosos para conquistar a Ucrânia. Mesmo assim, agiram como Adolf Hitler (1889-1945) queria que agissem. Suas políticas contribuíram muito para a ascensão do nazismo na Alemanha, para o rearmamento da Alemanha e, enfim, para a eclosão da guerra. Não é desculpa que eles desconfiavam das nações capitalistas. Não há desculpa para uma política que prejudica a sua própria causa. Ninguém pode negar que o acordo de agosto de 1939 trouxe um desastre para a Rússia. Josef Stalin (1878-1953) teria servido muito melhor seu país se tivesse colaborado com a Grã-Bretanha, em vez de ter-se comprometido com os nazistas.

O mesmo vale para a conduta de todos os demais países europeus. Seria difícil imaginar uma política mais idiota do que a da Polônia quando, em 1938, ela anexou uma parte da Tchecoslováquia ou da Bélgica; quando, em 1936, ela cortou os laços da aliança que a unia à França. O destino de poloneses, tchecos, noruegueses, holandeses, belgas, gregos e iugoslavos é digno de profunda piedade. Mas não se pode evitar afirmar que eles ajudaram a causar esse infortúnio a si mesmos. Esta Segunda Guerra Mundial nunca teria acontecido se os nazistas tivessem esperado encontrar, desde o primeiro dia de hostilidades, um *front* unido e adequadamente armado, formado por Grã-Bretanha, França, Rússia, Estados Unidos e todas as pequenas democracias da Europa, lideradas por um comando unificado.

Uma investigação das primeiras causas da ascensão do nazismo mostrará não apenas como as condições domésticas alemãs geraram o nazismo, mas também porque todas as outras nações não se protegeram contra a destruição. Do ponto de vista de britânicos, poloneses ou austríacos, a principal questão não é "qual o problema dos nazistas?", mas "qual o problema de nossas próprias políticas no que tange a ameaça nazista?". Diante do problema do tuberculoso, os médicos não se perguntam: "qual o problema dos germes?", mas: "qual o problema de nossos métodos para impedir que a doença se espalhe?".

A vida consiste em ajustar-se a condições reais e a levar em conta as coisas como realmente são, não como gostaríamos que fossem. Seria mais agradável se não existissem germes nem bárbaros perigosos. Porém, aquele que deseja ter sucesso precisa fixar o olhar na realidade, não se entregar a devaneios.

Não restará esperança de um retorno a condições mais satisfatórias se as pessoas não entenderem que fracassaram por completo na tarefa principal da política contemporânea. Todas as doutrinas políticas, sociais e econômicas atuais e todos os partidos e grupos de pressão que as aplicam estão condenados por uma sentença inapelável da história. Nada se pode esperar do futuro, caso os homens não percebam que estavam no caminho errado.

Não é marca de hostilidade a nação nenhuma estabelecer o fato de que suas políticas estavam inteiramente erradas e resultaram num fracasso desastroso. Não é sinal de hostilidade aos membros de qualquer classe, grupo de pressão ou organização tentar observar onde erraram e como contribuíram para o atual estado de coisas. A principal tarefa da ciência social contemporânea é desafiar o tabu com que as doutrinas estabelecidas buscam proteger da crítica suas falácias e erros. Aquele que, diante da tremenda catástrofe cujas consequências ainda não podem ser vistas completamente, ainda acredite que há algumas doutrinas, instituições ou políticas além de crítica, não captou o sentido dos portentos.

Que o exemplo da Alemanha seja uma advertência para nós. A *Kultur* alemã condenou-se no dia de 1870 em que um dos mais eminentes cientistas alemães — Emil du Bois-Reymond (1818-1896) — pôde gabar-se publicamente, sem que ninguém o contradissesse, que a Universidade de Berlim era "a guarda-costas intelectual da casa de Hohenzollern". Onde as universidades se tornam guarda-costas e os estudiosos anseiam por colocar-se nas fileiras de um "*front científico*", os portões se abrem para a entrada da barbárie. E vão combater o totalitarismo adotando métodos totalitários. A liberdade só pode ser conquistada por homens comprometidos incondicionalmente com os princípios da liberdade. O primeiro requisito para uma ordem social melhor é o retorno à liberdade irrestrita de pensamento e de expressão.

V

Quem quer entender o estado atual das questões políticas precisa estudar história. Precisa conhecer as forças que originaram nossos problemas e conflitos. O conhecimento histórico é indispensável para aqueles que desejam construir um mundo melhor.

Infelizmente, os nacionalistas abordam a história com outra disposição. Para eles, o passado não é uma fonte de informação e de instrução, mas um arsenal de armas para a condução da guerra. Eles buscam fatos que podem ser usados como pretextos e desculpas para seus impulsos de agressão e de opressão. Se os documentos disponíveis não oferecem esses fatos, eles não têm dificuldades para distorcer a verdade e falsificar documentos.

No começo do século XIX, um tcheco forjou um manuscrito para provar que seus ancestrais medievais já tinham atingido um alto estágio de civilização e produzido grandes obras literárias. Por muitas décadas os estudiosos tchecos afirmaram fanaticamente a autenticidade desse poema e, por muito tempo, o currículo oficial das escolas estatais tchecas fez de sua leitura e interpretação o principal assunto do ensino da literatura tcheca. Cerca de cinquenta anos depois, um alemão forjou a *Oera Linda Bok* [*Crônica de Ura Linda*] em língua frísia antiga, para provar que os "nórdicos" tinham criado uma civilização mais antiga e melhor do que a de qualquer outro povo. Ainda existem professores nazistas que não estão dispostos a admitir que essa crônica é uma falsificação desajeitada feita por algum burro e incompetente que morava nos cafundós. Porém, vamos presumir, para continuar o raciocínio, que esses dois documentos sejam autênticos. O que eles poderiam provar para as aspirações dos nacionalistas? Eles sustentam o direito dos tchecos de negar autonomia a muitos milhões de alemães e de eslovacos ou o direito dos alemães de negar autonomia a todos os tchecos?

Há, por exemplo, a disputa espúria quanto a Nicolau Copérnico (1473-1543) ser polonês ou alemão. Os documentos disponíveis não resolvem o problema. De todo modo, é certo que Copérnico estudou em escolas e em universidades onde só se falava latim, não conheceu nenhum livro matemático ou astronômico que não estivesse em latim ou em grego e que, ele próprio, só escreveu seus tratados em latim. Presumamos, porém, para prosseguir o raciocínio, que ele era realmente filho de pais cuja língua era o alemão. Isso justificaria os métodos aplicados pelos alemães no trato com os poloneses? Isso tira a culpa dos professores alemães que — na primeira década do nosso século — chicoteavam criancinhas

INTRODUÇÃO

cujos pais objetavam contra a troca do catecismo polonês pelo catecismo alemão nas províncias polonesas da Prússia? Isso, hoje, dá aos nazistas o direito de matar mulheres e crianças polonesas?

É inútil apresentar razões históricas ou geográficas em favor de ambições políticas que não resistem à crítica de princípios democráticos. O governo democrático pode proteger a paz e a cooperação internacional porque não almeja a opressão de outros povos. Se alguns povos pretendem que a história ou a geografia lhes dê o direito de subjugar outras raças, nações ou povos, não pode haver paz.

É inacreditável o quão enraizadas são essas ideias malignas de hegemonia, de dominação e de opressão, mesmo entre os mais distintos contemporâneos. Salvador de Madariaga (1886-1978) é um dos homens de disposição mais internacional. Estudioso, estadista e escritor, também tem perfeita familiaridade com as línguas e as literaturas inglesa e francesa. É um democrata, um progressista e um defensor entusiasmado da Liga das Nações e de todos os esforços por uma paz duradoura. Porém, suas opiniões sobre os problemas políticos de seu próprio país e nação são animadas pelo espírito do nacionalismo intransigente. Ele condena as demandas de independência dos catalães e dos bascos e defende a hegemonia castelhana por motivos raciais, históricos, geográficos, linguísticos, religiosos e econômicos. Seria justificável se o sr. Madariaga refutasse as reivindicações desses grupos linguísticos dizendo que é impossível traçar fronteiras incontroversas e que sua independência, portanto, não eliminaria, mas perpetuaria as causas do conflito; ou se ele fosse a favor de uma transformação do Estado espanhol de hegemonia castelhana num Estado em que todo grupo linguístico gozasse da liberdade de usar seu próprio idioma. Porém, não é esse, de jeito nenhum, o plano do sr. Madariaga. Ele não propõe a substituição do Estado espanhol, dominado por Castela, pelo governo supranacional de três grupos linguísticos — os castelhanos, os catalães e os bascos. Ele não quer que *"a Espanha desfaça o trabalho de séculos em uma geração"*[9]. Porém, esse trabalho não foi uma realização dos povos envolvidos, foi o resultado de casamentos intradinásticos. Será correto objetar contra as afirmações dos catalães de que no século XII o conde de Barcelona casou-se com a filha do rei de Aragão e que no século XV o rei de Aragão casou-se com a rainha de Castela?

O sr. Madariaga vai mais além e nega aos portugueses o direito de autonomia e de ter seu próprio Estado, porque *"o português é um espanhol de costas*

---

[9] MADARIAGA, Salvador de. *Spain*. Londres: Jonathan Cape, 1942. p. 176.

para Castela e com os olhos para o oceano Atlântico"[10]. Por que, então, a Espanha não absorveu Portugal também? O sr. Madariaga tem uma estranha resposta: *"Castela não podia casar-se tanto a leste quanto a oeste ao mesmo tempo"*. Talvez Isabel, *"sendo mulher, afinal [...], preferisse a aparência de Ferdinando à de Alfonso, porque é dessas coisas, também, que é feita a história"*[11].

O sr. Madariaga tem razão ao citar Angel Ganivet (1865-1898), eminente autor espanhol, no sentido de que uma união de Espanha e Portugal deve ser o resultado *"de sua própria vontade livre"*[12]. O problema, porém, é que os portugueses não anseiam por serem dominados por Castela ou pela Espanha.

Ainda mais impressionantes são as opiniões do sr. Madariaga sobre os assuntos coloniais e estrangeiros da Espanha. Falando das colônias americanas, ele observa que a monarquia espanhola as organizou *"fiéis a seu princípio-guia — a fraternidade de todos os homens"*[13]. Porém, Simón Bolívar (1783-1830), José de San Martín (1778-1850) e José María Morelos (1765-1815) não gostavam desse tipo particular de fraternidade. Em seguida, o sr. Madariaga tenta justificar as aspirações espanholas no Marrocos referindo-se à *"posição [da Espanha], que a história, a geografia e o destino intrínseco pareciam obviamente sugerir"*[14]. Para um leitor neutro, praticamente não há diferença entre esse "destino intrínseco" e as forças místicas a que os srs. Adolf Hitler, Benito Mussolini (1883-1945) e Josef Stalin referem-se ao anexar países pequenos. Se o "destino intrínseco" justifica as ambições espanholas no Marrocos, ele também não justifica, da mesma maneira, os apetites russos pelos países bálticos e pela Geórgia caucasiana, as reivindicações alemãs quanto à Boêmia e os Países Baixos, o direito da Itália à supremacia do Mediterrâneo?

Não podemos erradicar o passado de nossas memórias. Porém, não cabe à história alimentar novos conflitos reavivando ódios mortos há muito tempo e vasculhando os arquivos atrás de pretextos para novos conflitos. Não temos de vingar crimes cometidos séculos atrás por reis e conquistadores, temos de construir uma nova ordem mundial que seja melhor. É irrelevante para os problemas da nossa época se os antagonismos ancestrais entre russos e poloneses foram iniciados por uma agressão russa ou polonesa ou se as atrocidades cometidas no

---

10 Idem. *Ibidem.*, p. 185.
11 Idem. *Ibidem.*, p. 187.
12 Idem. *Ibidem.*, p. 197.
13 Idem. *Ibidem.*, p. 49.
14 Idem. *Ibidem.*, p. 200.

Palatinado pelos mercenários de Luís XIV (1638-1715) foram mais nefandas do que aquelas cometidas hoje pelos nazistas. Temos de impedir de uma vez por todas a repetição desses escândalos. Esse objetivo, por si, pode elevar a guerra atual à dignidade da mais nobre empreitada da humanidade. A aniquilação implacável do nazismo é o primeiro passo para a liberdade e para a paz.

Nem o destino, nem a história, nem a geografia, nem a antropologia devem nos impedir de escolher os métodos de organizações políticas que podem garantir paz duradoura, cooperação internacional e prosperidade econômica.

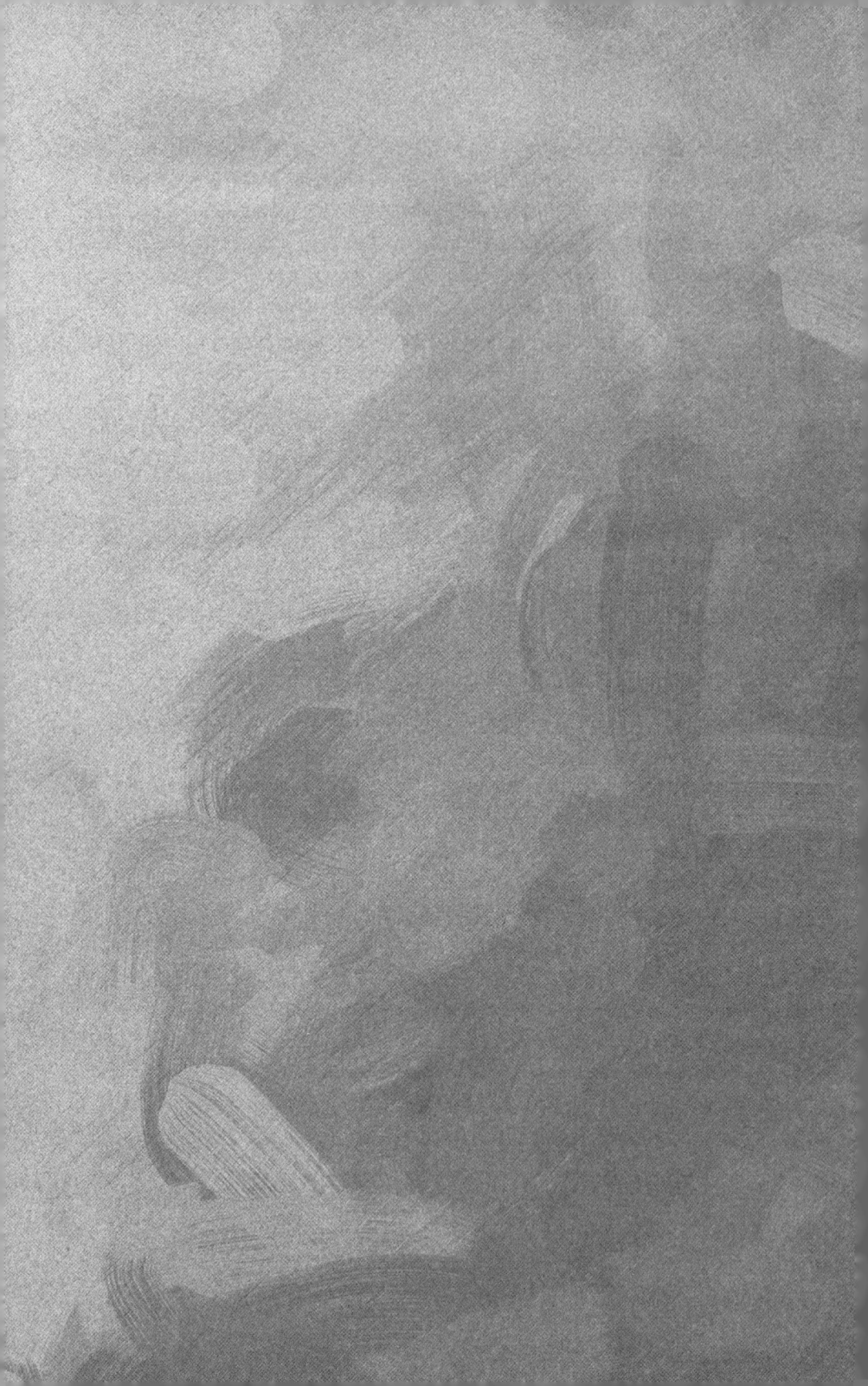

PARTE 1

O Colapso do Liberalismo Alemão

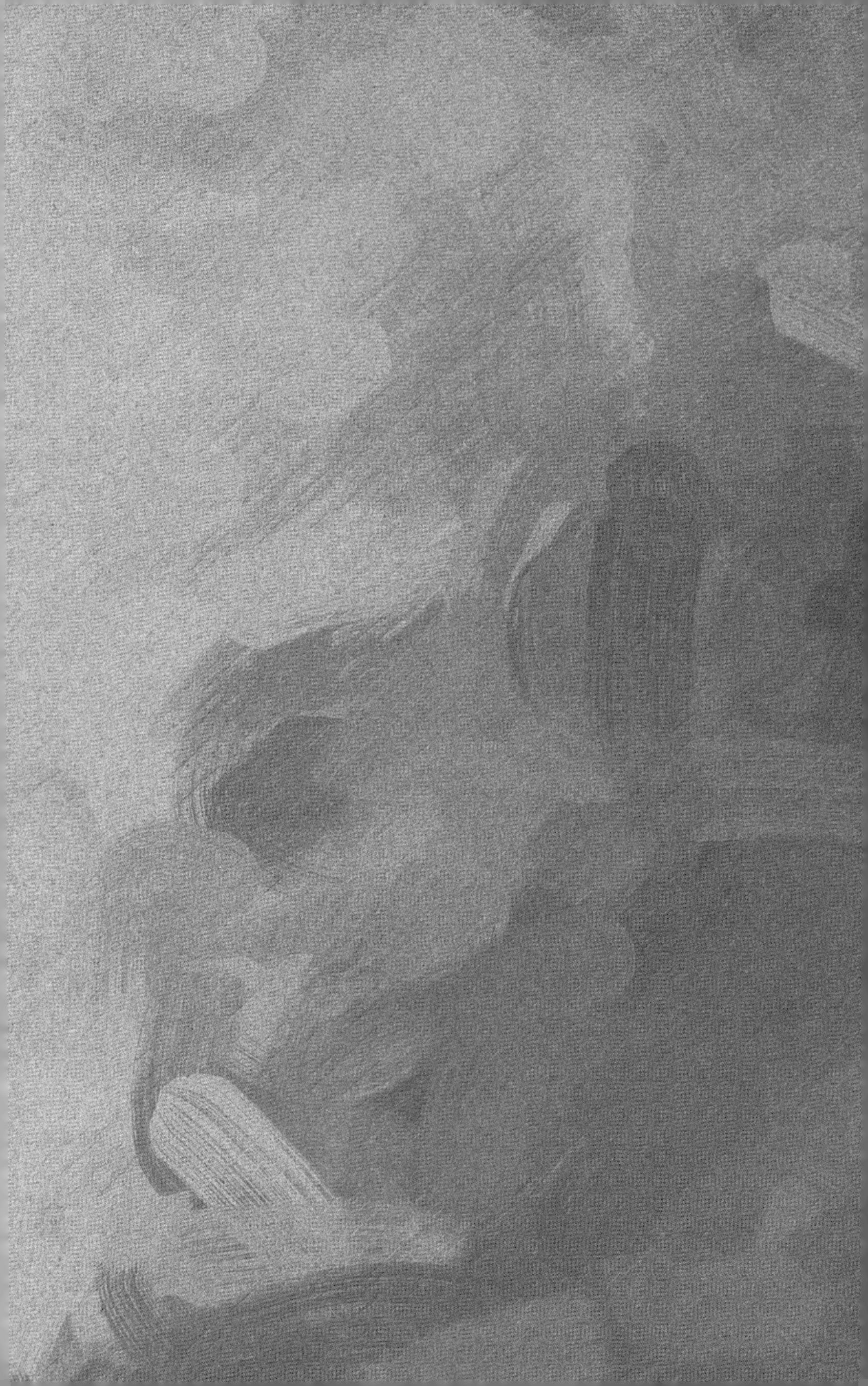

CAPÍTULO I
LIBERALISMO ALEMÃO

1 - O ANTIGO REGIME E O LIBERALISMO

É um erro fundamental crer que o nazismo é um reavivamento ou uma continuação de políticas e de mentalidades do antigo regime ou uma exibição do "espírito prussiano". Nada no nazismo retoma o fio das ideias e das instituições da história alemã pregressa. Nem o nazismo nem o pan-germanismo, do qual deriva o nazismo e cuja evolução subsequente ele representa, deriva do prussianismo de Frederico Guilherme I (1688-1740) ou de Frederico II (1712-1786), dito o Grande. O pan-germanismo e o nazismo nunca pretenderam restaurar a política dos eleitores de Brandenburgo e dos primeiros quatro reis da Prússia. Eles, às vezes, representaram o objetivo de seus esforços, como o retorno ao paraíso perdido da velha Prússia. Porém, isso era apenas propaganda para o consumo de um público que idolatrava os heróis de épocas passadas. O programa do nazismo não almeja a restauração de algo passado, mas o estabelecimento de algo novo e inaudito.

O antigo Estado prussiano da casa dos Hohenzollern foi completamente destruído pelos franceses nas batalhas de Jena e de Auerstädt (1806). O exército prussiano rendeu-se em Prenzlau e em Ratkau, as guarnições das mais importantes fortalezas e cidadelas capitularam sem disparar um tiro. O rei refugiou-se com o tzar, cuja mediação foi a única coisa capaz de garantir a preservação de seu reino. Porém, o velho Estado prussiano estava quebrado internamente muito antes dessa derrota militar. Ele já tinha há muito tempo se decomposto e apodrecido quando Napoleão desferiu-lhe o golpe final, porque a ideologia na qual ele se baseava já tinha perdido todo o seu poder, já tinha sido desintegrada pelo ataque das novas ideias do liberalismo.

Como todos os demais príncipes e duques que estabeleceram seu governo soberano sobre os destroços do Sacro Império Romano da Nação Teutônica, os Hohenzollern também consideravam seu território uma propriedade familiar, cujas fronteiras eles tentaram expandir por meio da violência, de artifícios e de acordos familiares. As pessoas que viviam dentro de suas possessões eram súditos que tinham de obedecer ordens. Eram acessórios do solo, propriedade do governante, que tinha o direito de tratá-los *ad libitum*. Sua felicidade e seu bem-estar não interessavam.

Claro que o rei se interessava pelo bem-estar material de seus súditos. Porém, esse interesse não se baseava na crença de que o propósito do governo civil é tornar as pessoas prósperas. Essas ideias eram consideradas absurdas na Alemanha do século XVIII. O rei ansiava por aumentar a riqueza dos camponeses e dos citadinos porque sua renda era a fonte da qual vinha sua arrecadação. Ele não estava interessado no súdito, mas no pagador de impostos. Ele queria tirar de sua administração do país os meios de aumentar seu poder e seu esplendor. Os príncipes alemães invejavam as riquezas da Europa Ocidental, que davam aos reis da França e da Grã-Bretanha os meios de manter poderosos exércitos e marinhas. Eles incentivavam o comércio, o trabalho, a mineração e a agricultura a fim de aumentar a arrecadação pública. Os súditos, porém, eram meras peças do jogo dos governantes.

Mas a atitude desses súditos mudou consideravelmente ao final do século XVIII. Novas ideias vindas da Europa Ocidental começaram a penetrar na Alemanha. O povo, acostumado a obedecer cegamente a autoridade dos príncipes, dada por Deus, ouviu pela primeira vez as palavras "liberdade", "autodeterminação", "direitos do homem", "parlamento", "constituição". Os alemães aprenderam a captar o sentido de perigosas divisas.

Alemão nenhum contribuiu com nada para a elaboração do grande sistema liberal de pensamento, que transformou a estrutura da sociedade e trocou o governo dos reis e de amantes reais pelo governo do povo. Os filósofos, economistas e sociólogos que o desenvolveram pensavam e escreviam em inglês ou em francês. No século XVIII, os alemães não conseguiram nem traduções legíveis desses autores ingleses, escoceses e franceses. Aquilo que a filosofia idealista alemã produziu nesse campo é realmente pobre em comparação com o pensamento inglês e francês contemporâneo. Porém, os intelectuais alemães receberam as ideias ocidentais de liberdade e de direitos do homem com entusiasmo. A literatura clássica alemã está imbuída deles e os grandes compositores alemães musicaram versos que cantavam os louvores da liberdade. Os poemas, peças e outros textos de Friedrich Schiller são, do começo ao fim, um hino à liberdade. Cada palavra escrita por Schiller era um golpe contra o antigo sistema político da Alemanha, suas obras eram recebidas com fervor por quase todos os alemães que liam livros ou frequentavam o teatro. Esses intelectuais, é claro, eram apenas uma minoria. Livros e teatros eram desconhecidos das massas. Essas eram os servos pobres das províncias do leste, eram os habitantes das regiões católicas que só lentamente conseguiram libertar-se do pesado jugo da Contrarreforma. Mesmo nas partes ocidentais mais avançadas e nas cidades, ainda haviam muitos iletrados e semiletrados. Essas massas não estavam preocupadas com questão política nenhuma. Elas obedeciam cegamente porque viviam com medo da punição do inferno com a qual a Igreja os ameaçava e com medo ainda maior da polícia. Elas estavam fora da civilização alemã e da vida cultural alemã, só conheciam seus dialetos regionais e mal conseguiriam conversar com um homem que só falasse a língua literária alemã ou algum outro dialeto. Porém, o número dessas pessoas atrasadas decrescia constantemente. A prosperidade econômica e a educação disseminavam-se a cada ano. Cada vez mais pessoas atingiam um padrão de vida que lhes permitia cuidar de outras coisas além de casa e comida e a usar seu tempo livre em algo que não fosse beber. Quem quer que saísse da miséria e se juntasse à comunidade de homens civilizados se tornava liberal. Tirando o pequeno grupo de príncipes e de seus servos aristocráticos, praticamente todo mundo que se interessava por questões políticas era liberal. Havia na Alemanha, naquela época, somentes homens liberais e homens indiferentes, porém, as fileiras dos indiferentes diminuíam continuamente, ao passo que as fileiras dos liberais engrossavam.

Todos os intelectuais simpatizavam com a Revolução Francesa. Eles desprezavam o terrorismo dos jacobinos, mas aprovavam incondicionalmente a grande reforma. Viam em Napoleão o homem que protegeria e resguardaria essas reformas e — como Beethoven — passaram a sentir repulsa por ele no instante em que ele traiu a liberdade e se fez imperador.

Nunca antes nenhum movimento espiritual tinha tomado o povo alemão como um todo e nunca antes tinham eles estado unidos em sentimentos e em ideias. Na verdade, o povo que falava alemão e era súdito dos príncipes, prelados, condes e patrícios urbanos do Império, tornou-se uma nação, a nação alemã, ao receber novas ideias que vinham do oeste. Foi só então que veio a existir o que nunca tinha existido antes: uma opinião pública alemã, um público alemão, uma literatura alemã, uma pátria alemã. Os alemães agora começavam a entender o que diziam os autores antigos que liam na escola. Agora eles concebiam a história de sua nação como algo mais do que a luta de príncipes por terra e arrecadação. Os súditos de muitas centenas de pequenos senhores tornaram-se alemães por meio da aceitação de ideias ocidentais.

Esse novo espírito abalou as fundações sobre as quais os príncipes tinham construído seus tronos — a lealdade e a subserviência tradicionais de súditos preparados para aquiescer ao governo despótico de um grupo de famílias privilegiadas. Os alemães sonhavam agora com um Estado alemão com governo parlamentar e direitos do homem. Eles não se importavam com os Estados alemães existentes. Os alemães que se diziam "patriotas", termo ultramoderno importado da França, desprezavam aquelas sedes de desgoverno e de abusos despóticos. Eles odiavam os tiranos. E odiavam a Prússia, principalmente, porque ela parecia ser a ameaça mais poderosa à liberdade alemã — e, portanto, a mais perigosa.

Segundo o mito prussiano, que os historiadores prussianos do século XIX criaram com ousado desprezo pelos fatos, deveríamos acreditar que Frederico II era visto por seus contemporâneos da mesma maneira como eles o representam — como o defensor da grandeza alemã, protagonista da ascensão alemã à unidade e ao poder, o herói da nação. As campanhas militares do rei guerreiro eram, para seus contemporâneos, lutas para aumentar as posses da casa de Brandenburgo, que dizia respeito apenas à dinastia. Eles admiravam os talentos estratégicos, mas detestavam as brutalidades do sistema prussiano. Quem quer que louvasse Frederico dentro das fronteiras do reino fazia isso por necessidade, a fim de fugir da indignação de um príncipe que se vingava duramente de todo inimigo. Quando as pessoas fora da Prússia o elogiavam, estavam disfarçando a crítica a seus próprios governantes. Os súditos dos pequenos príncipes achavam essa ironia a maneira menos perigosa de falar mal de seus Neros e Bórgias de bolso. Eles glorificavam suas proezas militares, mas diziam-se felizes porque não estavam à mercê de seus caprichos e crueldades. Aprovavam Frederico só na medida em que ele combatia seus tiranos domésticos.

Ao final do século XVIII, a opinião pública alemã era tão unanimemente contrária ao antigo regime quanto a da França às vésperas da Revolução. O povo alemão testemunhou com indiferença a anexação francesa da margem esquerda do Reno, as derrotas da Áustria e da Prússia, o despedaçamento do Sacro Império e o estabelecimento da Confederação do Reno. Eles celebraram as reformas forçadas aos governos de todos os seus Estados pela ascendência das ideias francesas. Admiravam Napoleão como grande general e governante exatamente como tinham antes admirado Frederico da Prússia. Os alemães só começaram a odiar os franceses quando — assim como os súditos franceses do Imperador — eles finalmente se cansaram do peso das guerras sem fim. Quando a Grande Armée foi destroçada na Rússia, o povo se interessou pelas campanhas que derrotavam Napoleão, mas somente porque esperavam que sua queda resultasse no estabelecimento do governo parlamentar. Eventos posteriores dissiparam essa ilusão e lentamente cresceu o espírito revolucionário que culminou no levante de 1848.

Já se afirmou que as raízes do nacionalismo e do nazismo atuais serão encontradas nos textos dos românticos, nas peças de Heinrich von Kleist (1777-1811) e nas canções políticas que acompanharam a luta final contra Napoleão. Isso também é um erro. As obras sofisticadas dos românticos, os sentimentos pervertidos das peças de Kleist e a poesia patriótica das guerras de libertação não comoviam significativamente o público e os ensaios filosóficos e sociológicos dos autores que recomendavam um retorno a instituições medievais eram considerados abstrusos. As pessoas não estavam interessadas na Idade Média, mas nas atividades parlamentares do ocidente. Elas liam os livros de Goethe e de Schiller, não dos românticos, iam às peças de Schiller, não de Kleist. Schiller tornou-se o poeta favorito da nação, os alemães encontraram seu ideal político em sua entusiasmada devoção à liberdade. A celebração do aniversário de 100 anos de Schiller (em 1859) foi a manifestação política mais impressionante que jamais aconteceu na Alemanha. A nação alemã estava unida em sua adesão às ideias de Schiller, às ideias liberais.

Todos os esforços para fazer com que o povo alemão abandonasse a causa da liberdade fracassaram. Os ensinamentos de seus adversários não tiveram efeito. Em vão a polícia de Klemens von Metternich (1773-1859) combateu a maré crescente do liberalismo.

Foi só nas décadas posteriores do século XIX que o domínio das ideias liberais foi abalado. Isso foi produzido pelas doutrinas do etatismo. O etatismo — teremos de tratar dele mais adiante — é um sistema de ideias sociopolíticas que não tem contrapartida na história anterior e não está ligado a maneiras mais antigas de pensar, embora — no que diz respeito ao caráter técnico das políticas que recomenda — ele possa, com alguma justificativa, ser chamado de neomercantilismo.

2 - A FRAQUEZA DO LIBERALISMO ALEMÃO

Mais ou menos na metade do século XIX, os alemães interessados em questões políticas estavam unidos em sua adesão ao liberalismo. Porém, a nação alemã não conseguiu fugir do jugo do absolutismo e estabelecer a democracia e o governo parlamentar. Qual foi o motivo disso?

Primeiro comparemos as condições alemãs com as da Itália, que estava em situação similar. A Itália também tinha uma disposição liberal, mas os liberais italianos eram impotentes. O exército austríaco tinha força o suficiente para derrotar todo levante revolucionário. Um exército estrangeiro freava o liberalismo italiano. Outros exércitos estrangeiros libertaram a Itália desse controle. Em Solferino, em Königgrätz, e nas margens do rio Marne, franceses, prussianos e ingleses travaram as batalhas que tornaram a Itália independente dos Habsburgo.

Assim como o liberalismo italiano não era páreo para o exército austríaco, o liberalismo alemão também não conseguia lidar com os exércitos de Áustria e Prússia. O exército austríaco consistia, principalmente, de soldados não alemães. O exército prussiano, claro, tinha em suas fileiras principalmente homens que falavam alemão. Os poloneses, os outros eslavos e os lituanos eram apenas uma minoria. Porém, um grande número desses homens que falavam algum dos dialetos alemães foi recrutado daquelas camadas da sociedade que ainda não tinham despertado para interesses políticos. Eles vinham das províncias do leste, das margens leste do rio Elba. Eram majoritariamente analfabetos e desconheciam a mentalidade dos intelectuais e das pessoas da cidade. Nunca tinham ouvido falar nada das novas ideias, tinham crescido com o hábito de obedecer o Junker, que exercia poder executivo e judicial em sua aldeia, a quem deviam impostos e corveia (trabalho estatutário não remunerado) e que a lei considerava seu suserano legítimo. Servos na prática, eles não eram capazes de desobedecer a uma ordem de atirar contra o povo. O Supremo Senhor da Guerra do Exército Prussiano podia confiar neles. Esses homens, e os poloneses, formavam os destacamentos que derrotaram a Revolução Prussiana de 1848.

Essas foram as condições que impediram os liberais alemães de fazer com que seus atos concordassem com suas palavras. Eles foram forçados a esperar que o progresso da prosperidade e da educação pudesse trazer aquelas pessoas atrasadas para as fileiras do liberalismo. Então, estavam convencidos, a vitória do liberalismo viria inevitavelmente. O tempo trabalhava em prol dela. Mas, infelizmente, os acontecimentos traíram essas expectativas. Foi o destino da Alemanha que, antes que pudesse acontecer esse triunfo do liberalismo, o liberalismo e as ideias liberais fossem derrubadas — não apenas na Alemanha, mas em toda parte — por outras ideias, as quais, outra vez, penetraram na Alemanha a partir do Ocidente.

O liberalismo alemão não tinha ainda cumprido sua tarefa quando foi derrotado pelo etatismo, pelo nacionalismo e pelo socialismo.

3 - O exército prussiano

O exército prussiano que lutou nas batalhas de Leipzig e de Waterloo era muito diferente do exército que Frederico Guilherme I tinha organizado e que Frederico II comandara em três grandes guerras. O velho exército prussiano tinha sido esmagado e destruído na campanha de 1806 e nunca foi reavivado.

O exército prussiano do século XVIII era composto de homens recrutados à força, movidos brutalmente pelo chicote e unidos por uma disciplina bárbara. Eram principalmente estrangeiros. Os reis preferiam estrangeiros a seus próprios súditos. Acreditavam que seus súditos podiam ser mais úteis ao país trabalhando e pagando impostos do que servindo nas Forças Armadas. Em 1742, Frederico II estabeleceu o objetivo de que a infantaria deveria consistir de dois terços de estrangeiros e um terço de nativos. Os desertores de exércitos estrangeiros, os prisioneiros de guerra, criminosos, vagabundos, mendigos e pessoas que os recrutadores tinham prendido por meio de fraude e de violência eram o grosso dos regimentos. Esses soldados estavam dispostos a aproveitar toda oportunidade de fuga. Por isso, prevenir a deserção era a principal preocupação da condução da vida militar. Frederico II começa seu principal tratado de estratégia, seus Princípios Gerais da Guerra, com a exposição de quatorze regras para impedir a deserção. Considerações táticas e até estratégicas tinham de ser subordinadas à prevenção da deserção. As tropas só podiam ser usadas quando proximamente unidas. Não se podia enviar patrulhas. A perseguição estratégica de uma força inimiga derrotada era impossível. Marchar ou atacar à noite, assim como acampar perto de florestas, eram coisas estritamente evitadas. Os soldados recebiam ordens para vigiar um ao outro constantemente, tanto na guerra quanto na paz. Os civis, sob a ameaça das mais duras penas, eram obrigados a impedir o caminho dos desertores, a prendê-los e a entregá-los ao exército.

Os oficiais comissionados desse exército eram, normalmente, nobres. Entre eles, também havia muitos estrangeiros, porém, o maior número pertencia à classe Junker prussiana. Frederico II repete várias vezes em seus textos que os plebeus não são adequados para comissões porque suas mentes se dirigem para os lucros, não para a honra. Embora uma carreira militar fosse muito lucrativa, já que o comandante de uma companhia tinha uma renda comparativamente alta, grande parte da aristocracia de terras era contra a profissão militar para seus filhos. Os reis costumavam mandar policiais para sequestrar os filhos de nobres proprietários de terras e colocá-los em escolas militares. A educação fornecida por essas escolas mal chegava a superar a de uma escola fundamental. Eram muito raros os homens com ensino superior nas fileiras dos oficiais comissionados prussianos[15].

Esse exército poderia combater e – sob um comandante capaz – conquistar, desde que se deparasse com exércitos de estrutura parecida. Ele se dispersou como penas quando teve de enfrentar as forças de Napoleão.

Os exércitos da Revolução Francesa e do Primeiro Império foram recrutados entre o povo. Eram exércitos de homens livres, não de ralé conscrita. Seus comandantes não tinham medo da deserção. Assim, podiam abandonar as táticas tradicionais de ir em frente em linhas desdobradas e em disparar sem mirar. Podiam adotar um novo método de combate, isto é, lutar em colunas e em escaramuças. A nova estrutura do exército trouxe primeiro uma tática e, depois, uma nova estratégia. Contra estas, o velho exército prussiano mostrou-se impotente.

O padrão francês serviu de modelo para a organização do exército prussiano entre os anos de 1808 a 1813. Ele se baseava no princípio de serviço compulsório de todos os homens fisicamente aptos. O novo exército resistiu ao teste nas guerras de 1813 a 1815. Como consequência, sua organização não foi alterada por cerca de meio século. Como esse exército poderia ter combatido em outra guerra contra um agressor estrangeiro jamais será sabido. Ele foi poupado dessa provação. Porém, uma coisa está além de qualquer dúvida e foi atestada pelos acontecimentos da Revolução de 1848: só era possível confiar em parte dele para combater o povo, o "inimigo doméstico" do governo, e uma guerra impopular de agressão não poderia ser travada com aqueles soldados.

Na supressão da Revolução de 1848, somente os regimentos da Guarda Real, cujos homens eram selecionados por sua lealdade ao rei e à cavalaria, e os regimentos recrutados das províncias do leste podiam ser considerados absolutamente confiáveis. Os corpos do exército recrutados a oeste, a milícia (Landwehr) e os reservistas de muitos regimentos do leste estavam mais ou menos infectados por ideias liberais.

Os homens das guardas e da cavalaria tinham de prestar três anos de serviço ativo, ao contrário de outras partes das forças, que cumpriam dois anos. Por esse motivo, os generais concluíam que dois anos era muito pouco tempo para

---

15 DELBRÜCK, Hans. *Geschichte der Kriegskunst*. Berlim: Stilke, 1920, Parte IV, p. 273ss., 348ss.

transformar um civil num soldado incondicionalmente leal ao rei. O que era necessário para proteger o sistema político da Prússia com seu absolutismo real exercido pelos junkers era um exército de homens prontos para combater – sem questionar – qualquer pessoa que seus comandantes mandassem atacar. A esse exército – o Exército de Sua Majestade, não um exército do Parlamento ou do povo – caberia a tarefa de derrotar qualquer movimento revolucionário dentro da Prússia ou dentro de Estados menores da confederação alemã e de repelir possíveis invasões do ocidente que pudessem forçar os príncipes alemães a outorgar constituições e outras concessões a seus súditos. Na Europa da década de 1850, onde o imperador francês e o primeiro-ministro britânico, Lord Palmerston (1784-1865), professavam abertamente suas simpatias pelos movimentos populares que ameaçavam os interesses declarados de reis e de aristocratas, o exército da casa de Hohenzollern era o "rocher de bronze" no meio da maré crescente do liberalismo. Tornar esse exército confiável e invencível significava não apenas preservar os Hohenzollern e seus servidores aristocráticos. Significava muito mais: a salvação da civilização da ameaça da revolução e da autarquia. Essa era a filosofia de Friedrich Julius Stahl (1802-1861) e dos hegelianos de direita, essas eram as ideias dos historiadores prussianos da escola de história Kleindeutsche, essa era a mentalidade do partido militar da corte do rei Frederico Guilherme IV (1795-1861). Esse rei, é claro, era um neurótico doente que a cada dia se aproximava da incapacidade mental completa. Os generais, porém, liderados pelo general Albrecht von Roon (1803-1879) e apoiados pelo príncipe Wilhelm (1859-1941), irmão do rei e herdeiro aparente do trono, tinham a visão clara e buscavam seus objetivos.

 O sucesso parcial da revolução resultara no estabelecimento de um parlamento prussiano. Porém, suas prerrogativas eram tão restritas que o Supremo Senhor da Guerra não era impedido de adotar as medidas que achasse indispensáveis para tornar o exército um instrumento mais confiável nas mãos dos comandantes.

 Os especialistas estavam plenamente convencidos de que dois anos de serviço ativo bastavam para o treinamento militar da infantaria. Não por razões de caráter técnico militar, mas por considerações puramente políticas, o rei prologou o serviço ativo dos regimentos da infantaria de linha de dois para dois anos e meio em 1852 e para três em 1856. Por meio dessa medida, as chances de sucesso contra uma repetição do movimento revolucionário foram muito melhoradas. O partido militar agora estava confiante de que, no futuro imediato, eles seriam fortes o bastante com os Guardas Reais e com os homens fazendo serviço ativo nos regimentos de linha para vencer rebeldes parcamente armados. Confiando nisso, eles decidiram ir adiante e fazer uma ampla reforma na organização das Forças Armadas.

O objetivo dessa reforma era tornar o exército mais forte e mais leal ao rei. O número de batalhões de infantaria quase dobraria, a artilharia aumentaria 25% e muitos novos regimentos de cavalaria seriam formados. O número de recrutas anuais aumentaria de menos de 40 mil para 63 mil e as fileiras de oficiais comissionados aumentariam de maneira correspondente. Por outro lado, a milícia seria transformada em reserva do exército ativo. Os homens mais velhos foram dispensados do serviço na milícia por se considerar que não eram plenamente confiáveis. Os cargos superiores da milícia seriam confiados a oficiais comissionados do corpo profissional[16].

Consciente da força que o prolongamento do serviço ativo já lhe tinha dado e confiante de que, por ora, seria capaz de suprimir uma tentativa revolucionária, a corte fez essa reforma sem consultar o parlamento. A loucura do rei, nesse ínterim, ficou tão óbvia que o príncipe William teve de ser instalado como príncipe regente. O poder real agora estava nas mãos de um afável partidário da gangue aristocrática e dos impetuosos militares. Em 1850, durante a guerra entre a Áustria e a França, o exército prussiano foi mobilizado como medida de precaução e para proteger a neutralidade. A desmobilização foi feita de tal maneira que os principais objetivos da reforma foram atingidos. Na primavera de 1860, todos os regimentos recém-planejados já tinham sido estabelecidos. Só então os ministros levaram a lei de reforma ao parlamento e pediram que fossem votados os gastos envolvidos[17].

A luta contra essa lei, para o exército, foi o último ato político do liberalismo alemão.

4 - O CONFLITO CONSTITUCIONAL NA PRÚSSIA

Os progressistas, como os liberais na câmara inferior (câmara dos deputados) prussiana chamavam seu partido, opunham-se ferozmente à reforma.

---

[16] ZIEKURSCH, Johannes. *Politische Geschichte des neuen deutschen Kaiserreichs*. Frankfurt: Frankfurter Societäts Druckerei, 1925-1930. Vol. I, p. 29ss.

[17] SYBEL, Heinrich von. *Die Begründung des deutschen Reiches unter Wilhelm I*. 2ª ed. Munique: Oldenbourg, 1889. Vol. II, p. 375; ZIEKURSCH, Johannes. *Politische Geschichte des neuen deutschen Kaiserreichs. Op. cit.*, Vol. I, p. 42.

A câmara votou repetidas vezes contra a lei e contra o orçamento. O rei Frederico Guilherme IV, a essa altura, tinha morrido e Guilherme I o tinha sucedido — dissolveu o parlamento mas os eleitores elegeram uma maioria de progressistas. O rei e seus ministros não conseguiam romper a oposição do corpo legislativo. Porém, aferraram-se a seu plano e o executaram sem aprovação constitucional e sem assentimento parlamentar. Conduziram o novo exército em duas campanhas: derrotaram a Dinamarca em 1864 e a Áustria em 1866. Só então, depois da anexação do reino de Hanover, as possessões do Eleitor de Hessen, os ducados de Nassau, de Schleswig e de Holstein e a Cidade Livre de Frankfurt, após o estabelecimento da hegemonia prussiana sobre todos os Estados do norte alemão e da conclusão das convenções militares com os Estados do sul alemão, pelas quais também eles renderam-se aos Hohenzollern, o parlamento prussiano cedeu. O Partido Progressista dividiu-se e alguns de seus antigos membros apoiaram o governo. Assim, o rei obteve maioria. A câmara votou pela indenização da ação inconstitucional do governo e, com atraso, sancionou todas as medidas e despesas a que tinha se oposto por seis anos. O grande conflito constitucional resultou no pleno sucesso do rei e na derrota completa do liberalismo.

Quando uma delegação da câmara dos deputados levou ao rei a obsequiosa resposta do parlamento a seu real discurso na abertura da nova sessão, ele altivamente declarou que era seu dever agir como tinha agito nos últimos anos e que agiria do mesmo jeito no futuro, caso ocorressem condições similares. Porém, durante o conflito, ele se desesperou mais de uma vez. Em 1862, ele tinha perdido toda esperança de derrotar a resistência do povo e estava prestes a abdicar. O general Albrecht von Roon instigou-o a fazer uma última tentativa, nomeando Otto von Bismarck (1815-1898) primeiro-ministro. Bismarck veio às pressas de Paris, onde representava a Prússia na corte de Napoleão III (1808-1873). Encontrou o rei *"desgastado, deprimido, desalentado"*. Quando Bismarck tentou explicar sua própria visão da situação política, Guilherme interrompeu-o, dizendo: *"Sei exatamente como tudo isso vai terminar. Aqui mesmo, na praça da Ópera, para onde dão essas janelas, vão decapitar você primeiro e depois eu"*. Foi difícil para Bismarck infundir coragem no abalado Hohenzollern. Enfim, porém, Bismarck relata: *"Minhas palavras apelaram à sua honra militar e ele se viu na posição de um oficial que tem o dever de defender seu posto até a morte"*[18].

---

18 BISMARCK, Otto von. *Gedanken und Erinnerungen*. Stuttgart: Cottasche, 1922. Vol. I, p. 325ss.

Ainda mais assustados do que o rei estavam a rainha, os príncipes reais e muitos generais. Na Inglaterra, a rainha Vitória passava noites em claro pensando na posição de sua filha mais velha, casada com o príncipe da coroa prussiana. O palácio real de Berlim era assombrado pelos fantasmas de Luís XVI (1754-1793) e de Maria Antonieta (1755-1793).

Todos esses temores, porém, eram sem fundamento. Os progressistas não arriscaram uma nova revolução e teriam sido derrotados, caso tivessem arriscado.

Esses liberais alemães da década de 1860, muito mal falados, homens de estudo, leitores de tratados filosóficos, amantes da música e da poesia, entendiam muito bem por que tinha fracassado o levante de 1848. Eles sabiam que não poderiam estabelecer o governo popular numa nação onde muitos milhões de pessoas ainda estavam enredadas nas cadeias da superstição, da tosquice e do analfabetismo. O problema político era essencialmente um problema de educação. Não havia dúvidas quanto ao sucesso final do liberalismo e da democracia. A tendência ao governo parlamentar era irresistível. Porém, a vitória do liberalismo só poderia ser obtida quando as camadas da população de onde o rei tirava os soldados que podia confiar ficassem mais esclarecidas e, assim, se transformassem em defensoras das ideias liberais. Aí o rei seria obrigado a render-se e o parlamento obteria a supremacia sem derramamento de sangue.

Os liberais estavam decididos a poupar o povo alemão, sempre que possível, dos horrores da revolução e da guerra civil. Eles confiavam que, num futuro não muito distante, eles mesmos obteriam total controle da Prússia. Bastava esperar.

5 - O programa dos "Pequenos Alemães"

Os progressistas prussianos não travaram o conflito constitucional para destruir ou enfraquecer o exército prussiano. Eles perceberam que, naquelas circunstâncias, a Alemanha precisava de um exército forte para defender sua independência. Eles queriam arrancar o exército do rei e transformá-lo num instrumento de proteção da liberdade alemã. O conflito girava em torno do rei ou do parlamento controlar o exército.

O objetivo do liberalismo alemão era a substituição do escandaloso governo dos trinta e tantos Estados alemães por um governo unitário liberal. A maior parte dos liberais acreditava que esse futuro Estado alemão não incluiria a

Áustria. A Áustria era muito diferente dos outros países de língua alemã. Ela tinha problemas próprios, alheios ao resto da nação. Os liberais não conseguiam deixar de ver a Áustria como o mais perigoso obstáculo para a liberdade alemã. A corte austríaca era dominada pelos jesuítas, seu governo tinha concluído uma concordata com Pio IX (1792-1878), o papa que combatera ardentemente todas as ideias modernas. Porém, o imperador austríaco não estava disposto a renunciar voluntariamente à posição que sua casa ocupara por mais de quatro séculos na Alemanha. Os liberais queriam que o exército alemão fosse forte porque tinham medo da hegemonia austríaca, de uma nova Contrarreforma e do restabelecimento do sistema reacionário do falecido príncipe Klemens von Metternich. Eles queriam um governo unitário para todos os alemães fora da Áustria (e da Suíça). Assim, eles se denominavam Pequenos Alemães (Kleindeutsche), em contraste com os Grandes Alemães (Grossdeutsche) que queriam incluir aquelas partes da Áustria que outrora haviam pertencido ao Sacro Império.

Porém, também havia outras considerações de política externa que recomendavam um aumento do exército prussiano. A França, naquela época, era governada por um aventureiro convencido de que só poderia preservar seu trono de imperador com renovadas vitórias militares. Na primeira década de seu reino, ele já tinha travado duas guerras sangrentas. Agora parecia a vez da Alemanha. Pouca gente duvidava que Napoleão III cogitava anexar a margem esquerda do Reno. Quem poderia proteger a Alemanha se não o exército prussiano?

Também havia outro problema, Schleswig-Holstein. Os cidadãos de Holstein, de Lauenburg e do sul de Schleswig opunham-se violentamente ao domínio da Dinamarca. Os liberais alemães pouco se importavam com os sofisticados argumentos dos advogados e dos diplomatas a respeito das reivindicações dos vários pretendentes à sucessão dos ducados de Elbe. Eles não acreditavam na doutrina de que a questão de quem deveria governar um país devesse ser decidida segundo as cláusulas do direito feudal e de acordos familiares de séculos atrás. Eles defendiam o princípio ocidental de autodeterminação. Os povos desses ducados relutavam em aquiescer à soberania de um homem cujo único título era ter se casado com uma princesa com um direito controverso à sucessão em Schleswig e nenhum direito à sucessão em Holstein. Eles queriam autonomia dentro da confederação alemã. Esse era o único fato que parecia importante aos olhos dos liberais. Por que negar àqueles alemães aquilo que britânicos, franceses, belgas e italianos tinham? Porém, como o rei da Dinamarca não estava disposto a desistir de suas reivindicações, a questão não poderia ser resolvida sem recorrer às armas.

Seria equivocado julgar todos esses problemas a partir da perspectiva de eventos posteriores. Bismarck libertou Schleswig-Holstein do jugo de seus opressores dinamarqueses apenas para anexá-lo à Prússia e anexou não apenas o sul de Schleswig, mas também o norte, cuja população desejava permanecer no reino da Dinamarca. Napoleão III não atacou a Alemanha. Foi Bismarck quem atiçou a guerra contra a França. Ninguém previa esse resultado no começo da década de 1860. Na época, todo mundo na Europa, e também na América, considerava o imperador da França o maior inimigo da paz, o maior agressor. As simpatias que os alemães que ansiavam por unidade encontravam no estrangeiro deviam-se, em grande parte, à convicção de que uma Alemanha unida contrabalançaria a França e, assim, faria da Europa um lugar seguro para a paz.

Os Pequenos Alemães também foram enganados por seus preconceitos religiosos. Assim como a maioria dos liberais, eles achavam que o protestantismo era o primeiro passo do caminho das trevas medievais para o esclarecimento. Eles temiam a Áustria porque ela era católica, preferiam a Prússia porque a maior parte de sua população era protestante. Apesar de toda a experiência, eles esperavam que a Prússia fosse mais aberta às ideias liberais do que a Áustria. As condições políticas na Áustria certamente eram insatisfatórias naqueles anos cruciais. Porém, acontecimentos posteriores provaram que o protestantismo, assim como o catolicismo, nada garante para a liberdade. O ideal do liberalismo está na separação completa de Estado e Igreja e na tolerância — sem levar em consideração as diferenças entre as igrejas.

Porém, esse erro também não se limitava à Alemanha. Os liberais franceses estavam tão delirantes que, de início, celebraram a vitória prussiana em Königgrätz (Sadova). Só depois que eles perceberam que a derrota da Áustria significava também a queda da França e lançaram — tarde demais — o grito de guerra "Revanche pour Sadova".

Königgrätz foi, sob qualquer aspecto, uma derrota esmagadora para o liberalismo alemão. Os liberais estavam cientes de que tinham perdido uma campanha. Mesmo assim, estavam cheios de esperança. Estavam firmemente decididos a continuar o combate no novo parlamento do norte alemão. Esse combate, para eles, deveria terminar com a vitória do liberalismo e com a derrota do absolutismo. O momento em que o rei não mais pudesse usar "seu" exército contra o povo parecia se aproximar cada vez mais.

6 - O episódio Lassalle

Seria possível tratar do conflito constitucional prussiano sem nem mencionar o nome de Ferdinand Lassalle (1825-1864). A intervenção de Lassalle não influenciou o curso dos acontecimentos. Mas prenunciou algo novo: foi a aurora de forças destinadas a moldar o destino da Alemanha e da civilização ocidental.

Enquanto os progressistas prussianos estavam envolvidos em sua luta pela liberdade, Lassalle os atacava com dureza e veemência. Ele tentava incitar os trabalhadores a não mais simpatizar com os progressitas. Proclamava o evangelho da guerra de classes. Os progressistas, como representantes da burguesia, dizia ele, eram os inimigos mortais do trabalho. Você não deveria combater o Estado, mas as classes exploradoras. O Estado é seu amigo. Claro, não o Estado governado por Herr von Bismarck, mas o Estado controlado por mim, Lassalle.

Lassalle não estava sendo financiado por Bismarck, como alguns suspeitavam. Ninguém conseguiria subornar Lassalle. Foi só depois de sua morte que alguns de seus amigos aceitaram dinheiro do governo. Porém, como tanto Bismarck quanto Lassalle atacavam os progressistas, eles se tornaram praticamente aliados. Lassalle logo abordou Bismarck. Os dois costumavam encontrar-se clandestinamente. Somente muitos anos depois o segredo dessas relações foi revelado. E discutiu-se se uma cooperação aberta e duradoura entre dois homens ambiciosos teria acontecido se Lassalle não tivesse morrido, pouco depois desses encontros, de um ferimento recebido num duelo em 31 de agosto de 1864. Ambos visavam o supremo poder na Alemanha. Nem Bismarck nem Lassalle estavam dispostos a desistir de reclamar o primeiro lugar.

Bismarck e seus amigos militares e aristocráticos odiavam tanto os liberais que estariam prontos para ajudar os socialistas a obter o controle do país, caso eles próprios se mostrassem fracos demais para preservar seu próprio domínio. Porém, eles eram — por ora — fortes o bastante para manter os progressitas em rédeas curtas. Eles não precisavam do apoio de Lassalle.

Não é verdade que Lassalle deu a Bismarck a ideia de que o socialismo revolucionário era um aliado poderoso na luta contra o liberalismo. Bismarck há muito acreditava que as classes inferiores eram mais monarquistas do que as classes médias[19]. Além disso, como embaixador da Prússia em Paris, ele tinha tido a

---

[19] ZIEKURSCH, Johannes. *Politische Geschichte des neuen deutschen Kaiserreichs. Op. cit.*, Vol. I, p. 107ss.

oportunidade de observar o funcionamento do cesarismo. Talvez sua predileção pelo sufrágio universal e igualitário tenha sido fortalecida por suas conversas com Lassalle. Porém, por ora ele não tinha necessidade da cooperação de Lassalle. O partido deste era ainda pequeno demais para ser considerado importante. Na morte de Lassalle, o Allgemeine Deutsche Arbeiterverein não tinha muito mais do que 4 mil membros[20].

A agitação de Lassalle não impediu as atividades dos progressistas. Para eles, isso era um incômodo, não um obstáculo. Eles também não tinham nada a aprender com suas doutrinas. Não era novidade para eles que o parlamento prussiano não passava de uma farsa e que o exército era o grande baluarte do absolutismo prussiano. Era exatamente porque sabiam disso que eles lutaram no grande conflito.

A breve carreira demagógica de Lassalle chama a atenção porque, pela primeira vez na Alemanha, as ideias do socialismo e do etatismo apareceram na cena política em oposição ao liberalismo e à liberdade. Lassalle não era ele próprio um nazista, mas foi o mais eminente precursor do nazismo e o primeiro alemão a visar a posição de Führer. Ele rejeitava todos os valores do Iluminismo e da filosofia liberal, mas não ao modo dos apologistas românticos da Idade Média e do legitimismo monarquista. Ele negava esses valores, mas, ao mesmo tempo, prometia realizá-los num sentido mais pleno e mais amplo. O liberalismo, afirmava, "almeja uma liberdade espúria, mas eu vou trazer a verdadeira liberdade". E a verdadeira liberdade significa a onipotência do governo. Não é a polícia que é inimiga da liberdade, mas a burguesia.

E foi Lassalle quem disse as palavras que melhor tipificam o espírito da época que se aproximava: *"O Estado é Deus"*[21].

---

20 ONCKEN, Hermann. *Lassalle*. Stuttgart: F. Frommann, 1904. p. 393.
21 MAYER, Gustav. "Lassalleana. Unbekannte Briefe Lassalles". *Archiv für die Geschichte des Sozialismus und der Arbeiterbewegung*. Volume I (1911), p. 196.

CAPÍTULO II
O TRIUNFO DO MILITARISMO

1 - O EXÉRCITO PRUSSIANO NO NOVO IMPÉRIO ALEMÃO

No fim da tarde de 1º de setembro de 1870, o rei Guilherme I, cercado por uma pomposa corte de príncipes e generais, baixava os olhos de uma clina a sul do rio Meuse para uma batalha que acontecia, quando um oficial trouxe a notícia de que era iminente a capitulação de Napoleão III e de todo o seu exército. Então, o marechal Helmuth von Moltke (1800-1891) virou-se para o conde Falkenberg que, assim como ele, era membro do parlamento do Norte de Alemanha, e disse: *"Bem, caro colega, o que aconteceu hoje resolve o nosso problema militar por bastante tempo".* E Bismarck apertou a mão do maior dos príncipes alemães, o herdeiro do trono de Württemberg [o futuro rei Guilherme II (1848-1921)], e disse: *"O dia de hoje resguarda e fortalece os príncipes alemães e os princípios do conservadorismo"*[22]. Na hora da vitória avassaladora, foram essas as primeiras reações dos principais estadistas da Prússia. Eles triunfaram porque tinham derrotado o liberalismo. Eles não davam a mínima para as palavras de ordem da propaganda oficial: a conquista do inimigo hereditário, a proteção das fronteiras nacionais, a missão histórica da casa de Hohenzollern e da Prússia, a unificação da Alemanha, a Alemanha em primeiro lugar no mundo. Os príncipes tinham derrubado seu próprio povo. Isto apenas lhes parecia importante.

No novo Reich alemão, o imperador — não em sua posição de imperador, mas em sua posição de rei da Prússia — tinha controle total do exército prussiano. Acordos especiais que a Prússia — não o Reich — tinha concluído com 23 dos outros 24 Estados membros do Reich incorparavam as Forças Armadas des-

---

[22] ZIEKURSCH, Johannes. *Politische Geschichte des neuen deutschen Kaiserreichs. Op. cit.*, Vol. I, p. 298.

ses Estados ao exército prussiano. Somente o exército real bávaro manteve alguma independência limitada em tempos de paz, mas, em caso de guerra, também estava submetido ao total controle do imperador. As provisões quanto ao recrutamento e à duração do serviço militar ativo tinham de ser fixadas pelo Reichstag. Era necessário o consentimento parlamentar também para a dotação orçamentária do exército. Porém, o parlamento não tinha influência no gerenciamento de questões militares. O exército era o exército do rei da Prússia, não do povo nem do parlamento. O imperador e rei era o Supremo Senhor da Guerra e comandante-em-chefe. O chefe do Grande Estado-Maior era o primeiro assistente do kaiser na condução de operações. O exército era uma instituição que não estava dentro do aparato da administração civil, mas acima desta. Todo comandante militar tinha o direito e o dever de interferir sempre que achasse que o funcionamento da administração não militar fosse insatisfatório. Apenas ao imperador tinha ele que prestar contas de sua interferência. Certa vez, em 1913, um caso dessa interferência militar que tinha ocorrido em Zabern, levou a um violento debate no parlamento. Porém, o parlamento não tinha jurisdição sobre o assunto e o exército triunfou.

A confiabilidade do exército era inquestionável. Ninguém poderia duvidar que todas as partes das forças poderiam ser usadas para conter rebeliões e revoluções. A mera sugestão de que um destacamento poderia recusar-se a obedecer a uma ordem, ou de que os homens da reserva, convocados ao dever ativo, pudessem ficar de fora, teria sido considerada absurda. A nação alemã tinha mudado de maneira muito impressionante. Depois consideraremos a essência e a causa dessa grande transformação. O principal problema político do fim dos anos 1850 e do começo dos anos 1860, o problema da confiabilidade dos soldados, tinha sumido. Todos os soldados alemães eram, agora, incondicionalmente leais ao Supremo Senhor da Guerra. O exército era um instrumento no qual o kaiser podia confiar. As pessoas de tato eram judiciosas o bastante para não falar explicitamente que esse exército estava pronto para ser usado contra qualquer inimigo doméstico potencial. Porém, para o kaiser Guilherme II (1859-1941), essas inibições eram estranhas. Ele dizia abertamente a seus recrutas que era seu dever disparar contra seus pais, mães, irmãos ou irmãs, caso ele ordenasse. Esses discursos eram criticados na imprensa liberal, porém, os liberais eram impotentes. A lealdade dos soldados era absoluta, ela não dependia mais da duração do serviço ativo. O exército, por si, propôs que a infantaria voltasse a apenas dois anos de serviço ativo. Na discussão dessa lei no parlamento e na imprensa, não havia mais qualquer questionamento da confiabilidade política dos soldados. Todos sabiam que o exército agora era, sem qualquer consideração da duração do serviço ativo, "apolítico e apartidário", isto é, um instrumento dócil e maleável nas mãos do imperador.

O governo e o Reichstag brigavam continuamente por questões militares. Mas questões da utilidade das forças para a perservação do mal disfarçado despotismo imperial nem entravam na discussão. O exército era tão forte e confiável que qualquer tentativa revolucionária poderia ser esmagada em poucas horas. Ninguém no Reich queria iniciar uma revolução. O espírito de resistência e de rebelião tinha sumido. O Reichstag estaria preparado para aceitar qualquer gasto do exército proposto pelo governo se o problema de levantar os fundos necessários não fosse difícil de resolver. No fim das contas, o exército e a marinha sempre obtinham o dinheiro pedido pelo Estado-Maior. Para o aumento das Forças Armadas, considerações financeiras eram um obstáculo menor do que uma carência na oferta de homens que os generais consideravam aptos para comissões de dever ativo. Com a expansão das Forças Armadas, por muito tempo ficou impossível dar comissões apenas a nobres. O número de oficiais não aristocratas crescia constantemente. Porém, os generais só estavam dispostos a admitir nas fileiras de oficiais comissionados os plebeus de "famílias boas e ricas". Os candidatos desse tipo só estavam disponíveis em números limitados. A maior parte dos filhos da classe média superior preferia outras carreiras. Eles não ansiavam por tornar-se oficiais profissionais e ser tratados com desdém pelos colegas aristocratas.

Tanto o Reichstag quanto a imprensa liberal, volta e meia criticavam a política militar do governo também de um ponto de vista técnico. O Estado--Maior opunha-se fortemente a essa interferência civil. Ele negava a todos, exceto ao exército, a compreensão dos problemas militares. Até mesmo Hans Delbrück (1848-1929), eminente historiador da guerra e autor de excelentes dissertações estratégicas, era, para eles, apenas um leigo. Os oficiais reformados que contribuíam para a imprensa de oposição, eram chamados de partidários enviesados. A opinião pública enfim reconheceu a reivindicação de infalibilidade do Estado--Maior e todos os críticos foram silenciados. Claro que os acontecimentos da Primeira Guerra Mundial provaram que esses críticos entendiam melhor os métodos militares do que os especialistas do Estado-Maior.

2 - O militarismo alemão

O sistema político do novo Império Alemão foi chamado de militarismo. O traço característico do militarismo não é o fato de que uma nação tem um exército ou uma marinha poderosos. É o papel primordial atribuído ao exército dentro da estrutura política. Mesmo em tempos de paz o exército é supremo, ele é o fator predominante na vida política. Os súditos devem obedecer ao governo assim como os soldados devem obedecer a seus superiores. Dentro de uma comunidade militarista não existe liberdade, só existe obediência e disciplina[23].

O tamanho das Forças Armadas não é, por si, o fator determinante. Certos países latino-americanos são militaristas, embora seus exércitos sejam pequenos, mal-equipados e incapazes de defender o país contra uma invasão estrangeira. Por outro lado, a França e a Grã-Bretanha, ao final do século XIX, eram não militaristas, embora seus armamentos militares e navais fossem muito fortes.

O militarismo não deve ser confundido com um despotismo imposto por um exército estrangeiro. O domínio austríaco na Itália, apoiado por regimentos austríacos compostos de não italianos, assim como o domínio do czar na Polônia, garantido por soldados russos, eram exemplos desses sistemas de despotismo. Já foi mencionado que no fim da década de 1850 e no começo da década de 1860 do século XIX, as condições na Prússia eram análogas. Porém, com o Império Alemão fundado nos campos de batalha de Königgrätz e de Sedan, as coisas eram diferentes. O Império não empregava soldados estrangeiros. Não era preservado por baionetas, mas pelo consentimento quase unânime dos súditos. A nação aprovava o sistema e, por isso, os soldados eram leais. O povo aquiescia à liderança do "Estado" por considerar esse sistema justo, eficiente e útil. Havia, é claro, quem objetasse, mas essas pessoas eram poucas e impotentes[24].

A deficiência nesse sistema era sua liderança monárquica. Os sucessores de Frederico II não estavam à altura da tarefa que lhes fora confiada. Guilherme I encontrara em Bismarck um chanceler engenhoso. Bismarck era um homem de

---

[23] SPENCER, Herbert. *The Principles of Sociology*. Nem York: D. Appleton and Co., 1897. Vol. III, p. 588.
[24] Qualquer pessoa que deseje familiarizar-se com a mentalidade política dos súditos de Guilherme II pode ler os romances do barão Georg von Ompteda (1863-1931), de Rudolf Herzog (1869-1943), de Walter Bloem (1868-1951) e de autores semelhantes. Era isso que as pessoas gostavam de ler. Alguns desses romances venderam muitas centenas de milhares de exemplares.

estudo e de espírito elevado, um orador brilhante e excelente estilista. Era um diplomata habilidoso e, em todos os aspectos, ultrapassava a maioria da nobreza alemã. Porém, sua visão era limitada. Ele conhecia a vida do campo, os métodos agrícolas primitivos dos junkers prussianos, as condições patriarcais das províncias orientais da Prússia e a vida nas cortes de Berlim e de São Petersburgo. Em Paris, ele conhecera a sociedade da corte de Napoleão. Das tendências intelectuais francesas ele não tinha ideia. Ele sabia pouco do comércio e da indústria alemães e da mentalidade dos empresários e profissionais. Ele não se colocava no caminho de cientistas, de estudiosos e de artistas. Seu credo político era a boa velha lealdade do vassalo de um rei. Em setembro de 1840, ele disse à esposa: *"Não fale mal do rei; ambos somos culpados dessa falta. Mesmo que ele erre e faça besteiras, só devemos falar dele como falamos dos nossos pais, pois juramos fidelidade e lealdade a ele e à sua casa"*. Essa opinião é apropriada para um camareiro real, mas não cabe ao primeiro-ministro de um grande império. Bismarck anteviu os males com os quais a personalidade de Guilherme II ameaçava a nação. Ele estava numa boa posição para familiarizar-se com o caráter do jovem príncipe. Porém, enredado em suas ideias de lealdade e de fidelidade, ele não podia dizer nada para impedir o desastre.

Hoje, as pessoas são injustas com Guilherme II. Ele não estava à altura de suas obrigações. Mas não era pior do que a média de seus contemporâneos. Não foi culpa dele que o princípio monárquico de sucessão o tenha tornado imperador e rei, e que, como imperador alemão e rei da Prússia, ele tivesse que ser autocrata. Não foi o homem que falhou, mas o sistema. Se Guilherme II fosse rei da Grã-Bretanha, não teria sido possível para ele fazer as grandes bobagens que não pôde evitar como rei da Prússia. Foi devido à fragilidade do sistema que que ele nomeou bajuladores incompetentes como generais e ministros. Você pode dizer que foi azar. Afinal, Bismarck e o velho Moltke também eram cortesãos. Embora o vitorioso marechal-de-campo tenha servido ao exército como jovem oficial, boa parte de sua carreira foi passada na corte. Entre outros, ele foi por muitos anos o acompanhante de um príncipe real que vivia doente e isolado em Roma e que morreu ali. Guilherme II tinha muitas fraquezas humanas, mas eram as qualidades que precisamente o desacreditavam junto aos prudentes que o tornavam popular perante a maior parte da nação. Sua ignorância boçal de questões políticas o tornava simpático aos súditos, que eram tão ignorantes quanto ele e compartilhavam seus preconceitos e ilusões.

Num Estado moderno, a monarquia hereditária pode funcionar satisfatoriamente somente onde há uma democracia parlamentar. O absolutismo — e, ainda mais, o absolutismo disfarçado com uma constituição fantasma e um parlamento impotente — exige qualidades do governante que nenhum mortal jamais terá. Guilherme II fracassou com Nicolau II e, ainda antes, com os Bourbon. O absolutismo não foi abolido, ele simplesmente desabou.

O colapso da autocracia deveu-se não apenas ao fato de que os monarcas careciam de capacidade intelectual. O governo autocrático de uma grande nação moderna joga sobre o governante uma quantidade de trabalho que ultrapassa a capacidade de qualquer homem. No século XVIII, Frederico Guilherme I e Frederico II ainda conseguiam fazer todo o trabalho administrativo com algumas horas de labuta diária. Ainda lhes sobrava tempo livre o suficiente para seus *hobbies* e para o prazer. Seus sucessores não apenas eram menos dotados, como também eram menos diligentes. A partir da época de Frederico Guilherme II (1744-1797), não era mais o rei que governava, mas seus favoritos. O rei ficava cercado por uma hoste de cavalheiros e damas dedicados a intrigas. Quem quer que tivesse sucesso naquelas tramas e rivalidades obtinha o controle do governo até que outro sicofanta o suplantasse.

A camarilha também era suprema no exército. Frederico Guilherme I tinha organizado as forças ele mesmo. Seu filho Frederico II as comandara pessoalmente em grandes campanhas. Aqui, também, seus sucessores mostraram-se inadequados. Eram maus organizadores e generais incompetentes. O chefe do Grande Estado-Maior, que nominalmente era só o assistente do rei, na prática tornou-se o comandante-em-chefe. Ninguém reparou na mudança por muito tempo. Ainda na guerra de 1866, muitos generais de alta patente não sabiam que as ordens que tinham de obedecer não emanavam do rei, mas do general von Moltke.

Frederico II devia seus sucessos militares em grande medida ao fato de que os exércitos austríaco, francês e russo que combatera não eram comandados por seus soberanos, mas por generais. Frederico concentrava em suas mãos toda a força militar, política e econômica de seu reino — claro que comparativamente pequeno. Somente ele dava ordens. Os comandantes dos exércitos de seus adversários tinham apenas poderes limitados. Sua posição era dificultada pelo fato de que seus deveres o mantinham à distância das cortes de seus soberanos. Enquanto ficavam com seus exércitos no campo, seus rivais continuavam fazendo intrigas na corte. Frederico podia aventurar-se em ousadas operações cujo resultado era incerto. Ele não precisava explicar suas ações para ninguém, só para si mesmo. Os generais inimigos sempre temiam cair na desgraça com seus monarcas. Almejavam dividir a responsabilidade com os outros para desculpar-se em caso de derrota. Convocavam seus generais subordinados para um conselho de guerra e procuravam justificativas para suas resoluções. Quando recebiam ordens claras de um soberano, que lhes eram sugeridas ou por um conselho de guerra que deliberava longe do campo de operações ou por um ou por vários membros da hoste de intrigantes preguiçosos, sentiam-se confortáveis. Executavam a ordem mesmo quando estavam convencidos de que ela não era expediente. Frederico estava plenamente ciente da vantagem oferecida pela concentração da responsabilidade indivisa em um só comandante. Ele nunca convocou um conselho de guerra. Várias e várias vezes proibiu os generais — sob pena de morte — de convocar um desses conselhos. Num conselho de guerra, dizia, a facção mais tímida sempre prevalece. Um conselho de guerra é cheio de ansiedade, porque é prosaico demais[25]. Essa doutrina tornou-se, como todas as opiniões do rei Frederico, um dogma para o exército prussiano. O velho Moltke ficava irado quando alguém dizia que o rei Guilherme convocava um conselho de guerra em suas campanhas. O rei, declarou, ouviria as propostas do chefe do Estado-Maior e depois decidiria. Sempre tinha sido assim.

Na prática, esse princípio resultou no comando absoluto do chefe do Grande Estado-Maior que, é claro, era nomeado pelo rei. Não Guilherme I, mas Helmuth von Moltke liderou os exércitos nas campanhas de 1866 e de 1870-1871. Guilherme II costumava declarar que, em caso de guerra, comandaria em pessoa seus exércitos e que só precisava de um chefe de Estado-Maior em tempo de paz. Porém, quando irrompeu a Primeira Guerra Mundial, essa fanfarronice foi esquecida. O sobrinho de Helmuth von Moltke, um cortesão sem qualquer conhecimento ou capacidade militar, tímido e irresoluto, doente e nervoso, adepto da duvidosa teosofia de Rudolph Steiner (1861-1925), liderou o exército alemão na derrota do Marne e depois, caiu. O ministro da Guerra, Erich von Falkenhayn (1861-1922), preencheu espontaneamente a lacuna e o kaiser, em sua apatia, consentiu. Logo, Erich Ludendorff (1865-1937) começou a tramar contra Falkenhayn. Maquinações espertamente organizadas forçaram o imperador, em 1916, a trocar Erich von Falkenhayn por Paul von Hindenburg (1847-1934). Porém, o verdadeiro comandante-em-chefe era agora Ludendorff, que nominalmente era apenas o primeiro assistente de Hindenburg.

A nação alemã, enviesada pelas doutrinas do militarismo, não percebia que era o sistema que tinha falhado. Eles costumavam dizer: faltava-nos "apenas" o homem certo. Se Alfred von Schlieffen (1833-1913) não tivesse morrido tão

---

[25] DELBRÜCK, Hans. *Geschichte der Kriegskunst*. Berlim: Stilke, 1920-1923. Parte IV, p. 434ss.

cedo! Foi criada uma lenda em torno da personalidade desse falecido chefe do Estado-Maior. Seu bom plano tinha sido posto desajeitadamente em prática por seu sucessor incompetente. Se apenas os dois corpos de exército que Moltke tinha inutilmente despachado para a fronteira russa estivessem disponíveis no Marne! Naturalmente, o Reichstag também era considerado culpado. Não se mencionava o fato de que o Parlamento nunca resistira de verdade às propostas do governo quanto a alocações para o exército. O tenente-coronel Richard Hentsch (1869-1918), em particular, foi feito de bode expiatório. Esse oficial, afirmava-se, tinha ultrapassado seus poderes, talvez fosse traidor. Porém, se Hentsch era mesmo responsável pela ordem de retirada, então deveria ser considerado o homem que salvou o exército alemão de ser aniquilado por ter sua ala direita cercada. A fábula de que se não fosse a intereferência de Hentsch os alemães teriam sido vitoriosos no Marne pode facilmente ser descartada.

Não há dúvida de que os comandantes do exército e da marinha alemães não estavam à altura de suas funções. Porém, as limitações dos generais e dos almirantes — e, igualmente, dos ministros e diplomatas — devem ser atribuídas ao sistema. Um sistema que coloca homens incapazes no topo é um mau sistema. Não há como dizer se Schlieffen teria tido mais sucesso. Ele nem teve a oportunidade de comandar tropas em ação, morreu antes da guerra. Porém, uma coisa é certa: os "exércitos parlamentares" da França e da Grã-Bretanha, na época tinham comandantes que os levaram à vitória. O exército do rei da Prússia não teve a mesma felicidade.

De acordo com as doutrinas do militarismo, o chefe do Grande Estado--Maior se considerava o primeiro servo do imperador e rei, e exigia a subordinação do chanceler. Esses direitos já tinham levado a conflitos entre Bismarck e Moltke. Bismarck pedia que o comandante supremo ajustasse sua conduta a considerações de política externa; Moltke rejeitava francamente essas pretensões. O conflito permaneceu sem solução. Na Primeira Guerra Mundial, o comandante supremo tornou-se onipotente. O chanceler foi, de fato, rebaixado a uma posição inferior. O kaiser retivera apenas suas funções cerimoniais e sociais. Hindenburg, seu chefe do Estado-Maior, era um homem sem estofo. Ludendorff, o primeiro quartel-mestre general, tornou-se, na prática, ditador onipotente. Ele poderia ter permanecido nessa posição a vida toda se Foch não o tivesse derrotado.

Essa evolução demonstra claramente a inviabilidade do absolutismo hereditário. O absolutismo monárquico resulta no domínio de um *major-domo*, de um *shogun*, de um *duce*.

3 - Os liberais e o militarismo

A câmara inferior do parlamento prussiano, a *Abgeordnetenhaus*, baseava-se no voto universal. Os cidadãos de cada região eram divididos em três classes, cada uma das quais escolhia o mesmo número de eleitores para a eleição final, na qual o representante parlamentar daquele eleitorado era eleito. A primeira classe era formada pelos residentes adultos do sexo masculino que pagavam os impostos mais altos e que, juntos, contribuíam com um terço do total de tributos recolhidos no distrito. A segunda classe era formada por aqueles que, juntos, contribuíam com o segundo terço e a terceira classe, pelos que, juntos, contribuíam com o terceiro terço. Assim, os cidadãos mais ricos tinham mais peso do que os mais pobres de sua região. As classes médias predominavam na disputa. Para o Reichstag da Federação do Norte Alemão e, depois, para a do Reich, essa discriminação não foi aplicada. Todo homem adulto votava diretamente na eleição de onde saía o representante da região. O voto não era apenas universal, mas igualitário e direto. Assim, as camadas mais pobres da nação tinham mais influência política. O objetivo de Lassalle e de Bismarck era enfraquecer, com esse sistema eleitoral, o poder do Partido Liberal. Os liberais estavam plenamente cientes de que o novo método eleitoral por algum tempo minaria sua força parlamentar. Porém, eles não estavam preocupados com isso. Eles percebiam que a vitória do liberalismo só poderia ser obtida com um esforço da nação inteira. O importante era não ter uma maioria de liberais na câmara, mas ter uma maioria liberal no povo e, assim, no exército. Na *Abgeordnetenhaus* prussiana, os progressistas eram em maior número do que os amigos do governo. Mesmo asssim, o liberalismo era impotente, pois o rei ainda podia confiar na lealdade da maior parte do exército. Era necessário trazer para as fileiras do liberalismo aquelas massas retrógradas ignorantes cuja indiferença política era a proteção do absolutismo. Só então nasceria a aurora do governo popular e da democracia.

Os liberais, portanto, não temiam que o novo sistema eleitoral fosse adiar ou colocar em grave risco sua inexorável vitória final. As perspectivas para o futuro imediato não eram muito tranquilizadoras, mas as expectativas de longo prazo eram excelentes. Bastava olhar para a França. Naquele país, um autocrata também tinha fundado seu despotismo na lealdade do exército e no voto universal e igualitário. Agora, porém, aquele César fora esmagado e a democracia tinha triunfado.

Os liberais não tinham muito medo do socialismo. Os socialistas tinham obtido algum sucesso. Agora, porém, podia-se esperar que trabalhadores sensatos logo descobrissem a inviabilidade das utopias socialistas. Por que os assalariados cujo padrão de vida melhorava a cada dia seriam iludidos por demagogos que — como sussurravam os rumores — estavam na folha de pagamento de Bismarck?

Foi só depois que os liberais se deram conta da mudança que estava acontecendo na mentalidade da nação. Durante muitos anos eles acreditaram que aquele era apenas um recuo temporário, um breve incidente reacionário que fatidicamente desapareceria muito em breve. Para eles, cada defensor das novas ideologias ou estava equivocado ou era um renegado. Porém, os números desses apóstatas aumentavam. A juventude não entrava mais no Partido Liberal. Os antigos combatentes do liberalismo se cansavam. A cada nova campanha eleitoral, suas fileiras ficavam mais escassas. A cada ano, o sistema reacionário que eles odiavam ficava mais poderoso. Alguns homens fiéis ainda se apegavam às ideias de liberdade e de democracia, lutando galantemente contra os ataques unidos ao liberalismo da direita e da esquerda. Porém, tratava-se de um pelotão desamparado. Entre os nascidos depois da batalha de Königgrätz, quase ninguém se filiou ao partido do liberalismo. Os liberais começaram a morrer. A nova geração nem conhece o sentido dessa palavra.

4 - A EXPLICAÇÃO ATUAL PARA O SUCESSO DO MILITARISMO

No mundo inteiro, a vitória avassaladora do militarismo alemão é interpretada de acordo com as lendas desenvolvidas pela propaganda dos sociais-democratas alemães. Os socialistas afirmam que a burguesia alemã abandonou os princípios da liberdade e, assim, traiu o "povo". Com base no materialismo histórico marxista, teorias absurdas a respeito da essência e do desenvolvimento do imperialismo foram inventadas. O capitalismo, dizem, resultará inevitavelmente em militarismo, em imperialismo, em guerras sangrentas, em fascismo e em nazismo. As finanças e as grandes empresas levaram a civilização à beira da destruição. O marxismo tem a tarefa de salvar a humanidade.

Essas interpretações não resolvem o problema. De fato, elas tentam deliberadamente tirá-lo de vista. No começo da década de 1860, havia na Alemanha, entre as pessoas politizadas, alguns defensores do absolutismo dinástico, do militarismo e do governo autoritário que se opunham fortemente à transição para o liberalismo, para a democracia e para o governo popular. Essa minoria consistia, principalmente, nos príncipes e seus cortesãos, na nobreza, nos oficiais comissionados de patentes mais altas e alguns servidores civis. Porém, a grande maioria da burguesia, dos intelectuais e dos membros politizados das camadas mais pobres da população eram decididamente liberais e queriam um governo parlamentar, segundo o modelo britânico. Os liberais acreditavam que a educação política progrediria rapidamente. Eles estavam convencidos que cada cidadão que abandonasse a indiferença política e se familiarizasse com questões políticas apoiaria sua posição em questões constitucionais. Estavam plenamente cientes de que alguns desses homens recém-politizados não se juntariam a suas fileiras. Era de esperar que os católicos, os poloneses, os dinamarqueses e os alsacianos formassem seus próprios partidos. Porém, esses partidos não apoiariam as pretensões do rei. Os católicos e os não alemães teriam de apoiar o parlamentarismo num Reich predominantemente protestante e alemão.

A politização do país inteiro aconteceu mais rápido do que os liberais previam. Ao final da década de 1870, o povo inteiro estava inspirado por interesses e até por paixões políticas e participava com ardor de atividades políticas. Porém, as consequências foram radicalmente diversas em relação àquelas que os liberais esperavam. O Reichstag não questionava com zelo o absolutismo mal disfarçado, não levantava a questão constitucional, só vivia de conversas ociosas. E, muito mais importante: os soldados, agora recrutados de uma nação completamente politizada, tornaram-se tão incondicionalmente confiáveis que qualquer dúvida a respeito de sua disposição de lutar pelo absolutismo contra um inimigo doméstico era considerada absurda.

As perguntas a serem respondidas não são: por que os banqueiros, os empreendedores e os capitalistas ricos abandonaram o liberalismo? Por que os professores, os médicos e os advogados não montaram barricadas? Antes, devemos perguntar: por que a nação alemã deu ao Reichstag membros que não aboliram o absolutismo? Por que o exército, formado em grande parte por homens que votaram nos socialistas ou nos católicos, era incondicionalmente leal a seus comandantes? Como podiam os partidos antiliberais, dentre os quais se destacavam os social-democratas, reunir milhões de votos enquanto os grupos que permaneciam fiéis aos princípios do liberalismo perdiam cada vez mais apoio popular? Por que os milhões de eleitores socialistas que ficavam de conversa revolucionária aceitavam o governo de príncipes e de cortes?

Dizer que as grandes empresas tinham algumas razões para apoiar o absolutismo dos Hohenzollern ou que os mercadores e armadores hanseáticos simpatizavam com o aumento da marinha não é uma resposta satisfatória a essas questões. A grande maioria da nação alemã consistia em assalariados, em artesãos, em donos de pequenas lojas e de pequenos agricultores. Esses homens determinaram o resultado das eleições, seus representantes estavam no parlamento e eles preenchiam as fileiras do exército. Não têm o menor sentido as tentativas de explicar a mudança na mentalidade do povo alemão demonstrando-se que os interesses de classe da burguesia rica fizeram com que ele ficasse reacionário, sejam elas infantis como a lenda do "prato de ferro"[26] ou sofisticadas como as teorias marxistas a respeito do imperialismo.

---

[26] A "*Panzerplatten-doctrine*" afirmava que o militarismo alemão e a tendência a aumentar as Forças Armadas alemãs deviam-se a maquinações das indústrias pesadas, sequiosas para aumentar seus lucros.

PARTE 3

NACIONALISMO

CAPÍTULO III
Etatismo

1 - A nova mentalidade

O acontecimento mais importante na história dos últimos séculos é a substituição do liberalismo pelo etatismo. O etatismo aparece em duas formas: socialismo e intervencionismo. Ambas têm em comum o objetivo de subordinar incondicionalmente o indivíduo ao Estado, o aparato social de compulsão e de coerção.

O etatismo, assim como o liberalismo em seus primeiros dias, também teve origem na Europa Ocidental e só depois chegou à Alemanha. Já foi dito que as raízes alemãs autóctones do etatismo poderiam ser encontradas na utopia socialista de Johann Gottlieb Fichte (1762-1814) e nos ensinamentos sociológicos de Schelling e de Georg Wilhelm Friedrich Hegel (1770-1831). Porém, as dissertações desses filósofos eram tão alheias aos problemas e às tarefas das políticas sociais e econômicas que não podiam influenciar diretamente as questões políticas. Que utilidade poderia a política prática tirar da afirmação de Hegel:

> O Estado é a atualidade da ideia ética. Ele é a mente ética qua vontade substancial manifesta e revelada a si própria, e pensando a si própria, realizando aquilo que conhece e na medida em que conhece?

Ou de seu dito:

> O Estado é absolutamente racional na medida em que é a atualidade da vontade substancial, a qual ele tem na autoconsciência particular assim que essa consciência foi elevada à consciência de sua universalidade"[27]?

---

27 HEGEL, Georg W. F. *Philosophy of Right*. Trad. T. M. Knox. Oxford: Oxford University Press, 1942, p. 155-156.

O etatismo atribui ao Estado a tarefa de guiar os cidadãos e de mantê-los sob tutela. Ele busca restringir a liberdade de ação do indivíduo. Busca moldar seu destino e investir somente o governo de iniciativa. Ele chegou à Alemanha vindo do ocidente[28]. Claude-Henri de Rouvroy (1760-1825), o conde de Saint-Simon, Robert Owen (1771-1858), Carles Fourier (1772-1837), Constantin Pecqueur (1801-1887), Jean de Sismondi (1773-1842), Auguste Comte (1798-1857) lançaram suas bases. Lorenz von Stein (1815-1890) foi o primeiro autor a trazer aos alemães informações abrangentes a respeito dessas novas doutrinas. O aparecimento em 1842 de seu livro *Der Sozialismus und Communismus des heutigen Frankreich* [*Socialismo e Comunismo na França Contemporânea*] foi o mais importante acontecimento do socialismo alemão pré-marxista. Os elementos da interferência governamental nas empresas, na legislação trabalhista e no sindicalismo[29] também chegaram à Alemanha vindos do ocidente. Nos Estados Unidos, Friedrich List (1789-1846) familiarizou-se com as teorias protecionistas de Alexander Hamilton (1755-1804).

O liberalismo tinha ensinado os intelectuais alemães a absorver as ideias políticas ocidentais com temor reverencial. Agora, pensavam eles, o liberalismo já tinha sido sobrepujado, a interferência governamental nas empresas tinha substituído a antiquada ortodoxia liberal e resultaria inexoravelmente em socialismo. Aquele que não quisesse parecer retrógrado tinha de tornar-se "social", isto é, ou intervencionista ou socialista. Ideias novas só têm sucesso após algum lapso temporal. Foram necessários anos antes que elas chegassem à camada mais ampla dos intelectuais. *Das nationale System der politischen Ökonomie* [*Sistema Nacional de Economia Política*], de List, foi publicado em 1841, alguns meses antes do livro de Stein. Em 1848, Karl Marx (1818-1883) e Friedrich Engels (1820-1895) publicaram o *Manifesto do Partido Comunista*. Em meados da década de 1860, o prestígio do liberalismo começou a derreter. Muito rapidamente as aulas de Filosofia, de História e de Direito nas universidades começaram a representar a caricatura do liberalismo. Os cientistas sociais superavam-se na crítica emotiva do livre-comércio e do *laissez-faire* britânicos. Os filósofos falavam mal da ética "de corretor" do utilitarismo, da superficialidade do iluminismo e da negatividade da

---

28 HAYEK, Friedrich August von. "The Counter-Revolution of Science". *Economica*, VIII, p. 9-36, 119-50, 281-330.
29 WEBER, Adolf. *Der Kampf zwischen Kapital und Arbeit*. Tübingen: J. C. B. Mohr, 4ª ed. 1921. p. 68. O autor diz muito corretamente ao lidar com o sindicalismo alemão: *"A forma e o espírito* [...] *vieram de fora"*.

noção de liberdade. Os advogados demonstravam o paradoxo de instituições democráticas e parlamentares. E os historiadores discutiam a decadência moral e política da França e da Grã-Bretanha. Por outro lado, os alunos eram ensinados a admirar o "reino social dos Hohenzollern", de Frederico Guilherme I, o "nobre socialista", a Guilherme I, o grande kaiser da seguridade social e da legislação trabalhista. Os sociais-democratas desprezavam a "plutodemocracia" ocidental e a "pseudoliberdade" e ridicularizam os ensinamentos da "economia burguesa".

O entediante pedantismo dos professores e a oratória inflamada dos sociais-democratas não conseguiram impressionar as pessoas que tinham senso crítico. A elite foi conquistada para o etatismo por outros homens. Da Inglaterra vinham as ideias de Thomas Carlyle (1795-1881), de John Ruskin (1819-1900) e dos fabianos. Da França vinha o solidarismo. As igrejas de todos os credos juntaram-se ao coro. Romances e peças propagavam a nova doutrina do Estado. George Bernard Shaw (1856-1950) e H. G. Wells (1866-1946), Friedrich Spielhagen (1829-1911), Gerhart Hauptmann (1862-1946) e vários outros autores menos talentosos contribuíram para a popularidade do etatismo.

2 - O Estado

O Estado é, essencialmente, um aparato de compulsão e de coerção. O traço característico de suas atividades é compelir as pessoas por meio da aplicação da ameaça de força a agir de maneira diferente daquela como gostariam de agir.

Porém, nem todo aparato de compulsão e de coerção é chamado de Estado. Uma gangue de ladrões que por causa da comparativa fraqueza de suas forças não tem perspectiva de resistir com sucesso por período nenhum às forças de outra organização, não tem o direito de ser chamada de Estado. O Estado ou esmaga ou tolera essa gangue. No primeiro caso, a gangue não é um Estado porque sua independência subsiste apenas por um breve período; no segundo caso, não é um Estado porque não se sustenta com sua própria força. As gangues do *pogrom* na Rússia imperial não eram um Estado porque só podiam matar e pilhar graças à conivência do governo.

Essa restrição da noção do Estado leva diretamente aos conceitos de território estatal e de soberania. Sustentar-se com sua própria força supõe que exista um espaço na superfície da Terra onde a operação do aparato não seja restringida pela intervenção de outra organização. Esse espaço é o território do Estado. A soberania (*suprema potestas*, poder supremo) significa que a organização fica de pé sozinha. Um Estado sem soberania é uma contradição em termos.

O complexo total de regras, segundo as quais os que estão no leme valem-se de compulsão e de coerção, é chamado de "lei". Porém, o traço característico do Estado não está nessas regras em si, mas na aplicação ou na ameaça de violência. Um Estado cujos chefes reconhecem apenas uma regra, a regra de fazer o que quer que pareça conveniente a seus olhos naquele momento, é um Estado sem lei. Não faz a menor diferença se esses tiranos são "benevolentes".

O termo "lei" é usado também num segundo sentido. Chamamos de lei internacional o complexo de acordos que os Estados soberanos concluíram expressa ou tacitamente quanto a suas relações mútuas. Porém, não é essencial para a condição de Estado de uma organização que outros Estados reconheçam sua existência por meio da conclusão desses acordos. É o fato da soberania dentro de um território que é essencial, não as formalidades.

As pessoas que cuidam do aparato estatal podem assumir outras funções, deveres e atividades. O governo pode possuir e operar escolas, ferrovias, hospitais e orfanatos. Essas atividades são apenas acessórias à concepção de um Estado. Quaisquer que sejam as outras funções que assuma, o Estado é sempre caracterizado pelo exercício da compulsão e da coerção.

Sendo a natureza humana como é, o Estado é uma instituição necessária e indispensável. O Estado, se devidamente administrado, é a fundação da sociedade, da cooperação e da civilização humanas. É o mais benéfico e mais útil instrumento dos esforços do homem para promover a felicidade e o bem-estar humanos. Mas é apenas um instrumento e um meio, não o objetivo último. Ele não é Deus. É apenas compulsão e coerção. É o poder de polícia.

Foi necessário que eu me detivesse nesses truísmos porque as mitologias e a metafísica do etatismo conseguiram envolvê-los em mistério. O Estado é uma instituição humana, não um ser super-humano. Quem diz "Estado", diz coerção e compulsão. Quem diz: "Deveria haver uma lei para isso", diz: os homens armados do governo deveriam obrigar as pessoas a fazer o que não querem fazer ou a não fazer o que querem. Quem diz: "Esta lei deveria ser melhor aplicada", quer dizer: a polícia deveria obrigar as pessoas a obedecer esta lei. Quem diz: "O Estado é Deus", deifica armas e prisões. O culto do Estado é o culto da força. Não existe ameaça mais perigosa à civilização do que um governo de homens incompetentes, corruptos ou vis. Os piores males que a humanidade já teve de suportar foram infligidos por governos maus. O Estado pode ser e muitas vezes foi, ao longo da história, a principal fonte de maldades e de desastres.

O aparato da compulsão e da coerção é sempre operado por homens mortais. Muitas vezes aconteceu de os governantes terem superado seus contemporâneos e seus concidadãos tanto em competência quanto em justiça. Mas também há vastas evidências históricas do contrário. A tese do etatismo que os membros do governo e seus assistentes são mais inteligentes do que o povo e que conhecem o que é bom para o indivíduo melhor do que o próprio indivíduo, é puramente sem sentido. Os *führers* e os *duces* não são nem Deus, nem vigários de Deus.

As características essenciais do Estado e do governo não dependem de sua estrutura e condição particulares. Estão presentes tanto em governos despóticos quanto nos democráticos. A democracia também não é divina. Depois trataremos dos benefícios que a sociedade tira do governo democrático. Porém, por maiores que sejam essas vantagens, nunca se deve esquecer que as maiorias não estão menos expostas ao erro e à frustração do que reis e ditadores. Um fato a ser considerado verdadeiro pela maioria não prova sua verdade. Uma política ser considerada conveniente pela maioria não prova sua conveniência. Os indivíduos que formam a maioria não são deuses e suas conclusões conjuntas não são necessariamente divinas.

3 - As doutrinas sociais e políticas do liberalismo

Existe uma escola de pensamento que ensina que a cooperação social dos homens poderia ser atingida sem compulsão ou coerção. O anarquismo acredita que seria possível estabelecer uma ordem social em que todos os homens reconheceriam as vantagens a tirar da cooperação e estariam dispostos a fazer voluntariamente tudo o que é exigido pela manutenção da sociedade e a renunciar voluntariamente a todas as ações nocivas à sociedade. Porém, os anarquistas negligenciam dois fatos. Existem pessoas cujas capacidades mentais são tão limitadas que não conseguem apreender todos os benefícios que a sociedade lhes proporciona. E há pessoas cuja carne é tão fraca que elas não conseguem resistir à tentação de buscar vantagens pessoais por meio de ações nocivas à sociedade. Uma sociedade anárquica ficaria à mercê de cada indivíduo. Pode-se conceder que todo adulto são é dotado da faculdade de perceber o bem da cooperação social e de agir de acordo com ela. Porém, não há dúvida de que crianças, idosos e insanos existem. Podemos concordar que aquele que age de maneira antissocial deveria ser considerado doente mental e necessitado de cura. Porém, enquanto nem todos estão curados, e enquanto houver crianças e idosos, é preciso que haja provisões para que eles não destruam a sociedade.

O liberalismo difere radicalmente do anarquismo. Ele não tem nada em comum com as ilusões absurdas dos anarquistas. Precisamos enfatizar isso porque os etatistas às vezes tentam descobrir uma semelhança. O liberalismo não é tolo a ponto de querer a avolição do Estado. Os liberais reconhecem plenamente que não poderia haver cooperação social nem civilização sem alguma compulsão e coerção. Cabe ao governo proteger o sistema social contra os ataques daqueles que planejam ações nocivas à sua manutenção e operação.

O ensinamento essencial do liberalismo é que a cooperação social e a divisão de trabalho só podem acontecer num sistema de propriedade privada dos meios de produção, isto é, dentro de uma sociedade de mercado ou capitalismo. Todos os demais princípios do liberalismo — a democracia, a liberdade pessoal do indivíduo, a liberdade de expressão e de imprensa, a tolerância religiosa, a paz entre as nações — são consequências desse postulado básico. Eles só podem realizar-se dentro de uma sociedade baseada na propriedade privada.

Desde esse ponto de vista, o liberalismo atribui ao Estado a tarefa de proteger as vidas, a saúde, a liberdade e a propriedade de seus súditos contra a violência ou contra a agressão fraudulenta.

O liberalismo almejar a propriedade privada dos meios de produção supõe que ele rejeita a propriedade pública dos meios de produção, isto é, o socialismo. O liberalismo, portanto, objeta contra a socialização dos meios de produção. É ilógico dizer, como dizem muitos etatistas, que o liberalismo é hostil ao Estado ou que o odeia por ser contrário à transferência da propriedade das ferrovias ou das fábricas de algodão para o Estado. Se um homem diz que o ácido sulfúrico não é um bom creme para as mãos, ele não está expressando hostilidade ao ácido sulfúrico enquanto tal, está apenas dando sua opinião quanto às limitações de seu uso.

Não cabe a este estudo determinar se o programa do liberalismo ou do socialismo é mais adequado para a realização dos objetivos comuns a todos os esforços políticos e sociais, isto é, a realização da felicidade e do bem-estar humanos. Estamos apenas rastreando o papel desempenhado pelo liberalismo e pelo antiliberalismo — seja socialista ou intervencionista — na evolução que resultou no estabelecimento do totalitarismo. Podemos, portanto, nos contentar com breves esboços dos contornos do programa social e político do liberalismo e de seu funcionamento.

Numa ordem econômica baseada na propriedade privada dos meios de produção, o mercado é o ponto focal do sistema. O funcionamento do mecanismo de mercado obriga os capitalistas e os empreendedores a produzir de modo a satisfazer as necessidades dos consumidores da melhor maneira e com menor custo permitidos pela quantidade e pela qualidade dos recursos materiais e de capacidade humana disponíveis. Se não estiverem à altura desse desafio, se produzirem bens de má qualidade, ou caros demais, ou que não sejam aqueles que os consumidores demandam com maior urgência, eles sofrem perdas. A menos que mudem de método para satisfazer melhor as necessidades dos consumidores, acabarão sendo derrubados de suas posições de capitalistas e de empreendedores. Outras pessoas mais capacitadas para atender o consumidor vão substituí-los. Na sociedade de mercado, o funcionamento do mecanismo de preços torna os consumidores supremos. Eles determinam, por meio dos preços que pagam, e pela quantidade de suas compras, tanto a quantidade quanto a qualidade da produção. Determinam diretamente os peços dos bens de consumo e, assim, indiretamente, os preços de todos os fatores materiais de produção e os salários de todas as mãos empregadas.

Dentro da sociedade de mercado, todos servem todos os seus concidadãos e são servidos por eles. Trata-se de um sistema de troca mútua de bens e de serviços, de um dar e receber mútuo. Nesse mecanismo de rotação infinda, os empreendedores e os capitalistas são os servos dos consumidores. Os consumidores são os senhores, a cujos caprichos os empreendedores e os capitalistas precisam ajustar seus investimentos e métodos de produção. O mercado escolhe os empreendedores e os capitalistas e os remove assim que fracassam. O mercado é uma democracia em que cada centavo vale um direito ao voto e onde as eleições acontecem todos os dias. Fora do mercado está o aparato social de compulsão e coerção e seus guias, o governo. Para Estado e governo, atribui-se o dever de manter a paz doméstica e exterior, pois somente na paz o sistema econômico pode realizar seus fins a plena satisfação das necessidades e carências humanas.

Porém, quem comandará o aparato de compulsão e de coerção? Em outras palavras, quem governará? Uma das intuições fundamentais do pensamento liberal é que o governo se baseia na opinião e que, portanto, no longo prazo, ele não poderá subsistir se os homens que o formam e os métodos que aplicam não forem aceitos pela maioria dos governados. Se a condução dos assuntos políticos não lhes é adequada, os cidadãos enfim conseguirão retirar o governo por meio de ações violentas e substituirão os governantes por homens considerados mais competentes. Os governantes são sempre minoria. Não podem ficar no cargo se a maioria está determinada a removê-los. A revolução e a guerra civil são o remédio definitivo para o governo impopular. Em nome da paz doméstica, o liberalismo almeja o governo democrático. A democracia, portanto, não é uma instituição revolucionária. Pelo contrário, ela é o meio de impedir revoluções. A democracia é um sistema que proporciona o ajuste pacífico do governo à vontade da maioria. Quando os homens no poder e seus métodos deixam de agradar a maior parte da nação, eles serão — nas eleições seguintes — eliminados e trocados por outros homens e por outro sistema. A democracia almeja proteger a paz dentro do país e entre os cidadãos.

O objetivo do liberalismo é a cooperação pacífica de todos os homens. Ele também visa a paz entre as nações. Quando há propriedade privada dos meios de produção por toda parte e quando as leis, os tribunais e a administração tratam estrangeiros e cidadãos nos mesmos termos, o traçado das fronteiras dos países não tem muita importância. Ninguém pode tirar lucro nenhum da conquista, mas muitos podem sofrer perdas com o combate. A guerra não compensa mais, não há motivo para a agressão. A população de cada território tem a liberdade de determinar a qual Estado deseja pertencer ou se prefere estabelecer seu próprio Estado. Todas as nações podem coexistir em paz, porque nação nenhuma está preocupada com o tamanho de seu Estado.

Este, é claro, é um apelo bastante frio e desapaixonado por paz e democracia. É o resultado de uma filosofia utilitarista. É algo tão distante da mitologia mística do direito divino dos reis quanto da metafísica do direito natural e dos direitos naturais e imprescritíveis do homem. É algo baseado em considerações de utilidade comum. Liberdade, democracia, paz e propriedade privada são consideradas boas porque são os melhores meios de promover a felicidade e o bem-estar humanos. O liberalismo quer garantir ao homem uma vida sem medo e sem necessidades. Eis tudo.

Por volta de meados do século XIX, os liberais estavam convencidos de que estavam prestes a realizar seus planos. Foi uma ilusão.

4 - Socialismo

O socialismo almeja um sistema social baseado na propriedade pública dos meios de produção. Numa comunidade socialista, todos os recursos materiais são possuídos e operados pelo governo. Isso supõe que o governo é o único empregador e que ninguém pode consumir mais do que o governo determina. O termo "socialismo estatal" é um pleonasmo; o socialismo é sempre e necessariamente socialismo estatal. Hoje em dia, o planejamento é um sinônimo popular do socialismo. Até 1917, comunismo e socialismo costumavam ser usados como sinônimos. O documento fundamental do socialismo marxista, que todos os partidos socialistas unidos nas várias Associações Internacionais de Trabalhadores consideravam e ainda consideram o evangelho eterno e inalterável do socialismo, intitula-se *Manifesto do Partido Comunista*. Desde a ascensão do bolchevismo russo, a maioria das pessoas diferencia comunismo de socialismo. Porém, essa diferenciação refere-se apenas a táticas políticas. Os comunistas e socialistas de hoje discordam apenas quanto aos métodos aplicados para a consecução de fins comuns a ambos.

Os socialistas marxistas alemães chamavam seu partido de social-democrata. Acreditava-se que o socialismo era compatível com o governo democrático — de fato, que o programa da democracia só poderia ser plenamente realizado dentro de uma comunidade socialista. Na Europa Ocidental e nos Estados Unidos, essa opinião ainda é comum. Apesar de toda a experiência que os acontecimentos desde 1917 ofereceram, muitos aferraram-se obstinadamente à crença de que a verdadeira democracia e o verdadeiro socialismo são idênticos. A Rússia, o país clássico da opressão ditatorial, é considerada democrática porque é socialista.

Porém, o amor dos marxistas pelas instituições democráticas era apenas um estratagema, uma piedosa fraude para enganar as massas[30]. Numa comunidade socialista, não há espaço para a liberdade. Não pode haver liberdade de imprensa onde o governo é dono de cada gráfica. Não pode haver livre escolha de profissão ou de ofício onde o governo é o único empregador e atribui a cada um a tarefa a ser cumprida. Não pode haver liberdade para morar onde se quer quando o governo tem o poder de determinar o local de trabalho. Não pode haver liberdade real de pesquisa científica onde o governo é dono de todas as bibliotecas, arquivos e laboratórios e tem o direito de mandar qualquer pessoa para algum lugar onde ela não possa continuar suas investigações. Não pode haver liberdade na arte e na literatura onde o governo determina quem

---

[30] BUKHARIN, Nikolai I. *Program of the Communists (Bolshevists)*. New York: Group of English Speaking Communists in Russia, 1919. p. 29.

vai criá-las. Não pode haver liberdade de consciência nem de expressão onde o governo tem o poder de mandar qualquer opositor para um clima que faz mal à sua saúde ou dar-lhe deveres que superam suas forças e o arruinam tanto física quanto intelectualmente. Numa comunidade socialista, o cidadão individual não pode ter mais liberdade do que um soldado no exército ou um órfão no orfanato.

Porém, objetam os socialistas, a comunidade socialista é diferente dessas organizações num aspecto essencial: os habitantes têm o direito de escolher o governo. Só que eles esquecem que o direito ao voto torna-se uma fraude num Estado socialista. As únicas fontes de informação de que os cidadãos dispõem são aquelas oferecidas pelo governo. A imprensa, o rádio, e os salões de reunião estão nas mãos do governo. Não é possível organizar um partido de oposição, nem propagar suas ideias. Basta olhar a Rússia ou para a Alemanha para descobrir o verdeiro sentido das eleições e dos plebiscitos no socialismo.

A condução dos assuntos econômicos por um governo socialista não pode ser contrabalançada pelo voto de corpos parlamentares nem pelo controle dos cidadãos. Empreendimentos econômicos e investimentos são projetados para longos períodos. Exigem muitos anos de preparo e de realização; seus frutos amadurecem tarde. Se um código penal for promulgado em maio, pode ser revogado sem dano ou perda em outubro. Se um ministro de Relações Exteriores é nomeado, pode ser demitido alguns meses depois. Porém, se investimentos industriais foram iniciados, é necessário ater-se à empreitada até que ela se conclua e explorar a fábrica construída enquanto ela parecer lucrativa. Seria um desperdício alterar o plano original. Isso implica necessariamente que os funcionários do governo não podem ser dispensados facilmente. Aqueles que fizeram o plano têm de executá-lo. Depois, têm de executar os planos feitos, porque outros não podem assumir a responsabilidade por sua devida gestão. As pessoas que concordam com os famosos planos quadrienais ou quinquenais praticamente abandonam seu direito de mudar o sistema e os funcionários do governo não apenas durante os quatro ou cinco anos, mas também durante os anos seguintes, nos quais os investimentos planejados têm de ser utilizados. Por conseguinte, um governo socialista precisa permanecer em exercício por um período indefinido. Ele não é mais o executor da vontade da nação, não pode ser dispensado sem danos consideráveis se suas ações não são mais adequadas ao povo. Ele tem poderes irrevogáveis. Ele se torna uma autoridade acima do povo, pensa e age em nome da comunidade por conta própria e não tolera que gente de fora interfira *"em seus próprios assuntos"*[31].

Numa sociedade capitalista, o empreendedor depende do mercado e dos consumidores. Ele tem de obedecer às ordens que os consumidores lhe transmitem ao comprar ou ao não comprar e o mandato que eles lhe concederam pode ser revogado a qualquer momento. Todo empreendedor e todo proprietário de meios de produção precisa justificar diariamente sua função social pela subserviência aos desejos dos consumidores.

A gestão de uma economia socialista não tem a necessidade de ajustar-se à operação de um mercado. Ela tem um monopólio absoluto. Ela não depende dos desejos dos consumidores. Ela própria decide o que deve ser feito. Ela não serve os consumidores assim como o empresário. Ela cuida deles como um pai cuida dos filhos ou como um diretor de escola cuida dos alunos. Ela é a autoridade que concede favores, não o empresário ansioso por clientes. O vendedor agradece ao cliente por comprar em sua loja e pede que ele volte. Os socialistas, porém, dizem: seja grato a Hitler, dê graças a Stalin, seja bonzinho e submisso e então o grande homem também será grato a você.

O meio primário de controle democrático da administração é o orçamento. Não se pode nomear um funcionário nem comprar um lápis se o parlamento não separou fundos. O governo precisa prestar contas de cada centavo gasto. É ilegal exceder os fundos ou gastá-los para fins diferentes daqueles fixados pelo parlamento. Essas restrições são impraticáveis para a gestão de fábricas, de minas, de fazendas e de sistemas de transporte. Seu gasto precisa ser ajustado às mudanças de condição de cada momento. Não é possível fixar de antemão quanto será gasto para limpar as ervas daninhas dos campos ou para retirar a neve dos trilhos dos trens. Isso precisa ser decidido na hora, de acordo com as circunstâncias. O controle orçamentário pelos representantes do povo, a arma mais eficaz do governo democrático, desaparece num Estado socialista.

Assim, o socialismo leva à dissolução da democracia. A soberania dos consumidores e a democracia do mercado são os traços característicos do sistema capitalista. Seu corolário no âmbito da política é a soberania do povo e o controle democrático do governo. Vilfredo Pareto (1848-1923), Georges Sorel (1847-1922), Vladimir Lenin, Adolf Hitler e Benito Mussolini tinham razão ao denunciar a de-

---

[31] HAYEK, Friedrich August von. *Freedom and the Economic System*. Chicago: University of Chicago Press, 1939. p. 10ss.

mocracia como método capitalista. Cada passo que leva do capitalismo para o planejamento é necessariamente um passo na direção do absolutismo e da ditadura.

Os proponentes do socialismo inteligentes o bastante para perceber isso nos dizem que a liberdade e a democracia não valem nada para as massas. As pessoas, dizem eles, querem casa e comida, estão dispostas a renunciar à liberdade e à autodeterminação para obter pão melhor e em maior quantidade, submetendo-se a uma autoridade paternal competente. A isso, os antigos liberais costumavam responder que o socialismo não vai melhorar mas, pelo contrário, vai piorar o padrão de vida das massas porque o socialismo é um sistema de produção menos eficiente do que o capitalismo. Porém, essa resposta também não calou os defensores do socialismo. De fato, muitos responderam que o socialismo talvez não resultasse em riquezas para todos, mas sim numa produção de riquezas menor; mesmo assim, as massas ficarão mais contentes no socialismo, porque compartilharão suas preocupações com seus concidadãos e não haverá classes mais ricas para ser invejadas pelas mais pobres. Os trabalhadores esfomeados e esfarrapados da Rússia soviética, dizem-nos, são mil vezes mais felizes do que os trabalhadores do ocidente que vivem em condições luxuosas em comparação com os padrões russos. A igualdade na pobreza é uma condição mais satisfatória do que o bem-estar onde há pessoas que podem gabar-se de ter mais luxos do que o homem médio.

Esses debates são vãos porque fogem à questão central. É inútil discutir as supostas vantagens da gestão socialista. O socialismo completo é simplesmente inviável; ele não é, sob nenhum aspecto, um sistema de produção; ele resulta em caos e em frustração.

O problema fundamental do socialismo é o problema do cálculo econômico. A produção dentro de um sistema de divisão de trabalho e, portanto, de cooperação social, exige métodos para o cômputo de despesas demandadas pelas diversas maneiras concebíveis e possíveis de atingir fins. Na sociedade capitalista, os preços de mercado são as unidades dessse cálculo. Porém, dentro de um sistema em que todos os fatores de produção são de propriedade do Estado não há mercado e, por conseguinte, não há preços para esses fatores. Assim, o cálculo fica impossível para os gestores de uma comunidade socialista. Eles não têm como saber se o que estão planejando e obtendo é ou não é razoável. Não têm meios de descobrir qual dos vários métodos de produção sendo considerados é o mais vantajoso. Não têm como encontrar uma base genuína de comparação entre quantidades de diferentes fatores materiais de produção e diferentes serviços.

Assim, não podem comparar os investimentos iniciais necesários com a produção antecipada. Essas comparações exigem uma unidade comum e a única unidade disponível é aquela fornecida pelo sistema de preços do mercado. Os gestores socialistas não têm como saber se a construção de uma nova ferrovia é mais vantajosa do que a construção de uma nova rodovia. Não têm como saber qual das várias rotas possíveis ela deveria cobrir. Num sistema de propriedade privada, os cálculos financeiros são usados para resolver esses problemas. Porém, cálculo nenhum é possível por meio da comparação de várias classes de despesas e de rendas em gêneros. É fora de questão reduzir a uma unidade comum as quantidades dos vários gêneros de trabalho qualificado e não qualificado, de ferro, de carvão, de materiais de construção de vários tipos, de maquinário e de tudo o mais que é necessário para construir, manter e operar ferrovias. Porém, sem essa unidade comum, é impossível submeter esses planos a cálculos econômicos. O planejamento demanda que todos os bens e serviços que temos de levar em conta possam ser reduzidos à moeda. A gestão de uma comunidade socialista estaria numa posição como a de um capitão de navio que teve de cruzar o oceano com as estrelas cobertas pela névoa e sem a ajuda de uma bússola ou de qualquer equipamento de orientação náutica.

O socialismo enquanto modo universal de produção é inviável porque é impossível fazer cálculos econômicos no sistema socialista. A escolha para a humanidade não é entre dois sistemas econômicos. É entre o capitalismo e o caos.

5 - O socialismo na Rússia e na Alemanha

As tentativas dos bolcheviques russos e dos nazistas alemães de transformar o socialismo em realidade não tiveram de deparar-se com o problema do cálculo econômico no socialismo. Esses dois sistemas socialistas trabalham num mundo que majoritariamente ainda adota a economia de mercado. Os governantes desses Estados socialistas baseiam os cálculos com os quais tomam suas decisões nos preços estabelecidos no estrangeiro. Sem a ajuda desses preços, suas ações não teriam objetivo nem plano. Somente na medida em que eles se referem a esse sistema de preços eles conseguem calcular, manter a contabilidade e preparar seus planos. Com esse fato em mente, podemos concordar com a afirmação de vários autores e políticos socialistas de que o socialismo em somente um país ou em alguns países ainda não é o verdadeiro socialismo. Claro que esses homens atribuem um sentido muito diferente às suas afirmativas. Eles estão tentando dizer que as bênçãos plenas do socialismo só podem ser colhidas numa comunidade socialista mundial. O resto de nós, pelo contrário, temos de reconhecer que o socialismo resultará no caos total, precisamente se for aplicado na maior parte do mundo.

Os sistemas alemão e russo de socialismo têm em comum o fato de que o governo tem pleno controle dos meios de produção. Ele decide o que será produzido e como. Ele atribui a cada indivíduo uma parcela dos bens de consumo. Esses sistemas não teriam de ser chamados socialistas se fosse de outro jeito.

Porém, há uma diferença entre os dois sistemas — embora ela não diga respeito aos traços essenciais do socialismo.

O padrão russo de socialismo é puramente burocrático. Todos os empreendimentos econômicos são departamentos do governo, como a administração do exército ou o sistema postal. Cada fábrica, loja ou fazenda tem a mesma relação com a organização central superior que uma agência dos correios com o escritório da administração postal.

O padrão alemão difere do russo na medida em que (aparente e nominalmente) mantém a propriedade privada dos meios de produção e mantém a aparência de preços, salários e mercados como os de sempre. Contudo, não há mais empreendedores, mas apenas gerentes (*Betriebsführer*). Esses gerentes compram e vendem, pagam os trabalhadores, contraem dívidas e pagam juros e amortizações. Não há mercado de trabalho, os salários são fixados pelo governo. O governo diz aos gerentes o que e quanto produzir, a que preços e de quem comprar e a que preços e a quem vender. O governo decreta a quem e em quais termos os capitalistas devem confiar seus fundos e onde e por quais salários os trabalhadores devem trabalhar. A troca de mercado é só uma fachada. Todos os preços, salários e taxas de juros são fixados pela autoridade central. São preços, salários e taxas de juros só na aparência. Na realidade, são apenas determinações de relações de quantidade nas ordens do governo. O governo, não os consumidores, dirige a produção. Isso é socialismo com a fachada do capitalismo. Alguns rótulos da economia de mercado capitalista são preservados, mas querem dizer algo inteiramente diverso do que querem dizer numa verdadeira economia de mercado.

A execução do padrão em cada país não é rígida a ponto de não permitir algumas concessões ao outro padrão. Existem, também na Alemanha, fábricas e lojas geridas diretamente por burocratas. Há especialmente o sistema ferroviário nacional. Há as minas de carvão do governo e as linhas de telefone e de telégrafo.

A maioria dessas instituições são resquícios da nacionalização executada por governos anteriores sob o regime do militarismo alemão. Na Rússia, por outro lado, ainda existem algumas lojas e fazendas aparentemente independentes. Porém, essas exceções não alteram as características gerais dos dois sistemas.

Não é um acidente que a Rússia tenha adotado o padrão burocrático e a Alemanha o padrão *Zwangwirtschaft*. A Rússia é o maior país do mundo, mas pouco habitado. Dentro de suas fronteiras, ela tem os recursos mais ricos. Ela é muito melhor dotada pela natureza do que qualquer outro país. Ela pode, sem grandes danos ao bem-estar de sua população, renunciar ao comércio exterior e viver na autossuficiência econômica. Porém, não fossem os obstáculos que o czarismo, primeiro, colocou no caminho da produção capitalista e as falhas do sistema bolchevique, os russos, mesmo sem comércio exterior, poderiam por muito tempo ter gozado do mais alto padrão de vida no mundo. Num país como esse, a aplicação do sistema burocrático de produção não é impossível, desde que a gestão esteja em posição de usar, para os cálculos econômicos, os preços fixados nos mercados dos países capitalistas estrangeiros e aplicar as técnicas desenvolvidas pelo empreendedorismo do capitalismo estrangeiro. Nessas circunstâncias, o socialismo resulta não no caos completo, mas apenas na pobreza extrema. Alguns anos atrás, na Ucrânia, a terra mais fértil da Europa, muitos milhões literalmente morreram de fome.

Em um país predominantemente industrial, as condições são diferentes. O traço característico de um país predominantemente industrial é que sua população tem de viver em grande medida de comida importada e de matérias-primas importadas[32]. Ele tem de pagar por essas importações com a exportação de bens manufaturados, os quais produz, principalmente, de matérias-primas importadas. Sua força vital está em suas fábricas e em seu comércio exterior. Prejudicar a eficiência da produção industrial é equivalente a colocar em risco a base do sustento. Se as fábricas produzirem menos ou a um custo maior, não conseguem competir no mercado mundial, onde precisam superar bens de origem estrangeira. Se as exportações caírem, as importações de comida e outras necessidades cairão também. A nação perde sua principal fonte de sustento.

---

[32] Os Estados Unidos, embora sejam o país com a maior e mais eficiente indústria, não são um país *predominantemente* industrial, gozando de um equilíbrio entre suas indústrias de processamento e sua produção de alimentos e de matérias-primas. Por outro lado, a Áustria, cuja indústria é pequena em comparação com a dos Estados Unidos, é predominantemente industrial porque depende, em grande medida, da importação de alimentos e de matérias-primas e precisa exportar quase metade de sua produção industrial.

Diga-se que a Alemanha é um país predominantemente industrial. Nos anos anteriores à Primeira Guerra Mundial, ela ia muito bem, seus empreendedores constantemente expandiam suas exportações. Não havia outro país na Europa onde o padrão de vida das massas tenha melhorado mais rápido do que na Alemanha imperial. Para o socialismo alemão, nem se cogitava imitar o modelo russo. Ter tentado isso teria destruído imediatamente o aparato do comércio exterior alemão. Isso teria mergulhado subitamente na miséria uma nação mimada pelas proezas do capitalismo. Burocratas não conseguem enfrentar a competição de mercados estrangeiros, eles só florescem onde são protegidos pelo Estado com sua compulsão e coerção. Assim, os socialistas alemães foram forçados a recorrer aos métodos que chamaram de socialismo alemão. Esses métodos, é verdade, são muito menos eficientes do que os da iniciativa privada. Porém, são muito mais eficientes do que o sistema burocrático dos soviéticos.

Esse sistema alemão tem uma vantagem adicional. Os capitalistas alemães e os *Betriebsführer*, os antigos empreendedores, não acreditam na eternidade do regime nazista. Pelo contrário: eles estão convencidos de que o governo de Hitler irá cair um dia e que, então, obterão de volta a posse das fábricas que eram suas propriedades em épocas pré-nazistas. Eles se lembram de que na Primeira Guerra Mundial, também, o programa Hindenburg os tinha praticamente despossuído e que, com o colapso do governo imperial, eles foram *de facto* restabelecidos. Eles acreditam que isso acontecerá de novo. Assim, eles tomam cuidado ao operar as fábricas cujos donos e gestores são nominalmente eles mesmos. Eles fazem o melhor que podem para impedir desperdícios e para manter o capital investido. É só graças a esses interesses egoístas dos *Betriebsführer* que o socialismo alemão garantiu uma produção adequada de armamentos, de aviões e de navios.

O socialismo seria totalmente impraticável caso se estabelecesse como sistema de produção mundial e, assim, fosse privado da possibilidade de fazer cálculos econômicos. Quando limitado a um ou a poucos países em meio a uma economia capitalista mundial, ele é apenas um sistema ineficiente. E, dos dois padrões para sua realização, o alemão é menos ineficiente do que o russo.

6 - Intervencionismo

Todas as civilizações até agora basearam-se na propriedade privada dos meios de produção. Antigamente, a civilização e a propriedade privada estavam associadas. Se a história tem algo a nos ensinar é que a propriedade privada está inextricavelmente ligada à civilização.

Os governos sempre olharam de esguelha para a propriedade privada. Os governos nunca são liberais por inclinação. É da natureza dos homens que cuidam do aparato de compulsão e de coerção superestimar seu poder de funcionamento e tentar submeter todas as esferas da vida humana à sua influência imediata. O etatismo é a doença ocupacional dos governantes, dos guerreiros e dos funcionários públicos. Os governos só se tornam liberais quando obrigados pelos cidadãos.

Desde tempos imemoriais, os governos anseiam por interferir no funcionamento do mecanismo de mercado. Seus esforços nunca realizaram os fins buscados. As pessoas costumavam atribuir esses fracassos à ineficácia das medidas aplicadas e à leniência de sua aplicação. O que faltava, pensavam, era mais energia, mais brutalidade. Assim, o sucesso estaria garantido. Foi só no século XVIII que os homens começaram a entender que o intervencionismo está necessariamente fadado ao fracasso. Os economistas clássicos demonstraram que cada constelação do mercado tem uma estrutura de preços correspondente. Preços, salários e taxas de juros são o resultado da interação entre oferta e demanda. Há forças operando no mercado que tendem a restaurar esse estado — natural —, caso ele seja perturbado. Decretos governamentais, em vez de realizar os fins específicos que buscam, tendem apenas a perturbar o funcionamento do mercado e a prejudicar a satisfação das necessidades dos consumidores.

Contrariando a ciência econômica, a doutrina muito popular do intervencionismo moderno afirma que existe um sistema de cooperação econômica, viável como forma permanente de organização econômica, que não é nem o capitalismo nem o socialismo. Esse terceiro sistema é concebido como uma ordem baseada na propriedade privada dos meios de produção na qual, porém, o governo interfere por meio de ordens e de proibições, no exercício dos direitos de propriedade. Afirma-se que esse sistema de intervencionismo está tão distante do socialismo quanto do capitalismo; que ele oferece uma terceira solução para o problema da organização social; que ele fica no meio do caminho entre o socialismo e o capitalismo; e que, ao mesmo tempo que preserva as vantagens de ambos, escapa às desvantagens intrínsecas a cada um deles. Essas são as pretensões do intervencionismo tal como defendido pela antiga escola alemã de etatismo, pelos institucionalistas americanos e por muitos grupos em outros países. O intervencionismo é praticado — exceto em países socialistas, como a Rússia e a Alemanha nazista — por todos os governos contemporâneos. Os grandes exemplos de políticas intervencionistas são a *Sozialpolitik* da Alemanha imperial e a política do *New Deal* dos Estados Unidos de hoje.

Os marxistas não apoiam o intervencionismo. Eles reconhecem o acerto dos ensinamentos da economia quanto à frustração das medidas intervencionistas. Na medida em que certos doutrinários marxistas recomendaram o intervencionismo, recomendaram por considerá-lo um instrumento para paralisar e destruir a economia capitalista na esperança de acelerar, com ele, a chegada do socialismo. Porém, os marxistas ortodoxos coerentes zombam do intervencionismo, considerando-o um reformismo ocioso, nocivo aos interesses dos proletários. Eles não esperam produzir a utopia socialista impedindo a evolução do capitalismo. Pelo contrário, eles creem que somente um pleno desenvolvimento das forças produtivas do capitalismo pode resultar no socialismo. Os marxistas coerentes abstêm-se de fazer qualquer coisa para interferir naquilo que consideram a evolução *natural* do capitalismo. Porém, a coerência é uma qualidade muito rara entre os marxistas. Assim, a maior parte dos partidos marxistas, bem como os sindicatos geridos por marxistas, apoiam com entusiasmo o intervencionismo.

Não é viável uma mistura de princípios capitalistas e socialistas. Se dentro de uma sociedade baseada na propriedade privada dos meios de produção, alguns desses meios são de posse e operação pública, isso não consiste num sistema misto que combina socialismo e capitalismo. As empresas possuídas e operadas pelo Estado ou por municipalidades não alteram os traços característicos de uma economia de mercado. Elas precisam encaixar-se, enquanto compradoras de matérias-primas, de equipamento e de trabalho, e enquanto vendedoras de bens e de serviços, no arranjo da economia de mercado. Elas estão sujeitas a leis que determinam a produção para as necessidades dos consumidores. Elas precisam lutar por lucros ou, pelo menos, para evitar perdas. Quando o governo tenta eliminar ou mitigar essa dependência cobrindo as perdas de suas fábricas e lojas com os fundos públicos, o único resultado é que essa dependência é transferida para outro campo. Os meios para cobrir as perdas precisam ser obtidos pela imposição de tributos. Porém, essa tributação tem seu efeito no mercado. É o funcionamento do mecanismo de mercado, e não a tributação do governo, que decide sobre quem incidem os tributos e como eles afetam a produção e o consumo. O mercado, não o governo, determina o funcionamento dessas empresas operadas publicamente.

O intervencionismo também não deve ser confundido com o padrão alemão de socialismo. O traço essencial do intervencionismo é que ele não busca a total abolição do mercado. Ele não quer reduzir a propriedade privada a uma farsa e os empreendedores ao *status* de gerentes de loja. O governo intervencionista não quer acabar com as empresas privadas. Ele quer apenas regular seu funcionamento por meio de medidas isoladas de interferência. Essas medidas não são projetadas para ser engrenagens num sistema completo de ordens e de proibições destinado a controlar o aparato completo de produção e de distribuição. Elas não almejam substituir a propriedade privada e uma economia de mercado pelo planejamento socialista.

A fim de apreender o sentido e os efeitos do intervencionismo, é insuficiente estudar o funcionamento dos dois mais importantes tipos de intervenção: a interferência pela restrição e a interferência pelo controle de preços.

A interferência pela restrição almeja diretamente o desvio da produção dos canais prescritos pelo mercado e pelos consumidores. O governo ou proíbe a manufatura de certos bens ou a aplicação de certos métodos de produção, ou dificulta esses métodos impondo tributos ou penalidades. Assim ele elimina alguns dos meios disponíveis para a satisfação das necessidades humanas. Os exemplos mais conhecidos são as taxas de importação e outras barreiras comerciais. É óbvio que essas medidas todas tornam o povo como um todo muito mais pobre, não mais rico. Elas impedem os homens de usar seu conhecimento e suas capacidades, seu trabalho e seus recursos materiais da maneira mais eficiente que podem. No mercado desimpedido, operam forças que tendem a utilizar cada meio de produção de um modo que atenda a mais alta satisfação das carências humanas. A interferência do governo traz um emprego diferente de recursos e assim prejudica a oferta.

Não precisamos nos perguntar aqui se não seria possível justificar algumas medidas restritivas, apesar da diminuição da oferta que provocam, por vantagens em outras áreas. Não precisamos discutir o problema de se a desvantagem de elevar o preço do pão com uma taxa de importação sobre o trigo é superada pelo aumento na renda dos fazendeiros domésticos. Basta, para nossos fins, perceber que medidas restritivas não podem ser consideradas medidas para o aumento da riqueza e do bem-estar, sendo, ao contrário, gastos. Elas são, como os subsídios que o governo paga da receita obtida com a tributação dos cidadãos, não medidas de políticas de produção, mas medidas de gastos. Não são partes de um sistema de criação de riqueza, mas um método para consumi-la.

O objetivo do controle de preços é decretar preços, salários e taxas de juros diferentes daqueles fixados pelo mercado. Consideremos primeiro o caso dos preços máximos, no qual o governo tenta aplicar preços menores do que os preços de mercado.

Os preços estabelecidos pelo mercado desimpedido correspondem a um equilíbrio entre oferta e demanda. Todos que estão dispostos a pagar o preço de mercado podem comprar o máximo que quiserem. Todos os que estão dispostos a vender a preço de mercado podem vender o máximo que quiserem. Se o governo, sem um aumento correspondente na quantidade de bens disponíveis à venda, decreta que compra e venda devem acontecer a preços menores e, assim, torna ilegal pedir ou pagar o preço de mercado potencial, então esse equilíbrio não pode mais prevalecer. Com a oferta inalterada, agora há mais compradores potenciais no mercado, a saber, aqueles que não tinham como pagar o preço de mercado mais alto, mas que estão dispostos a comprar à taxa oficial mais baixa. Agora há compradores potenciais que não podem comprar, embora estejam dispostos a pagar o preço fixado pelo governo ou até mesmo um preço mais alto. O preço não é mais o meio de segregar os compradores potenciais que comprariam daqueles que não comprariam. Um princípio diferente de seleção passou a operar. Os que chegam primeiro podem comprar, os outros chegaram tarde demais no campo. O resultado visível desse estado de coisas é a visão de donas de casa e de crianças em longas filas nas mercearias, espetáculo conhecido por qualquer pessoa que tenha visitado a Europa nesta era de controle de preços. Se o governo não quer que comprem apenas os primeiros a chegar (ou que são amigos pessoais dos vendedores) enquanto os outros voltam para casa de mãos vazias, ele precisa regular a distribuição dos estoques disponíveis. Precisa introduzir alguma espécie de racionamento.

Porém, tetos de preço não apenas não aumentam a oferta como a reduzem. Assim, eles não atingem os fins desejados pelas autoridades. Pelo contrário, eles resultam num estado de coisas que, desde o ponto de vista do governo e da opinião pública, é ainda menos desejável do que o estado anterior, que eles tinham pretendido alterar. Se o governo quer possibilitar aos pobres dar mais leite aos filhos, tem de comprar leite a preços de mercado e vendê-lo aos pais pobres realizando a perda a um preço mais baixo. A perda pode ser coberta pela tributação. Porém, se o governo simplesmente fixa o preço do leite a uma taxa mais baixa do que a do mercado, o resultado será o contrário do que ele quer. Os produtores marginais, aqueles que têm os custos mais altos, vão sair do negócio de produzir e de vender leite para evitar perdas. Vão usar suas vacas e suas capacidades para outros fins, mais lucrativos. Vão, por exemplo, produzir queijo, manteiga ou carne. Haverá menos leite disponível para os consumidores, não mais. Então o governo tem de escolher entre duas alternativas: ou evitar qualquer esforço de controlar o preço do leite e abrogar seu decreto ou acrescentar uma segunda medida à primeira. Neste último caso, ele precisa fixar os preços dos fatores de produção necessários para a produção de leite numa taxa que os produtores marginais deixem de sofrer perdas e abstenham-se de reduzir sua produtividade. Aí, porém, o mesmo problema se repete num plano mais remoto. A oferta de fatores de produção necessários para a produção de leite cai e outra vez o governo volta ao ponto de onde começou, enfrentando o fracasso de sua interferência. Se ele insiste obstinadamente com seus planos, precisa ir ainda mais longe. Precisa fixar os preços dos fatores de produção necessários para a produção de leite. Assim, o governo é obrigado a ir cada vez mais longe, fixando os preços de todos os bens de consumo e de todos os fatores de produção — tanto humanos (isto é, o trabalho) quanto materiais —, forçando cada empreendedor e cada trabalhador a continuar a trabalhar a esses preços e salários. Nenhum ramo da indústria pode ser omitido dessa fixação generalizada de preços e de salários e dessa ordem geral de produzir aquelas quantidades que o governo quer ver produzidas. Se alguns ramos ficarem de fora, o resultado será uma transferência de capital e de trabalho para eles e uma queda correspondente da oferta de bens cujos preços o governo fixou. Porém, são precisamente esses bens que o governo considera especialmente importantes para a satisfação das necessidades das massas[33].

Porém, quando se atinge esse estado de controle empresarial generalizado, a economia de mercado é substituída pelo padrão alemão de planejamento socialista. O conselho governamental de gestão de produção agora controla exclusivamente todas as atividades empresariais e decide como os meios de produção — homens e recursos materiais — devem ser usados.

As medidas isoladas de fixação de preços não atingem os fins buscados. Na verdade, elas produzem efeitos contrários àqueles almejados pelo governo. Se o governo, a fim de eliminar essas consequências inexoráveis e nada bem-vindas, insiste mais e mais, ele acaba por transformar o sistema do capitalismo e da livre empresa em socialismo.

Muitos defensores britânicos e americanos do controle de preços têm fascínio pelo suposto sucesso do controle de preços nazista. Eles acreditam que a

---

[33] Para as duas situações em que medidas de controle de preços podem ser usadas de maneira eficaz dentro de uma esfera estreitamente limitada, refiro o leitor a: MISES, Ludwig von. *Nationalökonomie*. Geneva: Editions Union, 1940. p. 674-75.

experiência alemã provou a viabilidade do controle de preços dentro do arcabouço de um sistema de economia de mercado. Basta ser enérgico, impetuoso e brutal, como são os nazistas, pensam eles, e você terá sucesso. Esses homens, que querem combater o nazismo adotando seus métodos, não enxergam que aquilo que os nazistas realizaram foi a construção de um sistema de socialismo, não a reforma de condições dentro de um sistema de economia de mercado.

Não existe um terceiro sistema entre a economia de mercado e o socialismo. A humanidade precisa escolher entre esses dois sistemas — a menos que o caos seja considerado uma alternativa[34].

É a mesma coisa quando o governo recorre a preços mínimos. Praticamente o caso mais importante de fixação de preços num nível superior àquele estabelecido pelo mercado desimpedido é o caso dos salários mínimos. Em alguns países, os salários mínimos são decretados diretamente pelo governo. Os governos de outros países só interferem indiretamente nos salários. Eles dão mão livre aos sindicatos, aquiescendo ao uso da compulsão e da coerção contra empregadores e empregados relutantes. Fosse diferente, as greves não atingiriam os objetivos que os sindicatos querem atingir. A greve não conseguiria forçar o empregador a conceder salários superiores àqueles fixados pelo mercado desimpedido, caso ele tivesse a liberdade de empregar homens para tomar o lugar dos grevistas. A essência da política sindical-trabalhista hoje é a aplicação ou a ameaça da violência sob a proteção benevolente do governo. Os sindicatos representam, portanto, uma parte vital do aparato estatal de compulsão e de coerção. Sua fixação de salários mínimos é equivalente a uma intervenção governamental que estabelece salários mínimos.

Os sindicatos conseguem forçar os empregadores a conceder salários maiores. Porém, o resultado de seus esforços não é o que as pessoas normalmente lhes atribuem. Os salários artificialmente elevados provocam o desemprego permanente de parte considerável da força de trabalho potencial. A essas taxas mais altas, os empregos marginais do trabalho não são mais lucrativos. Os empreendedores são obrigados a restringir a produtividade e a demanda sobre o mercado de trabalho cai. Os sindicatos raramente se importam com esse resultado inevitável de suas atividades. Eles não estão interessados no destino daqueles que não são membros de sua irmandade. Porém, as coisas são diferentes para o governo, que

---

34 Passamos por cima do fato de que, por causa da impossibilidade do cálculo econômico, também o socialismo resultará no caos.

almeja o aumento do bem-estar de todo o povo e quer beneficiar não apenas membros de sindicatos, mas todos aqueles que perderam seus empregos. O governo quer aumentar a renda de todos os trabalhadores, que muitos deles não consigam arrumar emprego é contrário às suas intenções.

Esses efeitos terríveis dos salários mínimos foram ficando cada vez mais evidentes à medida que o sindicalismo prevaleceu. Enquanto apenas uma parte do trabalho, principalmente os trabalhadores qualificados, era sindicalizada, o aumento salarial obtido pelos sindicatos não levou ao desemprego, mas a uma oferta maior de trabalho naqueles ramos empresariais no quais não havia sindicatos eficientes ou onde nem havia sindicatos. Os trabalhadores que perderam o emprego como consequência da política sindical entraram no mercado dos ramos livres e levaram o valor do salário a cair nesses ramos. O corolário do aumento salarial para os trabalhadores organizados foi uma queda salarial para os trabalhadores não organizados. Porém, com a disseminação do sindicalismo, as condições mudaram. Os trabalhadores que agora perdem o emprego num ramo da indústria têm mais dificuldade de obter emprego em outros ramos. São vitimados.

Há desemprego mesmo na ausência de qualquer interferência do governo ou dos sindicatos. Porém, num mercado de trabalho desimpedido, prevalece uma tendência: a que o desemprego desapareça. O fato de que os desempregados estão procurando trabalhos há de resultar na fixação de salários num ponto que possibilita que os empreendedores empreguem todos os que querem trabalhar e receber salários. Porém, se salários mínimos impedem um ajuste de salários às condições de oferta e demanda, o desemprego tende a tornar-se um fenômeno de massas permanente.

Existe um único meio de fazer os salários aumentarem para todos os que querem trabalhar: um aumento de bens de capital disponíveis, o que possibilita a melhoria dos métodos tecnológicos de produção e, assim, o aumento da produtividade marginal do trabalho. É um fato triste que uma grande guerra, ao destruir parte do estoque de bens de capital, deva resultar numa queda temporária dos salários reais, quando a falta de força de trabalho provocada pelo recrutamento de milhões de homens é superada. É precisamente por estar plenamente cientes dessa consequência indesejável que os liberais consideram a guerra um desastre não apenas político, mas também econômico.

Os gastos governamentais não são um meio adequado para afastar o desemprego. Se o governo financia seu gasto tributando o público ou tomando emprestado dele, ele limita o poder de investir e de gastar dos cidadãos privados na mesma medida que aumenta sua própria capacidade de gastar. Se o governo financiar seu gasto com métodos inflacionários (emitindo mais papel-moeda ou fazendo empréstimos junto a bancos comerciais), ele produz um aumento generalizado dos preços dos bens. Se os *salários nominais* não subirem, ou não subirem na mesma medida dos preços dos bens, o desemprego em massa pode desaparecer. Mas ele desaparece precisamente porque os *salários reais* caem.

O progresso tecnológico aumenta a produtividade do esforço humano. A mesma quantidade de capital e de trabalho agora produz mais do que antes. Um excesso de capital e de trabalho fica disponível para a expansão de indústrias que já existem e para o desenvolvimento de novas indústrias. O "desemprego tecnológico" pode ocorrer como fenômeno transitório. Porém, muito rapidamente os desempregados encontrarão novos empregos ou nas novas indústrias ou nas antigas em expansão. Muitos milhões de trabalhadores estão hoje empregados em indústrias que foram criadas nas últimas décadas. E os próprios assalariados são os principais compradores dos produtos dessas novas indústrias.

Existe apenas um remédio para o desemprego duradouro de grandes massas: o abandono da política de elevação de salários por decreto governamental ou pela ameaça de violência.

Aqueles que propõem o intervencionismo por querer sabotar o capitalismo e, assim, chegar finalmente ao socialismo, ao menos são coerentes. Eles sabem o que almejam. Porém, aqueles que não desejam trocar a propriedade privada pelo *Zwangswirtschaft* alemão ou pelo bolchevismo russo estão tristemente equivocados ao recomendar o controle de preços e a sindicalização compulsória.

Os defensores mais cautelosos e sofisticados do intervencionismo são inteligentes o bastante para reconhecer que a interferência governamental nas empresas no longo prazo não atinge os fins buscados. Porém, afirmam eles, o que é necessário é ação imediata, uma política de curto prazo. O intervencionismo é bom porque seus efeitos imediatos são benéficos, mesmo que suas consequências mais remotas sejam desastrosas. Não nos preocupemos com o amanhã, só o hoje é que conta. Quanto a essa atitude, é preciso enfatizar dois pontos: (1) hoje, depois de anos e de décadas de políticas intervencionistas, já enfrentamos as consequências de longo prazo do intervencionismo; (2) o intervencionismo salarial fracassará até mesmo no curto prazo se não for acompanhado por medidas correspondentes de protecionismo.

7 - Etatismo e protecionismo

O etatismo — seja o intervencionismo ou o socialismo — é uma política nacional, adotada pelos governos nacionais de vários países. Sua preocupação é o que quer que eles julgarem que favorece os interesses de suas próprias nações. Eles não estão preocupados com o destino ou com a felicidade dos estrangeiros. Não têm nenhuma inibição que os impeça de fazer mal aos estrangeiros.

Já lidamos com a maneira como as políticas do etatismo prejudicam o bem-estar da nação inteira e até dos grupos ou classes que supostamente beneficiariam. Para as finalidades deste livro, é ainda mais importante enfatizar que nenhum sistema nacional de etatismo pode funcionar dentro de um mundo de livre-comércio. O etatismo e o livre-comércio nas relações internacionais são incompatíveis, não apenas em longo prazo, mas também no curto. O etatismo tem de ser acompanhado por medidas que cortam as conexões do mercado doméstico com os mercados estrangeiros. O protecionismo moderno, com sua tendência a dar a cada país o máximo de autossuficiência econômica, está inextricavelmente ligado ao intervencionismo e à sua tendência intrínseca a transformar-se em socialismo. O nacionalismo econômico é o resultado inevitável do etatismo.

No passado, várias doutrinas e considerações induziram os governos a embarcar numa política de protecionismo. A economia denunciou a falácia de todos esses argumentos. Ninguém toleravelmente familiarizado com a teoria econômica hoje ousa defender esses erros há tanto tempo desmascarados. Eles ainda desempenham um papel importante na discussão popular, ainda são o tema favorito de fulminações demagógicas, porém, não têm nada a ver com o protecionismo atual. O protecionismo atual é um corolário necessário da política doméstica de interferência governamental nas empresas. O intervencionismo gera o nacionalismo econômico. Assim, ele atiça os antagonismos que resultam em guerra. O abandono do nacionalismo econômico não é viável se as nações se aferrarem à interferência nas empresas. O livre-comércio nas relações internacionais exige o livre-comércio doméstico. Isso é fundamental para qualquer entendimento das relações internacionais contemporâneas.

É óbvio que todas as medidas intervencionistas que almejam o aumento dos preços domésticos para o benefício dos produtores domésticos e todas as medidas cujo efeito imediato consiste num aumento dos custos domésticos de produção seriam frustradas se produtos estrangeiros não fossem ou inteiramente impedidos de competir no mercado doméstico ou penalizados ao ser importados. Quando, mantendo-se inalteradas outras coisas, a legislação trabalhista consegue diminuir as horas de trabalho ou impor ao empregador ônus adicionais que beneficiam os empregados, o efeito imediato é um aumento dos custos de produção. Os produtores estrangeiros podem competir em condições mais favoráveis, tanto no mercado doméstico quanto no externo, do que podiam antes.

O reconhecimento desse fato há muito tempo deu ímpeto à ideia de equalizar a legislação trabalhista em diferentes países. Esses planos assumiram uma forma mais definida desde a conferência internacional convocada pelo governo alemão em 1890. Em 1919, eles, enfim, levaram à criação da Agência Trabalhista Internacional em Genebra. Os resultados obtidos foram muito escassos. O único modo eficiente de equalizar as condições de trabalho no mundo inteiro seria a liberdade de migração. Porém, é precisamente isso que o trabalho sindicalizado dos países de melhor dotação e de população comparativamente menor combate com todos os meios disponíveis.

Os trabalhadores dos países nos quais as condições naturais de produção são mais favoráveis e a população, comparativamente menor, goza das vantagens de uma produtividade marginal do trabalho mais elevada. Eles recebem maiores salários e têm um padrão de vida mais elevado. Eles querem muito proteger sua posição vantajosa impedindo ou restringindo a imigração[35]. Por outro lado, eles denunciam como *dumping* a competição de bens produzidos por trabalho estrangeiro remunerado a uma taxa menor e pedem proteção contra a importação desses bens.

Os países que são comparativamente superpovoados — isto é, onde a produtividade marginal do trabalho é menor do que em outros países — têm apenas um meio de competir com os países mais favorecidos: salários menores e um padrão de vida menor. Os salários são menores na Hungria e na Polônia do que na Suécia ou no Canadá porque os recursos naturais são mais pobres e a população é maior em relação a eles. Esse fato não pode ser descartado por um acordo internacional ou pela interferência de uma agência internacional de trabalho. O padrão de vida médio é menor no Japão do que nos Estados Unidos

---

[35] Muitos americanos desconhecem o fato de que, nos anos entre as duas guerras mundiais, quase todas as nações europeias recorreram a leis anti-imigração muito estritas. Essas leis eram mais rígidas do que as americanas, pois a maioria delas não especificava nenhuma cota de imigração. Toda nação queria proteger seu nível salarial — baixo, em comparação com as condições americanas — contra a imigração de homens de outros países onde os salários eram ainda mais baixos. O resultado foi o ódio mútuo e — diante de uma ameaça comum — desunião.

porque a mesma quantidade de trabalho produz menos no Japão do que nos Estados Unidos.

Sendo essas as condições, o objetivo dos acordos internacionais em torno da legislação trabalhista não pode ser a equalização dos salários, das horas de trabalho ou outras medidas "pró-trabalho". Seu único objetivo poderia ser coordenar essas coisas para que não acontecesse mudança nenhuma nas condições anteriores da competição. Se, por exemplo, as leis americanas ou as políticas sindicais resultassem num aumento de 5% nos custos de construção, seria necessário descobrir o quanto isso aumentava o custo de produção nos vários ramos da indústria em que os Estados e o Japão competem ou poderiam competir, caso a relação de custos de produção mudasse. Então seria necessário investigar que tipo de medidas poderiam onerar a produção japonesa de tal maneira que nenhuma mudança na força competitiva das duas nações acontecesse. É óbvio que esses cálculos seriam extremamente difíceis. Os especialistas discordariam quanto aos métodos a serem usados e quanto aos resultados prováveis. Porém, mesmo que não fosse esse o caso, não se poderia chegar a um acordo porque é contrário aos interesses dos trabalhadores japoneses adotar essas medidas de compensação. Seria mais vantajoso para eles expandir suas exportações em detrimento das exportações americanas. Assim, a demanda por seu trabalho aumentaria e a condição dos trabalhadores japoneses efetivamente melhoraria. Guiado por essa ideia, o Japão estaria pronto para minimizar o aumento de custos de produção efetivado pelas medidas americanas e hesitaria em adotar medidas compensatórias. É quimérico esperar que acordos internacionais a respeito de políticas socioeconômicas possam tomar o lugar do protecionismo.

Temos de nos dar conta de que praticamente cada nova medida pró-trabalho forçada aos empregadores resulta em custos de produção mais elevados e, portanto, numa mudança nas condições de competição. Não fosse pelo protecionismo, essas medidas imediatamente não atingiriam os fins buscados. Elas resultariam apenas em uma restrição da produção doméstica e, por conseguinte, em um aumento do desemprego. Os desempregados só conseguiriam arrumar empregos a salários menores. Se não estivessem preparados para aceitar essa solução, permaneceriam desempregados. Até as pessoas de mente estreita perceberiam que as leis econômicas são inexoráveis e que a interferência do governo nas empresas não atinge seus fins, antes resultando num estado de coisas que — desde o ponto de vista do governo e dos defensores de sua política — é ainda menos desejável do que as condições que ele pretendia alterar.

O protecionismo, é claro, não pode afastar as consequências inevitáveis do intervencionismo. Ele só pode melhorar as condições na aparência. Ele só pode esconder o verdadeiro estado de coisas. Seu objetivo é elevar os preços domésticos. Os preços mais elevados oferecem uma compensação para o aumento dos custos de produção. O trabalhador não sofre um corte em salários nominais, mas tem de pagar mais pelos bens que quer comprar. No que diz respeito ao mercado doméstico, o problema parece resolvido.

Porém, isso nos leva a outro problema: o monopólio.

8 - Nacionalismo econômico e preços de monopólio doméstico

O objetivo da tarifa protecionista é eliminar as consequências indesejadas do aumento dos custos domésticos de produção causado pela interferência governamental. O propósito é preservar a capacidade competitiva das indústrias domésticas, apesar do aumento nos custos de produção.

Porém, a mera imposição de uma tarifa de importação só pode atingir seu objetivo no caso daqueles bens cuja produção doméstica fica abaixo da demanda doméstica. Com as indústrias produzindo mais do que é necessário para o consumo doméstico, uma tarifa por si seria inútil, a menos que fosse suplementada pelo monopólio.

Num país europeu industrial, a Alemanha, por exemplo, uma tarifa de importação sobre o trigo aumenta o preço doméstico até o nível do preço do mercado mundial mais a tarifa de importação. Embora o aumento no preço doméstico de trigo resulte de um lado na expansão da produção doméstica e, de outro, numa restrição do consumo doméstico, as importações ainda são necessárias para satisfazer a demanda doméstica. Como os custos do comerciante marginal de trigo incluem tanto o preço do mercado mundial quanto a tarifa de importação, o preço doméstico chega a essa altura.

É diferente com os bens que a Alemanha produz em quantidades tais que parte deles pode ser exportada. Uma tarifa de importação alemã sobre manufaturas que a Alemanha produz não apenas para o mercado doméstico, mas também para exportação, seria, no que diz respeito ao comércio exterior, uma medida inútil para compensar um aumento nos custos domésticos de produção. É verdade que ela impediria os produtores estrangeiros de vender no mercado alemão.

Porém, o comércio exterior continuará a ser travado pelo aumento nos custos domésticos de produção. Por outro lado, a competição entre os produtores domésticos no mercado doméstico eliminaria as fábricas alemãs cuja produção não valesse mais a pena por causa do aumento de custos provocado pela interferência governamental. No novo equilíbrio, o preço doméstico atingiria o nível do preço do mercado mundial mais parte da tarifa de importação. O consumo doméstico então seria menor do que era antes do aumento dos custos de produção doméstica e da imposição da tarifa de importação. A restrição do consumo doméstico e a queda das exportações significam um encolhimento da produção, o qual traz desemprego e maior pressão ao mercado de trabalho, resultando numa queda dos salários. O fracasso da *Sozialpolitik* fica evidente[36].

Porém, ainda há outra saída. O fato de que a tarifa de importação isolou o mercado doméstico oferece aos produtores domésticos a oportunidade de montar um esquema de monopólio. Eles podem formar um cartel e cobrar dos consumidores domésticos preços de monopólio, que podem chegar a um nível apenas ligeiramente inferior ao do preço de mercado mundial mais a tarifa de importação. Com seus lucros de monopólio domésticos, eles podem vender no exterior a preços inferiores. A produção continua. O fracasso da *Sozialpolitik* é habilmente ocultado dos olhos de um público ignorante. Porém, os consumidores domésticos têm de pagar preços mais altos. Aquilo que o trabalhador ganha com o aumento de salários e com leis pró-trabalho onera-o em sua capacidade de consumidor.

Os mitos marxistas conseguiram cercar o problema do monopólio com tagarelices vazias. Segundo as doutrinas marxistas do imperialismo, prevalece numa sociedade de mercado desimpedido uma tendência ao estabelecimento de monopólios. O monopólio, de acordo com essas doutrinas, é um mal originado da conjunção de forças que operam num capitalismo desenfreado. Aos olhos dos reformadores, trata-se da pior limitação do sistema de *laissez-faire*. Sua existência é a melhor justificativa do intervencionismo. O principal objetivo da interferência do governo nas empresas deve ser combatê-lo. Uma das mais sérias consequências do monopólio é que ele produz imperialismo e guerra.

---

[36] Não precisamos considerar o caso de taxas de importação tão baixas que somente algumas ou nenhuma das fábricas domésticas consegue continuar produzindo para o mercado doméstico. Nesse caso, os competidores estrangeiros poderiam penetrar no mercado doméstico e os preços atingiriam o nível do preço de mercado mundial mais a taxa de importação inteira. O fracasso da tarifa seria ainda mais evidente.

É verdade que há exemplos em que um monopólio — um monopólio mundial — de alguns produtos poderia ser estabelecido sem o apoio da compulsão e da coerção governamentais. O fato de que os recursos naturais para a produção de mercúrio são muito poucos, por exemplo, poderia engendrar um monopólio mesmo na ausência de incentivos governamentais. Também há casos em que o alto custo de transporte possibilita estabelecer monopólios locais para bens volumosos, como, por exemplo certos materiais de construção em lugares de localização desfavorável. Porém, não é esse o problema que interessa à maioria das pessoas quando elas discutem o monopólio. Quase todos os monopólios atacados pela opinião pública e contra os quais os governos fingem lutar são obra do governo. São monopólios nacionais criados sob o abrigo de tarifas de importação. Eles desabariam num regime de livre-comércio.

O tratamento comum da questão do monopólio é vastamente mendaz e desonesto. Não há modo mais brando de caracterizá-lo. O objetivo do governo é aumentar o preço doméstico dos bens em questão acima do nível de mercado mundial, a fim de proteger no curto prazo a operação de suas políticas pró-trabalho. As manufaturas altamente desenvolvidas da Grã-Bretanha, dos Estados Unidos e da Alemanha não precisariam de proteção nenhuma contra a competição estrangeira caso não existissem as políticas de seus próprios governos de aumento de custos de produção doméstica. Porém, essas políticas tarifárias, como mostrado no caso descrito acima, só podem funcionar quando há um cartel cobrando preços de monopólio no mercado doméstico. Na ausência desse cartel, a produção doméstica cairia, pois os produtores estrangeiros teriam a vantagem de produzir a custos inferiores do que aqueles, graças à nova medida pró-trabalho. Um sindicalismo altamente desenvolvido, apoiado por aquilo que se costuma chamar de "legislação trabalhista progressista", seria frustrado até mesmo no curto prazo caso os preços domésticos não fossem mantidos num nível superior ao do mercado mundial e se os exportadores (caso se queira continuar a exportar) não pudessem compensar os preços de exportação inferiores com os lucros monopolistas tirados do mercado doméstico. Onde o custo doméstico de produção é aumentado pela interferência governamental, ou pela coerção e pela compulsão exercidas pelos sindicatos, a exportação terá de ser subsidiada. Os subsídios podem ser concedidos abertamente como subsídios pelo governo ou podem ser disfarçados pelo monopólio. Nesse segundo caso, os consumidores domésticos pagam os subsídios na forma de preços mais elevados pelos bens que o monopólio vende a preço inferior no estrangeiro. Se o governo fosse sincero em seus gestos antimonopolistas, conseguiria encontrar um remédio simples. A revogação da tarifa de importação afastaria de um só golpe o risco do monopólio. Porém, os governos e seus amigos anseiam pelo aumento dos preços domésticos. Sua luta contra o monopólio é apenas uma farsa.

É fácil demonstrar que é correta a afirmação de que o objetivo dos governos é aumentar os preços mencionando as condições em que a imposição de uma tarifa de importação resulta no estabelecimento de um monopólio de cartel. Os fazendeiros americanos que produzem trigo, algodão e outros produtos agrícolas não podem, por motivos técnicos, formar um cartel. Assim, o governo desenvolveu um esquema para elevar os preços por meio da restrição à produtividade e do afastamento de vastos estoques do mercado por compras e empréstimos governamentais. Os fins atingidos por essa política são um substituto para um cartel agrícola inviável e um monopólio agrícola.

Não menos evidentes são os esforços de vários governos para criar cartéis internacionais. Se a tarifa protecionista resulta na formação de um cartel nacional, a cartelização internacional poderia, em muitos casos, ser obtida por acordos entre os cartéis nacionais. Esses acordos com frequência são muito bem servidos por outra atividade pró-monopólio dos governos, pelas patentes e outros privilégios concedidos a novas invenções. Porém, onde os obstáculos técnicos impedem a construção de cartéis nacionais — como quase sempre acontece com a produção agrícola — não é possível construir esses acordos internacionais. Então os governos interferem outra vez. A história entre as duas guerras mundiais é um registro aberto de intervenções estatais para incentivar o monopólio e restrições por acordos internacionais. Houve esquemas para *pools* de trigo, para restrições à borracha e ao latão etc.[37]. Claro que a maioria foi abaixo muito rapidamente.

Essa é a verdadeira história do monopólio moderno. Ele não é um resultado do capitalismo desimpedido e de uma tendência intrínseca à evolução capitalista, como os marxistas gostariam que acreditássemos. Trata-se, pelo contrário, do resultado de políticas governamentais que almejam uma reforma da economia de mercado.

---

[37] SCHWARTZ, G. L. "Back to Free Enterprise". *Nineteenth Century and After*, CXXXI (1942), p. 130.

9 - Autarquia

O intervencionismo almeja o controle estatal das condições de mercado. Como a soberania do Estado nacional está limitada ao território submetido à sua supremacia e não tem jurisdição fora de suas fronteiras, ele enxerga todo tipo de relações econômicas internacionais como graves obstáculos à sua política. O objetivo último de sua política de comércio exterior é a autossuficiência econômica. A tendência confessa dessa política, é claro, é apenas reduzir ao máximo as importações. Porém, como as exportações não têm outro fim além de pagar as importações, elas caem concomitantemente.

A busca pela autossuficiência econômica é ainda mais violenta no caso dos governos socialistas. Numa comunidade socialista, a produção para o consumo doméstico não é mais dirigida pelas preferências e pelos desejos dos consumidores. O conselho central de gerenciamento da produção atende ao consumidor doméstico segundo suas próprias ideias daquilo que lhe serve melhor. Ele *cuida do povo*, mas não *serve* mais o consumidor. Com a produção para exportação, porém, é diferente. Os compradores estrangeiros não estão submetidos às autoridades do Estado socialista, eles têm de ser servidos. Seus caprichos e vontades precisam ser levados em conta. O governo socialista é soberano no aprovisionamento dos consumidores domésticos, mas em suas relações de comércio exterior ele se depara com a soberania do consumidor estrangeiro. Nos mercados estrangeiros, ele tem de competir com outros produtores que produzem bens melhores a um custo menor. Mencionamos anteriormente como a dependência de importações estrangeiras e, por conseguinte, de exportações, influencia a estrutura inteira do socialismo alemão[38].

O objetivo essencial da produção socialista, segundo Marx, é a eliminação do mercado. Enquanto uma comunidade socialista ainda for obrigada a vender parte de sua produção no estrangeiro — seja para governos socialistas estrangeiros ou para empresas estrangeiras — ela ainda produz para o mercado e está submetida às leis da economia de mercado. Um sistema socialista tem um defeito na medida em que não é economicamente autossuficiente.

A divisão internacional de trabalho é um sistema de produção mais eficiente do que a autarquia econômica de toda nação. A mesma quantidade de

---

[38] Idem. *Ibidem.*, p. 57.

trabalho e de fatores materiais de produção rende uma produtividade maior. Esse excesso de produção beneficia a todos os envolvidos. O protecionismo e a autarquia sempre resultam na transferência da produção dos centros onde as condições são mais favoráveis — isto é, de onde a produtividade da mesma quantidade de aplicação física é maior — para centros onde ela é menos favorável. Os recursos mais produtivos permanecem inutilizados enquanto os menos produtivos são utilizados. O efeito é uma queda geral na produtividade do esforço humano e, com ela, um rebaixamento do padrão de vida no mundo inteiro.

As consequências econômicas das políticas protecionistas e da tendência à autarquia são as mesmas para todos os países. Porém, existem diferenças qualitativas e quantitativas. Os resultados sociais e políticos são diferentes para países industriais comparativamente superpopulosos e para países agrícolas comparativamente subpopulosos. Nos países predominantemente industriais, os preços dos alimentos mais urgentes sobem. Isso interfere mais e mais cedo no bem-estar das massas do que o aumento correspondente nos preços dos bens manufaturados nos países predominantemente agrícolas. Além disso, os trabalhadores nos países industriais estão em melhor posição para fazer ouvir suas reclamações do que os fazendeiros e agricultores nos países agrícolas. Os estadistas e economistas dos países predominantemente industriais se assustam. Eles percebem que as condições naturais estão freando os esforços de seus países para substituir as importações de alimentos e de matérias-primas com a produção doméstica. Eles entendem claramente que os países industriais da Europa não conseguem nem alimentar nem vestir suas populações apenas com os produtos domésticos. Eles anteveem que a tendência para maior proteção, para mais isolamento de cada país e, por fim, para a autossuficiência, produzirá uma queda tremenda no padrão de vida, quando não a fome. Assim, eles olham em volta em busca de soluções.

O nacionalismo alemão agressivo é animado por essas considerações. Há mais de sessenta anos os nacionalistas alemães pintam as consequências que as políticas protecionistas de outras nações acabarão tendo para com a Alemanha. A Alemanha, observaram eles, não pode viver sem importar alimentos e matérias-primas. Como ela vai pagar por essas importações quando, um dia, as nações que as produzem tiverem sucesso no desenvolvimento de suas manufaturas domésticas e impedirem o acesso às exportações alemãs? Só existe, diziam-se eles, uma solução: precisamos conquistar mais espaço de vida, mais *Lebensraum*.

Os nacionalistas alemães estão plenamente cientes de que muitas outras nações — por exemplo, a Bélgica — estão na mesma posição desfavorável. Porém, dizem eles, há uma diferença muito importante. Essas são nações pequenas. São, portanto, indefesas. A Alemanha tem força o bastante para conquistar mais espaço. E, felizmente para a Alemanha, dizem eles hoje, há duas outras nações poderosas que estão na mesma posição da Alemanha, a saber, a Itália e o Japão. Elas são as aliadas naturais da Alemanha nas guerras dos que não têm contra os que têm.

A Alemanha não almeja a autarquia por querer fazer a guerra. Ela almeja a guerra por querer a autarquia — por querer viver na autossuficência econômica.

10 - Protecionismo alemão

O segundo Império Alemão, fundado em Versalhes, em 1871, não era apenas uma nação poderosa. Era — apesar da depressão que começou em 1873 — economicamente muito próspero. Suas fábricas industriais eram extremamente bem-sucedidas na competição estrangeira e doméstica com produtos estrangeiros. Alguns reclamões viam problemas nas manufaturas alemãs. Os produtos alemães, diziam eles, eram baratos, mas inferiores. Porém, a grande demanda estrangeira era precisamente por esses produtos baratos. As massas enfatizavam mais o preço barato do que a boa qualidade. Quem quer que quisesse aumentar as vendas tinha de abaixar os preços.

Na otimista década de 1870, todos estavam plenamente convencidos de que a Europa estava às vésperas de um período de paz e de prosperidade. Não haveria mais guerras, as barreiras comerciais estavam fadadas a desaparecer, os homens teriam mais vontade de construir e de produzir do que de destruir e de matar-se uns aos outros. Claro que homens que enxergavam longe não podiam negligenciar o fato de que a preeminência cultural da Europa desapareceria lentamente. As condições naturais de produção eram mais favoráveis nos países estrangeiros. O capitalismo estava prestes a desenvolver os recursos das nações atrasadas. Alguns ramos da produção não conseguiriam enfrentar a competição das áreas recém-abertas. A produção agrícola e a mineração diminuiriam na Europa. Os europeus comprariam esses bens exportando manufaturados. Porém, as pessoas não estavam preocupadas. A intensificação da divisão internacional do trabalho, aos olhos delas, não era um desastre, mas, pelo contrário, uma fonte de uma oferta mais rica. O livre-comércio inevitavelmente tornaria todas as nações mais prósperas.

Os liberais alemães defendiam o livre-comércio, o padrão-ouro e a liberdade empresarial doméstica. As manufaturas alemãs não precisavam de proteção nenhuma. Elas varreram triunfantemente o mercado mundial. Não teria sentido apresentar o argumento da indústria infante. A indústria alemã tinha atingido a maturidade.

Claro que ainda havia muitos países ansiosos por penalizar as importações. Porém, era irrefutável a inferência do argumento do livre mercado de Ricardo. Mesmo que todos os países se aferrem ao protecionismo, toda nação atende melhor os próprios interesses com o livre-comércio. Havia o grande exemplo da Grã-Bretanha e de alguns países menores, como a Suíça. Esses países iam muito bem com o livre-comércio. Deveria a Alemanha adotar suas políticas? Ou deveria imitar nações semibárbaras, como a Rússia?

Mas a Alemanha escolheu o segundo caminho. Essa decisão foi um ponto de virada na história moderna.

Existem muitos erros hoje a respeito do protecionismo alemão moderno.

É importante reconhecer, antes de tudo, que os ensinamentos de Friedrich List não têm nada a ver com o protecionismo alemão moderno. List não defendia tarifas para produtos agrícolas. Ele pedia proteção para indústrias nascentes. Ao fazer isso, ele subestimava o poder competitivo da manufatura alemã contemporânea. Mesmo naquela época, no começo da década de 1840, a produção industrial alemã já era muito mais forte do que acreditava List. Trinta a quarenta anos depois, ela era a maior do continente europeu e podia competir com grande sucesso no mercado mundial. As doutrinas de List desempenharam um papel importante na evolução do protecionismo no Leste Europeu e na América Latina. Porém, os defensores alemães do protecionismo não tinham motivo para referir-se a List. Ele não rejeitava incondicionalmente o livre-comércio. Ele defendia a proteção das manufaturas apenas durante um período de transição e, em momento nenhum, sugeriu a proteção da agricultura. List teria sido violentamente contrário à tendência da política alemã de comércio exterior dos últimos sessenta e cinco anos.

O defensor literário mais significativo do protecionismo alemão moderno foi Adolf Wagner (1890-1944). A essência de seus ensinamentos é a seguinte: todos os países com um excesso de produção de alimentos e de matérias-primas anseiam por desenvolver a manufatura doméstica e impedir o acesso às manufaturas estrangeiras. O mundo caminha para a autossuficiência econômica de cada nação. Nesse mundo, qual será o destino das nações que não conseguem nem alimentar nem vestir seus cidadãos com alimentos e com matérias-primas domésticas? Elas estão condenadas à fome.

Adolf Wagner não era uma grande mente. Era mau economista. O mesmo vale para seus defensores. Porém, eles não eram obtusos o suficiente para não perceber que a proteção não é uma panaceia contra os perigos que imaginavam. O remédio que eles recomendavam era a conquista de mais espaço: a guerra. Eles pediam proteção para a agricultura alemã a fim de incentivar a produção no solo pobre do país, porque queriam que a Alemanha se tornasse independente de provisões estrangeiras de alimentos para a guerra iminente. As tarifas de importação sobre alimentos eram, aos olhos deles, um remédio apenas de curto prazo, uma medida para um período de transição. A solução definitiva era a guerra e a conquista.

Porém, seria errado presumir que o incentivo para a adoção do protecionismo pela Alemanha era uma propensão a fazer guerra. Adolf Wagner, Gustav von Schmoller (1838-1917) e os outros socialistas de cátedra, em suas aulas e discussões, pregaram por muito tempo o evangelho da conquista. Mas antes do fim da década de 1890, eles não ousaram propagar essas ideias na imprensa. Considerações de economia de guerra, aliás, poderiam justificar a proteção apenas para a agricultura. Elas não se aplicavam no caso da proteção das indústrias de processamento. O argumento militar de preparação para a guerra não desempenhou um papel importante na produção industrial alemã.

O principal motivo para a tarifa das manufaturas era a *Sozialpolitik*. A política pró-trabalho elevava os custos domésticos de produção e tornava necessária a proteção contra seus efeitos de curto prazo. Os preços domésticos tiveram de ser elevados acima do nível do mercado mundial, a fim de fugir ao dilema entre menores salários nominais e aumento do desemprego. Cada novo progresso da *Sozialpolitik* e cada avanço bem-sucedido desbaratavam as condições para as empresas alemãs, colocando-as em desvantagem e dificultando que elas superassem os competidores estrangeiros nos mercados doméstico e estrangeiro. A *Sozialpolitik*, tão glorificada, só era possível dentro de um corpo econômico protegido por tarifas.

Assim, a Alemanha desenvolveu seu sistema característico de cartéis. Os cartéis cobravam altos preços dos consumidores domésticos e vendiam mais barato no estrangeiro. Aquilo que o trabalhador ganhava com legislação trabalhista e salários sindicalizados era absorvido pelos preços mais altos. O governo e os líderes sindicalistas gabavam-se do aparente sucesso de suas políticas: os trabalhadores recebiam salários *nominais* mais elevados. Mas os salários *reais* não aumentaram mais do que a produtividade marginal do trabalho.

Todavia, apenas alguns observadores enxergavam isso. Alguns economistas tentavam justificar o protecionismo industrial como medida de proteção dos frutos da *Sozialpolitik* e do sindicalismo. Eles propunham o *protecionismo social* (*den sozialen Schutzzol*). Não percebiam que o processo inteiro demonstrava a inutilidade do governo coercitivo e da interferência sindical nas condições de trabalho. A maior parte da opinião pública sequer suspeitava que a *Sozialpolitik* e o protecionismo estavam intimamente associados. A tendência para cartéis e monopólios era, na opinião deles, uma das várias consequências desastrosas do capitalismo. Eles acusavam com amargor a ganância dos capitalistas. Os marxistas interpretavam-na como a concentração de capital prevista por Karl Marx. Ignoravam propositalmente o fato de que ela não era um resultado da livre evolução do capitalismo, mas o resultado da interferência governamental, das tarifas e — no caso de certas áreas, como potassa e carvão — da compulsão governamental direta. Alguns dos socialistas de gabinete menos argutos (Lujo Brentano, por exemplo), em sua incoerência, chegavam ao ponto de defender ao mesmo tempo o livre-comércio e uma política pró-trabalho mais radical.

Nos trinta anos que antecederam a Primeira Guerra Mundial, a Alemanha eclipsaria todos os demais países europeus em políticas pró-trabalho por dedicar-se, acima de tudo, ao protecionismo e, subsequentemente, à cartelização.

Quando mais tarde, ao longo da depressão de 1929 e nos anos seguintes, as cifras de desemprego subiram escancaradamente porque os sindicatos não aceitavam uma redução dos salários da época do *boom*, o protecionismo tarifário comparativamente branco transformou-se nas políticas hiperprotecionistas do sistema de cotas, da desvalorização monetária e do controle do câmbio estrangeiro. Naquela época, a Alemanha não estava mais à frente em políticas pró-trabalho. Outros países a tinham superado. A Grã-Bretanha, outrora a campeã do livre-comércio, adotou a ideia alemã de proteção social, assim como todos os demais países. O hiperprotecionismo atualizado é o corolário da *Sozialpolitik* contemporânea.

Não pode haver dúvida nenhuma de que, por quase sessenta anos, a Alemanha deu na Europa o exemplo tanto de *Sozialpolitik* quanto de protecionismo. Porém, os problemas envolvidos não são só da Alemanha.

Os países mais avançados da Europa têm poucos recursos domésticos. São comparativamente superpopulosos. Estão numa posição bastante desfavorável, de fato, tanto na tendência atual para a autarquia quanto para barreiras migratórias e para a expropriação de investimentos estrangeiros. O isolamento significa, para eles, uma forte queda nos padrões de vida. Depois da guerra atual, a Grã-Bretanha — com o fim de seus ativos estrangeiros — estará na mesma posição da Alemanha. O mesmo valerá para Itália, Bélgica, Suíça. Talvez a França esteja melhor porque há muito tempo tem uma taxa baixa de natalidade. Porém, mesmo os países menores e predominantemente agrícolas do Leste Europeu estão em posição crítica. Como eles poderão pagar por importações de algodão, de café, de vários minérios etc.? Seu solo é muito mais pobre do que o do Canadá ou do cinturão do trigo americano. Seus produtos não podem competir no mercado mundial.

Assim, o problema não é alemão, é europeu. Só é um problema alemão na medida em que os alemães tentaram — em vão — resolvê-lo por meio de guerra e de conquista.

CAPÍTULO IV
Etatismo e nacionalismo

1 - O princípio de nacionalidade

No começo do século XIX, o vocabulário político dos cidadãos do Reino Unido da Grã-Bretanha e da Irlanda não fazia diferença entre os conceitos Estado, povo e nação. As conquistas que expandiram o reino e submeteram países e seus habitantes não alteraram o tamanho da nação e do Estado. Essas áreas anexadas, assim como os assentamentos dos súditos britânicos, permaneciam fora do Estado e da nação. Eram propriedade da Coroa, sob o controle do parlamento. A nação e o povo eram os cidadãos dos três reinos: Inglaterra, Escócia e Irlanda. A Inglaterra e a Escócia formaram uma união em 1707. Em 1801, a Irlanda juntou-se a essa união. Não havia intenção de incorporar a esse corpo os cidadãos assentados além-mar na América do Norte. Toda colônia tinha seu próprio parlamento e seu local de governo. Quando o parlamento de Westminster tentou incluir em sua jurisdição as colônias da Nova Inglaterra e aquelas ao sul da Nova Inglaterra, atiçou o conflito que resultou na independência americana. Na Declaração de Independência, as treze colônias denominam-se um povo diferente do povo representado no parlamento em Westminster. As colônias individuais, tendo proclamado seu direito à independência, formaram uma união política e assim deram à nova nação, preparada pela natureza e pela história, uma organização política adequada.

Mesmo na época do conflito americano, os liberais britânicos simpatizavam com os colonos. Ao longo do século XIX, a Grã-Bretanha reconheceu plenamente o direito dos colonos brancos nas possessões além-mar de estabelecer governos autônomos. Os cidadãos dos domínios não são membros da nação britânica. Eles formam suas próprias nações, com todos os direitos que cabem aos povos civilizados. Não houve esforço nenhum de expandir o território cujos membros eram representados no parlamento de Westminster. Se se concede autonomia a uma parte do Império, essa parte se torna um Estado com a sua própria constituição. O tamanho do território cujos cidadãos são representados no parlamento em Londres não se expandiu desde 1801, foi estreitado pela fundação do Estado livre irlandês.

Para os revolucionários franceses, os termos Estado, nação, e povo também eram idênticos. Para eles, a França era o país dentro das fronteiras históricas. Os enclaves estrangeiros (como a Avignon papal e as possessões dos príncipes alemães) eram parte da França segundo a lei natural e, portanto, deveriam ser reunidos. As vitórias da Revolução e de Napoleão relegaram temporariamente essas noções ao esquecimento. Depois de 1815, porém, elas foram restauradas segundo seu sentido anterior. A França é o país dentro das fronteiras fixadas pelo Congresso de Viena. Napoleão III posteriormente incorporou a esse reino a Savoia e Nice, distritos com habitantes francófonos, para os quais não havia mais espaço no novo reino italiano ao qual tinha sido fundido o Estado de Savoia-Piemonte-Sardenha. Os franceses não se entusiasmavam com essa expansão do país. Os novos distritos demoraram para ser assimilados à comunidade francesa. Os planos de Napoleão III de adquirir Bélgica, Luxemburgo e a margem esquerda do Reno não eram populares na França. Os franceses não consideravam os Walloon nem os suíços e canadenses francófonos membros de sua nação ou de seu povo. Aos olhos deles, são estrangeiros francófonos, velhos amigos, mas não franceses.

O caso dos liberais alemães e italianos era diferente. Os Estados que eles queriam reformar eram produtos de guerras e de intercasamentos dinásticos, não podiam ser considerados entidades naturais. Teria sido realmente paradoxal destruir o despotismo do príncipe de Reuss-Gera para estabelecer um governo democrático nos territórios esparsos de propriedade do potentado. Os súditos desses pequenos príncipes não se consideravam *reuss-geranos* ou *saxe-weimar-eisenachianos*, mas alemães. Não almejavam uma *Schaumburg-Lippe* liberal. Queriam uma Alemanha liberal. Na Itália, era a mesma coisa. Os liberais italianos não lutavam pelo Estado livre de Parma ou da Toscana, mas por uma Itália livre. Assim que o liberalismo chegou à Alemanha e à Itália, o problema da extensão do Estado e de suas fronteiras foi levantado. Sua solução parecia fácil. A nação é a comunidade de todas as pessoas que falam a mesma língua, as fronteiras do Estado deveriam coincidir com as demarcações linguísticas. A Alemanha é o país habitado pelo povo germanófono, a Itália é a terra dos que falam italiano. As antigas fronteiras traçadas pelas intrigas das dinastias estavam fadadas a desaparecer. Assim, o direito de autodeterminação e do governo popular, como defendido pelo liberalismo ocidental, transforma-se no princípio de nacionalidade assim que o liberalismo se torna um fator político na Europa central. A terminologia política começa a diferenciar entre Estado e nação (povo). O povo (a nação) são todos os homens que falam o mesmo idioma. Nacionalidade significa comunidade linguística.

Segundo essas ideias, cada nação deveria formar um Estado independente, incluindo todos os membros da nação. Quando isso chegar a ser atingido, não haverá mais guerras. Os príncipes combatem entre si porque desejam aumentar seu poder e sua riqueza por meio da conquista. Essas motivações não estão presentes nas nações. A extensão do território de uma nação é determinada pela natureza. As fronteiras nacionais são as fronteiras linguísticas. Conquista nenhuma pode tornar uma nação maior, mais rica, mais poderosa. O princípio da nacionalidade é a regra de ouro do direito internacional, que trará paz imperturbada à Europa. Enquanto os reis ainda planejam guerras e conquistas, os movimentos revolucionários da jovem Alemanha e da jovem Itália já estão cooperando para a realização dessa feliz constituição de uma Nova Europa. Os poloneses e os húngaros juntaram-se ao coro. Suas aspirações também foram recebidas com simpatia pela Alemanha liberal. Os poetas alemães glorificavam as lutas polonesa e húngara por independência.

Porém, as aspirações de poloneses e magiares difeririam num aspecto muito importante das dos liberais alemães e italianos. Os primeiros queriam uma reconstrução da Polônia e da Hungria dentro de suas antigas fronteiras históricas. Eles não ansiavam por uma nova Europa liberal, mas pelo glorioso passado de seus reis e conquistadores vitoriosos, como representados por seus historiadores e escritores. A Polônia, para os poloneses, eram todos os países que seus reis e magnatas já tinham subjugado, a Hungria era, para os magiares, todos os países que tinham sido governados na Idade Média pelos sucessores de São Estêvão. Não importava que esses reinos incluíssem muitas pessoas que falavam línguas que não eram nem o polonês nem o húngaro. Poloneses e magiares adotavam da boca para fora os princípios da nacionalidade e da autodeterminação. E essa atitude deixava os liberais do ocidente simpáticos aos programas deles. Porém, aquilo que eles planejavam não era a libertação de outros grupos linguísticos, mas sua opressão.

O mesmo se passou com os tchecos. É verdade que, em tempos pregressos, alguns defensores da independência tcheca propuseram uma partição da Boêmia, segundo demarcações linguísticas. Porém, logo foram silenciados por seus concidadãos, para os quais a autodeterminação tcheca era sinônimo da opressão de milhões de não tchecos.

O princípio da nacionalidade foi derivado do princípio liberal da autodeterminação. Porém, os poloneses, os tchecos e os magiares colocaram no lugar desse princípio um nacionalismo agressivo que almejava a dominação de povos que falavam outras línguas. Muito rapidamente os nacionalistas alemães e italianos, assim como muitos outros grupos linguísticos, adotaram a mesma atitude.

Seria um equívoco atribuir a ascendência do nacionalismo moderno à maldade humana. Os nacionalistas não são homens inatamente agressivos. Eles ficam agressivos por meio de sua concepção de nacionalismo. Eles são confrontados com condições que eram desconhecidas dos campeões do antigo princípio de autodeterminação. E seus preconceitos etatistas impedem-nos de encontrar uma solução para os problemas que precisam enfrentar que não seja aquela oferecida pelo nacionalismo agressivo.

Aquilo que os liberais ocidentais não reconheceram é que existem vastos territórios habitados por pessoas de idiomas distintos. Esse fato importante outrora podia ser negligenciado na Europa Ocidental, mas não podia ser posto de lado na Europa Oriental. O princípio da nacionalidade não pode funcionar num país onde grupos linguísticos estão inextricavelmente misturados. Aqui você não pode traçar fronteiras que claramente segregam grupos linguísticos. Toda divisão territorial deixa necessariamente as minorias sob domínio estrangeiro.

O problema se torna particularmente fatídico por causa da mutabilidade das estruturas linguísticas. Os homens não ficam necessariamente no lugar onde nasceram. Eles sempre migraram de áreas comparativamente superpovoadas para áreas comparativamente subpovoadas. Em nossa época de rápida mudança econômica trazida pelo capitalismo, a propensão a migrar aumentou de maneira sem precedentes. Milhões de pessoas se mudam de distritos agrícolas para centros de mineração, de comércio e de indústria. Milhões de pessoas se mudam de países onde o solo é pobre para outros que oferecem condições mais favoráveis para a agricultura. Essas migrações transformam as minorias em maiorias, e vice-versa. Elas levam minorias estrangeiras a países que outrora tinham homogeneidade linguística.

O princípio da nacionalidade baseava-se no pressuposto de que cada indivíduo, ao longo da vida, aferra-se à língua dos pais, a qual aprendeu na primeira infância. Isso também é um erro. Os homens podem mudar de língua ao longo da vida. Podem falar diária e habitualmente uma língua que não é a de seus pais. A assimilação linguística nem sempre é o resultado espontâneo das condições sob as quais o indivíduo vive. Ela é causada não apenas pelo ambiente e por fatores culturais. Os governos podem incentivá-la ou até produzi-la por meio da compulsão. É uma ilusão crer que a língua é um critério não arbitrário para uma delimitação imparcial de fronteiras. O Estado pode, sob certas condições, influenciar o caráter linguístico de seus cidadãos.

O principal instrumento da desnacionalização e da assimilação compulsórias é a educação. A Europa Ocidental desenvolveu o sistema de educação pública obrigatória. Ele chegou à Europa Oriental como realização da civilização ocidental. Porém, nos territórios linguisticamente mistos, se transformou numa arma mortífera nas mãos de governos determinados a alterar a lealdade linguística de seus súditos. Os filantropos e pedagogos da Inglaterra que defendiam a educação pública, não previram as ondas de ódio e de ressentimento que essa instituição provocaria.

Porém, a escola não é o único instrumento de opressão e de tirania linguística. O etatismo coloca mais cem outras armas nas mãos do Estado. Cada ato do governo que pode e deve ser feito por discrição administrativa quanto aos méritos especiais de cada caso pode ser usado para os fins políticos do governo. Os membros da minoria linguística são tratados como inimigos ou como foras-da-lei. Em vão tentam obter licenças, moeda estrangeira num sistema de câmbio controlado ou licenças de importação num sistema de cotas. Suas lojas e suas fábricas, seus clubes, suas escolas e seus locais de reunião são fechados pela política porque supostamente não cumprem as regras dos códigos de edificação ou as regulamentações contra incêndio. Seus filhos por algum motivo não passam nos concursos públicos. Nega-se proteção a sua propriedade, a suas pessoas e a suas vidas quando são atacados por gangues armadas ou por membros zelosos do grupo linguístico dominante. Eles não podem nem tentar defender a si próprios: as licenças necessárias para a posse de armas são-lhes negadas. Os cobradores de impostos sempre verificam que eles devem ao tesouro muito mais do que a quantidade que aparece nos formulários que preencheram.

Tudo isso indica claramente porquê as tentativas da Carta da Liga das Nações para proteger as minoriais por meio do direito internacional e de tribunais internacionais estavam fadadas ao fracasso. Uma lei não pode proteger ninguém contra medidas ditadas por supostas considerações de conveniência econômica. Todo tipo de interferência governamental nas empresas, nos países habitados por grupos linguísticos distintos, é usado com o fim de prejudicar os párias. Tarifas alfadengárias, tributação, regulamentação do câmbio, subsídios, legislação trabalhista etc., podem ser utilizados para a discriminação, ainda que isso não possa ser provado por meio de um processo judicial. O governo sempre pode alegar que essas medidas são ditadas por considerações puramente econômicas. Com a ajuda dessas medidas, é possível tornar insuportável a vida dos desejáveis sem que haja violação foram da igualdade jurídica. Numa era de intervencionismo e de socialismo, não existe proteção jurídica contra um governo mal-intencionado. Toda interferência governamental nas empresas torna-se um ato de guerra nacional contra os membros dos grupos linguísticos perseguidos. Com o progresso do etatismo, o antagonismo entre os grupos linguísticos torna-se mais amargo e mais implacável.

Assim, o sentido dos conceitos da terminologia política ocidental passou por uma mudança radical na Europa central e oriental. O povo diferencia entre o Estado bom e o Estado mau. O povo idolatra o Estado, assim como todos os demais etatistas. Porém, eles se referem apenas ao Estado bom — isto é, ao Estado dominado por seu próprio grupo linguístico. Para eles, esse Estado é Deus. Os outros Estados onde seu próprio grupo linguístico não predomina são demônios, na opinião deles. Seu conceito de concidadãos inclui todas as pessoas que falam seu próprio idioma, todos os *Volksgenossen*, como dizem os alemães, sem qualquer consideração pelo país em que vivem. O conceito não inclui cidadãos de seu próprio Estado que falem outro idioma. Esses são inimigos e bárbaros. Os *Volksgenossen* que vivem sob jugo estrangeiro precisam ser libertados. São os *Irredenta*, o povo irredimido.

E qualquer meio que possa acelerar o dia vindouro da redenção é considerado certo e bom. A fraude, a agressão e o assassinato são virtudes nobres quando servem à causa do irredentismo. A guerra pela liberação dos *Volksgenossen* é uma guerra justa. A grandeza do grupo linguístico e a glória do Estado correto e verdadeiro são os critérios supremos da moralidade. Só uma coisa conta: seu próprio grupo linguístico, a comunidade de homens que fala a mesma língua, o *Volkgemeinschaft*.

2 - O GRUPO LINGUÍSTICO

Economistas, sociólogos e historiadores nos deram definições distintas do termo "nação". Porém, aqui não estamos interessados em qual sentido a ciência social deveria atribuir-lhe. Estamos investigando qual sentido os defensores europeus do princípio de nacionalidade atribuem aos conceitos de nação e de nacionalidade. É importante estabelecer o modo como esses termos são usados no vocabulário da ação política atual e o papel que desempenham na vida real e na política contemporânea.

O princípio da nacionalidade é desconhecido na política americana ou australiana. Quando os americanos libertaram-se do domínio da Grã-Bretanha, da Espanha e de Portugal, seu objetivo era a autodeterminação, não o estabelecimento de Estados *nacionais* no sentido que o princípio de nacionalidade dá ao termo "nação". Linguisticamente, eles se pareciam com os velhos países de além-mar, de onde seus ancestrais outrora partiram para a América. O povo que hoje forma os Estados Unidos da América não quis anexar a parte anglófona do Canadá. Os canadenses francófonos que se opunham ao sistema britânico de governo também não lutaram por um Estado francófono. Os dois grupos linguísticos cooperam de maneira mais ou menos pacífica dentro do domínio do Canadá. Não há *Irredenta*. A América Latina também está livre de problemas linguísticos. O que separa a Argentina do Chile ou a Guatemala do México não é o idioma. No hemisfério ocidental também há muitos conflitos políticos e até religiosos. Porém, no passado, nenhum problema linguístico grave perturbou a vida política americana.

Também não existem antagonismos linguísticos sérios na Ásia atual. A Índia, linguisticamente, não é homogênea. Porém, a discrepância religiosa entre o hinduísmo e o islã é muito mais importante ali do que o problema das línguas.

Talvez as condições mudem rapidamente. Porém, neste momento, o princípio de nacionalidade é um conceito mais ou menos europeu. É o principal problema político da Europa.

Assim, segundo o princípio de nacionalidade, cada grupo linguístico deve formar um Estado independente e esse Estado deve abranger todas as pessoas que falam essa língua. O prestígio desse princípio é tão grande que um grupo de homens que, por algum motivo queira formar um Estado próprio, que de outro modo não se conformaria ao princípio de nacionalidade, anseia por mudar de língua a fim de justificar suas aspirações à luz desse princípio.

Os noruegueses hoje falam e escrevem uma língua que é quase idêntica a da Dinamarca. Contudo, eles não estão dispostos a renunciar à sua independência política. A fim de dar apoio linguístico a seu programa político, noruegueses eminentes quiseram criar uma língua própria, formar uma nova língua a partir de seus dialetos locais, algo como um retorno à língua nórdica antiga usada até o século XV. Henrik Ibsen (1828-1906), o maior autor norueguês, achava que esses esforços eram loucura e zombou deles em *Peer Gynt*[39].

O povo irlandês fala e escreve em inglês. Alguns dos mais destacados autores da língua inglesa são irlandeses. Porém, os irlandeses querem a independência política. Portanto, raciocinam, é necessário voltar ao idioma gaélico outrora usado em seu país. Eles escavaram essa língua de velhos livros e manuscritos e tentam revivê-la. Em certa medida, até conseguiram.

Os sionistas querem criar um Estado independente composto daqueles que professam a religião judaica. Para eles, os judeus são um povo e uma nação. Aqui não estamos interessados em saber se estão ou se não estão corretos os argumentos apresentados para justificar essas afirmações, nem se politicamente o plano faz sentido. Todavia, é um fato que os judeus falam muitas línguas diferentes. Desde o ponto de vista do princípio de nacionalidade, as aspirações do sionismo não são menos irregulares do que as dos irlandeses. Por isso, os sionistas tentam induzir os judeus a falar e a escrever em hebraico. Esses planos são paradoxais diante do fato de que, na época de Cristo, os habitantes da Palestina não falavam hebraico. Sua língua nativa era o aramaico. O hebraico era a língua apenas da literatura religiosa. Não era entendida pelo povo. A segunda língua mais conhecida era o grego[40].

Esses fatos demonstram o sentido e o prestígio do princípio de nacionalidade. Os termos "nação" e "nacionalidade", como aplicados pelos defensores desse princípio, são equivalentes à expressão "grupo linguístico". Os termos usados no Império Habsburgo para esses conflitos eram *die Nationale Frage* (a questão nacional) e, de maneira sinônima, *die Sprachenfrage* (a questão nacional), *nationale Kämpfe* (lutas nacionais) e, de maneira sinônima, *Sprachenkämpfe* (lutas linguísticas). O principal tema de conflito sempre foi qual língua deveria ser usada pelo governo, pelos tribunais e pelo exército e qual língua deveria ser ensinada nas escolas.

---

39 Ato IV, cena no manicômio.
40 KANYON, F. G. "The Bible as Christ Knew It". In: *The History of Christianity in the Light of Modern Knowledge*. London: Blackie & Son, 1929. p. 172. Alguns sionistas defendiam o ídiche como língua nacional, mas não conseguiram estabelecê-lo. O ídiche é um dialeto alemão com algumas palavras emprestadas do hebraico e mais das línguas eslavas. É o dialeto falado pelos judeus de origem alemã no nordeste da Europa. Os jornais em caracteres hebraicos impressos e distribuídos nos Estados Unidos não estão escritos em hebraico, mas em ídiche.

É um erro grave que os livros e jornais ingleses e franceses chamem esses conflitos de raciais. Não existe conflito de raças na Europa. Não existem traços corporais distintos a partir dos quais um antropólogo possa separar, com a ajuda de métodos científicos de anatomia, as pessoas que pertencem a grupos diferentes. Se você apresentasse uma delas a um antropólogo, ele não conseguiria concluir, por métodos biológicos, se ela era alemã, tcheca, polonesa ou húngara.

As pessoas que pertencem a esses grupos também não têm uma ascendência comum. A margem direita do rio Elba, o nordeste alemão como um todo, era habitado 800 anos atrás apenas por tribos eslavas e bálticas. Ela passou a falar alemão ao longo de processos que os historiadores alemães chamam de "colonização do leste". Os alemães do oeste e do sul migraram para essa área, porém, na maior parte, sua população atual descende dos povos indígenas eslavos e bálticos que, influenciados por igreja e escola, adotaram a língua alemã. Os chauvinistas prussianos, claro, afirmam que os eslavos e bálticos nativos foram exterminados e que a população inteira hoje descende dos colonos alemães. Não existe nenhuma evidência dessa doutrina. Os historiadores prussianos inventaram-na para justificar aos olhos dos nacionalistas alemães a reivindicação de hegemonia da Prússia sobre a Alemanha. Contudo, nem eles jamais ousaram duvidar da ancestralidade eslava das dinastias autóctones dos príncipes (da Pomerânia, da Silésia e de Mecklenburg). A rainha Louise (1776-1810) da Prússia, que todos os nacionalistas alemães consideram o modelo da mulher alemã, era filha da casa ducal de Mecklenburg, cujo caráter originalmente eslavo nunca foi contestado. Muitas famílias nobres do nordeste alemão têm ancestrais eslavos. As árvores genealógicas das classes médias e dos camponeses, claro, não podem ser rastreadas tão longe quanto as da nobreza. Isso por si explica por que não se pode apresentar a prova de sua origem eslava. De fato, é paradoxal presumir que os príncipes e cavaleiros eslavos tenham exterminado seus servos eslavos a fim de ocupar suas aldeias com servos alemães importados.

A passagem de um desses grupos linguísticos a outro ocorria não apenas nos primeiros dias. Acontecia e acontece com tanta frequência que ninguém fala a respeito. Muitas personalidades de destaque no movimento nazista na Alemanha e na Áustria, e nos distritos eslavos, húngaros e romenos reivindicados pelo nazismo, são filhos de pais cuja língua não era o alemão. Condições semelhantes prevalecem na Europa inteira. Em muitos casos, a mudança de lealdades foi acompanhada por uma mudança no nome de família. Com maior frequência, porém, as pessoas preservaram seus nomes de família de som estrangeiro. Os poetas belgas Maurice Maeterlinck (1862-1949) e Émile Verhaeren (1855-1916) escreveram em francês. Seus nomes sugerem ascendência flamenga. O poeta húngaro Alexander Petöfi (1823-1949), que morreu pela causa da revolução húngara na batalha de Schässburg (1849), era filho de uma família eslava de nome Petrovics. Milhares de casos assim são conhecidos de todos os que estão familiarizados com a terra e com o povo europeus. A Europa também é um *melting pot*, ou melhor, uma coleção de *melting pots*.

Sempre que surge a questão de um grupo dever ser considerado uma nação distinta e, portanto, no direito de reivindicar a autonomia política, o que está em jogo é se a língua envolvida é um idioma distinto ou apenas um dialeto. Os russos afirmam que a língua ucraniana ou ruteniana é um dialeto, como o *Platt-Deutsch* no norte da Alemanha ou o provençal, no sul da França. Os tchecos usam o mesmo argumento contra as aspirações políticas dos eslovacos e os italianos contra o reto-romanche. Apenas poucos anos atrás o governo suíço deu ao romanche o *status* jurídico de língua nacional. Muitos nazistas afirmam que o holandês não é uma língua, mas um dialeto alemão — um *platt* que arrogou para si o *status* de língua.

O princípio de nacionalidade demorou a penetrar o pensamento político da Suíça. Existem dois motivos pelos quais a Suíça até agora resistiu com sucesso a seu poder desintegrador.

O primeiro fator é a qualidade das três línguas principais da Suíça: alemão, francês e italiano. Para cada habitante da Europa continental, é uma grande vantagem aprender uma dessas línguas. Se um suíço-alemão domina o francês ou o italiano, ele não apenas fica melhor equipado para a vida comercial como também ganha o acesso às grandes literaturas do mundo. O mesmo vale para o suíço francófono e para o suíço italófono que aprende italiano ou alemão. Os suíços, portanto, não têm nada contra uma educação bilíngue. Eles consideram uma grande ajuda para seus filhos saber uma das outras línguas principais do país, ou mesmo as duas. Porém, que ganho pode tirar um belga francófono do conhecimento do flamengo, um eslovaco do conhecimento do húngaro ou um húngaro do conhecimento do romeno? É quase indispensável para um polonês ou tcheco culto saber alemão, mas para um alemão é perda de tempo aprender tcheco ou polonês. Isso explica por que o problema educacional tem importância menor nas condições linguísticas da Suíça.

O segundo fator é a estrutura política. Os países do Leste Europeu nunca foram liberais. Eles pularam do absolutismo monárquico direto para o etatismo.

ETATISMO E NACIONALISMO

Desde a década de 1850, eles se aferram à política de intervencionismo que só foi avassalar o ocidente nas últimas décadas. Seu nacionalismo econômico intransigente é uma consequência de seu etatismo. Porém, às vésperas da Primeira Guerra Mundial, a Suíça ainda era um país predominantemente liberal. Desde então, ela tem se voltado cada vez mais para o intervencionismo e com a disseminação disso, o problema linguístico ficou mais sério. Há irredentismo italiano no Ticino, há um partido pró-nazista nas partes germanófonas e há nacionalistas franceses no sudoeste. Uma vitória das democracias aliadas sem dúvida impedirá esses movimentos. Porém, nesse caso, a integridade da Suíça será protegida pelo mesmo fator a que deveu sua origem e sua manutenção no passado. A saber, as condições políticas dos países vizinhos.

Há um exemplo na Europa continental em que o traço característico que separa duas nações não é a linguagem, mas a religião e o alfabeto usado na escrita e na imprensa. Sérvios e croatas falam o mesmo idioma, porém, os sérvios usam o alfabeto cirílico e os croatas, o latino. Os sérvios aderem ao credo ortodoxo da Igreja Oriental, os croatas são católicos romanos.

Deve-se enfatizar com insistência que o **racismo e considerações de pureza e de solidariedade racial não desempenham papel nenhum nessas lutas europeias de grupos linguísticos**. É verdade que os nacionalistas com frequência usam "raça" e "ancestralidade comum" como palavras de ordem. Mas isso não passa de propaganda, sem qualquer efeito prático nas políticas públicas ou nas ações políticas. Por outro lado, os nacionalistas rejeitam de maneira consciente e deliberada o racismo e as características raciais dos indivíduos ao lidar com problemas e com atividades *políticas*. Os racistas alemães nos deram uma imagem do protótipo do alemão nobre ou do herói ariano com uma descrição biologicamente exata de seus traços físicos. Todo alemão conhece esse arquétipo e a maioria está convencida de que esse retrato é correto. Porém, nenhum nacionalista alemão jamais ousou usar esse padrão para distinguir entre alemães e não alemães. O critério do germanismo encontra-se não numa semelhança com esse padrão, mas na língua alemã[41]. Separar o grupo germanófono segundo características raciais, resultaria em eliminar, pelo menos, 80% do povo alemão das fileiras dos alemães. Nem Adolf Hitler, nem Joseph Goebbels (1897-1945), nem a maioria dos outros campeões do nacionalismo alemão encaixam-se no protótipo ariano do mito racial.

---

[41] No capítulo VIII, consideraremos os supostos fatores raciais no antissemitismo nacionalista.

Os húngaros orgulham-se de descender de uma tribo mongol que, na primeira Idade Média, conquistou o país que chamam de Hungria. Os romenos gabam-se de ter como ancestrais os colonizadores romanos. Os gregos consideram-se filhos dos gregos antigos. Os historiadores são muito céticos quanto a essas afirmações. O nacionalismo político moderno dessas nações os ignoram. Ele encontra o critério prático da nação na linguagem e não nas características raciais ou na prova de ascendência de uma suposta ancestralidade.

3 - O LIBERALISMO E O PRINCÍPIO DE NACIONALIDADE

Os inimigos do liberalismo fracassaram em seus esforços de provar a falsidade dos ensinamentos do liberalismo sobre o valor do capitalismo e do governo democrático. Será que tiveram mais sucesso na crítica à terceira parte do programa liberal (a saber, as propostas de cooperação pacífica entre diferentes nações e Estados)? Ao responder a essa pergunta, devemos outra vez enfatizar que o princípio de nacionalidade não representa a solução liberal para o problema internacional. Os liberais instavam à autodeterminação. O princípio de nacionalidade é um resultado da interpretação que as pessoas na Europa central e oriental, que nunca apreenderam por completo o sentido das ideias liberais, davam ao princípio da autodeterminação. Trata-se de uma distorção, não de uma perfeição do pensamento liberal.

Já mostramos que os países anglo-saxões e franceses das ideias liberais não reconheceram os problemas envolvidos. Quando esses problemas se tornaram visíveis, o antigo período criativo do liberalismo já tinha terminado. Os grandes campeões haviam morrido. Epígonos, incapazes de combater com sucesso as crescentes tendências socialistas e intervencionistas, tomaram o palco. Esses homens careciam da força para lidar com novos problemas.

Mesmo assim, o verão fora de época do antigo liberalismo clássico produziu um documento digno da grande tradição do liberalismo francês. Ernest Renan (1823-1892), é verdade, não pode ser realmente considerado liberal. Ele fez concessões ao socialismo, porque seu domínio de teorias econômicas era muito fraco. Por conseguinte, ele foi obsequioso demais com os preconceitos antidemocráticos de sua época. Porém, sua famosa palestra "O que é uma nação?", feita na Sorbonne em 11 de março de 1882, é amplamente inspirada pelo pensamento liberal[42]. Essa foi a última palavra dita pelo antigo liberalismo ocidental sobre os problemas do Estado e da nação.

Para um entendimento correto das ideias de Renan, é necessário lembrar que, para os franceses — assim como para os ingleses — os termos nação e Estado são sinônimos. Quando Renan pergunta o que é uma nação, ele quer dizer: o que deveria determinar as fronteiras dos vários Estados? E a resposta é: não a comunidade linguística, não o laço racial baseado no parentesco de ancestrais comuns, não a afinidade religiosa, não a harmonia de interesses econômicos, não considerações geográficas e estratégias, mas o direito da população de determinar seu próprio destino[43]. A nação é o resultado da vontade dos seres humanos de viver juntos em um Estado[44].

A nação é uma alma, um princípio moral[45]. Uma nação, diz Renan, confirma diariamente sua existência manifestando sua vontade de cooperação política dentro do mesmo Estado. É como se houvesse um plebiscito diário. Uma nação, portanto, não tem o direito de dizer a uma província: você me pertence, eu quero tomar você. Uma província consiste de seus habitantes. Se alguém tem o direito de ser ouvido nesse caso, são esses habitantes. Disputas de fronteiras deveriam ser decididas por plebiscito[46].

É importante perceber como essa interpretação do direito de autodeterminação difere do princípio de nacionalidade. O direito de autodeterminação que Renan tem em mente não é um direito dos grupos linguísticos, mas de homens individuais. Ele deriva dos direitos do homem. *"O homem não pertence nem a sua língua, nem a sua raça; pertence a si mesmo"*[47].

Desde o ponto de vista do princípio de nacionalidade, a existência de Estados como a Suíça, composta de pessoas de línguas diferentes, é tão anômala quanto o fato de que os anglo-saxões e os franceses não estão ansiosos por unir num único Estado todas as pessoas que falam sua própria língua. Para Renan, não há nada de irregular nesses fatos.

Mais digno de nota do que o que Renan diz é o que ele não diz. Renan não exerga nem o fato das minorias linguísticas, nem os das mudanças linguísti-

---

42 RENAN, Ernest. *Qu'est-ce qu'une nation?* Paris: R. Helleu Editeur, 1934.
43 Idem. *Ibidem.*, p. 11.
44 Idem. *Ibidem.*, p. 84, 88.
45 Idem. *Ibidem.*, p. 83.
46 Idem. *Ibidem.*, p. 8ss.; 89-90, 95ss.
47 *"L'homme n'appartient ni à sa langue, ni à sa race; il n'appartient qu'à lui-même"*. Idem. *Ibidem.*, p. 9.

cas. Consulte as pessoas, deixe que elas decidam. Tudo bem. Mas e se uma minoria destacada discorde da vontade da maioria? A essa objeção, Renan não apresenta uma resposta satisfatória. Ele declara — quanto ao escrúpulo de que os plebiscitos poderiam resultar na desintegração de antigas nações e num sistema de Estados pequenos (que hoje chamamos de balcanização) — que o princípio da autodeterminação não deve ser abusado, mas empregado apenas de maneira geral (*d'une façon très générale*)[48].

A brilhante exposição de Renan prova que os ameaçadores problemas do Leste Europeu eram desconhecidos no ocidente. Ele prefaciou seu panfleto com uma profecia: logo faremos guerras de destruição e de extermínação porque o mundo abandonou o princípio de união livre e concedeu às nações, como um dia fez com as dinastias, o direito de anexar províncias contrárias a seus desejos[49]. Porém, Renan viu apenas metade do problema. Por isso, sua solução só pôde vir pela metade.

Porém, seria errado dizer que o liberalismo fracassou nessa área. As propostas do liberalismo para a coexistência e a cooperação das nações e dos Estados são apenas uma parte do programa liberal completo. Elas só podem concretizar-se, só podem funcionar, dentro de um mundo liberal. A principal excelência do plano liberal de organização social, econômica e política é precisamente isto: ele possibilita a cooperação pacífica entre as nações. Não é uma falha do programa liberal para a paz internacional que ele não possa realizar-se num mundo antiliberal e que ele fracasse numa era de intervencionismo e de socialismo.

A fim de apreender o sentido desse programa liberal, precisamos imaginar uma ordem mundial em que o liberalismo é supremo. Ou todos os Estados nela são liberais ou há Estados liberais em número suficiente para conseguir repelir um ataque de agressores militaristas. Nesse mundo liberal, ou nessa parte liberal do mundo, existe a propriedade privada dos meios de produção. O funcionamento do mercado não é impedido pela interferência governamental. Não existem barreiras ao comércio, os homens podem viver e trabalhar onde querem. Existem fronteiras nos mapas, mas elas não impedem as migrações dos homens e o envio de bens. Os nativos não gozam direitos que são recusados aos estrangeiros. Os governos e seus servos restringem suas atividades à proteção da vida, da

---

[48] Idem. *Ibidem.*, p. 91. [Importante notar que o texto de Renan diz: "de maneira *muito* geral". Mises omitiu o "muito" em seu texto. (N. T.)]
[49] Idem. *Ibidem.*, p. 8.

saúde e da propriedade contra a agressão fraudulenta ou violenta. Eles não discriminam contra estrangeiros. Os tribunais são independentes e, de fato, protegem todos contra as intrusões das autoridades. Todos podem falar, escrever e imprimir o que quiserem. A educação não está submetida à interferência do governo. Os governos são como vigias noturnos aos quais o cidadão confiou a tarefa de cuidar do poder de polícia. As autoridades são vistas como homens mortais, não como seres sobre-humanos ou como autoridades parentais que têm o direito e o dever de tutelar as pessoas. Os governos não têm o poder de ditar aos cidadãos qual língua eles devem usar em sua fala cotidiana ou em qual língua eles devem criar e educar seus filhos. Os órgãos administrativos e os tribunais são obrigados a usar a língua de cada homem ao lidar com ele, desde que essa língua seja falada no distrito por um número razoável de residentes.

Nesse mundo, não faz diferença onde estão as fronteiras de um país. Ninguém tem um interesse material especial em ampliar o território do Estado em que vive. Ninguém sofre perdas se parte dessa área é separada do Estado. Também não faz diferença se todas as partes do território do Estado estão em conexão geográfica direta ou se estão separadas por um pedaço de terra que pertence a outro Estado. Não faz diferença econômica se o país está conectado ao oceano ou não. Nesse mundo, as pessoas de cada aldeia ou distrito poderiam decidir por plebiscito a qual Estado desejam pertencer. Não haveria mais guerras porque não haveria incentivo à agressão. A guerra não compensaria. Exércitos e marinhas seriam supérfluos. Bastaria a polícia para combater o crime. Nesse mundo, o Estado não é uma entidade metafísica, mas apenas o produtor de segurança e de paz. É o vigia noturno, na expressão com que Lassalle escarneceu dele. Porém, ele cumpre essa tarefa de maneira satisfatória. O sono do cidadão não é perturbado, bombas não destroem sua casa e se alguém bate à sua porta tarde da noite, certamente não é a Gestapo nem a OGPU[50]. A realidade em que temos de viver é muito diferente desse mundo perfeito de liberalismo ideal. Porém, isso se deve apenas ao fato de que os homens trocaram o liberalismo pelo etatismo. Eles oneraram o Estado, que poderia ser um vigia noturno mais ou menos eficiente, com miríades de outros deveres. Nem a natureza, nem o funcionamento de forças além do controle humano, nem a necessidade inevitável levaram ao etatismo, mas os atos dos homens. Emaranhados por falárias dialéticas e por ilusões fantásticas, acreditando cegamente em doutrinas errôneas, enviesados pela inveja e pela ganância insa-

---

[50] A polícia secreta soviética entre 1923 e 1934. (N. T.)

ciável, os homens zombaram do capitalismo e colocaram em seu lugar uma ordem que engendra conflitos para os quais não é possível encontrar solução pacífica.

4 - Nacionalismo agressivo

O etatismo — seja o intervencionismo ou o socialismo — leva ao conflito, à guerra e à opressão totalitária de grandes populações. O Estado correto e verdadeiro, no etatismo, é o Estado em que eu ou meus amigos que falam a minha língua e compartilham minhas opiniões, somos supremos. Todos os outros Estados são espúrios. Não se pode negar que eles também existem nesse mundo imperfeito. Porém, são inimigos do Estado, do único Estado justo, mesmo que esse Estado ainda não exista fora dos meus sonhos e desejos. Nosso Estado nazista alemão, diz Christoph Steding (1903-1938), é o Reich. Os outros Estados são perversões dele[51]. A política, diz Carl Schmitt (1888-1985), o principal jurista nazista, é a discriminação entre amigo e inimigo[52].

Para entender essas doutrinas, devemos olhar primeiro a atitude liberal em relação ao problema dos antagonismos linguísticos.

Aquele que vive como membro de uma minoria linguística, dentro de uma comunidade em que outro grupo linguístico forma a maioria, está privado dos meios de influenciar a política do país (Não estamos considerando o caso em que essa minoria linguística ocupa uma posição privilegiada e oprime a maioria, como, por exemplo, a aristocracia germanófona nos ducados bálticos nos anos que antecederam a russificação dessas províncias). Numa comunidade democrática, a opinião pública determina o resultado das eleições e, portanto, as decisões políticas. Quem quer que deseje que suas ideias prevaleçam na vida política precisa tentar influenciar a opinião pública falando e escrevendo. Se consegue convencer seus concidadãos, suas ideias obtêm apoio e persistem.

As minorias linguísticas não podem participar desse embate de ideias. Elas são espectadoras sem voz dos debates políticos dos quais emerge o voto que decide. Elas não podem participar das discussões e negociações. Porém, o resultado determina o destino delas também. Para elas, a democracia não significa autodeterminação, outras pessoas controlam-na. Elas são cidadãs de segunda

---

51 STEDING, Christoph. *Das Reich und die Krankheit der Kultur*. Hamburgo: J.C.B. Mohr, 1938.
52 SCHMITT-DOROTIC, Carl. *Der Begriff des Politischen*. Berlin: Duncker & Humblot, 1932.

classe. É essa a razão pela qual os homens, num mundo democrático, consideram uma desvantagem serem membros de uma minoria linguística. Isso explica ao mesmo tempo porque não havia conflitos linguísticos em épocas anteriores, quando não havia democracia. Nesta era democrática, as pessoas geralmente preferem viver numa comunidade onde falam a mesma língua que a maioria de seus concidadãos. Assim, em plebiscitos a respeito de a qual Estado deveria pertencer uma província, as pessoas, *via de regra mas nem sempre*, votam a favor do país onde não serão membros de uma minoria linguística.

Porém, o reconhecimento desse fato de jeito nenhum leva o liberalismo ao princípio de nacionalidade. O liberalismo não diz: todo grupo linguístico deveria formar um Estado e apenas um Estado e cada indivíduo que pertença a esse grupo deve, sempre que possível, pertencer a esse Estado. Ele também não diz: Estado nenhum deveria incluir pessoas de vários grupos linguísticos. O liberalismo postula a autodeterminação. Para o liberalismo que os homens, no exercício desse direito, se permitam ser guiados por considerações linguísticas, é apenas um fato, não um princípio ou uma lei moral. Se os homens decidem de outro jeito, como aconteceu, por exemplo, com os alsacianos de fala alemã, isso é problema deles. Essa decisão também precisa ser respeitada.

Contudo, as coisas são diferentes em nossa era de etatismo. O Estado etatista precisa, necessariamente, estender ao máximo seu território. Os benefícios que ele pode conceder a seus cidadãos aumentam na proporção de seu território. Tudo que o Estado intervencionista pode proporcionar, pode ser proporcionado de modo mais abundante pelo Estado maior do que pelo menor. Os privilégios tornam-se mais valiosos quanto maior for o território em que são válidos. A essência do etatismo é tirar de um grupo para dar a outro. Quanto mais ele tira, mais pode dar. É do interesse daqueles que o governo quer favorecer que seu Estado fique o maior possível. A política de expansão territorial se populariza. O povo, assim como os governos, anseia por conquistas. Todo pretexto para a agressão é considerado correto. Os homens então reconhecem apenas um argumento em favor da paz: que o adversário prospectivo é forte o bastante para derrotar seu ataque. Tristes dos fracos!

As políticas domésticas de um Estado nacionalista são inspiradas pelo objetivo de melhorar as condições de alguns grupos de cidadãos, infligindo males a estrangeiros e àqueles cidadãos que usam uma língua estrangeira. Na política exterior, o nacionalismo econômico significa discriminação contra estrangeiros. Na política doméstica, significa discriminação contra cidadãos que falam uma língua que não é a do grupo dominante. Nem sempre esses párias são grupos minoritários em sentido técnico. Os povos germanófonos de Meran, de Bozen e de Brixen são maiorias em seus distritos. São minorias apenas porque seu país foi anexado pela Itália. O mesmo vale para os alemães de Egerland, para os ucranianos na Polônia, para os magiares do distrito Szekler na Transilvânia, para os eslovenos na Carniola ocupada pela Itália. Aquele que fala uma língua estrangeira nativa num Estado em que predomina outra língua é um forasteiro ao qual são praticamente negados os direitos dos cidadãos.

O melhor exemplo das consequências políticas desse nacionalismo agressivo é oferecido pelas condições no Leste Europeu. Se você perguntar aos representantes dos grupos linguísticos do Leste Europeu o que eles consideram que seria uma determinação justa de seus Estados nacionais e se você traçar essas fronteiras num mapa, você descobrirá que a maior parte desse território é reivindicada por, ao menos, duas nações, e uma parte nada desprezível por três ou até mais[53]. Cada grupo linguístico defende suas reivindicações com argumentos linguísticos, raciais, históricos, geográficos, estratégicos, econômicos, sociais e religiosos. Nação nenhuma está sinceramente preparada para renunciar à menor de suas reivindicações por motivos de conveniência. Toda nação está disposta a recorrer às armas para satisfazer suas pretensões. Assim, cada grupo linguístico considera seus vizinhos imediatos inimigos mortais e depende dos vizinhos dos vizinhos para o apoio armado a suas próprias reivindicações territoriais contra o inimigo comum. Cada grupo tenta lucrar de cada oportunidade de satisfazer suas reivindicações às custas de seus vizinhos. A história das últimas décadas prova que é correta essa descrição melancólica.

Considere, por exemplo, o caso dos ucranianos. Por centenas de anos eles ficaram sob o jugo dos russos e dos poloneses. Não havia Estado nacional ucraniano em nossa época. Seria o caso de presumir que os porta-vozes de um povo que vivenciou tão plenamente as dificuldades de opressões estrangeiras impiedosas seriam prudentes em suas pretensões. Porém, os nacionalistas simplesmente não conseguem desistir. Assim, os ucranianos reivindicam uma área de mais de 900 mil quilômetros quadrados com uma população de cerca de 60 milhões de pessoas, das quais, segundo sua própria declaração, apenas "mais de 40 milhões" são ucranianos[54]. Esses ucranianos libertados não se contentariam

---

53 Por exemplo: A cidade de Fiume é reivindicada por húngaros, crotas, iugoslavos e italianos.
54 HRUSHEVSKY, Mychailo. *A History of the Ukraine*. New Haven: Yale University Press, 1941. p. 574.

com sua própria liberação. Eles lutam para oprimir vinte milhões de não ucranianos ou mais.

Em 1918, os tchecos não se contentaram com o estabelecimento de um Estado independente próprio. Eles incorporaram a seu Estado milhões de germanófonos, todos os eslovacos, dezenas de milhares de húngaros, os ucranianos da Rutênia Cárpata e — para fins de gerenciamento ferroviário — alguns distritos da Áustria inferior. E que espetáculo foi a República Polonesa que, nos vinte e um anos de sua independência, tentou roubar violentamente de três de seus vizinhos — Rússia, Lituânia e Tchecoslováquia — parte de seus territórios!

Essas condições foram descritas corretamente por August Strindberg (1849-1912) em sua trilogia *A caminho de Damasco*:

> PADRE MELCHER: Na estação de Amsteg, na linha Gotardo, provavelmente você viu uma torre chamada de castelo de Zwing-Uri; ela é celebrada por Schiller em *Guilherme Tell*. Ela está ali como monumento à opressão desumana que os habitantes de Uri sofreram nas mãos do kaiser alemão! Linda! Do lado italiano da São Gotardo está a estação de Bellinzona, como você sabe. Ali há muitas torres, mas a mais notável é o Castelo d'Uri. É um monumento à opressão desumana que o cantão italiano sofreu nas mãos dos habitantes de Uri. Está entendendo?
> O ESTRANGEIRO: Liberdade! Deem-nos liberdade, para que acabemos com ela[55].

Porém, Strindberg não acrescentou que os três cantões de Uri, Schwyz e Unterwalden, no liberalismo do século XIX, cooperaram pacificamente com Ticino, cujo povo eles tinham oprimido por quase trezentos anos.

5 - Imperialismo colonial

No século XV, as nações ocidentais começaram a ocupar territórios em países não europeus povoados por populações não cristãs. Elas ansiavam por obter metais preciosos e matérias-primas que não podiam ser produzidas

---

[55] Parte III, Ato IV, cena 2. Tradução autorizada em: DAVIDSON, Sam E. *Poet Lore*. XLII, n. 3. Boston: Bruce Humphries, Inc., 1935. p. 259.

na Europa. Explicar essa expansão colonial como busca por mercados é representar mal os fatos. Aqueles comerciantes queriam obter produtos coloniais. Tinham de pagar por eles, porém, o lucro que buscavam era a aquisição de bens que não podiam ser comprados em outro lugar. Enquanto homens de negócios, não eram burros o bastante para acreditar no ensinamento absurdo do mercantilismo — antigo e novo — de que a vantagem tirada do comércio estrangeiro está em exportar e não em importar. Eles estavam tão pouco interessados em exportar que ficavam contentes quando conseguiam obter os bens que queriam sem nenhum pagamento. Muitas vezes, eles eram mais piratas e escravizadores do que mercadores. Eles não tinham inibições morais em seu trato com os pagãos.

Não fazia parte dos planos dos reis e dos mercadores reais que inauguraram a expansão ultramarina europeia assentar agricultores europeus nos territórios ocupados. Eles menosprezavam as vastas florestas e pradarias da América do Norte, das quais não esperavam nem metais preciosos, nem especiarias. Os governantes da Grã-Bretanha tinham muito menos entusiasmo pela fundação de assentamentos na América continental do que por suas empreitadas no Caribe, na África e nas Índias Orientais, e por sua participação no tráfico de escravos. Os colonos, não o governo britânico, contribuíram às comunidades anglófonas dos Estados Unidos e depois do Canadá, da Austrália, da Nova Zelândia e da África do Sul.

A expansão colonial do século XIX foi muito diferente daquela dos séculos anteriores. Foi motivada apenas por considerações de glória e orgulho nacionais. As autoridades, os poetas e os palestrantes de fim de jantar da França — não o resto da França — sofriam profundamente com o complexo de inferioridade legado pelas batalhas de Leipzig e de Waterloo, e depois pelas de Metz e de Sedan. Eles tinham sede de glória e de fama e não conseguiam matar essa sede nem na Europa liberal, nem na América abrigada pela Doutrina Monroe. Foi um grande conforto para Luís Filipe (1773-1850) que seus filhos e generais pudessem colher louros na Argélia. A Terceira República conquistou a Tunísia, o Marrocos, Madagascar e Tonking, a fim de estabelecer o equilíbrio moral de seu exército e de sua marinha. O complexo de inferioridade de Custozza e de Lissa levou a Itália à Abissínia e o complexo de inferioridade de Aduwa, à Trípoli. Um dos motivos importantes que fizeram a Alemanha embarcar em conquistas coloniais foi a turbulenta ambição de aventureiros desprezíveis, como o Dr. Carl Peters (1856-1918).

Houve também outros casos. O rei Leopoldo II (1835-1909) da Bélgica, assim como Cecil Rhodes (1853-1902), foram conquistadores tardios. Porém, o principal incentivo da conquista colonial moderna foi o desejo de glória militar. A condição indefesa dos pobres aborígenes, cujas principais armas eram a desolação e a impenetrabilidade de seus países, era tentadora demais. Era fácil e não era perigoso derrotá-los e voltar como herói para casa.

A potência colonial de maior destaque do mundo moderno foi a Grã-Bretanha. Seu império das Índias Orientais superava de longe as possessões coloniais de todas as outras nações europeias. Na década de 1820, ela era praticamente a única *potência* colonial. Espanha e Portugal tinham perdido praticamente todos os seus territórios ultramarinos. Os franceses e os holandeses, ao fim das guerras napoleônicas, tinham aquilo que os britânicos estavam dispostos a permitir. Seu domínio colonial estava à mercê da marinha britânica. Porém, o liberalismo britânico reformou fundamentalmente o sentido do imperialismo colonial. Ele concedeu autonomia — o *status* de domínio — aos colonos britânicos e governou as Índias Orientais e as demais colônias da Coroa a partir de princípios de livre-comércio. Muito antes de a Carta da Liga das Nações criar o conceito de mandatos, a Grã-Bretanha, na prática, agia como mandatária da civilização europeia em países cuja população, julgavam os britânicos, não estava qualificada para a independência. A principal culpa que se pode atribuir às políticas das Índias Britânicas é que elas respeitavam demais alguns costumes nativos — que, por exemplo, elas demoraram demais a melhorar a sorte dos intocáveis. Não fossem os ingleses, hoje não existiria Índia, só um conglomerado de principados tiranicamente mal governados lutando uns contra os outros sob vários pretextos. Haveria anarquia, fomes, epidemias.

Os homens que representavam a Europa nas colônias raramente eram imunes aos riscos morais específicos das posições exaltadas que ocupavam entre populações atrasadas. As maravilhosas realizações do governo britânico na Índia foram ofuscadas pela vã arrogância e pelo estúpido orgulho racial do homem branco. A Ásia está em revolta aberta contra o cavalheiro para o qual, socialmente, há pouca diferença entre um cão e um nativo. A Índia, pela primeira vez em sua história, tem unanimidade em uma questão — seu ódio pelos britânicos. Esse ressentimento é tão forte que cegou por algum tempo até aquelas partes da população que sabem muito bem que a independência indiana lhes trará desastre e opressão: os 80 milhões de muçulmanos, os 40 milhões de intocáveis, os muitos milhões de sikhs, de budistas e de cristãos indianos. Trata-se de uma situação trágica, de uma ameaça à causa das Nações Unidas. Porém, trata-se, ao mesmo tempo, do fracasso manifesto do maior experimento de absolutismo benevolente já colocado em prática.

Nas últimas décadas, a Grã-Bretanha não se opôs seriamente à libertação gradual da Índia. Ela não impediu o estabelecimento de um sistema protecionista indiano, cujo principal objetivo é deixar de fora as manufaturas britânicas. Ela conspirou para o desenvolvimento de um sistema monetário e fiscal indiano que, cedo ou tarde, resultará numa anulação prática dos investimentos britânicos e de outros direitos britânicos. A única tarefa do governo britânico nos últimos anos tem sido impedir os vários partidos políticos, grupos religiosos, raças, grupos linguísticos e castas de lutarem entre si. Porém, os hindus não anseiam por benefícios britânicos.

A expansão colonial britânica não parou nos últimos sessenta anos. Porém, foi uma expansão à qual a Grã-Bretanha foi obrigada pela ânsia de conquista das outras nações. Cada anexação de um pedaço de terra pela França, pela Alemanha ou pela Itália diminuía o mercado para os produtos de todas as outras nações. Os britânicos estavam comprometidos com os princípios do livre-comércio e não desejavam excluir outros povos. Porém, eles precisaram tomar vastos blocos de território, nem que fosse para impedir que caíssem nas mãos de rivais excludentes. Não foi culpa deles que, sob as condições produzidas por franceses, por alemães e por italianos, e pelos métodos coloniais russos, somente o controle político pudesse resguardar adequadamente o comércio[56].

É uma invenção marxista que a expansão colonial das potências europeias no século XIX tenha sido engendrada pelos interesses econômicos dos grupos de pressão empresariais e financeiros. Houve alguns casos em que governos agiram em prol de seus cidadãos que tinham feito investimentos estrangeiros. O objetivo era protegê-los da expropriação ou da moratória. Porém, a pesquisa histórica trouxe evidências de que a iniciativa dos grandes projetos coloniais veio não das áreas financeira e empresarial, mas dos governos. O suposto interesse econômico não passava de uma fachada. A causa da guerra russo-japonesa de 1904 não era o desejo do governo russo de proteger os interesses de um grupo de investidores que gostaria de explorar as madeiras de Yalu. Pelo contrário: como o governo precisava de um pretexto para a intervenção, empregou "uma vanguarda de combate disfarçada de lenhadores". O governo italiano não conquistou Trípoli em nome do Banco di Roma. O banco foi à Trípoli porque o governo queria que ele pavimentasse o caminho da conquista. A decisão do banco de investir em

---

56 LANGER, W. L. *The Diplomacy of Imperialism*. New York: Alfred A. Knopf, 1935. I, p. 75, 95; ROBBINS, L. *The Economic Causes of War*. London: Jonathan Cape, 1939. p. 81-82.

ESTATISMO E NACIONALISMO

Trípoli foi o resultado de um incentivo oferecido pelo governo italiano — o privilégio de instalações de redesconto no Banco da Itália e de outras compensações na forma de um subsídio a seu serviço de navegação. O Banco di Roma não gostou do investimento arriscado, do qual esperava um retorno bastante baixo, na melhor das hipóteses. O Reich alemão não dava a mínima para os interesses dos Mannesmann no Marrocos. Ele usou o caso dessa empresa alemã sem importância como desculpa esfarrapada para suas aspirações. As grandes empresas e financeiras alemãs não tinham o menor interesse. O ministério das Relações Exteriores em vão tentou induzi-las a investir no Marrocos. *"É só mencionar o Marrocos"*, disse Herr Oswald von Richthofen (1847-1906), ministro alemão das Relações Exteriores, *"e os bancos todos entram em greve, todos"*[57].

No começo da Primeira Guerra Mundial, menos de 25 mil alemães, a maioria soldados e funcionários públicos e suas famílias, viviam nas colônias alemãs. O comércio do país-mãe com as colônias era desprezível: menos de 0,5% de todo o comércio exterior alemão. A Itália, a potência colonial mais agressiva, carecia do capital para desenvolver seus recursos domésticos. Seus investimentos em Trípoli e na Etiópia aumentaram perceptivelmente a falta de capital doméstico.

A mais moderna fachada para a conquista colonial está resumida no *slogan* "matérias-primas". Hitler e Mussolini tentaram justificar seus planos observando que os recursos naturais da terra não estavam distribuídos com equanimidade. Sendo despossuídos, eles ansiavam por obter seu justo quinhão daquelas nações que possuíam mais do que deveriam. Como eles poderiam ser considerados agressores quando só queriam aquilo que — em virtude do direito natural e divino — era seu?

No mundo do capitalismo, as matérias-primas podem ser compradas e vendidas como quaisquer bens. Não faz diferença se precisam ser importadas do exterior ou compradas no mercado doméstico. Para um comprador inglês de lã australiana, não é vantagem que a Austrália seja parte do Império Britânico. Ele pagará o mesmo preço que seu competidor italiano ou alemão.

---

57 STALEY, Eugene. *War and the Private Investor*. New York: Doubleday, Doran and Company, 1935; ROBBINS, L., *The Economic Causes of War. Op. cit.*; SULZBACH, W. "Capitalist Warmongers", *A Modern Superstition*. Chicago: University of Chicago Press, 1942. O historiador norte-americano Charles A. Beard (1874-1848) diz, quanto aos Estados Unidos, que: "A lealdade aos fatos do registro histórico atribuirá a ideia de expansão imperialista principalmente aos oficiais navais e aos políticos do que aos empresários" (BEARD, Charles. *A Foreign Policy for America*. New York: Macmillan, 1930, p. 72). Isso também vale para todas as outras nações.

Os países que produzem as matérias-primas que não podem ser produzidas na Alemanha ou na Itália não estão vazios. Há pessoas morando neles e esses habitantes não estão dispostos a tornar-se súditos de ditadores europeus. Os cidadãos do Texas e da Louisiana anseiam por vender seu algodão a quem quer que queira pagar por ele. Porém, não desejam a dominação alemã ou italiana. O mesmo vale para outros países e para outras matérias-primas. Os brasileiros não se consideram um acessório de suas plantações de café. Os suecos não julgam que sua produção de minério de ferro justifica as aspirações alemãs. Os italianos achariam que os dinamarqueses enlouqueceram caso estes pedissem uma província italiana para obter seu justo quinhão de frutas cítricas, de vinho tinto e de azeite.

Seria razoável se Alemanha e Itália pedissem um retorno generalizado do livre-comércio e do *laissez-passer* e um abandono dos — até agora fracassados — esforços de muitos governos de aumentar os preços das matérias-primas por uma restrição compulsória da produção. Porém, essas ideias são estranhas para os ditadores que não querem liberdade, mas *Zwangwirtchaft* e autossuficiência.

O imperialismo colonial moderno é um fenômeno em si. Ele não deve ser confundido com o nacionalismo europeu. As grandes guerras da nossa época não se originaram dos conflitos coloniais, mas das aspirações nacionalistas da Europa. Os antagonismos coloniais atiçaram campanhas coloniais sem perturbar a paz entre as nações ocidentais. Apesar de todo o choque de espadas, nem Fachoda, nem o Marrocos, nem a Etiópia resultaram em guerra europeia. No complexo de relações exteriores alemãs, italianas e francesas, os planos coloniais eram meras tramas secundárias. As aspirações coloniais não eram muito mais do que um esporte ao ar livre praticado em tempos de paz, e as colônias, uma arena para jovens oficiais ambiciosos.

6 - Investimentos estrangeiros e empréstimos estrangeiros

O principal requisito das mudanças industriais que transformaram o mundo de manufatureiros e de artesãos, de caravelas, de navios a vela e de moinhos no mundo da força a vapor, da eletricidade e da produção em massa foi o acúmulo de capital. As nações da Europa Ocidental produziram as condições políticas e institucionais para proteger a poupança e o investimento numa escala mais ampla e, assim, forneceram aos empreendedores o capital necessário. Às vésperas da Revolução

Industrial, a estrutura tecnológica e econômica da economia ocidental não era essencialmente distinta das condições nas outras partes da superfície habitada do planeta. No segundo quarto do século XIX, um vasto abismo separava os países avançados do ocidente dos países atrasados do oriente. Enquanto o ocidente estava no caminho de um progresso rápido, no oriente havia estagnação.

O mero conhecimento dos métodos ocidentais de produção, de transporte e de *marketing* teria se mostrado inútil para as nações atrasadas. Elas não tinham o capital para adotar os novos processos. Não era difícil imitar a técnica do ocidente. Porém, era quase impossível transplantar as mentalidades e ideologias que tinham criado o ambiente social, jurídico, constitucional e político do qual tinham brotado essas melhorias tecnológicas modernas. Um ambiente que pudesse proporcionar a acumulação de capital doméstico não era tão fácil de produzir quanto uma fábrica moderna. O novo sistema industrial era apenas o efeito de um novo espírito de liberalismo e de capitalismo. Era o resultado de uma mentalidade que se importava mais com servir o consumidor do que com guerras, com conquista e com a preservação de antigos costumes. O traço essencial do ocidente avançado não era sua técnica, mas sua atmosfera moral, que incentivava a poupança, a formação de capital, o empreendedorismo, os negócios e a competição pacífica.

As nações atrasadas talvez viessem a entender esse problema básico e talvez começassem a transformar suas estruturas sociais de modo a levar à acumulação autóctone de capital. Mesmo assim, esse processo teria sido lento e tumultuado. Teria exigido muito tempo. O abismo entre ocidente e oriente, entre nações avançadas e atrasadas, teria se ampliado cada vez mais. O oriente não poderia ter tido a menor esperança de ultrapassar a vantagem obtida pelo ocidente.

A história, porém, seguiu outro rumo. Apareceu um novo fenômeno — a internacionalização do mercado de capitais. O ocidente avançado forneceu a todas as partes do mundo o capital necessário para os novos investimentos. Empréstimos e investimentos diretos possibilitaram equipar todos os países com a parafernália da civilização moderna. Mahatma Gandhi (1869-1948) expressa ódio pelos dispositivos do ocidente mesquinho e do capitalismo demoníaco. Mas viaja de trem ou de carro e quando fica doente, vai se tratar num hospital equipado com os mais refinados instrumentos da cirurgia ocidental. Não parece ocorrer-lhe que somente o capital ocidental possibilitou que os hindus desfrutassem dessas instalações.

A enorme transferência de capital da Europa Ocidental para o resto do mundo foi um dos acontecimentos notáveis da era do capitalismo. O capitalismo explorou os recursos naturais das áreas mais remotas. Elevou o padrão de vida de povos que, desde tempos imemoriais, não obtinham qualquer melhoria em suas condições materiais. Claro que não foi a caridade, mas o interesse que levou as nações avançadas a exportar capital. O lucro, porém, não foi unilateral. Foi mútuo. As nações outrora atrasadas não têm motivo real para reclamar porque os capitalistas estrangeiros lhes deram maquinário e instalações de transporte.

Porém, nesta era de anticapitalismo, a hostilidade ao capital estrangeiro generalizou-se. Todas as nações devedoras anseiam por expropriar o capitalista estrangeiro. Empréstimos são repudiados, ou abertamente ou pelo meio mais traiçoeiro de controle do câmbio. A propriedade estrangeira é passível de tributação discriminatória, a qual atinge o nível de confisco. Mesmo a expropriação indisfarçada é praticada sem qualquer indenização.

Muito se falou da suposta exploração das nações devedoras pelas nações credoras. Trata-se antes de uma exploração das nações investidoras por parte das nações recebedoras. Esses empréstimos e investimenos não eram para ser presentes. Os empréstimos foram feitos a partir da estipulação solene do pagamento do principal e dos juros. Os investimentos foram feitos na expectativa de que direitos de propriedade seriam respeitados. Com a excessão da maioria dos investimentos feitos nos Estados Unidos, em alguns dos domínios britânicos e em alguns países menores, essas expectativas foram frustradas. Títulos foram objeto de moratória ou serão nos próximos anos. Investimentos diretos foram confiscados ou logo serão. Os países exportadores de capital não podem fazer nada além de limpar seus balanços.

Olhemos o problema desde o ponto de vista dos países predominantemente industriais da Europa. Esses países comparativamente superpovoados são pobres em recursos naturais. A fim de pagar por matérias-primas e por alimentos muito necessários, eles precisam exportar manufaturas. O nacionalismo econômico das nações que estão em posição de vender-lhes esses alimentos e matérias-primas bate-lhes a porta na cara. Para a Europa, a restrição das exportações significa fome e miséria. Porém, havia ainda uma válvula de segurança, desde que se pudesse confiar nos investimentos estrangeiros. As nações devedoras eram obrigadas a exportar algumas quantidades de seus produtos como pagamento de juros e de dividendos. Mesmo que se atingisse o objetivo das políticas atuais de comércio exterior, o impedimento completo da importação de qualquer manufaturado, as nações devedoras ainda teriam de oferecer às credoras os meios de pagar por parte do excesso de produção de alimentos e de matérias-primas das primeiras. Os consumidores das nações credoras estariam em posição de comprar esses bens como que no mercado doméstico protegido, nas mãos daqueles que recebem pagamentos do estrangeiro. Esses investimentos estrangeiros representavam, de certa maneira, o quinhão das nações credoras dos ricos recursos das nações devedoras. A existência desses investimentos abrandava em alguma medida a desigualdade entre os que têm posses e os despossuídos?

Em que sentido a Grã-Bretanha do pré-guerra era uma nação de posses? Certamente não no sentido de que ela "possuía" o Império. Porém, os capitalistas britânicos eram donos de uma quantidade considerável de investimentos estrangeiros, cuja renda possibilitava que o país comprasse uma quantidade correspondente de produtos estrangeiros que ultrapassava a quantidade que era o equivalente das exportações britânicas correntes. A diferença nas estruturas econômicas da Grã-Bretanha e da Áustria do pré-guerra era precisamente que a Áustria não possuía esses ativos estrangeiros. O trabalhador britânico conseguia pagar por uma quantidade considerável de alimentos e de matérias-primas estrangeiros trabalhando em fábricas que vendiam seus produtos no mercado protegido britânico para aquelas pessoas que recebiam esses pagamentos do estrangeiro. Era como se aqueles campos de trigo estrangeiros, aquelas plantações de algodão e de borracha, aqueles poços de petróleo e aquelas minas ficassem dentro da Grã-Bretanha.

Depois da guerra atual, com seus ativos estrangeiros terminados ou pelos métodos aplicados no financiamento do gasto de guerra ou pela moratória e pelo confisco dos governos das nações devedoras, a Grã-Bretanha e alguns outros países da Europa Ocidental serão reduzidos à condição de nações comparativamente pobres. Essa mudança afetará muito seriamente as condições trabalhistas britânicas. As quantidades de alimentos e de matérias-primas estrangeiros que o país anteriormente obtinha por meio do pagamento de juros e de dividendos recebidos do exterior, no futuro serão buscadas por tentativas desesperadas de vender manufaturas cujo caminho todo país quer impedir.

7 - Guerra total

Os príncipes do antigo regime ansiavam por engrandecer-se. Aproveitavam toda oportunidade de guerra e de conquista. Organizavam exércitos — comparativamente pequenos. Esses exércitos travavam as batalhas deles. Os cidadãos detestavam as guerras, que lhes traziam maldade e os oneravam com impostos. Mas eles não estavam interessados no resultado das campanhas. Para eles, era mais ou menos intangível ser governado por um Habsburgo ou por um Bourbon. Naquela época, Voltaire (1694-1778) afirmou: *"Os povos são indiferentes às guerras dos governantes"*[58].

A guerra moderna não é uma guerra de exércitos reais. É uma guerra de povos, uma guerra total. É uma guerra de Estados que não deixam nenhuma esfera privada a seus súditos; eles consideram a população inteira parte das Forças Armadas. Quem não luta precisa trabalhar apoiando e equipando o exército. Exército e povo são a mesma coisa. Os cidadãos participam apaixonadamente da guerra pois é seu Estado, seu Deus quem luta.

Guerras de agressão são hoje populares entre as nações que estão convencidas de que só a vitória e a conquista podem melhorar seu bem-estar material. Por outro lado, os cidadãos das nações agredidas sabem perfeitamente bem que têm de lutar por sua própria sobrevivência. Assim, cada indivíduo, nos dois campos, tem um forte interesse nos resultados das batalhas.

A anexação da Alsácia-Lorena pela Alemanha, em 1871, não trouxe mudança nenhuma na riqueza ou na renda do cidadão alemão médio. Os habitantes da província anexada mantiveram seus direitos de propriedade. Tornaram-se cidadãos do Reich e enviaram deputados ao Reichstag. O Tesouro Alemão recolheu impostos no território recém-adquirido. Por outro lado, ele ficou onerado pelos custos de sua administração. Isso foi na época do *laissez-faire*.

Os antigos liberais tinham razão ao dizer que nenhum cidadão de uma nação liberal e democrática lucra com uma guerra vitoriosa. Porém, as coisas são diferentes nesta era de migração e de barreiras comerciais. Todo assalariado e todo camponês é prejudicado pela política de um governo estrangeiro que impede seu acesso a países em que as condições naturais de produção são mais favoráveis do que em seu país nativo. Todo trabalhador é prejudicado pelas tarifas de importação de um país estrangeiro, as quais penalizam a venda dos produtos de seu trabalho. Se uma guerra vitoriosa destrói essas barreiras comerciais e migratórias, o bem-estar material das massas interessadas é favorecido. A pressão sobre o mercado de trabalho doméstico pode ser aliviada pela emigração de parte dos trabalhadores. Os emigrantes ganham mais no novo país e a restrição da oferta no mercado de trabalho doméstico tende a elevar os

---

58 BENDA, Julien. *La Trahison des clercs*. Paris: Éditions Grasset, 1927. p. 253.

salários domésticos também. A abolição de tarifas estrangeiras aumenta as exportações e, com isso, a demanda sobre o mercado de trabalho doméstico. A produção no solo menos fértil é descontinuada domesticamente e os agricultores vão para países onde o solo melhor ainda está disponível. A produtividade média do trabalho no mundo inteiro aumenta porque a produção nas condições menos favoráveis é limitada nos países de emigração e trocada por uma expansão da produção nos países de imigração que oferecem oportunidades físicas favoráveis.

Mas, por outro lado, são prejudicados os interesses dos trabalhadores e dos agricultores nos países comparativamente subpovoados. Para eles, a tendência à equalização dos salários e da produtividade agrícola (*per capita* quanto aos homens que trabalham uma unidade de terra) intrínseca num mundo de livre mobilidade de trabalho resulta, para o futuro imediato, numa queda da renda, não importando o quão benéficas possam ser as consequências posteriores dessa livre mobilidade.

Seria inútil objetar que existe desemprego nos países comparativamente subpovoados, destacando-se, entre eles, a Austrália e os Estados Unidos, e que a imigração apenas resultaria num aumento das cifras de desemprego, não numa melhoria das condições dos imigrantes. O desemprego, enquanto fenômeno de massa, sempre se deve à aplicação de salários mínimos maiores do que os salários potenciais que o mercado de trabalho desimpedido teria fixado. Se os sindicatos trabalhistas não tentassem insistentemente aumentar os salários acima dos salários potenciais de mercado, não haveria desemprego duradouro para muitos trabalhadores. O problema não é as diferenças nos salários mínimos sindicalizados em vários países, mas as diferenças nos salários potenciais de mercado. Se não houvesse manipulação sindical dos salários, a Austrália e os Estados Unidos poderiam absorver milhões de trabalhadores imigrantes até que se chegasse a uma equalização dos salários. Os salários de mercado tanto na manufatura quanto na agricultura são muitas vezes mais altos na Austrália, na Nova Zelândia e na América do Norte do que na Europa continental. Isso se deve ao fato de que na Europa minas pobres ainda são exploradas, ao passo que instalações de mineração muito mais ricas permanecem sem uso em países ultramarinos. Os agricultores da Europa estão arando o solo pedregoso e estéril dos Alpes, dos Cárpatos, dos Apeninos e dos Bálcãs e o solo arenoso das planícies do nordeste alemão, ao passo que milhões de acres de solo mais fértil permanecem intocados na América e na Austrália. Todos esses povos são impedidos de mudar-se para lugares onde seu trabalho e suas dificuldades seriam muito mais produtivas e onde poderiam proporcionar serviços melhores aos consumidores.

Agora podemos entender por que o etatismo inevitavelmente resulta em guerra sempre que os subprivilegiados julgam que serão vitoriosos. Do jeito como são as coisas nessa era de etatismo, os alemães, os italianos e os japoneses *poderiam* lucrar com uma guerra vitoriosa. Não é uma casta guerreira que leva o Japão a agressões implacáveis, mas considerações de políticas salariais que não diferem muito das considerações dos sindicados. Os sindicatos australianos querem fechar os portos à imigração a fim de elevar os salários na Austrália. Os trabalhadores japoneses querem abrir os portos australianos a fim de elevar os salários dos trabalhadores de seu próprio país.

O pacifismo está condenado numa era de etatismo. Nos velhos tempos do absolutismo monárquico, os filantropos dirigiam-se aos reis da seguinte maneira: "Tende piedade da humanidade sofredora. Se-de generosos e misericordiosos! Vós, é claro, podeis lucrar com a vitória e com a conquista. Mas pensai no pesar de viúvas e de órfãos, na desolação dos feridos, mutilados e aleijados, na miséria daqueles cujas casas foram destruídas! Lembrai-vos do mandamento: não matarás! Renunciai à glória e ao engrandecimento! Mantende a paz"! Eles pregavam para ouvidos moucos. Então veio o liberalismo. Ele não se pronunciou contra a guerra. Ele buscou estabelecer condições nas quais a guerra não compensaria. Abolir a guerra abolindo suas causas. Ele não teve sucesso porque o etatismo apareceu. Quando os pacifistas da nossa época dizem aos povos que a guerra não melhorará seu bem-estar, estão equivocados. As nações agressoras permanecem convencidas de que uma guerra vitoriosa poderia melhorar o destino de seus cidadãos.

Essas considerações não são um manifesto para abrir os Estados Unidos e os domínios britânicos a imigrantes alemães, italianos e japoneses. Nas condições atuais, os Estados Unidos e a Austrália simplesmente cometeriam suicídio ao admitir nazistas, fascistas e japoneses. Seria a mesma coisa que render-se diretamente ao Führer e ao Mikado. Imigrantes de regimes totalitários são, hoje, a vanguarda de seus exércitos, uma quinta coluna cuja invasão inutilizaria todas as medidas de defesa. Os Estados Unidos só podem preservar sua liberdade, suas civilizações e suas instituições econômicas se impedirem rigidamente o acesso dos súditos dos ditadores. Porém, essas condições são o produto do etatismo. No passado liberal, os imigrantes vinham não como marca-passos da conquista, mas como cidadãos leais de seu novo país.

Porém, seria uma grave omissão não mencionar o fato de que as barreiras à imigração são recomendadas por muitos contemporâneos sem qualquer referência ao problema dos salários e da produtividade agrícola. Seu objetivo é a preservação da segregação geográfica existente de várias raças. Eles afirmam o seguinte: a civilização ocidental é uma realização das raças caucasianas da Europa Ocidental e central e de seus descendentes em países estrangeiros. Ela acabaria se os países povoados por esses ocidentais fossem inundados pelos nativos da Ásia e da África. Essa invasão prejudicaria tanto os ocidentais quanto os asiáticos e africanos. A segregação de várias raças é benéfica para toda a humanidade porque impede uma desintegração da civilização ocidental. Se os asiáticos e os africanos permanecerem na parte do planeta em que vivem há muitos milhares de anos, serão beneficiados pelo progresso da civilização do homem branco. Eles sempre terão um modelo diante dos olhos para imitar e para adaptar às suas próprias condições. Talvez num futuro distante eles próprios contribuam para o maior progresso da cultura. Talvez nesse momento seja viável remover as barreiras da segregação. Em nossa época — dizem — esses planos estão fora de questão.

Não devemos fechar os olhos para o fato de que essas opiniões vão ao encontro do consentimento da vasta maioria. Seria inútil negar que existe uma repugnância a abandonar a segregação geográfica das várias raças. Até homens que são justos em sua avaliação das qualidades e das realizações culturais das raças de cor e objetam fortemente contra qualquer discriminação dos membros dessas raças que já vivem entre populações brancas, opõem-se à imigração em massa de pessoas de cor. Poucos homens brancos não tremeriam diante da imagem de muitos milhões de pessoas negras ou amarelas vivendo em seus próprios países.

A elaboração de um sistema que produza a coexistência harmoniosa e a cooperação pacífica política e econômica entre as várias raças é uma tarefa a ser realizada pelas gerações vindouras. Porém, a humanidade certamente não resolverá esse problema se não descartar o etatismo por completo. Não esqueçamos que a ameaça real à nossa civilização não vem de um conflito entre a raça branca e as raças de cor, mas de conflitos entre os vários povos da Europa e de ascendência europeia. Alguns autores profetizaram a vinda de uma luta decisiva entre a raça branca e as raças de cor. A realidade de nosso tempo, porém, é a guerra entre grupos de nações brancas e entre japoneses e chineses, ambos mongóis. Essas guerras são o resultado do etatismo.

8 - Socialismo e guerra

Os socialistas insistem que a guerra é apenas uma das várias maldades do capitalismo. No paraíso vindouro do socialismo, afirmam, não haverá mais guerra. Claro que, entre nós, essa utopia de paz ainda precisa travar algumas sangrentas guerras civis. Porém, com o triunfo inevitável do comunismo, todos os conflitos desaparecerão.

É bastante óbvio que, com a conquista de toda a superfície do planeta por um único governante, todas as lutas entre Estados e nações desapareceriam. Se um ditador socialista conseguisse conquistar todos os países, não haveria mais guerras externas, desde que a OGPU tivesse força o bastante para impedir a desintegração desse Estado mundial. Porém, isso também vale para qualquer outro conquistador. Se os grandes *khans* mongóis tivessem atingido seus fins, eles também teriam tornado o mundo seguro para a paz perpétua. Pena que a Europa cristã teve a teimosia de não se render voluntariamente às suas reivindicações de supremacia mundial[59].

Contudo, não estamos considerando projetos de pacificação mundial por meio de conquista e de escravização universais, mas como obter um mundo onde não existem mais causas de conflito. Essa possibilidade estava pressuposta no projeto do liberalismo para a cooperação fácil das nações democráticas no capitalismo. Ele fracassou porque o mundo abandonou o liberalismo e o capitalismo.

Existem duas possibilidades para o socialismo no mundo inteiro: a coexistência de Estados socialistas independentes de um lado ou, de outro, o estabelecimento de um governo socialista unitário do mundo inteiro.

O primeiro sistema estabilizaria as desigualdades existentes. Haveria nações mais ricas e outras mais pobres, países subpovoados e superpovoados. Se a humanidade tivesse introduzido esse sistema cem anos atrás, teria sido impossível explorar o petróleo do México ou da Venezuela, estabelecer as plantações de borracha na Malásia ou desenvolver a produção de banana na América Central. As nações em questão careciam tanto do capital quanto de homens treinados para usar seus próprios recursos naturais. Um esquema socialista não é compatível com o investimento estrangeiro, com empréstimos internacionais, com pagamentos de dividendos e de juros e com todas essas instituições capitalistas.

---

[59] VOEGELIN, Eric. "The Mongol Orders of Submission to the European Powers 1245-1255". *Byzantion*, XV (1941), p. 378-413.

Consideremos quais seriam algumas das condições nesse mundo de nações socialistas coordenadas. Existem alguns países com excesso de população povoados por trabalhadores brancos. Eles trabalham para aumentar seus padrões de vida, mas seus esforços são limitados por recursos naturais inadequados. Eles precisam terrivelmente de matérias-primas e de alimentos que poderiam ser produzidos em outros países com mais recursos. Porém, os países que a natureza favoreceu são subpovoados e carecem do capital necessário para desenvolver seus recursos. Seus habitantes não são nem industriosos nem habilidosos o bastante para aproveitar as riquezas que a natureza lhes concedeu. Não têm iniciativa, aferram-se a métodos antiquados de produção, não estão interessados em melhorias. Não anseiam por produzir mais borracha, latão, copra e juta e trocar esses produtos por bens manufaturados no estrangeiro. Com essa atitude, eles afetam o padrão de vida daqueles povos cujo principal ativo é sua habilidade e diligência. Será que os povos dos países negligenciados pela natureza estarão preparados para enfrentar esse estado de coisas? Será que estarão dispostos a trabalhar mais e produzir menos porque os filhos favorecidos da natureza abstêm-se obstinadamente de explorar seus tesouros de maneira mais eficiente?

Guerra e conquista são o resultado inevitável. Os trabalhadores das áreas comparativamente superpovoadas invadem as áreas comparativamente subpovoadas, conquistam esses países e os anexam. E, então, seguem-se guerras entre os conquistadores pela distribuição do butim. Cada nação está pronta a crer que não obteve seu devido quinhão, que as outras nações pegaram demais e deveriam ser obrigadas a abandonar parte do saque. O socialismo com nações independentes resultaria em guerras sem fim.

Essas considerações preparam o caminho para uma visão sem sentido das teorias marxistas do imperialismo. Todas essas teorias, por mais que conflitem umas com as outras, têm um traço em comum: todas afirmam que os capitalistas anseiam por investimentos estrangeiros porque a produção doméstica tende, com o progresso do capitalismo, a uma redução na taxa de lucro e porque o mercado doméstico no capitalismo é estreito demais para absorver o volume inteiro de produção. Esse desejo dos capitalistas por exportações e por investimento estrangeiro, diz-se, é nocivo aos interesses de classe dos proletários. Além disso, ele leva ao conflito internacional e à guerra.

Porém, os capitalistas não investiram no estrangeiro a fim de impedir que certos bens fossem consumidos domesticamente. Pelo contrário, eles fizeram isso a fim de oferecer ao mercado doméstico matérias-primas e alimentos que, de outro modo, não poderiam ser obtidos ou apenas em quantidades insuficientes ou a custos mais elevados. Sem a exportação e o investimento estrangeiro, os consumidores europeus e americanos nunca teriam gozado do alto padrão de vida que o capitalismo lhes deu. Foram as carências dos consumidores domésticos que levaram os capitalistas e os empreendedores aos mercados estrangeiros e ao investimento estrangeiro. Se os consumidores ansiassem mais pela aquisição de uma quantidade maior de bens que pudesse ser produzida domesticamente sem a ajuda de matérias-primas estrangeiras do que por alimentos e matérias-primas importados, teria sido mais lucrativo expandir a produção doméstica do que investir no estrangeiro.

Os doutrinários marxistas fecham propositalmente os olhos para a desigualdade dos recursos naturais em diferentes partes do mundo. No entanto, essas desigualdades são o problema essencial das relações internacionais[60]. Não fosse por elas, as tribos teutônicas, e depois os mongóis, não teriam invadido a Europa. Teriam se voltado para as vastas áreas vazias da Tundra ou do norte da Escandinávia. Se não levamos em consideração essas desigualdades de recursos naturais e de climas, não podemos descobrir motivo nenhum para a guerra, além de algum feitiço demoníaco: por exemplo, como dizem os marxistas, as sinistras maquinações dos capitalistas ou, como dizem os nazistas, as intrigas dos judeus mundo afora.

Essas desigualdades são naturais e nunca poderão desaparecer. Elas apresentariam um problema insolúvel também para um socialismo mundial unitário. Uma gestão socialista que abrangesse o mundo poderia, é claro, considerar uma política sob a qual todos os seres humanos sejam tratados do mesmo jeito. Poderia tentar transferir trabalhadores e capitais de uma área para outra sem considerar os interesses declarados dos grupos trabalhistas de diferentes países ou de diferentes grupos linguísticos. Porém, nada pode justificar a ilusão de que esses grupos trabalhistas, cuja renda *per capita* e cujo padrão de vida seriam reduzidos por essa política, estariam preparados para tolerá-la. Nenhum socialista das nações ocidentais considera o socialismo um esquema que (mesmo que admitamos

---

60 Tratamos apenas daqueles tipos de investimento estrangeiro direcionados a desenvolver os recursos naturais dos países atrasados, isto é, o investimento na mineração e na agricultura, e seus auxiliares como instalações de transporte, de infraestrutura etc. O investimento em manufaturas estrangeiras deveu-se em grande medida à influência do nacionalismo econômico, ele não teria acontecido num mundo de livre-comércio. Foi o protecionismo que obrigou os produtores americanos de automóveis e as usinas elétricas alemãs a estabelecer filiais no estrangeiro.

as expectativas falaciosas de que a produção socialista fosse aumentar a produtividade do trabalho) vai resultar no rebaixamento dos padrões de vida dessas nações. Os trabalhadores do ocidente não estão lutando pela equalização de seus ganhos com os dos mais de um bilhão de camponeses e operários extremamente pobres da Ásia e da África. Pela mesma razão pela qual opõem-se à imigração no capitalismo, esses trabalhadores se oporiam a essa política de transferência de trabalho por parte da gestão socialista mundial. Eles prefeririam lutar a concordar com a abolição das discriminações existentes entre os habitantes sortudos de áreas comparativamente subpovoadas e os habitantes desafortunados de áreas superpovoadas. Se chamamos essas lutas de guerras civis ou de guerras estrangeiras não faz a menor diferença.

Os trabalhadores do ocidente favorecem o socialismo porque esperam melhorar sua condição por meio da abolição do que consideram rendas *não conquistadas*. Não estamos interessados nas falácias dessas expectativas. Basta enfatizarmos que esses socialistas ocidentais não querem compartilhar suas rendas com as massas subprivilegiadas do oriente. Eles não estão preparados para renunciar ao privilégio mais valioso, o qual gozam no etatismo e no nacionalismo econômico: a exclusão do trabalho estrangeiro. Os trabalhadores americanos defendem a manutenção daquilo que chamam de "estilo de vida americano", não do estilo de vida socialista mundial, que ficaria entre o nível americano atual e o do trabalhador desqualificado da Ásia, provavelmente muito mais perto do deste último do que do nível do primeiro. Essa é a dura realidade que nenhuma retórica socialista pode afastar.

Os mesmos interesses grupais egoístas que, por meio de barreiras migratórias, frustram os planos liberais de cooperação pacífica mundial entre nações, Estados e indivíduos, destruiriam a paz interna dentro de um Estado socialista mundial. O argumento da paz é tão sem fundamento e errôneo quanto todos os outros argumentos apresentados para demonstrar a viabilidade e a conveniência do socialismo.

CAPÍTULO V
Refutação de algumas explicações falaciosas

1 - Limitações das explicações atuais

As explicações atuais do nacionalismo moderno estão longe de reconhecer que o nacionalismo dentro do nosso mundo de divisão internacional de trabalho é o resultado inevitável do etatismo. Já expusemos as falácias da mais popular dessas explicações, a saber, a teoria marxista do imperialismo. Agora temos de examinar algumas outras doutrinas.

A falha da teoria marxista está em sua compreensão pobre da economia. A maior parte das teorias com que agora lidamos não levam em conta, de jeito nenhum, fatores econômicos. Para elas, o nacionalismo é um fenômeno numa esfera que não está sujeita à influência de fatores comumente denominados econômicos. Algumas dessas teorias chegam mesmo ao ponto de afirmar que motivações nacionalistas surgem da negligência internacional de questões econômicas em prol de outras questões.

Um exame minucioso de todas essas opiniões dissidentes exigiria um exame de todos os problemas fundamentais da vida social e da filosofia social. Não podemos fazer isso num estudo dedicado ao nacionalismo e aos problemas que ele provocou, devendo nos limitar aos problemas sendo investigados.

Quanto aos erros dominantes, talvez seja necessário enfatizar outra vez que estamos considerando políticas públicas, ações políticas e as doutrinas que as influenciam, não meras visões e opiniões sem efeito prático. Nosso objetivo não é responder perguntas, como: sob que aspecto as pessoas de várias nações, Estados, grupos linguísticos e grupos sociais de outros tipos diferem entre si? Ou: elas se amam ou se odeiam? Queremos saber por que elas preferem uma política de nacionalismo econômico e de guerra a uma política de cooperação pacífica. Mesmo as nações que se odeiam amargamente entre si aferrariam-se à paz e ao livre-comércio, caso estivessem convencidas de que essa política era a que melhor promoveria seus próprios interesses.

2 - A suposta irracionalidade do nacionalismo

Há pessoas que acreditam ter explicado satisfatoriamente o nacionalismo por estabelecer sua irracionalidade. Elas consideram um erro grave, comum principalmente entre os economistas, supor que a ação humana é sempre racional. O homem não é, dizem elas, um ser racional. Os objetivos últimos de suas ações são, com frequência, se não sempre, irracionais. A glória e a grandeza de sua própria nação, Estado, raça, grupo linguístico ou classe social, são exemplos desses objetivos irracionais que os homens preferem a um aumento de riqueza e de bem-estar ou à melhoria de seu padrão de vida. Os homens não querem paz, segurança e uma vida tranquila. Eles anseiam pelas vicissitudes da guerra e da conquista, por mudança, aventura e perigo. Gostam de matar, de roubar e de destruir. Desejam ardentemente marchar contra o inimigo ao bater dos tambores, ao soar das trombetas, ao esvoaçar das bandeiras ao vento.

Porém, temos de reconhecer que os conceitos de racional e de irracional aplicam-se apenas aos meios, nunca aos fins últimos. Os juízos de valor por meio dos quais as pessoas fazem suas escolhas entre fins últimos conflitantes não são nem racionais nem irracionais. São arbitrários, subjetivos e o resultado de pontos de vista individuais. Não existem valores absolutos objetivos, independentes das preferências individuais. A preservação da vida é, via de regra, considerada um objetivo último. Porém, sempre houve homens que preferiram a morte à vida, quando a vida só podia ser preservada sob condições que eles consideravam insuportáveis. As ações humanas sempre consistem numa escolha entre dois bens ou dois males que não são considerados equivalentes. Onde há equivalência perfeita, o homem permanece neutro e o resultado é ação nenhuma. Porém, aquilo que é bom e aquilo que é melhor, ou o que é mau e o que é pior, é decidido segundo padrões subjetivos, diferentes para indivíduos diferentes e que mudam nos mesmos indivíduos segundo as circunstâncias.

Assim que aplicamos os conceitos de racional e de irracional a juízos de valor, reduzimos fins a meios. Estamos referindo-nos a algo que estabelecemos como fim provisório e considerando a escolha feita segundo o critério de o meio em questão ser eficiente para atingir esse fim. Se estamos lidando com as ações de outras pessoas, estamos trocando o juízo delas pelo nosso e se estamos lidando com nossas próprias ações pregressas, estamos trocando as valorações que fizemos no instante em que agimos por nossas valorações atuais.

Racional e irracional sempre significam: razoável ou não desde o ponto de vista dos fins buscados. Não existe racionalidade ou irracionalidade absoluta.

Agora podemos entender o que as pessoas estão tentando dizer quando atribuem motivos irracionais ao nacionalismo. Elas querem dizer que o liberalismo estava errado em presumir que os homens anseiam mais por melhorar as condições materiais de seu bem-estar do que por atingir outros fins, por exemplo, a glória nacional, o gozo de uma vida perigosa ou uma indulgência num gosto por prazeres sádicos. Os homens, dizem, rejeitaram o capitalismo e o livre-comércio porque almejam objetivos diferentes daqueles que o liberalismo considera supremos. Eles não buscam uma vida sem carências e sem medo ou uma vida com segurança e com riqueza cada vez maiores, mas as satisfações particulares que os ditadores totalitários lhes proporcionam.

A veracidade ou a falsidade dessas afirmações não podem ser determinadas por considerações filosóficas ou *a priori*. Estas são afirmações sobre fatos. Cabe-nos perguntar se a atitude de nossos contemporâneos é mesmo aquela na qual essas explicações pretendem que acreditemos.

Não há dúvida de que realmente há certas pessoas que almejam fins diferentes da melhoria de seu bem-estar material. Sempre houve homens que voluntariamente renunciavam a muitos prazeres e satisfações a fim de fazer aquilo que consideravam certo e moral. As pessoas preferiram o martírio a renunciar àquilo que consideravam verdadeiro. Escolheram a pobreza e o exílio porque queriam liberdade para buscar a verdade e a sabedoria. Tudo aquilo que é mais nobre no progresso da civilização, do bem-estar e do esclarecimento foi obtido por esses homens, que enfrentaram todo tipo de perigo e desafiaram a tirania de reis poderosos e de massas fanáticas. As páginas da história nos contam a epopeia dos hereges queimados na fogueira, de filósofos condenados à morte, de Sócrates (469-399 a.C) a Giordano Bruno (1548-1600), de cristãos e judeus aferrando-se à sua fé apesar de perseguições assassinas e de muitos outros campeões da sinceridade e da fidelidade cujo martírio foi menos espetacular, mas não menos genuíno. Porém, esses exemplos de negação de si e de disposição para o sacrifício sempre foram excepcionais. Foram o privilégio de uma pequena elite.

Também é verdade que sempre houve pessoas que buscavam o poder e a glória. Porém, essas aspirações não são contrárias ao anseio por mais riqueza, por uma renda maior, por mais luxos. A sede de poder não envolve a renúncia à melhoria material. Pelo contrário, os homens querem ser poderosos a fim de adquirir mais riqueza do que poderiam obter por outros métodos. Muitos esperam adquirir mais tesouros roubando terceiros do que servindo consumidores. Muitos escolhem uma carreira de aventuras por confiar que podem ter mais sucesso dessa maneira. Adolf Hitler, Joseph Goebbels e Hermann Goering (1893-1946) simplesmente não serviam para nenhum trabalho honesto. Eram fracassos absolutos nos negócios pacíficos da sociedade capitalista. Buscaram poder, glória e liderança e, assim, se tornaram os homens mais ricos na Alemanha atual. Não tem sentido afirmar que a "vontade de poder" neles é algo contrário ao anseio por mais bem-estar material.

A explicação do nacionalismo moderno e da guerra com a qual temos de lidar neste momento de nossa investigação refere-se não apenas aos líderes, mas também a seus seguidores. Quanto a estes, a pergunta é a seguinte: é verdade que as pessoas — os eleitores, as massas dos nossos contemporâneos — abandonaram intencionalmente o liberalismo, o capitalismo e o livre-comércio e colocaram no lugar destes o etatismo, na forma de intervencionismo ou de socialismo, o nacionalismo econômico, guerras e revoluções, por preferir uma vida perigosa e pobre a uma vida boa em paz e em segurança? Eles realmente preferem ser mais pobres num ambiente em que ninguém está melhor do que eles a ser mais ricos dentro de uma sociedade de mercado onde há pessoas mais ricas do que eles? Eles escolhem o caos do intervencionismo, do socialismo e de guerras sem fim, mesmo que estejam plenamente conscientes de que isso significará pobreza e dificuldades para eles? Somente um homem que careça de todo sentido de realidade ou de observação comum ousaria responder essas questões afirmativamente. Está claro que os homens abandonaram o liberalismo e estão combatendo o capitalismo por acreditar que intervencionismo, socialismo e nacionalismo econômico vão enriquecê-los, não empobrecê-los. Os socialistas não diziam e não dizem às massas: queremos rebaixar seu padrão de vida. Os protecionistas não dizem: seu bem-estar material será prejudicado pelas tarifas de importação. Os intervencionistas não recomendam suas medidas ressaltando seus efeitos nocivos à comunidade. Pelo contrário: todos esses grupos insistem repetidas vezes que suas políticas enriquecerão seus partidários. As pessoas favorecem o etatismo por acreditar que ele vai enriquecê-las. Denunciam o capitalismo por acreditar que ele os priva de seu justo quinhão.

O ponto principal da propaganda nazista entre 1919 e 1933 era: os judeus do mundo e o capitalismo ocidental causaram sua miséria; nós combateremos esses inimigos, assim deixando vocês mais prósperos. Os nazistas alemães e os fascistas italianos lutavam por matérias-primas e por solo fértil e prometeram a seus seguidores uma vida de riqueza e de luxo. O *sacro egoismo* dos italianos não é a mentalidade dos idealistas, mas a dos ladrões. Mussolini não elogiou a vida perigosa por si, mas como meio de obter um rico butim. Quando Goering disse que armas são mais importantes do que manteiga, ele explicou que, no futuro imediato, os alemães teriam de restringir seu consumo de manteiga para obter as armas necessárias para conquistar todos os tesouros do mundo. Se isso é altruísmo, negação de si ou idealismo irracional, então os cavalheiros do Sindicato do Crime do Brooklyn eram os mais perfeitos altruístas e idealistas.

Os nacionalistas de todos os países conseguiram convencer seus seguidores de que somente as políticas que eles recomendam são realmente vantajosas para o bem-estar da nação inteira e de todos os seus cidadãos honestos, do *nós*; e que todos os demais partidos estão traiçoeiramente prontos para vender a prosperidade da própria nação aos estrangeiros, ao *eles*. Ao adotar o nome "nacionalista", eles insinuam que os demais partidos favorecem interesses estrangeiros. Os nacionalistas alemães na Primeira Guerra Mundial denominavam-se o Partido da Pátria, com isso rotulando de traiçoeiros inimigos da nação todos aqueles que defendiam uma paz negociada, uma declaração sincera de que a Alemanha não pretendia anexar a Bélgica nem afundar navios e submarinos. Eles não estavam preparados para admitir que seus adversários também eram sinceros em seu amor pela comunidade. Aos olhos deles, quem não fosse nacionalista era apóstata e traidor.

Essa atitude é comum a todos os partidos contemporâneos antiliberais. Os ditos "partidos trabalhistas", por exemplo, fingem recomendar os únicos meios favoráveis — é claro — aos interesses materiais do trabalho. Eles não permitem a discussão racional quanto à conveniência de suas políticas para os trabalhadores. Estão suficientemente obcecados para não dar atenção a todas as objeções que os economistas lhes fazem. O que eles recomendam é bom para o trabalho e aquilo a que seus críticos instam é mau.

Esse dogmatismo intransigente não significa que os nacionalistas ou líderes trabalhistas defendem objetivos diferentes daqueles do bem-estar material de suas nações ou classes. Apenas ilustra um traço característico de nossa época, a substituição da discussão razoável pelos erros do polilogismo. Trataremos desse fenômeno num capítulo posterior.

3 - A DOUTRINA ARISTOCRÁTICA

Entre a infinidade de afirmações falaciosas e de erros factuais que formam a estrutura da filosofia marxista, há dois exemplos contra os quais se deve objetar particularmente. Marx afirma que o capitalismo causa o empobrecimento cada vez maior das massas e descontraidamente afirma que os proletários são superiores intelectual e moralmente à burguesia tacanha, corrupta e egoísta. Não vale a pena perder tempo refutando essas fábulas.

Os defensores de um retorno a um governo oligárquico enxergam as coisas de um ângulo muito diferente. Trata-se de um fato, dizem, que o capitalismo verteu uma cornucópia para as massas, as quais não entendem como ficam mais prósperas a cada dia. Os proletários fizeram tudo o que podiam para impedir ou retardar o ritmo das inovações técnicas — chegaram mesmo a destruir máquinas recém-inventadas. Seus sindicatos, hoje, ainda se opõem a cada melhoria nos métodos de produção. Os empreendedores e capitalistas tiveram de empurrar as massas relutantes e indispostas para um sistema de produção que torna suas vidas mais confortáveis.

Dentro de uma sociedade de mercado desimpedida, esses defensores da aristocracia podem dizer que prevalece uma tendência à diminuição da desigualdade de rendas. Enquanto o cidadão médio fica mais rico, os empreendedores de sucesso raramente obtêm riqueza que os eleva acima do nível médio. Existe apenas um pequeno grupo de rendas elevadas e o consumo total deste grupo é insignificante demais para desempenhar qualquer papel no mercado. Os membros da classe média alta desfrutam de um padrão de vida superior ao das massas, mas suas demandas também não são importantes no mercado. Eles vivem de maneira mais confortável do que a maioria de seus concidadãos, mas não são ricos o bastante para poder pagar por um estilo de vida substancialmente distinto. Suas roupas são mais caras do que as das camadas inferiores, mas seguem o mesmo padrão e se ajustam às mesmas modas. Seus banheiros e carros são mais elegantes, mas o serviço que prestam é substancialmente o mesmo. As antigas discrepâncias de padrões encolheram e viraram diferenças que são, em grande parte, questões de ornamento. A vida privada de um empreendedor ou de um executivo moderno é muito menos diferente da vida de seus empregados do que, séculos atrás, a vida de um senhor feudal da vida de um de seus servos.

Aos olhos desses críticos pró-aristocracia, trata-se de uma consequência deplorável dessa tendência à equalização e ao aumento nos padrões das massas para que essas assumam uma vida mais ativa nas atividades mentais e políticas das nações. Elas não definem apenas os padrões artísticos e literários, são também supremas na política. Hoje elas têm conforto e tempo livre suficientes para desempenhar um papel decisivo em questões comunitárias. Mas são tacanhas demais para apreender o sentido de boas políticas. Elas julgam todos os problemas econômicos desde o ponto de vista de sua própria posição no processo de produção. Para elas, os empreenderores e capitalistas e, de fato, a maioria dos executivos, são apenas pessoas ociosas cujos serviços poderiam facilmente ser prestados por *"qualquer um que saiba ler e escrever"*[61]. As massas estão cheias de inveja e de ressentimento, querem expropriar os capitalistas e os empreendedores, cujo pecado é servi-las bem demais. Elas são absolutamente incapazes de conceber as consequências mais remotas das medidas que advogam. Assim, elas voltam-se para a destruição das fontes das quais deriva sua prosperidade. A política das democracias é suicida. Turbas enfurecidas demandam atos contrários aos interesses da sociedade e a seus próprios interesses. Elas devolvem ao parlamento demagogos corruptos, aventureiros e picaretas que elogiam panaceias e remédios imbecis. A democracia resultou num levante dos bárbaros domésticos contra a razão, contra boas políticas e contra a civilização. As massas estabeleceram firmemente ditadores em muitos países europeus. Talvez elas logo consigam fazer isso também nos Estados Unidos. O grande experimento do liberalismo e da democracia demonstrou liquidar-se a si mesmo. Ele produziu a pior das tiranias.

---

[61] Ver as ideias típicas de Lenin a respeito dos problemas do empreendedorismo e da gestão em seu panfleto: LENIN, Vladimir. *State and Revolution*. New York: A Radical on the Eve of Revolution, 1917. p. 83-84.

REFUTAÇÃO DE ALGUMAS EXPLICAÇÕES FALACIOSAS

É necessária uma reforma radical, não por causa da elite, mas para a salvação da civilização e para o benefício das massas. As rendas dos proletários, dizem os defensores de uma *revolução aristocrática*, precisam ser reduzidas. Seu trabalho precisa ficar mais difícil e mais tedioso. O trabalhador deveria estar tão cansado após cumprir as tarefas diárias que não conseguiria encontrar tempo livre para pensamentos e atividades perigosos. Ele precisa ser privado do voto. Todo poder político deve ser entregue às classes superiores. Então o populacho ficará inofensivo. Serão servos, mas servos felizes, gratos e subservientes. Aquilo que as massas precisam é ser mantidas sob firme controle. Deixadas soltas, serão presa fácil das aspirações ditatoriais de escroques. Salvemo-las estabelecendo a tempo o governo oligárquico paternal dos melhores, da elite, da aristocracia.

Essas são as ideias que muitos de nossos contemporâneos tiraram dos textos de Edmund Burke (1729-1797), de Fiódor Dostoiévski (1821-1881), de Friedrich Nietzsche (1884-1900), de Vilfredo Pareto e de Robert Michels (1876-1936) e da experiência histórica das últimas décadas. Vocês têm a escolha, dizem eles, entre a tirania dos homens da ralé e o governo benevolente dos reis sábios e das aristocracias. Nunca houve na história um sistema democrático duradouro. As repúblicas medievais e antigas não eram democracias genuínas. As massas — escravos e metecos — nunca participaram do governo. De todo modo, também essas repúblicas terminaram em demagogia e em decadência. Se o governo de um Grande Inquisidor é inevitável, que seja um cardeal romano, um príncipe Bourbon ou um lorde britânico, e não um aventureiro sadista de baixa estirpe.

O principal problema desse raciocínio é que ele exagera enormemente o papel desempenhado pelas camadas inferiores da sociedade na evolução até as nocivas políticas dos dias de hoje. É paradoxal presumir que as massas que os amigos da oligarquia descrevem como ralé seriam capazes de dominar as classes superiores, a elite de empreendedores, de capitalistas e de intelectuais, e de impor-lhes sua própria mentalidade.

Quem é responsável pelos deploráveis acontecimentos das últimas décadas? Teriam sido as classes inferiores, os proletários, que desenvolveram as novas doutrinas? De jeito nenhum. Nenhum proletário contribuiu em nada para a construção de ensinamentos antiliberais. Na raiz da árvore genealógica do socialismo moderno encontramos o nome do filho depravado de uma das famílias aristocráticas mais eminentes da França monárquica. Quase todos os pais do socialismo eram membros da classe média alta ou das profissões. O belga Henri de Man (1885-1953), outrora um radical socialista de esquerda, hoje um socialista pró-nazista não menos radical, tinha muita razão quando disse: *"Caso se aceite a enganosa expressão marxista que associa cada ideologia social a uma classe definida, seria preciso dizer que o socialismo enquanto doutrina, e até mesmo o marxismo, tem origem burguesa"*[62]. O intervencionismo e o nacionalismo também não vieram da "ralé". Eles também são produtos dos abastados.

O sucesso avassalador dessas doutrinas que se mostraram tão nocivas à cooperação social pacífica e que agora sacodem os fundamentos da nossa civilização, não é um resultado de atividades de classes inferiores. Os proletários, os trabalhadores e os agricultores certamente não são culpados. Os membros das classes superiores foram os autores dessas ideias destrutivas. Os intelectuais converteram as massas a essa ideologia. Eles não a tiraram delas. Se a supremacia dessas doutrinas modernas é prova de decadência intelectual, isso não demonstra que as camadas inferiores tenham conquistado as superiores. Demonstra, antes, a decadência dos intelectuais e da burguesia. As massas, precisamente por serem amorfas e mentalmente inertes, nunca criaram novas ideologias. Essa sempre foi uma prerrogativa da elite.

A verdade é que enfrentamos uma degeneração da sociedade inteira e não um mal-limitado a algumas partes dela.

Quando os liberais recomendam o governo democrático como único meio de resguardar a paz permanente tanto domesticamente quanto nas relações internacionais, eles não defendem o governo dos maus, dos sem berço, dos burros e dos bárbaros domésticos, como creem alguns críticos da democracia. Eles são liberais e democratas precisamente por desejar o governo dos homens mais adequados para a tarefa. Eles afirmam que os mais qualificados para governar precisam provar suas capacidades convencendo seus concidadãos, a fim de que estes lhes confiem voluntariamente os cargos. Eles não se aferram à doutrina militarista, comum a todos os revolucionários, segundo a qual a tomada do poder por atos de violência ou de fraude é prova dessa qualificação. Nenhum governante que careça do dom da persuasão pode permanecer muito tempo no cargo, essa é a condição indispensável do governo. Seria uma ilusão

---

[62] DE MAN, Henri. *Die Psychologie des Sozialismus*. Jena: E. Diederichs, 1927. p. 16-17. De Man escreveu isso na época em que era um dos favoritos do socialismo de esquerda alemão.

ociosa presumir que qualquer governo, por melhor que fosse, pudesse durar sem consentimento público. Se nossa comunidade não gerar homens que tenham o poder de tornar princípios sociais aceitáveis de maneira geral, a civilização está perdida, qualquer que seja o sistema de governo.

Não é verdade que os riscos à manutenção da paz, da democracia, da liberdade e do capitalismo sejam resultado de uma "revolta das massas". Eles são uma realização de estudiosos e de intelectuais, dos filhos dos abastados, de autores e de artistas mimados pela melhor sociedade. Em todo país do mundo, dinastias e aristocratas trabalharam com os socialistas e com os intervencionistas contra a liberdade. Praticamente todas as igrejas e seitas cristãs defenderam os princípios do socialismo e do intervencionismo. Em quase todos os países o clero defende o nacionalismo. Apesar do fato do catolicismo abranger o mundo, nem a Igreja Romana é exceção. O nacionalismo dos irlandeses, dos poloneses e dos eslovacos é, em grande medida, uma realização do clero. O nacionalismo francês encontrou seu maior apoio na Igreja.

Seria vão tentar curar esse mal com um retorno ao governo de autocratas e de nobres. A autocracia dos tzares da Rússia ou a dos Bourbon na França, na Espanha e em Nápoles não era garantia de boa administração. Os Hohenzollern e os junkers prussianos na Alemanha e os grupos governantes britânicos demonstraram claramente sua incapacidade de gerir um país.

Se homens sem valor e ignóbeis controlam os governos de muitos países é porque intelectuais eminentes recomendaram seu governo. Os princípios segundo os quais eles exercem seus poderes foram formulados por doutrinários de classes superiores e têm a aprovação dos intelectuais. Aquilo que o mundo precisa não é de reforma constitucional, mas de ideologias sãs. É óbvio que todo sistema constitucional pode funcionar satisfatoriamente se os governantes estão à altura. O problema é encontrar os homens adequados para os cargos. Nem o raciocínio *a priori* nem a experiência histórica provou ser falsa a ideia básica do liberalismo e da democracia de que o consentimento dos governados é o principal requisito do governo. Nem reis benevolentes, nem aristocracias esclarecidas, nem sacerdotes ou filósofos altruístas podem ter sucesso quando falta esse consentimento. Quem quiser estabelecer de maneira duradoura um bom governo precisa começar tentando convencer seus concidadãos, oferecendo-lhes ideologias sãs. Ao recorrer a violência, coerção e compulsão, e não à persuasão, ele apenas demonstra sua própria incapacidade. No longo prazo, a força e as ameaças não podem ser aplicadas com sucesso contra as maiorias. Não resta esperança para uma civilização quando as massas defendem políticas nocivas. A elite deve ser suprema pela virtude da persuasão, não pelo apoio de esquadrões de artilharia.

4 - Darwinismo mal compreendido

Nada poderia ser mais equivocado do que a tentativa, hoje na moda, de aplicar os métodos e os conceitos das ciências naturais à solução dos problemas sociais. No âmbito da natureza, nada podemos saber a respeito de causas finais que poderiam explicar os acontecimentos. Porém, no campo das ações humanas existe a finalidade dos homens que agem. Os homens fazem escolhas. Eles almejam certos fins e aplicam meios a fim de atingir os fins buscados.

O darwinismo é uma das grandes realizações do século XIX. Porém, aquilo que se costuma chamar de darwinismo social é uma distorção confusa das ideias propostas por Charles Darwin (1809-1882).

É uma lei inelutável da natureza, dizem esses pseudodarwinistas, que cada ser humano devora os menores e os mais fracos e que, quando chega sua vez, ele próprio é engolido por outro maior e mais forte. Na natureza não existem paz e amizade mútuas. Na natureza há sempre luta e aniquilação impiedosa daqueles que não conseguem defender a si mesmos. Os planos de paz perpétua do liberalismo são o resultado de um racionalismo ilusório. As leis da natureza não podem ser abolidas pelo homem. Apesar do protesto dos liberais, estamos testemunhando a recorrência da guerra. Sempre houve guerras, sempre haverá guerras. Assim, o nacionalismo moderno é um afastamento de ideias falaciosas e uma aproximação da realidade da natureza e da vida.

Comecemos observando incidentalmente que as lutas às quais essa doutrina se refere são lutas entre animais de espécies diferentes. Animais superiores devoram animais inferiores. Na maior parte das vezes, eles não se alimentam de maneira canibal. Esse fato, porém, tem importância menor.

O único equipamento que as feras têm para usar em suas lutas é sua força física, seus traços corporais e seus instintos. O homem está melhor armado. Embora seja corporalmente muito mais fraco do que muitos animais de rapina, e quase indefeso contra os micróbios mais perigosos, o homem conquistou a terra por meio de seu dom mais valioso: a razão. A razão é o principal recurso do homem em sua luta pela sobrevivência. É tolo ver a razão humana como algo antinatural ou mesmo contrário à natureza. A razão cumpre uma função biológica fundamental na vida humana. Ela é o traço específico do homem. Quando o homem luta, ele quase sempre usa sua arma mais eficiente. A razão guia seus passos em seus esforços de melhorar as condições externas de sua vida e de seu bem-estar. O homem é o animal racional, *homo sapiens*.

Agora, a grande realização da razão é a descoberta das vantagens da cooperação social e seu corolário, a divisão de trabalho. Graças a essa realização, o homem foi capaz de centuplicar sua progenitura e de ainda oferecer a cada indivíduo uma vida muito melhor do que aquela que a natureza ofereceu a seus ancestrais não humanos, cem mil anos atrás. Nesse sentido — de que há hoje muito mais gente vivendo e que cada pessoa goza de uma vida muito mais rica do que a de seus pais —, podemos falar em progresso. Trata-se, é claro, de um juízo de valor e, nesse sentido, arbitrário. Mas esse juízo vem de um ponto de vista que praticamente todos os homens aceitam, ainda que — como o conde Leo Tolstói (1828-1910) ou Mahatma Gandhi — pareçam menosprezar incondicionalmente toda a nossa civilização. A civilização humana não é algo obtido contra a natureza. Antes, trata-se do resultado do funcionamento das qualidades inatas do homem.

A cooperação social e a guerra são sempre incompatíveis em longo prazo. Indivíduos autossuficientes podem lutar uns contra os outros sem destruir os fundamentos de sua existência. Porém, dentro do sistema social de cooperação e de divisão de trabalho, a guerra significa a desintegração. A evolução progressiva da sociedade exige a eliminação progressiva da guerra. Nas condições atuais da divisão internacional de trabalho, não há mais espaço para guerras. A grande sociedade de trocas mútuas de bens e de serviços que abrange o mundo inteiro exige uma coexistência pacífica de Estados e de nações. Muitas centenas de anos atrás foi necessário eliminar as guerras entre os nobres que governavam vários países e distritos a fim de preparar o caminho para um desenvolvimento pacífico da produção doméstica. Hoje, é indispensável obter o mesmo para a comunidade mundial. Abolir a guerra internacional não é mais antinatural do que era quinhentos anos atrás impedir os barões de lutar entre si ou, dois mil anos atrás, impedir um homem de roubar e matar o vizinho. Se os homens hoje não tiverem sucesso na abolição da guerra, a civilização e a humanidade estão perdidas.

Desde um ponto de vista darwinista correto, seria certo dizer: a cooperação social e a divisão de trabalho são as principais ferramentas do homem em sua luta pela sobrevivência. A intensificação dessa mutualidade na direção de um sistema de trocas que abranja o mundo inteiro melhorou consideravelmente as condições da humanidade. A manutenção desse sistema exige uma paz duradoura. A abolição da guerra é, portanto, um item importante na luta do homem pela sobrevivência.

5 - O papel do chauvinismo

Confundir o nacionalismo com o chauvinismo ou explicar o nacionalismo como consequência do chauvinismo é um erro disseminado.

O chauvinismo é uma disposição de caráter e da mente. Ele não resulta em ação. O nacionalismo é, de um lado, uma doutrina que recomenda um certo tipo de ação e, de outro, a política por meio da qual essa ação é consumada. O chauvinismo e o nacionalismo são, portanto, duas coisas inteiramente diferentes. Eles não estão necessariamente conectados. Muitos liberais antigos eram também chauvinistas. Mas não acreditavam que infligir males a outras nações era o jeito certo de promover o bem-estar de sua própria nação. Eram chauvinistas, mas não nacionalistas.

O chauvinismo é uma presunção da superioridade das qualidades e das realizações da própria nação. Nas condições atuais isso significa, na Europa, do próprio grupo linguístico. Essa arrogância é uma fraqueza comum do homem médio. Não é muito difícil explicar sua origem.

Nada conecta mais os homens do que uma comunidade de língua e nada os segrega mais eficazmente do que uma diferença de língua. Podemos perfeitamente inverter essa frase afirmando que os homens que se associam uns com os outros usam o mesmo idioma e os homens entre os quais não há comunicação direta não se associam. Se as classes inferiores da Inglaterra e da Alemanha tinham mais em comum umas com as outras do que as camadas superiores das sociedades de seus próprios países, então os proletários dos dois países falariam a mesma língua, uma língua diferente daquela das classes superiores. Quando, sob o sistema social do século XVIII, as aristocracias de vários países europeus eram mais próximas umas das outras do que dos plebeus de suas próprias nações, elas usavam uma língua comum das classes superiores: o francês.

O homem que fala uma língua estrangeira e não entende nossa língua é um "bárbaro" porque não conseguimos nos comunicar com ele. Um país "estrangeiro" é um país em que nosso idioma não é entendido. É um grande desconforto viver num país desses. Isso traz intranquilidade e saudades de casa. Quando as pessoas encontram outras pessoas que falam uma língua estrangeira, consideram-nas estranhas. Elas consideram aqueles que falam a mesma língua mais próximos, amigos. Elas transferem as designações linguísticas para as pessoas que falam as línguas. Todos aqueles que falam italiano como sua língua principal e diária são chamados de italianos. Em seguida, a terminologia linguística é usada para designar o país em que vivem os italianos e, por fim, tudo nesse país que difere dos outros países. As pessoas falam de comida italiana, de vinho italiano, de indústria italiana e daí por diante. As instituições italianas são naturalmente mais conhecidas dos italianos do que as estrangeiras. Por denominarem-se italianos, ao falar dessas instituições eles usam os pronomes possessivos "meu" e "nosso".

A superestimação da própria comunidade linguística e de tudo que se costuma chamar pelo mesmo adjetivo que o idioma é psicologicamente tão fácil de explicar quanto a supervalorização da personalidade e da nação próprias ou a subestimação daquelas de outras pessoas (o contrário — a subvalorização da personalidade de um homem e nação e a superestimação de outras pessoas e de países estrangeiros — às vezes pode acontecer, ainda que mais raramente). De qualquer modo, deve-se enfatizar que o chauvinismo era mais ou menos restrito até o começo do século XIX. Somente uma pequena minoria tinha algum conhecimento de países, de línguas e de instituições estrangeiros e esses poucos eram, na maioria, cultos o bastante para julgar as coisas estrangeiras de maneira relativamente objetiva. As massas nada sabiam de terras estrangeiras. Para elas, o mundo estrangeiro não era inferior, mas apenas desconhecido. Os arrogantes daquela época tinham orgulho de sua posição, não de sua nação. As diferenças de casta contavam mais do que as diferenças nacionais ou linguísticas.

Com a ascensão do liberalismo e do capitalismo, as condições mudaram rapidamente. As massas ficaram mais cultas. Elas adquiriram mais conhecimento do próprio idioma. Começaram a ler e aprenderam algo a respeito de países e de hábitos estrangeiros. Viajar ficou mais barato e mais estrangeiros visitaram o país. As escolas incluíram mais línguas estrangeiras no currículo. Porém, mesmo assim, para as massas, um estrangeiro ainda era, principalmente, uma criatura que elas só conheciam de livros e de jornais. Ainda hoje vivem na Europa milhões de pessoas que nunca tiveram a oportunidade de encontrar um estrangeiro ou de falar com ele, exceto no campo de batalha.

A arrogância e a supervaloração da própria nação são muito comuns. Porém, seria errado presumir que o ódio e o desprezo pelos estrangeiros são qualidades naturais e inatas. Nem os soldados que lutam para matar seus inimigos odeiam o inimigo individual, caso o encontrem fora da batalha. O guerreiro fanfarrão nem odeia nem despreza o inimigo. Ele simplesmente quer exibir seu próprio valor numa luz gloriosa. Quando um manufatureiro alemão diz que nenhum outro país consegue produzir bens tão baratos e tão bons quanto a Alemanha, isso é a mesma coisa que dizer que os produtos de seus competidores domésticos são piores do que os seus.

O chauvinismo moderno é um produto da literatura. Escritores e oradores buscam sucesso lisonjeando seu público. O chauvinismo disseminou-se, assim, com a produção em massa de livros, de periódicos e de jornais. A propaganda do nacionalismo o favorece. Mesmo assim, ele tem uma importância política comparativamente pequena e deve, de todo modo, ser claramente distinguido do nacionalismo.

Os russos estão convencidos de que a física é ensinada exclusivamente nas escolas da Rússia soviética e que Moscou é a única cidade equipada com um sistema de metrô. Os alemães afirmam que só a Alemanha tem verdadeiros filósofos. Eles imaginam Paris como um aglomerado de locais recreativos. Os britânicos acreditam que o adultério é muito comum na França e os franceses chamam a homossexualidade de *le vice allemand*. Os americanos acham que os europeus não usam banheiras. São fatos tristes. Mas não resultam em guerra.

É paradoxal que imbecis franceses orgulhem-se do fato de que René Descartes (1596-1650), Voltaire e Louis Pasteur (1822-1895) fossem franceses e reclamem para si algo da glória de Molière (1622-1673) e de Honoré de Balzac (1799-1850). Porém, isso é politicamente inócuo. O mesmo vale para a superestimação dos feitos militares do próprio país e da vontade dos historiadores de interpretar batalhas perdidas, depois de décadas ou mesmo de séculos, como vitórias. O observador imparcial tem uma curiosa sensação quando húngaros e romenos falam da civilização de suas nações com epítetos que seriam grotescamente incongruentes, ainda que a Bíblia, o *Corpus Juris Civilis*, a Declaração dos Direitos do Homem e as obras de William Shakespeare (1564-1616), Isaac Newton (1643-1727), Johann Wolfgang von Goethe, Pierre-Simon Laplace (1749-1827), David Ricardo (1772-1823) e Charles Darwin tivessem sido escritas por húngaros ou por romenos em húngaro ou em romeno. Porém, o antagonismo político dessas duas nações nada tem a ver com essas afirmações.

O chauvinismo não gerou o nacionalismo. Sua principal função no esquema de políticas nacionalistas é adornar os espetáculos e os festivais do nacionalismo. As pessoas transbordam de orgulho e de alegria quando os porta-vozes oficiais celebram-nas como a elite da humanidade e louvam os feitos imortais de seus ancestrais e a invencibilidade de suas Forças Armadas. Porém, quando as palavras somem e a celebração chega ao fim, as pessoas voltam para casa e vão dormir. Elas não montam no cavalo de batalha.

Desde o ponto de vista político, sem dúvida é perigoso que seja tão fácil atiçar os homens com um linguajar bombástico. Porém, as ações políticas do nacionalismo moderno não podem ser explicadas ou desculpadas pela intoxicação chauvinista. Elas são o resultado de raciocínios frios, ainda que equivocados. As doutrinas cuidadosamente elaboradas, mas errôneas, de livros eruditos e minuciosos levaram ao embate de nações, à guerras sangrentas e à destruição.

6 - O papel dos mitos

O termo "mitos" há muito tempo é usado para referir narrativas e doutrinas puramente fictícias. Nesse sentido, os cristãos chamam de mitos os ensinamentos e as histórias dos pagãos. Aqueles que não compartilham a fé cristã chamam de míticas as histórias da Bíblia. Para os cristãos, elas não são mitos, mas verdades.

Esse fato óbvio foi distorcido por autores que sustentam que as doutrinas que não conseguem resistir à crítica da razão, podendo, mesmo assim, ser justificadas se atribuirmos a elas um caráter mítico. Eles tentaram construir uma teoria racionalista para a salvação do erro e para protegê-lo do raciocínio correto.

Se é possível provar a falsidade de uma afirmação, não é possível justificá-la dando-lhe o *status* de mito e, assim, impermeabilizando-a contra objeções razoáveis. É verdade que muitas ficções e doutrinas, hoje geralmente ou majoritariamente refutadas e, portanto, chamadas de mitos, desempenharam um grande papel na história. Porém, elas desempenharam esse papel não como mitos, mas como doutrinas consideradas verdadeiras. Aos olhos de seus defensores, elas eram inteiramente autênticas. Eram suas sinceras convicções. Elas se tornaram mitos aos olhos daqueles que as consideravam fictícias e contrárias ao fatos e que, portanto, não deixavam que suas ações fossem influenciadas por elas.

Para Georges Sorel, um mito é a construção imaginária de uma ação futura bem-sucedida[63]. Contudo, devemos acrescentar que, para estimar o valor de um método de procedimento é preciso levar em consideração apenas um

---

[63] "Les hommes qui participent aux grands mouvements sociaux se représentent leur action prochaine sous formes d'images de batailles assurant le triomphe de leur cause. Je propose de nommer

ponto, a saber, se ele é ou não é um meio adequado de atingir o fim buscado. Se o exame razoável demonstra que não é, ele deve ser rejeitado. É impossível tornar um método de procedimento inadequado mais conveniente atribuindo-lhe a qualidade de mito. Diz Sorel: *"Se você se coloca no terreno dos mitos, você é impermeável a qualquer tipo de refutação crítica"*[64]. Porém, o problema não é ser bem-sucedido na polêmica recorrendo a sutilezas e a truques. A única questão é se a ação guiada pela doutrina em questão atingirá os fins buscados. Mesmo que se julgue, como Sorel, que a tarefa dos mitos consiste em equipar os homens para lutar pela destruição daquilo que existe[65], não se pode fugir da questão: esses mitos representam um meio adequado de realizar essa tarefa? Deve-se observar, aliás, que a destruição das condições existentes não pode, por si, ser considerada um objetivo. É necessário construir algo novo no lugar daquilo que é destruído.

Caso fique provado por uma demonstração razoável que o socialismo, enquanto sistema social, não pode realizar aquilo que as pessoas desejam ou esperam realizar por meio dele ou que a greve geral não é o meio apropriado para se chegar ao socialismo, você não consegue mudar esses fatos declarando — como declara Sorel — que o socialismo e a greve geral são mitos. As pessoas que se aferram ao socialismo e à greve geral desejam atingir certos fins por meio deles. Elas estão convencidas de que terão sucesso com esses métodos. Não é na forma de mitos, mas de doutrinas consideradas corretas e bem fundamentadas que o socialismo e a greve geral têm o apoio de milhões de homens.

Alguns livres-pensadores dizem: o cristianismo é um credo absurdo, um mito: porém, é útil que as massas sigam os dogmas cristãos. Porém, a vantagem que esses livres-pensadores esperam depende das massas efetivamente considerarem os Evangelhos verdade. Ela não poderia ser obtida caso as massas considerassem os Evangelhos mitos.

Quem quer que rejeite uma doutrina política por considerá-la errada, concorda com a terminologia geralmente aceita ao chamá-la de mito[66]. Porém, se deseja lucrar com uma superstição popular a fim de atingir seus próprios fins, precisa tomar cuidado para não menosprezá-la chamando-a abertamente de

---

mythes *ces constructions"*. (SOREL, Georges. *Réflexions sur la violence*. Paris: Marcel Rivière, 3a ed., 1912. p. 32).
[64] Idem. *Ibidem.*, p. 49.
[65] Idem. *Ibidem.*, p. 46.
[66] PERROUX, François. *Les Mythes hitleriens*. Lyon: Bosc, 1935; Idem. *Les Mystiques politiques contemporaines*. Paris: Sirey, 1935; Idem. *Les Mystiques économiques*. Paris: Librairie de Médicis, 1938.

mito. Afinal, só se pode se valer dessa doutrina na medida em que os outros consideram-na verdadeira. Não sabemos em que acreditavam os príncipes do século XVI que aderiram à reforma religiosa. Se foram guiados não pela convicção sincera, mas pelo desejo de enriquecimento, então abusaram da fé de outras pessoas em prol de seus próprios apetites egoístas. Eles teriam prejudicado os próprios interesses, porém, caso tivessem chamado o novo credo de mito. Lenin era cínico o bastante para dizer que as revoluções devem ser realizadas com as palavras de ordem do dia. E ele realizou sua própria revolução afirmando publicamente — contra suas próprias convicções — as palavras de ordem que tinham dominado a opinião pública. Alguns líderes partidários podem ser capazes de convencer-se da falsidade da doutrina de seu partido. Porém, as doutrinas só podem ter influência na medida em que as pessoas consideram-nas corretas.

O socialismo e o intervencionismo, o etatismo e o nacionalismo, não são mitos aos olhos de seus proponentes, mas doutrinas que indicam o modo correto de atingir seus objetivos. O poder desses ensinamentos se baseia na firme crença das massas de que elas efetivamente vão melhorar de vida ao aplicá-los. Todavia, são falaciosos. Eles partem de premissas falsas e seu raciocínio é repleto de paralogismos. Aqueles que percebem esses erros têm razão ao chamá-los de mitos. Porém, enquanto eles não conseguirem convencer seus concidadãos de que essas doutrinas são inviáveis, as doutrinas dominarão a opinião pública e políticos e estadistas serão guiados por elas. Os homens sempre são passíveis de erro. Já erraram no passado, errarão no futuro. Porém, não erram de propósito. Eles querem ser bem-sucedidos e sabem muito bem que a escolha de meios inapropriados frustrará suas ações. Os homens não pedem mitos, mas doutrinas que funcionem e que indiquem os meios corretos para os fins buscados.

O nacionalismo, em geral, e o nazismo, em particular, não são mitos intencionais nem são fundamentados ou apoiados por mitos intencionais. São políticas públicas e doutrinas políticas (ainda que falhas) e têm pretensões até mesmo "científicas".

Se alguém estivesse disposto a chamar de mitos variações sobre temas como "somos o sal da terra" ou "somos o povo eleito", aos quais todas as nações e castas entregaram-se em alguma medida, teríamos de nos remeter ao que foi dito sobre o chauvinismo. Isso é música para o encantamento e para a gratificação da comunidade, um mero passatempo para as horas não dedicadas a questões políticas. A política é uma atividade e uma atividade voltada para objetivos. Não se deve confundi-la com a mera indulgência em autoelogios e em autoadulação.

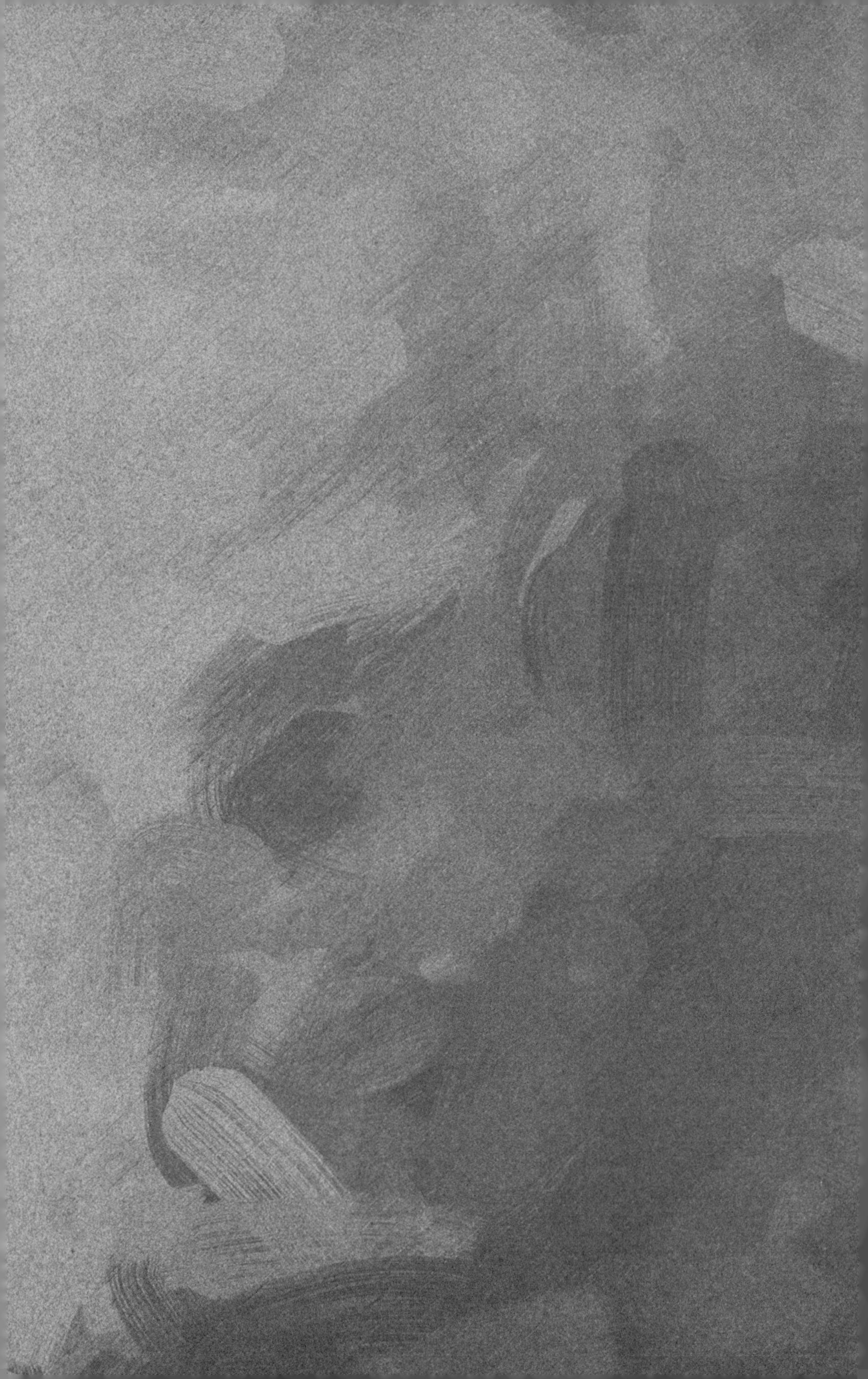

PARTE 3

O Nazismo Alemão

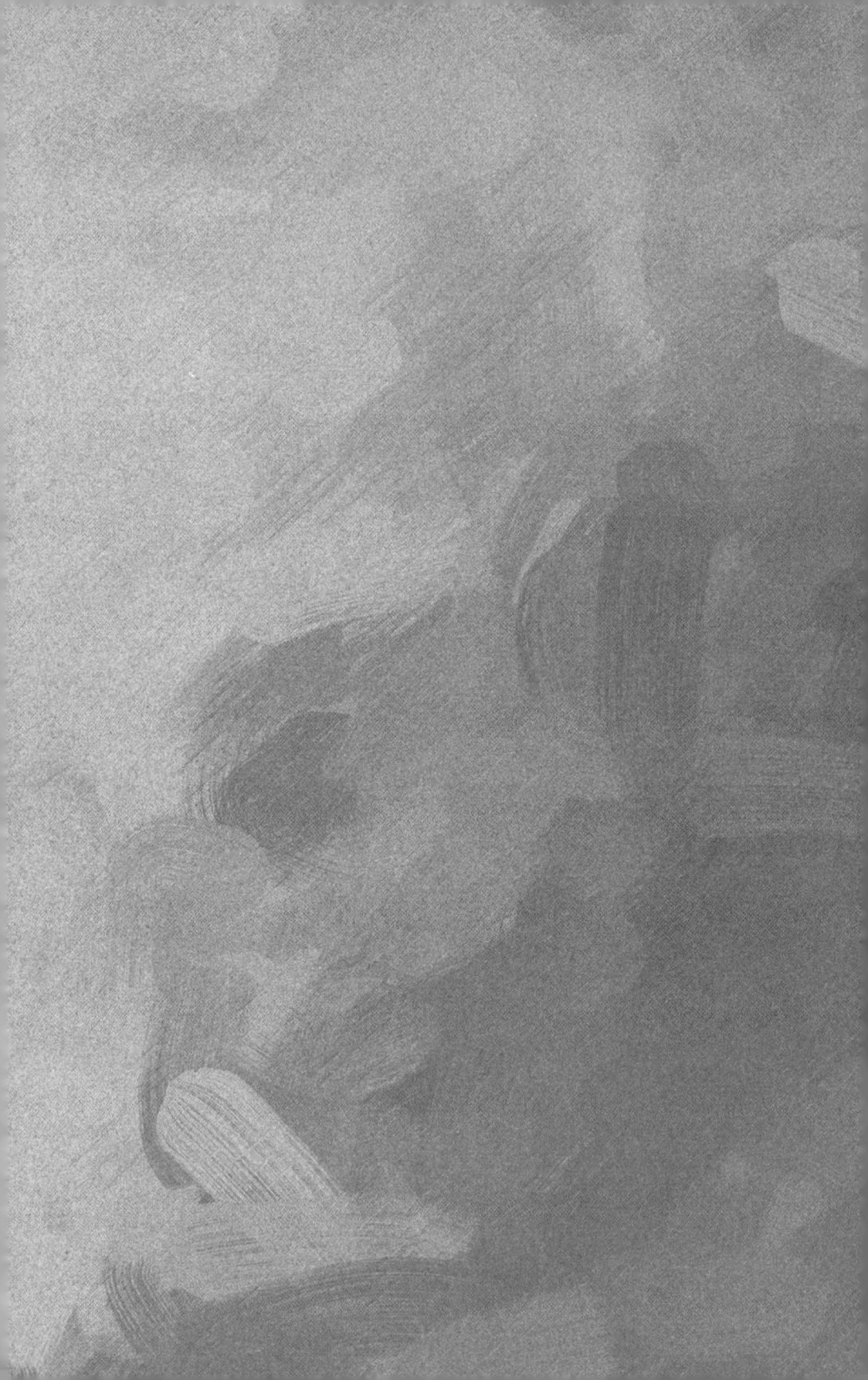

Capítulo VI

As características peculiares do nacionalismo alemão

1 - O despertar

O nacionalismo alemão não se distinguia do nacionalismo de outros povos até que, no fim da década de 1870 e no começo da década de 1889, os nacionalistas alemães fizeram algo que julgaram ser uma grande descoberta. Eles descobriram que sua nação era a mais forte da Europa. Concluíram que, portanto, a Alemanha era poderosa o bastante para dominar a Europa ou até o mundo inteiro. Seu raciocínio era o seguinte:

Os alemães são o povo mais numeroso da Europa, à exceção da Rússia. O Reich mesmo tem, dentro das fronteiras desenhadas por Bismarck, mais habitantes do que qualquer outro país, com a mesma exceção. Fora das fronteiras do Reich vivem muitos milhões de pessoas germanófonas, todas as quais, segundo o princípio de nacionalidade, deveriam juntar-se ao Reich. A Rússia, diziam, não deve ser considerada, pois não é uma nação homogênea, mas um conglomerado de várias nacionalidades diversas. Se você tirar das cifras populacionais da Rússia poloneses, finlandeses, estonianos, letões, lituanos, russos brancos, tribos caucasianas e mongóis, georgianos, os alemães nas províncias bálticas e nas margens do Volga e, especialmente, os ucranianos, restam apenas os grandes russos, que são menos numerosos do que os alemães. Além disso, a população alemã cresce mais rápido do que a de outras nações europeias e muito mais rápido do que a do inimigo "hereditário", a França.

A nação alemã goza da enorme vantagem de ocupar a parte central da Europa. Assim, ela domina estrategicamente toda a Europa e algumas partes da Ásia e da África. Na guerra, ela goza das vantagens de estar nas linhas interiores.

O povo alemão é jovem e vigoroso, ao passo que as nações ocidentais são velhas e degeneradas. Os alemães são diligentes, virtuosos e estão prontos para o combate. Os franceses são moralmente corruptos, os ídolos dos britânicos são o dinheiro e o lucro, os italianos são fracotes, os russos são bárbaros.

Os alemães são os melhores guerreiros. Que os franceses não são páreo para eles foi provado nas batalhas de Rossbach, de Katzbach, de Leipzig, de Waterloo, de St. Privat e de Sedan. Os italianos sempre fogem. A inferioridade militar da Rússia ficou clara na Crimeia e na última guerra com os turcos. O poder terrestre dos ingleses sempre foi desprezível. A Grã-Bretanha domina os mares só porque os alemães, politicamente desunidos, negligenciaram no passado o estabelecimento do poder marítimo. As proezas da antiga Liga Hanseática provaram claramente o gênio naval alemão.

É, portanto, óbvio que a nação alemã está predestinada à hegemonia. Deus, o destino e a história escolheram os alemães ao dotar-lhes de suas grandes qualidades. Porém, infelizmente, essa abençoada nação ainda não descobriu aquilo que seu direito e seu dever exigem. Alheios à sua missão histórica, os alemães entregaram-se a antagonismos internos. Os alemães lutaram entre si. O cristianismo enfraqueceu seu ardor guerreiro inato. A reforma dividiu a nação em dois campos hostis. Os imperadores Habsburgo abusaram das forças do império em prol dos interesses egoístas de sua dinastia. Os outros príncipes traíram a nação ao apoiarem os invasores franceses. Os suíços e os holandeses se separaram. Porém, finalmente raiou o dia dos alemães. Deus mandou a esse povo escolhido seus salvadores, os Hohenzollern. Eles reviveram o verdadeiro espírito teutônico, o espírito da Prússia. Libertaram o povo do jugo dos Habsburgo e da Igreja Romana. Eles marcharão adiante. Estabelecerão o *imperium mundi* alemão. É o dever de cada alemão apoiá-los na medida de suas capacidades, assim servindo a seus próprios interesses. Toda doutrina com a qual os inimigos da Alemanha tentam enfraquecer a alma alemã e impedi-la de cumprir sua tarefa deve ser cortada pela raiz. Um alemão que pregue paz é um traidor e assim será tratado.

O primeiro passo da nova política deve consistir na reincorporação de todos os alemães, hoje do lado de fora. O Império Austríaco deve ser desmembrado. Todos os seus países, que até 1866 eram partes da Federação Alemã, devem ser anexados (o que inclui os tchecos e os eslovenos). Os Países Baixos e a Suíça devem ser reunidos ao Reich, também os flamengos da Bélgica e as províncias bálticas da Rússia, cujas classes superiores falam alemão. O exército deve ser fortalecido até conseguir realizar essas conquistas. É preciso construir uma marinha forte o suficiente para esmagar a frota britânica. Em seguida, é preciso anexar as colônias britânicas e francesas mais valiosas. As Índias Ocidentais Holandesas e o Estado do Congo automaticamente passarão ao domínio alemão com a conquista dos países-mães. Na América do Sul, o Reich deve ocupar uma vasta área, onde ao menos trinta milhões de alemães possam assentar-se[67].

Esse programa atribuía uma tarefa especial aos emigrantes alemães que moravam em diferentes países estrangeiros. Eles deveriam ser organizados por emissários nacionalistas, aos quais o serviço consular do Reich daria apoio moral e financeiro. Nos países que seriam conquistados pelo Reich, eles deveriam formar uma vanguarda. Nos outros países, deveriam, por meio da ação política, produzir uma atitude simpática por parte do governo. Isso era especialmente

---

[67] A fim de demonstrar que essa última demanda, que só poderia ser atendida por uma guerra vitoriosa contra os Estados Unidos, era apoiada não apenas pelos mais esquentados, mas também por homens mais moderados, desprezados pelos nacionalistas radicais por sua leniência e por sua indiferença, basta-nos citar um dito de Gustav von Schmoller. Schmoller era o líder universalmente reconhecido dos socialistas alemães de cátedra, professor de ciência política na Universidade de Berlim, assessor permanente do governo do Reich para questões econômicas, membro da Câmara Prussiana de Lordes e da Academia Prussiana. Seus compatriotas e o oficialato alemão consideravam-no o maior economista de sua época e um grande historiador da economia. As palavras que citamos serão encontradas num livro publicado em 1900, intitulado *Handels- und Machtpolitik, Reden und Aufsätze im Auftrage der Freien Vereinigung für Flottenvorträge,* editado por Gustav Schmoller, Adolf Wagner e Max Sering (1857-1939), professores de Ciência Política da Universidade de Berlim. São elas:

> Não posso deter-me nos detalhes das tarefas comerciais e coloniais para as quais a marinha é necessária. Basta mencionar brevemente alguns pontos. Temos de desejar a todo custo que, no próximo século, um país alemão de cerca de vinte ou trinta milhões de alemães se estabeleça ao sul do Brasil. É indiferente que ele permaneça em parte do Brasil, que seja um estado independente ou mais intimamente conectado com nosso Reich. Sem comunicações continuamente protegidas por navios de guerra, sem a Alemanha disposta a uma interferência vigorosa nesses países, essa evolução estaria exposta a riscos (Cap. I, p. 35, 36).

Ainda mais aberto do que Schmoller era seu colega Adolf Wagner, cuja fama e cujo prestígio oficial eram quase tão grandes. Ao falar das guerras a que o esforço para encontrar locais de habitação para o excesso de população alemã inevitavelmente levará, da "luta por espaço" que se aproxima, ele acrescenta: *"Pretensões ociosas como a Doutrina Monroe americana [...] não são um obstáculo intransponível"* (WAGNER, Adolf. *Agrar- und Industriestaat: Die Kehrseite des Industriestaats und die Rechtfertigung agrarischen Zollschutzes mit besonderer Rücksicht auf die Bevölkerungsfrage.* Jena: Gustav Fisher, 2a ed., 1902. p. 83). Essas eram as visões de velhos professores, não de jovens fanfarrões. Seria fácil citar centenas de comentários similares.

planejado, tendo em vista os germano-americanos, pois o plano era manter os Estados Unidos neutros o máximo de tempo possível.

2 - A ascendência do pan-germanismo

O pan-germanismo foi obra de intelectuais e de escritores. Os professores de História, de Direito, de Economia, de Ciência Política, de Geografia e de Filosofia eram seus proponentes mais intransigentes. Eles convertiam os alunos das universidades a suas ideias. Logo, os diplomados geravam novos convertidos. Como professores da área de educação superior (no famoso *Gymnasium* alemão e nas instituições educacionais da mesma posição), como advogados, juízes, funcionários públicos e diplomatas, eles tinham vastas oportunidades de servir sua causa.

Todas as demais camadas da população resistiram por algum tempo às novas ideias. Elas não queriam novas guerras e conquistas. Queriam viver em paz. Eram, como observavam os nacionalistas com escárnio, pessoas egoístas, ansiosas não por morrer, mas por aproveitar a vida.

A teoria popular de que junkers e oficiais, as grandes empresas e financistas mais as classes médias foram os iniciadores do nacionalismo alemão é contrária aos fatos. Todos esses grupos inicialmente foram violentamente contrários às aspirações do pan-germanismo. Porém, sua resistência era vã por não dispor de apoio ideológico. Não havia mais nenhum autor liberal na Alemanha. Assim, os autores e professores nacionalistas venceram facilmente. Muito rapidamente a juventude voltou das universidades e das escolas inferiores convencida do pan-germanismo. Ao final do século, a Alemanha era quase unânime em sua aprovação do pan-germanismo.

Empresários e banqueiros foram, por muitos anos, os mais firmes oponentes do pan-germanismo. Eles conheciam melhor as condições do estrangeiro do que os nacionalistas. Eles sabiam que a França e a Grã-Bretanha não eram decadentes e que seria muito difícil conquistar o mundo. Eles não queriam prejudicar seu comércio exterior e seus investimentos no exterior com guerras. Não acreditavam que cruzadores armados conseguiriam cumprir as tarefas de viajantes comerciais e trazer-lhes mais lucros. Tinham medo das consequências orçamentárias de maiores armamentos. Queriam mais vendas, não butim. Porém, foi fácil para os nacionalistas calar esses oponentes plutocratas. Todos os cargos importantes logo caíram nas mãos de homens imbuídos de ideias nacionalistas por sua formação universitária. No Estado etatista, os empreendedores ficam à mercê das autoridades. As autoridades têm discrição para decidir questões das quais depende a existência de cada empresa. Elas, na prática, têm a liberdade de arruinar qualquer empreendedor que queiram. Têm o poder não apenas de calar os objetores, mas até de forçá-los a contribuir para os fundos partidários do nacionalismo. Nas associações profissionais de empresários, os síndicos (executivos) eram supremos. Ex-alunos dos professores universitários pan-germanistas, tentavam superar um ao outro em radicalismo nacionalista. Assim, buscavam agradar as autoridades e progredir em suas próprias carreiras por meio da intercessão bem-sucedida em prol dos interesses de seus membros.

O nacionalismo alemão não era, como insistem os marxistas, a "superestrutura ideológica dos interesses egoístas de classe da indústria armamentista". Na década de 1870, a Alemanha possuía — tirando a fábrica da Krupp — indústrias de armamentos comparativamente pequenas e não muito lucrativas. Não há o menor indício que permita presumir que elas subsidiaram os autores *freelancer* nacionalistas contemporâneos. Elas não tiveram rigorosamente nada a ver com a propaganda muito mais eficaz dos professores universitários. O vasto capital investido em fábricas de munição desde os anos 1880 foi antes a consequência do que a causa dos armamentos alemães[68]. Claro que todo empresário é a favor de tendências que podem levar a um aumento de suas vendas. O "capital do sabão" deseja mais limpeza, o "capital da construção" deseja maior demanda por casas, o "capital editorial" deseja mais educação e o "capital dos armamentos" deseja mais armamentos. Os interesses de curto prazo de cada ramo da indústria incentivam essas atitudes. Porém, no longo prazo, a maior demanda resulta num influxo de mais capital para o ramo em expansão e a competição das novas empresas diminui os lucros.

A dedicação de uma parte maior da renda nacional alemã aos gastos militares reduziu na mesma proporção aquela parte da renda nacional que poderia ser gasta pelos consumidores individuais em seu próprio consumo. Na medida que os armamentos aumentaram as vendas das fábricas de munição, eles reduziram as vendas de todas as outras indústrias. Os marxistas mais sutis não afirmam que os autores nacionalistas foram subornados pelo capital das munições, mas que eles defenderam "inconscientemente" seus interesses. Isso, porém,

---

[68] Dos cinco encouraçados que os alemães tinham na guerra franco-alemã de 1870, três foram construídos na Inglaterra e dois na França. Foi só depois que a Alemanha desenvolveu uma indústria doméstica de armamentos navais.

supõe que eles, na mesma medida, feriram "inconscientemente" os interesses da maioria dos empreendedores e capitalistas alemães. O que foi que deixou a "alma do mundo", que dirige o trabalho de filósofos e de escritores contra sua vontade e os obriga a ajustar suas ideias às linhas prescritas por tendências inevitáveis da evolução, tão parcial a ponto de favorecer alguns ramos empresariais às custas de outros ramos, mais numerosos?

É verdade que, desde o começo de nosso século, quase todos os capitalistas e empreendedores alemães foram nacionalistas. Mas também eram, até em grau maior, todas as outras camadas, grupos e classes da Alemanha. Esse foi o resultado da educação nacionalista. Essa foi uma realização de autores, como Paul de Lagarde (1827-1891), Arno Peters (1916-2002), Carl Langbehn (1901-1944), Heinrich von Treitschke (1834-1896), Gustav von Schmoller (1838-1917), Houston Stewart Chamberlain (1855-1927) e Friedrich Naumann (1860-1919).

Não é verdade que o tribunal de Berlim, os junkers e os oficiais aristocráticos simpatizavam desde o começo com as ideias pan-germânicas. Os Hohenzollern e seus serviçais buscavam a hegemonnia prussiana na Alemanha e um aumento do prestígio alemão na Europa. Eles tinham atingido esses objetivos e estavam satisfeitos. Não queriam mais. Eles ansiavam por preservar o sistema alemão de castas com os privilégios das dinastias e da aristocracia. Isso era mais importante para eles do que a luta por dominação mundial. Eles não tinham entusiasmo pela construção de uma marinha forte ou pela expansão colonial. Bismark cedeu contra a vontade aos planos coloniais.

Porém, os tribunais e os nobres não conseguiram encontrar uma resistência bem-sucedida a um movimento popular apoiado por intelectuais. Há muito tempo eles tinham perdido toda influência sobre a opinião pública. Eles tiravam uma vantagem da derrota do liberalismo, o inimigo mortal de seus próprios privilégios. Porém, eles mesmos não tinham contribuído em nada para a ascensão das novas ideias estatistas. Eles simplesmente lucravam com a mudança de mentalidade. Eles consideravam as ideias nacionalistas um tanto perigosas. O pan-germanismo era cheio de elogios para a velha Prússia e para suas instituições, pelo partido conservador, enquanto inimigo do liberalismo, pelo exército e pela marinha, pelos oficiais comissionados e pela nobreza. Porém, os junkers rejeitavam um ponto da mentalidade nacionalista que lhes parecia democrática e revolucionária. Eles consideravam a interferência nacionalista dos plebeus na política exterior e nos problemas militares uma insolência. Aos olhos deles, essas duas áreas eram domínio exclusivo do soberano. Se o apoio que os nacionalistas davam às políticas domésticas do governo os agradava, eles viam como uma espécie de rebelião o fato de que os pan-germanos tinham ideias próprias a respeito da "política superior". O tribunal e os nobres pareciam duvidar do direito do povo, até mesmo de aplaudir suas realizações nessas áreas.

Porém, todas essas reservas limitavam-se às gerações mais velhas, aos homens que tinham atingido a maturidade antes da fundação do novo Império. Guilherme II e seus contemporâneos já eram nacionalistas. A geração em ascensão não podia proteger-se da força das novas ideias. As escolas ensinavam-lhe o nacionalismo. Elas adentravam o palco da política como nacionalistas. É verdade que, no cargo, elas eram obrigadas a manter certa reserva diplomática. Assim, acontecia repetidas vezes que o governo censurava publicamente os pan-germanos e rejeitava duramente sugestões com as quais simpatizava em segredo. Porém, como as autoridades e os pan-germanos estavam em perfeito acordo quanto aos objetivos últimos, esses incidentes eram de pouca importância.

O terceiro grupo a opor-se ao nacionalismo radical era o catolicismo. Porém, a organização política do catolicismo, o Partido do Centro, nem estava preparada nem tinha o estofo mental para combater uma grande evolução intelectual. Seu método consistia simplesmente em ceder a todas as tendências populares e em tentar usá-las para seus próprios fins: a preservação e a melhoria da posição da Igreja. O único princípio do Centro era o catolicismo. Quanto ao resto, ele não tinha nem princípios, nem convicções, sendo puramente oportunista. Ele fazia tudo que pudesse levar ao sucesso na campanha eleitoral seguinte. Cooperava, segundo as condições cambiantes, ora com os conservadores protestantes, ora com os nacionalistas, ora com os sociais-democratas. Ele trabalhou com os sociais-democratas em 1918 para derrubar o antigo sistema e, depois, na República de Weimar. Porém, em 1933, o Centro estava disposto a dividir o poder no Terceiro Reich com os nazistas. Os nazistas frustraram esses projetos. O Centro não apenas ficou decepcionado, mas também indignado quando sua oferta foi recusada.

O Partido do Centro tinha organizado um poderoso sistema de sindicatos cristãos que formava um de seus mais valiosos auxiliares e ansiava por denominar-se um partido dos trabalhadores. Por isso, ele considerava seu dever ampliar as exportações alemãs. As ideias econômicas geralmente aceitas pela opinião pública alemã afirmavam que o melhor meio de aumentar as exportações era ter uma grande marinha e uma política exterior enérgica. Como os pseudoeconomistas alemães viam cada importação como uma desvantagem e cada exportação como uma vantagem, eles não conseguiam imaginar como estrangeiros poderiam ser induzidos a comprar mais produtos alemães por algum meio que não fosse "uma exibição impressionante de poder naval alemão". Como a maioria dos professores ensinava que quem quer que se oponha a mais armamentos aumenta o desemprego e reduz o padrão de vida, o Centro, enquanto partido trabalhista, não podia resistir vigorosamente aos extremistas nacionalistas. Além disso, havia outras considerações. Os territórios que foram marcados primeiro para anexação no programa pan-germanista eram habitados principalmente por católicos. Sua incorporação fortaleceria as forças católicas do Reich. Será que o Centro podia considerar malsãos esses planos?

Somente o liberalismo teria tido a força de antagonizar o pan-germanismo. Porém, não havia mais liberais na Alemanha.

3 - O NACIONALISMO ALEMÃO DENTRO DE UM MUNDO ESTATISTA

O nacionalismo alemão difere do nacionalismo dos outros países europeus apenas pelo fato do povo julgar-se o mais forte da Europa. O pan-germanismo e seu herdeiro, o nazismo, são a aplicação de doutrinas gerais nacionalistas ao caso especial da nação mais populosa e mais poderosa, a qual, porém, está na desafortunada posição de depender de alimentos e de matérias-primas importados.

O nacionalismo alemão não é o resultado da brutalidade teutônica inata ou de um espírito arruaceiro. Ele não deriva do sangue nem de heranças. Não é um retorno dos netos à mentalidade de seus ancestrais vikings. Os alemães não são descendentes dos vikings. Os antepassados dos alemães de hoje eram tribos alemãs (as quais *não* participaram nas invasões que deram o golpe derradeiro na civilização antiga), tribos eslavônicas e bálticas a nordeste e aborígenes celtas dos Alpes. Há mais "sangue" não alemão do que alemão nas veias dos alemães de hoje. Os escandinavos, filhos genuínos dos vikings, têm um nacionalismo diferente e aplicam métodos políticos diferentes dos métodos dos alemães. Ninguém pode dizer se os suecos, caso fossem tão numerosos quanto os alemães são hoje, teriam adotado, em nossa época, os métodos do nazismo. Certamente os alemães, se não fossem mais numerosos do que os suecos, não teriam sucumbido à mentalidade de conquista mundial.

Os alemães não inventaram nem o intervencionismo nem o etatismo, com seu resultado inevitável, o nacionalismo. Eles importaram essas doutrinas do estrangeiro. Eles nem sequer inventaram o adorno chauvinista mais chamativo de seu próprio nacionalismo: a fábula do arianismo.

É fácil denunciar os erros, as falácias e os paralogismos fundamentais do nacionalismo alemão se você se coloca na base sólida da praxiologia e da economia científicas e da filosofia prática do liberalismo derivada deles. Porém, os estatistas ficam perdidos ao tentar refutar as afirmativas essenciais do pan-germanismo e do nazismo. A única objeção que eles conseguem apresentar de maneira coerente contra os ensinamentos do nacionalismo alemão é que os alemães estavam equivocados ao presumir que podiam conquistar todas as outras nações. E as únicas armas que eles conseguem usar contra o nazismo são as militares.

É incoerente para um etatista objetar contra o nacionalismo alemão alegando que ele significa coerção. O Estado sempre significa coerção. Porém, enquanto o liberalismo busca limitar a aplicação da coerção e da compulsão, os etatistas não reconhecem essas restrições. Para o etatismo, a coerção é o meio essencial da ação política. Aliás, o único meio. Considera-se adequado que o governo de Atlantis use homens armados — isto é, autoridades aduaneiras e de imigração — a fim de impedir os cidadãos de Thule de vender bens nos mercados de Atlantis ou de trabalhar nas fábricas de Atlantis. Porém, se é assim, então nenhum argumento lógico persuasivo pode ser apresentado contra os planos do governo de Thule de derrotar as Forças Armadas de Atlantis e, assim, impedi-las de prejudicar os cidadãos de Thule. O único argumento que funciona para Atlantis é repelir os agressores.

Podemos ver essa questão essencial com clareza ao comparar os efeitos sociais da propriedade privada com os da soberania territorial. Tanto a propriedade privada quanto a soberania territorial podem ser rastreadas a um ponto em que alguém ou apropriou-se de bens ou de terras sem dono ou expropriou violentamente um predecessor cujo título se baseava na apropriação. Para o direito e para a legalidade, não se pode atribuir nenhuma outra origem. Seria contraditório ou fora de sentido presumir um começo "legítimo". O estado factual de coisas tornou-se legítimo apenas por ser reconhecido por outras pessoas. A legalidade consiste na aceitação geral da regra de que *novas* apropriações arbitrárias ou expropriações violentas não serão toleradas. Em nome da paz, da segurança e do progresso, concorda-se que, no futuro, toda mudança de propriedade resultará em trocas voluntárias entre as partes envolvidas.

Isso, é claro, envolve o reconhecimento das apropriações e das expropriações efetuadas no passado. Significa uma declaração de que o estado atual de distribuição, embora estabelecido arbitrariamennte, deve ser respeitado como o estado legal. Não existe alternativa. A tentativa de estabelecer uma ordem justa por meio da expropriação de todos os proprietários e de uma distribuição inteiramente nova teria resultado em guerras sem fim.

Dentro do arcabouço de uma sociedade de mercado, o fato de que o formalismo jurídico pode rastrear todo título à apropriação arbitrária ou à expropriação violenta, perdeu sua importância. A propriedade na sociedade de mercado não está mais conectada com a origem remota da propriedade privada. Os acontecimentos num passado muito distante, ocultados nas trevas da história da humanidade primitiva, não têm mais nenhum interesse para nossa vida presente porque, numa sociedade de mercado desimpedido, os consumidores decidem diariamente comprar ou não comprar, quem deve possuir e o que esse quem deve possuir. O funcionamento do mercado atribui diariamente, de maneira nova, a propriedade dos meios de produção para aqueles que sabem como usá-los melhor para a satisfação dos consumidores. Somente num sentido jurídico e formalista podem os proprietários serem considerados os sucessores dos apropriadores e expropriadores. Na verdade, eles são os mandatários dos consumidores, obrigados pelas leis do mercado a servir suas carências ou caprichos. O mercado é uma democracia. O capitalismo é a consumação da autodeterminação dos consumidores. O sr. Henry Ford (1863-1947) é mais rico do que o sr. X porque teve mais sucesso em servir os consumidores.

Porém, nada disso é verdadeiro quanto à soberania territorial. Nesta, o fato de que, num passado remoto, uma tribo mongol ocupou o país do Tibete ainda tem sua plena importância. Caso algum dia fossem descobertos no Tibete recursos preciosos que pudessem melhorar a vida de cada ser humano, dependeria da discrição do Dalai Lama se o mundo poderia ou não poderia usar esses tesouros. A soberania do país é dele. Seu título, derivado de uma conquista sangrenta milhares de anos atrás, ainda é supremo e exclusivo. Esse estado insatisfatório de coisas só pode ser remediado pela violência, pela guerra. Assim, a guerra é inescapável. Ela é a *ultima ratio*, é o único meio de resolver esses antagonismos — a menos que as pessoas possam recorrer aos princípios do liberalismo. É precisamente para tornar a guerra desnecesária que o liberalismo recomenda o *laissez-faire* e o *laisser-passer*, os quais tornariam inócuas as barreiras políticas. Um governo liberal no Tibete não impediria ninguém de fazer o melhor uso dos recursos do país. Se você quer abolir a guerra, precisa eliminar suas causas. O que é necessário é restringir as atividades do governo à preservação da vida, da saúde e da propriedade privada e, assim, resguardar o funcionamento do mercado. A soberania não pode ser usada para infligir o mal a ninguém, seja cidadão ou estrangeiro.

No mundo do etatismo, a soberania outra vez tem implicações desastrosas. Todo governo soberano tem o poder de usar seu aparato de coerção e de compulsão para trazer desvantagens a cidadãos e a estrangeiros. Os policiais de Atlantis aplicam a coerção contra os cidadãos de Thule. Thule manda seu exército atacar as forças de Atlantis. Cada país chama o outro de agressor. Atlantis diz: "Este é o nosso país. Aqui podemos agir dentro de nossas fronteiras como quisermos. Vocês, Thule, não têm o direito de interferir". Thule responde: "Vocês não têm título nenhum além da conquista anterior. Agora vocês se aproveitam da sua soberania para discriminar nossos cidadãos. Porém, somos fortes o bastante para anular o seu título por meio de nossa força superior".

Nessas condições, só existe um meio de evitar a guerra: você ser tão forte que ninguém se arrisca a agredi-lo.

4 - Uma crítica do nacionalismo alemão

Nenhuma crítica do nacionalismo é necessária além da crítica do liberalismo, o qual refutou de antemão todos os seus argumentos. Porém, os planos do nacionalismo *alemão* têm de ser considerados impraticáveis mesmo que omitamos qualquer referência às doutrinas do liberalismo. Simplesmente não é verdade que os alemães têm força o bastante para conquistar o mundo. Além disso, não é verdade que eles conseguiriam gozar da vitória caso tivessem sucesso.

A Alemanha construiu uma máquina militar tremenda enquanto outras nações insensatamente deixaram de organizar suas defesas. Mesmo assim, a Alemanha é fraca demais, mesmo quando tem o apoio de aliados, para combater o mundo. A arrogância dos pan-germanos e dos nazistas baseava-se na vã esperança de que eles conseguiriam combater cada nação estrangeira como inimigo isolado numa sequência de guerras bem-sucedidas. Eles não consideravam a possibilidade de uma frente unida das nações ameaçadas.

Bismarck teve sucesso porque conseguiu combater primeiro a Áustria e depois a França, ao passo que o resto do mundo mantinha sua neutralidade. Era sábio o suficiente para perceber que isso se deveu a circunstâncias extraordinariamente felizes. Ele não esperava que o destino sempre favorecesse seu país do mesmo jeito e admitia livremente que o *cauchemar des coalitions* ["pesadelo das coalizões"] perturbava seu sono. Os pan-germanos eram menos cuidadosos. Porém, em 1914, a coalizão temida por Bismarck tornou-se um fato. E hoje ela é um fato outra vez.

A Alemanha não aprendeu a lição ensinada pela Primeira Guerra Mundial. Mais tarde veremos, no capítulo que trata do papel do antissemitismo, o artifício usado pelos nazistas para disfarçar o significado dessa lição.

Os nazistas estão convencidos de que enfim vencerão porque se libertaram das cadeias da moralidade e da humanidade. Assim, eles dizem: "Se vencermos, esta guerra será a última e estabeleceremos nossa hegemonia para sempre. Quando formos vitoriosos, exterminaremos nossos inimigos, de modo que uma futura guerra ou uma rebelião dos derrotados será impossível. Porém, se os britânicos e os americanos vencerem, eles nos concederão uma paz tolerável. Como eles se sentem obrigados pela lei moral, pelos mandamentos divinos e por outros tipos de artifícios sem sentido, eles nos imporão um novo Tratado de Versalhes, talvez algo melhor, talvez pior, de todo modo não o extermínio, mas um tratado que nos permitirá retomar a luta depois de algum tempo. Assim lutaremos de novo e de novo até que um dia teremos alcançado nosso objetivo: o extermínio radical de nossos inimigos".

Presumamos que os nazistas tenham sucesso e que imponham ao mundo aquilo que chamam de "paz alemã". Seria possível o funcionamento satisfatório do Estado alemão num mundo como esse, cujas fundações morais não são o entendimento mútuo, mas a opressão? Onde os princípios de violência e de tirania são supremos, sempre haverá alguns grupos ansiosos por obter vantagens subjugando o resto da nação. O resultado será guerras perpétuas entre os próprios alemães. Os escravos alemães não dominados podem lucrar com essas turbulências para libertar-se e exterminar seus senhores. O código moral do nazismo sustentava os esforços de Hitler para esmagar com as armas de seus bandos toda oposição que seus planos encontravam na Alemanha. A Tropa de Choque tem orgulho das "batalhas" travadas em bares, em locais de assembleias e em vielas[69], de assassinatos e de agressões criminosas. Quem quer que se considerasse forte o bastante também, no futuro, recorreria a esses estratagemas. O código nazista resulta em guerras civis sem fim.

---

[69] A antiga Tropa de Choque orgulhosamente denominava a si mesma de *Saalkämpfer*, isto é, guerreiros do salão.

O homem forte, dizem os nazistas, não tem apenas o direito de matar. Tem o direito de usar fraude, mentiras, difamação e falsificações como armas legítimas. Todo meio que serve à nação alemã é correto. Porém, a quem cabe decidir o que é bom para a nação alemã?

A essa pergunta o filósofo nazista responde com toda a sinceridade: certo e nobre é aquilo que eu e meus camaradas dizemos que é, é aquilo que os sentimentos sãos do povo (*das gesunde Volksempfinden*) acham bom, certo e justo. Porém, e os sentimentos de quem é são e o de quem é malsão? Nesse ponto, dizem os nazistas, não pode haver disputa entre verdadeiros alemães. Porém, quem é um verdadeiro alemão? Os pensamentos e sentimentos de quem é genuinamente alemão e os de quem não é? As ideias de quem são alemãs — as de Gotthold Ephraim Lessing (1729-1781), de Johann Wolfgang von Goethe e de Friedrich Schiller ou as de Adolf Hitler e de Joseph Goebbels? Immanuel Kant, que queria a paz perpétua, era verdadeiramente alemão? Ou Oswald Spengler (1880-1936), Alfred Rosenberg e Adolf Hitler, que consideram o pacifismo a mais vil das ideias, é que são verdadeiramente alemães? Há discórdia entre os homens aos quais os próprios nazistas não negam o nome de alemães. Os nazistas tentam fugir desse dilema admitindo que há alguns alemães que, infelizmente, têm ideias antialemãs. Porém, se um alemão nem sempre pensa e sente da maneira alemã correta, quem vai decidir as ideias de qual alemão são alemãs e quais são antialemãs? É óbvio que os nazistas estão andando em círculos. Como eles abominam a decisão pelo voto da maioria por considerá-la evidentemente antialemã, é inescapável a conclusão de que, segundo eles, alemão é o que quer que seja considerado alemão por aqueles que tiveram sucesso na guerra civil.

5 - O NAZISMO E A FILOSOFIA ALEMÃ

Já se disse várias vezes que o nazismo é o resultado lógico da filosofia idealista alemã. Isso também é um erro. As ideias filosóficas alemãs desempenharam um papel importante na evolução do nazismo. Porém, o caráter e a extensão dessas influências foram grosseiramente deturpados.

Os ensinamentos morais de Immanuel Kant, assim como seu conceito do imperativo categórico, não têm nada a ver com o prussianismo ou com o nazismo. O imperativo categórico não é o equivalente filosófico das regulamentações do código militar prussiano. Não é um dos méritos da antiga Prússia que, numa cidadezinha remota, um homem como Kant ocupasse uma cátedra de filosofia. Frederico, *o Grande*, não dava a mínima para seu grande súdito. Não o convidava para seus cafés da manhã filosóficos, cujas estrelas eram os franceses Voltaire e Jean le Rond d'Alembert (1717-1783). Frederico Guilherme II, seu sucessor, limitou-se a ameaçar Immanuel Kant de demissão caso ele voltasse a ter a insolência de escrever sobre questões religiosas. Kant obedeceu. Não tem sentido considerar Kant um precursor do nazismo. Kant defendia a paz perpétua entre as nações. Os nazistas louvam a guerra *"como a forma eterna da existência humana superior"*[70] e seu ideal é *"viver num perpétuo estado de guerra"*[71].

A popularidade da opinião de que o nacionalismo alemão é o resultado das ideias da filosofia alemã deve-se, principalmente, à autoridade de George Santayana (1863-1952). Porém, Santayana admite que aquilo que ele chama de "filosofia alemã" *"não é idêntico à filosofia na Alemanha"* e que *"a maior parte dos alemães inteligentes tinha opiniões que a filosofia alemã propriamente dita desprezaria por completo"*[72]. Por outro lado, Santayana declara que o primeiro princípio da filosofia alemã é *"de fato, emprestado de não alemães"*[73]. Agora, se essa filosofia nefasta nem tem origem alemã, nem corresponde à opinião da maioria dos alemães inteligentes, as afirmações de Santayana encolhem ao ponto do estabelecimento do fato de que alguns filósofos alemães aderiam aos ensinamentos desenvolvidos primeiro por não alemães[74] e rejeitados pela maioria dos alemães inteligentes, nos quais Santayana julga ter descoberto as raízes intelectuais do nazismo. Porém, ele não explica por que essas ideias, apesar de estrangeiras à Alemanha e contrárias às convicções da maioria, geraram o nazismo somente na Alemanha e não em outros países.

Assim, em outro momento, ao falar de Fichte e de Hegel, ele diz: *"A filosofia deles é revelada. É herdeira do judaísmo. Ela nunca poderia ter sido fundada pela observação livre da vida e da natureza, como a filosofia da Grécia ou do Renascimento. Trata-se de uma teologia protestante racionalizada"*[75]. Seria possível dizer

---

70 SPENGLER, Oswald. *Preussentum und Sozialismus*. Munique: Beck, 1925. p. 54.
71 FRITSCH, Theodor. "Burgfrieden". *Der Hammer*, No. 295 (1 October 1914), p. 541. Citado em: HERTZ, Friedrich. *Nationalgeist und Politik*. Zurich: Europa-Verlag, 1937. Vol. I, p. 467.
72 SANTAYANA, George. *Egotism in German Philosophy*. London: J. M. Dent, 1939. p. 11.
73 Idem. *Ibidem.*, p. 151.
74 Idem. *Ibidem.*, p. 1.
75 Idem. *Ibidem.*, p. 9.

exatamente a mesma coisa, de modo igualmente justificado, da filosofia de muitos britânicos e americanos.

De acordo com Santayana, a grande fonte do nacionalismo alemão é o egoísmo. O egoísmo *"não deve ser confundido com o egoísmo natural da autoafirmação própria a toda criatura viva"*. O egoísmo *"presume, mesmo que não afirme, que a fonte do ser e do poder de cada indivíduo está nele mesmo, que vontade e lógica são legitimamente onipotentes e que nada deve controlar a mente ou a consciência, exceto a mente ou a própria consciência"*[76]. Porém, o egoísmo, se estamos preparados para usar o termo como definido acima por Santayana, é o ponto de partida da filosofia utilitarista de Adam Smith (1723-1790), de David Ricardo, de Jeremy Bentham (1748-1832), de James Mill (1773-1836) e de John Stuart Mill (1806-1873). Porém, esses estudiosos britânicos não tiraram de seu primeiro princípio conclusões de natureza nazista. A filosofia deles é uma filosofia liberal, de governo democrático, de cooperação social, de boa vontade e de paz entre as nações.

Nem egoísmo nem egotismo são os traços essenciais do nacionalismo alemão e sim, suas ideias a respeito dos meios pelos quais o bem supremo será atingido. Os nacionalistas alemães estão convencidos de que há um conflito insolúvel entre os interesses das nações individuais e os de uma comunidade mundial de todas as nações. Essa ideia também não tem origem alemã. É uma opinião muito antiga. Ela prevaleceu até a época do iluminismo, quando os filósofos britânicos acima mencionados desenvolveram o conceito fundamentalmente novo da harmonia dos interesses — devidamente compreendidos — de todos os indivíduos e de todas as nações, povos e raças. Ainda em 1764, ninguém menos do que Voltaire dizia descontraidamente no verbete "Pátria" de seu *Dicionário de Filosofia*: *"Ser um bom patriota significa querer que a própria comunidade adquira riquezas pelo comércio e poder pelas armas. É óbvio que um país só pode lucrar se trouxer a desvantagem para outro e só pode ser vitorioso tornando outros povos miseráveis"*. Essa identificação dos efeitos da cooperação humana pacífica e da troca mútua de bens e serviços com os efeitos da guerra e da destruição é o principal vício das doutrinas nazistas. O nazismo nem é o simples egoísmo nem o simples egotismo. É egoísmo e egotismo *equivocados*. É um resvalamento em erros refutados há muito tempo, um retorno ao mercantilismo e um reavivamento de ideias descritas como militarismo por Herbert Spencer (1820-1903). Trata-se,

---

[76] Falando em Fichte, o sr. Santayana diz que sua filosofia *"foi fundada sobre um dos erros de Locke"* (Idem. *Ibidem.*, p. 21).

em suma, do abandono da filosofia liberal, hoje em geral desprezada como filosofia de Manchester e *laissez-faire*. E suas ideias, sob esse aspecto, infelizmente não se limitam à Alemanha.

A contribuição da filosofia alemã para a ascensão das ideias nazistas teve um caráter muito diferente daquele que, em geral, se atribui a ela. A filosofia alemã sempre rejeitou os ensinamentos da ética utilitária e da sociologia da cooperação humana. A ciência política alemã nunca apreendeu o sentido da cooperação social e da divisão de trabalho. Com exceção de Feuerbach, todos os filósofos alemães desprezaram o utilitarismo, considerando-o um sistema ético tacanho. Para eles, a base da ética era a intuição. Uma voz mística na alma faz o homem saber o que é certo e o que é errado. A lei moral é um limite imposto ao homem em prol dos interesses de outras pessoas ou da sociedade. Eles não percebiam que cada indivíduo serve melhor seus próprios interesses — devidamente entendidos, isto é, de longo prazo — cumprindo o código moral e exibindo atitudes que beneficiam a sociedade do que entregando-se a atividades nocivas à sociedade. Assim, eles nunca entenderam a teoria da harmonia de interesses e o caráter meramente temporário do sacrifício que um homem faz ao renunciar a algum ganho imediato a fim de não prejudicar a existência da sociedade. Aos olhos deles, existe um conflito insolúvel entre os objetivos do indivíduo e os da sociedade. Eles não enxergavam que o indivíduo tem de praticar a moralidade para o seu próprio bem-estar e não para o de outra pessoa, nem o do Estado ou o da sociedade. As éticas dos filósofos alemães são heterônomas. Alguma entidade mística manda o homem agir moralmente, isto é, renunciar a seu egoísmo em prol de um ente superior, mais nobre e mais poderoso: a sociedade.

Quem quer que não entenda que as leis morais servem aos interesses de todos e que não existe conflito insolúvel entre interesses privados e sociais, é também incapaz de entender que não existe conflito insolúvel entre entidades coletivas diferentes. O resultado lógico de sua filosofia é a crença num antagonismo irremediável entre o interesse de cada nação e a sociedade humana como um todo. O homem tem de escolher entre a lealdade à nação e a lealdade à humanidade. O que quer que melhor sirva à grande sociedade internacional é prejudicial a cada nação e vice-versa. Porém, acrescenta o filósofo nacionalista, somente as nações são verdadeiras entidades coletivas, ao passo que o conceito de uma grande sociedade humana é ilusório. O conceito de humanidade foi uma poção demoníaca preparada pelos fundadores judeus do cristianismo e da filosofia utilitária judaica e ocidental, a fim de debilitar a raça superior ariana. O primeiro princípio da moralidade é servir à própria nação. Certo é aquilo que melhor serve à nação alemã. Isso supõe que certo é aquilo que é prejudicial às raças que obstinadamente resistem às aspirações alemãs de dominação mundial.

Trata-se de um raciocínio muito frágil. Não é difícil expor suas falácias. Os filósofos nazistas sabem perfeitamente que não conseguem refutar logicamente os ensinamentos da filosofia, da economia e da sociologia liberais. E por isso eles recorrem ao polilogismo.

6 - Polilogismo

Os nazistas não inventaram o polilogismo. Eles apenas desenvolveram seu próprio tipo.

Até meados do século XIX, ninguém ousava contestar o fato de que a estrutura lógica da mente é imutável e comum a todos os seres humanos. Todas as interrelações humanas baseiam-se nesse pressuposto de uma estrutura lógica uniforme. Podemos falar uns com os outros somente porque podemos apelar a algo comum a todos nós, a saber, a estrutura lógica da razão. Alguns homens são capazes de pensamentos mais profundos e refinados do que outros. Há homens que infelizmente não conseguem apreender um processo de inferência em longas cadeias de raciocínios dedutivos. Porém, na medida em que um homem é capaz de pensar e de acompanhar um processo de pensamento discursivo, ele sempre se aferra aos mesmos princípios últimos de raciocínio que são aplicados por todos os outros homens. São pessoas que não conseguem contar além de três, porém, a contagem delas, até onde vai, não é distinta da contagem de Gauss ou de Laplace. Nenhum historiador ou viajante jamais nos trouxe qualquer conhecimento de povos para os quais *a* e *não a* fossem idênticos ou que não apreendessem a diferença entre afirmação e negação. É verdade que as pessoas violam diariamente os princípios lógicos ao raciocinar. Porém, quem examinar suas inferências de maneira competente pode revelar seus erros.

Como todos consideram esses fatos inquestionáveis, os homens discutem, falam uns com os outros, escrevem cartas e livros, tentam provar ou desprovar. A cooperação social e intelectual entre os homens seria impossível se não fosse assim. Nossas mentes nem conseguem imaginar de maneira coerente um mundo povoado de homens de estruturas lógicas diferentes ou uma estrutura lógica diferente da nossa.

Contudo, ao longo do século XIX, esse fato inegável foi contestado. Karl Marx e os marxistas, destacando-se entre eles Joseph Dietzgen (1828-1888), o "filósofo proletário", ensinavam que o pensamento é determinado pela posição de classe do pensador. Aquilo que o pensamento produz não é a verdade, mas "ideologias". Essa palavra significa, no contexto da filosofia marxista, um disfarce do interesse egoísta da classe social a que o indivíduo pensante está associado. É, portanto, inútil discutir qualquer coisa com pessoas de outra classe social. As ideologias não precisam ser refutadas pelo raciocínio discursivo, elas têm que ser *desmascaradas* pela denúncia da posição de classe, da origem social, de seus autores. Assim, os marxistas não discutem os méritos das teorias físicas. Eles apenas revelam a origem "burguesa" dos físicos.

Os marxistas recorreram ao polilogismo porque não podiam refutar com métodos lógicos as teorias desenvolvidas pela economia "burguesa" ou as inferências tiradas dessas teorias que demonstravam a inviabilidade do socialismo. Como eles não conseguiam demonstrar racionalmente o acerto de suas próprias ideias ou o erro das ideias dos adversários, eles denunciaram os métodos lógicos aceitos. O sucesso desse estratagema marxista foi sem precedentes. Ele tornou os absurdos da pretensa economia e da pretensa sociologia marxistas à prova de críticas. Somente com os truques lógicos do polilogismo o etatismo pôde dominar a mente moderna.

O polilogismo é tão intrinsecamente sem sentido que não pode ser levado de maneira coerente às últimas consequências. Marxista nenhum teve a ousadia de tirar todas as conclusões que seriam exigidas por sua própria perspectiva epistemológica. O princípio do polilogismo levaria à inferência de que os ensinamentos marxistas não são objetivamente verdadeiros, mas apenas afirmações "ideológicas". Porém, os marxistas negam isso. Eles reivindicam para suas próprias doutrinas o caráter de verdade absoluta. Assim, Dietzgen ensina que *"as ideias da lógica proletária não são ideais partidários, mas o resultado da lógica pura e simples"*[77]. A lógica proletária não é "ideologia", mas lógica absoluta. Os marxistas atuais, que rotulam seus ensinamentos como *sociologia do conhecimento*, dão provas da mesma incoerência. Um de seus campeões, o professor Karl Mannheim (1893-1947), tenta demonstrar que existe um grupo de homens, os "intelectuais desapegados", dotados com o dom de apreender a verdade sem cair

---

77 DIETZGEN, Joseph. *Briefe über Logik, speziell demokratisch-proletarische Logik*. Stuttgart: J.H.W. Dietz, 2a ed., 1903, p. 112.

em erros ideológicos[78]. Claro que o professor Mannheim está convencido de que ele é o principal dentre esses "intelectuais desapegados". É simplesmente impossível refutá-lo. Se você discordar dele, apenas prova, assim, que você mesmo não faz parte dessa elite de "intelectuais desapegados" e que seus pronunciamentos não têm coerência ideológica.

Os nacionalistas alemães tiveram que enfrentar precisamente o mesmo problema que os marxistas. Eles nem conseguiam demonstrar a veracidade de suas afirmações nem provar a falsidade das teorias da economia e da praxiologia. Por isso, abrigaram-se sob o teto do polilogismo, preparado para eles pelos marxistas. Claro que eles criaram seu próprio tipo de polilogismo. A estrutura lógica da mente, dizem eles, é diferente para cada nação e raça. Cada raça ou nação tem sua própria lógica e, portanto, sua própria economia, matemática, física etc. Porém, de maneira não menos incoerente do que o professor Karl Mannheim, o professor Lothar Tirala (1886-1974), sua contrapartida como campeão da epistemologia ariana, declara que a única lógica e ciência verdadeiras, corretas e perenes são as dos arianos[79]. Aos olhos dos marxistas, David Ricardo, Sigmund Freud (1856-1939), Henri Bergson (1859-1941) e Albert Einstein (1879-1955) estão errados porque são burgueses. Aos olhos dos nazistas, estão errados porque são judeus. Um dos principais objetivos dos nazistas é libertar a alma ariana da poluição das filosofiais ocidentais de René Descartes, de David Hume (1711-1776) e de John Stuart Mill. Eles buscam uma ciência alemã *arteigen*[80], isto é, uma ciência adequada ao caráter racial dos alemães.

É razoável presumir como hipótese que as capacidades mentais do homem são o resultado de seus traços corporais. Claro que não podemos demonstrar que essa hipótese é correta, mas também não é possível demonstrar que é correta a visão oposta, tal como expressa na hipótese teológica. Somos obrigados a reconhecer que não sabemos como os pensamentos resultam dos processos fisiológicos. Temos noções vagas dos efeitos nocivos produzidos por danos traumáticos e outros, infligidos a certos órgãos do corpo. Sabemos que esses danos podem restringir ou destruir por completo as capacidades e as funções mentais dos homens. Mas isso é tudo. Seria nada menos do que uma mistificação insolen-

---

[78] MANNHEIM, Karl. *Ideology and Utopia*. London: Routledge and Kegan Paul, 1936. p. 137ss.
[79] TIRALA, Lothar Gottlieb. *Rasse, Geist und Seele*. München: J.F. Lehmann, 1935. p. 190ss.
[80] A palavra *arteigen* é um de muitos termos cunhados pelos nazistas. É um dos vários conceitos de seu polilogismo. Sua contrapartida é *artfremd* ou alheio ao caráter racial. O critério da ciência e da verdade não é mais correto ou incorreto, mas *arteigen* ou *artfremd*.

te afirmar que as ciências naturais nos proporcionam qualquer tipo de informação a respeito da suposta diversidade da estrutura lógica da mente. O polilogismo não pode ser derivado da fisiologia ou da anatomia, nem de qualquer outra ciência natural.

Nem o polilogismo maxista nem o nazista jamais foram além de declarar que a estrutura lógica da mente difere segundo as várias classes ou raças. Eles nunca se arriscaram a demonstrar precisamente em que a lógica proletária difere da lógica burguesa ou em que a lógica ariana difere da lógica dos judeus ou dos britânicos. Não basta rejeitar por completo a teoria ricardiana do custo comparativo ou a teoria einsteiniana da relatividade, desmascarando a suposta origem racial de seus autores. O que se quer é primeiro desenvolver um sistema de lógica ariana diferente da lógica não ariana. Em seguida, seria necessário examinar ponto a ponto essas duas teorias contestadas e mostrar onde, em seus raciocínios, são feitas inferências que — apesar de corretas desde o ponto de vista da lógica não ariana — são inválidas desde o ponto de vista da lógica ariana. E, por fim, é preciso explicar a que tipo de conclusões levará a substituição das inferências não arianas pelas inferências arianas corretas. Porém, tudo isso nunca foi tentado por ninguém, nem nunca poderá ser. O professor Tirala, loquaz campeão do racismo e do polilogismo ariano, não diz uma palavra sobre a diferença entre a lógica ariana e a não ariana. O polilogismo, seja marxista ou ariano, ou qualquer outro, nunca entrou em detalhes.

O polilogismo tem um método peculiar de lidar com visões dissidentes. Se seus defensores não desmascaram as origens de um oponente, simplesmente o chamam de traidor. Tanto marxistas quanto nazistas só conhecem duas categorias de adversários. Os de fora — sejam os membros de uma classe não proletária ou de uma raça não ariana — estão errados porque são de fora. Os oponentes de origem proletária ou ariana estão errados porque são traidores. É com essa ligeireza que eles descartam o fato desagradável de que há discórdia entre os membros do que chamam de sua própria classe ou raça.

Os nazistas contrastam a economia alemã com a economia judaica e anglo-saxã. Porém, aquilo que eles chamam de economia alemã não difere em nada de certas tendências da economia estrangeira. Ela se desenvolveu a partir dos ensinamentos do genovês Jean de Sismondi (1773-1842) e dos socialistas franceses e britânicos. Alguns dos representantes mais antigos dessa suposta economia alemã apenas importaram o pensamento estrangeiro para a Alemanha. Friedrich List trouxe as ideias de Alexander Hamilton para a Alemanha, assim como Bruno

Hildebrand (1812-1878) e Lujo Brentano (1844-1931) trouxeram as ideias do socialismo britânico antigo. A econômica alemã *arteigen* é quase idêntica às tendências contemporâneas de outros países — por exemplo, ao institucionalismo americano.

Por outro lado, aquilo que os nazistas chamam de economia ocidental e, portanto, *artfremd*, é, em grande medida, realização de homens aos quais os nazistas não podem negar o título de alemães. Os economistas nazistas perderam muito tempo vasculhando a árvore genealógica de Carl Menger (1840-1921) atrás de ancestrais judeus, sem sucesso. Não tem sentido explicar o conflito entre teoria econômica de um lado e, de outro, o institucionalismo e o empirismo histórico como um conflito racial ou nacional.

O polilogismo não é uma filosofia nem uma teoria epistemológica. É uma atitude de fanáticos de mente estreita, incapazes de imaginar que qualquer pessoa possa ser mais razoável ou mais inteligente do que eles próprios. O polilogismo também não é científico. Trata-se, antes, da substituição do raciocínio e da ciência por superstições. É a mentalidade característica de uma era de caos.

7 - Pan-germanismo e nazismo

As ideias essenciais do nazismo foram desenvolvidas pelos pan-germanistas e pelos socialistas de cátedra nos últimos trinta anos do século XIX. O sistema foi completado muito antes do irromper da Primeira Guerra Mundial. Não faltava nada. Apenas um nome novo foi acrescentado depois. Os planos e as políticas dos nazistas diferem daqueles de seus antecessores na Alemanha imperial apenas pelo fato de que se adaptam a uma constelação diferente de condições políticas. O objetivo último, a hegemonia mundial alemã, e o meio para atingi-la, a conquista, não mudaram.

Um dos fatos mais curiosos da história moderna é que os estrangeiros para os quais esse nacionalismo alemão era uma ameaça não tenham percebido antes o perigo. Alguns ingleses perceberam, mas foram motivo de piada. Para o bom senso anglo-saxão, os planos nazistas pareciam fantásticos demais para serem levados a sério. Ingleses, americanos e franceses raramente têm um domínio satisfatório do alemão. Eles não leem livros e jornais alemães. Os políticos ingleses que tinham visitado a Alemanha como turistas e que tinham encontrado estadistas alemães eram considerados por seus concidadãos especialistas em problemas alemães. Os ingleses que uma vez participaram de um baile na corte em Berlim ou que jantaram no refeitório dos oficiais de um regimento dos Guardas Reais em Potsdam, voltavam para casa com as boas novas de que a Alemanha ama a paz e é uma grande amiga da Grã-Bretanha. Orgulhosos do conhecimento adquirido no local, eles arrogantemente descartavam os detentores de visões discordantes como "teóricos e doutrinários pedantes".

O rei Eduardo VII (1841-1910), ele próprio filho de pai alemão e de uma mãe cuja família alemã não se integrou à vida britânica, desconfiava muito das atitudes provocadoras de seu sobrinho Guilherme II. É mérito do rei que a Grã-Bretanha, quase tarde demais, tenha adotado uma política de defesa e de cooperação com a França e com a Rússia. Mas nem naquele momento os britânicos perceberam que não era apenas o kaiser, mas quase toda a nação alemã, que ansiava por conquista. O presidente Woodrow Wilson cometeu o mesmo erro. Ele também acreditava que a corte e que os junkers eram os instigadores da política agressiva e que o povo era pacífico.

Erros similares prevalecem hoje. Enganadas por preconceitos marxistas, as pessoas aferram-se à opinião de que os nazistas são um grupo comparativamente pequeno que, por meio de fraude e de violência, impôs seu jugo às massas relutantes. Elas não entendem que as lutas internas que sacudiram a Alemanha eram disputas entre pessoas que concordavam quanto aos fins últimos da política exterior alemã. Walther Rathenau (1867-1922), assassinado pelos nazistas, era um dos grandes campeões literários do socialismo alemão e do nacionalismo alemão. Gustav Stresemann (1878-1929), de quem os nazistas escarneciam considerando-o pró-ocidental era, nos anos da Primeira Guerra Mundial, um dos defensores mais radicais da dita paz alemã — isto é, a anexação de vastos territórios nas fronteiras leste e oeste do Reich. Sua política de Locarno foi uma fachada projetada para deixar a Alemanha fazer o que quisesse no leste. Se os comunistas tivessem tomado o poder na Alemanha, não teriam adotado uma política menos agressiva do que os nazistas. Gregor Strasser (1892-1934), Hermann Rauschning (1887-1982) e Alfred Hugenberg (1865-1951) eram rivais pessoais de Hitler, não oponentes do nacionalismo alemão.

CAPÍTULO VII
Os sociais-democratas na Alemanha imperial

1 - A lenda

O conhecimento a respeito da Alemanha e da evolução das ações atuais do nazismo é obscurecido pelas lendas a respeito dos sociais-democratas alemães.

A lenda mais antiga, desenvolvida antes de 1914, é a seguinte: a burguesia alemã traiu a liberdade em prol do militarismo alemão. Ela se refugiou no governo imperial a fim de preservar, por meio da proteção do exército prussiano, sua posição de classe exploradora, a qual era ameaçada pelas justas reivindicações dos trabalhadores. Porém, a causa da democracia e da liberdade, que os burgueses desertaram, encontrou novos defensores nos proletários. Os sociais-democratas estão destemidamente combatendo o militarismo prussiano. O imperador e seus oficiais aristocratas anseiam por preservar o feudalismo. Os banqueiros e os industrialistas, que lucram com armamentos, contrataram autores corruptos para espalhar uma ideologia nacionalista e para fazer o mundo acreditar que a Alemanha está unida no nacionalismo. Porém, os apelos lacaios nacionalistas das grandes empresas não conseguem enganar os proletários. Graças à educação que receberam dos sociais-democratas, eles percebem essa fraude. Milhões votam nos socialistas e devolvem ao parlamento membros que se opõem destemidamente ao militarismo. O kaiser e seus generais armam-se para a guerra, mas não levam em conta a força e a resolução do povo. Há os 110 parlamentares socialistas[81]. Atrás deles, há milhões de trabalhadores organizados em sindicatos que votam nos sociais-democratas, além dos outros eleitores, que — ainda que não

---
81 Do parlamento eleito em 1912, na última eleição do Reich imperial.

sejam membros registrados do partido — também votam neles. Todos combatem o nacionalismo. Eles estão com a (segunda) Associação Internacional de Trabalhadores, firmemente decididos a se opor à guerra a qualquer custo. Pode-se confiar sem hesitar nesses homens verdadeiramente democráticos e pacifistas. Eles, os trabalhadores, são o fator decisivo, não os exploradores e parasitas, os industriais e os junkers.

As personalidades dos líderes social-democratas eram bem conhecidas no mundo inteiro. O público ouvia sempre que eles se dirigiam ao Reichstag ou aos congressos dos partidos. Seus livros eram traduzidos para quase todas as línguas e lidos por toda parte. Liderada por esses homens, a humanidade parecia estar marchando para um futuro melhor.

As lendas não morrem facilmente. Elas cegam os olhos e fecham a mente para a crítica ou para a experiência. Foi em vão que Robert Michels (1876-1936)[82] e Charles Andler (1866-1933)[83] tentaram pintar um retrato mais realista dos sociais-democratas alemães. Nem mesmo os últimos acontecimentos da Primeira Guerra Mundial destruíram essas ilusões. Em vez disso, uma nova lenda foi acrescentada à antiga.

A nova lenda é a seguinte: antes do irromper da Primeira Guerra Mundial, os grandes anciãos do partido, August Bebel (1840-1913) e Karl Liebknecht (1871-1919), infelizmente morreram. Seus sucessores, principalmente intelectuais e outros políticos profissionais de origem não proletária, traíram os princípios do partido. Eles cooperaram com a política de agressão do kaiser. Porém, os trabalhadores, que em sua capacidade de proletários eram natural e necessariamente socialistas, democráticos, revolucionários e de inclinação internacionalista, deserdaram esses traidores e os trocaram por novos líderes: Karl Liebknecht (1871-1919), filho do velho Wilhelm Liebknecht (1826-1900) e Rosa Luxemburgo (1871-1919). Os trabalhadores, não seus antigos líderes desonestos, fizeram a Revolução de 1918 e destronaram o kaiser e os príncipes alemães. Porém, os capitalistas e os junkers não desistiram. Gustav Noske (1868-1946), Friedrich Ebert (1871-1925) e Philipp Scheidemann (1865-1939), os traiçoeiros líderes do partido, os ajudaram. Durante longos quatorze anos, os trabalhadores travaram uma luta de vida e morte pela de-

---

[82] Ver a bibliografia dos escritos de Michels em: *Studi in Memoria di Roberto Michels*. "Annali della Facoltà di Giurisprudenza delle R. Università di Perugia". Pádua: CEDAM, 1937. Vol. XLIX.
[83] ANDLER, Charles Philippe Théodore. *Le Socialisme impérialiste dans l'Allemagne contemporaine, Dossier d'une polémique avec Jean Jaurès (1912-1913)*. Brussels: Bossard, 1918.

mocracia e pela liberdade. Porém, traídos repetidas vezes por seus próprios líderes, estavam condenados ao fracasso. Os capitalistas tramaram um plano satânico que, enfim, lhes trouxe a vitória. Suas gangues armadas tomaram o poder e agora Adolf Hitler, títere de grandes empresários e financistas, governa o país. Porém, as massas desprezam esse vil lacaio. Elas cedem contra a vontade ao terrorismo que as domina e, destemidamente, preparam a nova rebelião decisiva. O dia da vitória do genuíno comunismo proletário, o dia da libertação, já está raiando.

Cada palavra dessas lendas distorce a verdade.

2 - O MARXISMO E O MOVIMENTO TRABALHISTA

Karl Marx voltou-se para o socialismo numa época em que ainda não conhecia economia e porque não a conhecia. Depois, quando o fracasso da Revolução de 1848 e de 1849 obrigou-o a fugir da Alemanha, ele foi para Londres. Ali, na sala de leitura do Museu Britânico, ele descobriu, na década de 1850, não como ele se gabava, as leis da evolução capitalista, mas os textos da economia política britânica, os relatórios publicados pelo governo britânico e os panfletos em que os socialistas britânicos anteriores usavam a teoria do valor tal como apresentada pela economia clássica para justificar moralmente as reivindicações dos trabalhadores. Foram esses os materiais com os quais Marx construiu suas "fundações econômicas" do socialismo.

Antes de mudar-se para Londres, Marx tinha muito ingenuamente defendido um programa de intervencionismo. No *Manifesto do Partido Comunista*, de 1848, ele defendeu dez medidas para a ação iminente. Esses pontos, descritos como *"aplicáveis de maneira bastante geral nos países mais avançados"*, são definidos como *"intrusões despóticas nos direitos de propriedade e nas condições dos métodos burgueses de produção"*. Marx e Engels os caracterizam como *"medidas economicamente insatisfatórias e inviáveis mas que, ao longo do tempo, desgastam-se, necessitando novas intrusões na antiga ordem social e que são indispensáveis como meio de revolucionar por completo todo o modo de produção"*[84]. Oito desses dez pontos foram executados pelos nazistas alemães com um radicalismo que

---

[84] *Manifesto do Partido Comunista*, fim da segunda seção. Em seu prefácio a uma nova edição do *Manifesto*, datada de 24 de junho de 1872, Marx e Engels declaram que, em função da mudança de circunstâncias, *"não são mais enfatizadas as medidas revolucionárias propostas ao final da segunda seção"*.

teria deixado Marx muito contente. As duas sugestões restantes (a saber, a expropriação da propriedade privada de terras com transferência de todas as rendas de terra para o gasto público e a abolição de todo direito de herança) ainda não foram plenamente adotadas pelos nazistas. Porém, seus métodos de tributação, seu planejamento agrícola e suas políticas para a restrição de rendas aproximam-se diariamente dos objetivos determinados por Marx. Os autores do *Manifesto do Partido Comunista* almejavam uma realização gradual do socialismo por medidas de reforma social. Assim, recomendavam procedimentos que Marx e os marxistas, em anos posteriores, chamavam de "fraude sociorreformista".

Em Londres, na década de 1850, Marx aprendeu ideias muito diferentes. O estudo da economia política britânica ensinou-lhe que esses atos de intervenção na operação do mercado não serviriam a seu propósito. A partir de então, ele passou a descartar esses atos, considerando-os "disparates pequeno-burgueses" que nasciam da ignorância das leis da evolução capitalista. Os proletários com consciência de classe não deveriam basear suas esperanças nessas reformas. Eles não devem impedir a evolução do capitalismo, como quer o pequeno-burguês de mente estreita. Os proletários, pelo contrário, deveriam saudar cada passo do progresso no sistema de produção capitalista porque o socialismo não tomará o lugar do capitalismo até que o capitalismo tenha atingido sua plena maturidade, o estágio mais elevado de sua própria evolução. *"Nenhum sistema social jamais desaparece antes que estejam desenvolvidas todas as forças produtivas cujo desenvolvimento seja amplo o bastante e novos métodos de produção nunca aparecem antes que as condições materiais de sua existência tenham sido gestadas no útero da sociedade anterior"*[85]. Assim, existe apenas *um* caminho para o colapso do capitalismo — isto é, a evolução progressiva do próprio capitalismo. A socialização por meio da expropriação dos capitalistas é um processo *"que executa a si mesmo por meio da operação das leis inerentes da produção capitalista"*. Então *"soa o canto de cisne da propriedade privada capitalista"*[86]. O socialismo nasce e *"termina [...] a história primeva da sociedade humana"*[87].

Desde esse ponto de vista, não são apenas os esforços dos reformadores sociais ansiosos por restringir, por regular e por aprimorar o capitalismo que de-

---

[85] MARX, Karl. *Zur Kritik der politischen Oekonomie.* Ed. Karl Kautsky. Stuttgart: J. H. W. Dietz Nachf, 1897. p. 12.
[86] Idem. *Das Kapital.* Hamburg: Modern Library, 7a ed., 1914. Vol. I, p. 728.
[87] Idem. *Zur Kritik der politischen Oekonomie, op. cit.*, p. xii.

vem ser considerados vãos. Não menos contrários aos fins parecem os planos dos próprios trabalhadores de elevar os salários e seu padrão de vida por meio da sindicalização e de greves, dentro do arcabouço do capitalismo. *"O desenvolvimento mesmo da indústria moderna deve pouco a pouco fazer a balança pesar a favor do capitalista contra o trabalhador"* e, *"por conseguinte, a tendência geral da produção capitalista não é elevar, mas afundar os salários médios"*. Sendo essa a tendência das coisas no sistema capitalista, o máximo que o sindicalismo pode tentar é *"aproveitar as oportunidades ocasionais para sua melhoria temporária"*. Os sindicatos têm que entender isso e mudar totalmente suas políticas. *"Ao invés do lema conservador salário justo por trabalho justo, eles deveriam inscrever em seu estandarte o lema revolucionário*: abolição do sistema de salários!"[88]

Essas ideias marxistas podem impressionar alguns hegelianos mergulhados na dialética. Esses doutrinários estavam prontos para crer que a produção capitalista gera "com a inexorabilidade de uma lei da natureza, sua própria negação", enquanto *"negação da negação"*[89] e, para esperar, "com a mudança da base econômica" até que a *"imensa superestrutura inteira realize com mais ou menos rapidez sua revolução"*[90]. Um movimento político para a tomada do poder, como Marx imaginava, não poderia ser construído a partir dessas crenças. Não seria possível fazer dos trabalhadores apoiadores dele. Era inútil procurar cooperação a partir dessas perspectivas no movimento trabalhista que não precisava ser inaugurado, mas já existia. Esse movimento trabalhista era, essencialmente, um movimento sindicalista. Plenamente fecundado por ideias consideradas pequeno-burguesas por Marx, o trabalho sindicalizado buscava salários maiores e menos horas de trabalho, demandava legislação trabalhista, o controle de preços dos bens de consumo e dos valores dos aluguéis. Os trabalhadores simpatizavam não com os ensinamentos marxistas e com as receitas derivadas deles, mas com o programa dos intervencionistas e dos reformadores sociais. Eles não estavam preparados para desistir de seus planos e esperar em silêncio pelo dia remoto em que o capitalismo se transformaria em socialismo. Esses trabalhadores gostavam quando os propagandistas marxistas lhes explicavam que as leis inevitáveis da evolução social os tinham destinado para coisas maiores, que eles tinham sido

---

[88] Idem. *Value, Price and Profit*. Ed. Eleanor Marx Aveling. New York: Chicago, Kerr, 1901. p. 72-74.
[89] Idem. *Das Kapital. Op. cit.*, Vol. I, p. 729.
[90] Idem. *Zur Kritik der politischen Oekonomie. Op. cit.*, p. xi.

escolhidos para substituir os parasitas podres da sociedade capitalista, que o futuro era deles. Porém, eles queriam viver para o presente, não para um futuro distante, e pediam um pagamento imediato da sua herança futura.

Os marxistas tinham de escolher entre uma adesão rígida e sem concessões aos ensinamentos do mestre e uma adaptação acomodada ao ponto de vista dos trabalhadores que lhes concedem honras, poder, influência e, não menos importante, uma bela renda. Eles não conseguiram resistir a essa última tentação e cederam. Eles continuaram discutindo a dialética marxista dentro de seus próprios círculos. O marxismo, além disso, tinha um caráter esotérico. Porém, abertamente eles falavam e escreviam de outro jeito. Eles lideravam o movimento trabalhista para o qual aumentos salariais, legislação trabalhista e provisões de seguridade social eram mais importantes do que discussões sofisticadas sobre "a charada da taxa média de lucro". Eles organizavam cooperativas de consumidores e sociedades habitacionais, apoiavam todas as políticas anticapitalistas que, em seus textos marxistas, estigmatizavam como questões pequeno-burguesas. Faziam tudo que suas teorias marxistas denunciavam como disparates e estavam preparados para sacrificar todos os seus princípios e convicções, caso se pudesse esperar desse sacrifício algum ganho na campanha eleitoral seguinte. Eram doutrinários implacáveis em seus livros esotéricos e oportunistas sem princípios em suas atividades políticas.

Os sociais-democratas alemães fizeram desse jogo duplo um sistema perfeito. De um lado, havia o círculo muito estreito dos marxistas iniciados, cuja tarefa era zelar pela pureza do credo ortodoxo e justificar as ações políticas dos partidos, incompatíveis com esses credos, usando paralogismos e inferências falaciosas. Após a morte de Karl Marx, o intérprete autêntico do pensamento marxista foi Friedrich Engels. Com a morte deste último, Karl Kautsky (1854-1938) herdou essa autoridade. Aquele que se desviava um milímetro do dogma correto tinha que arrepender-se submissamente ou enfrentar a implacável exclusão das fileiras do partido. Para todos aqueles que não viviam dos próprios fundos, essa exclusão significava a perda da fonte de renda. Por outro lado, havia o corpo imenso e cada vez maior de burocratas do partido, ocupados com as atividades políticas do movimento trabalhista. Para esses homens, a fraseologia marxista era apenas um adorno de sua propaganda. Eles não davam a mínima para o materialismo histórico ou para a teoria do valor. Eram intervencionistas e reformistas. Faziam o que quer que aumentasse sua popularidade junto às massas, seus empregadores. Esse oportunismo teve um sucesso tremendo. Os números dos membros e as contribuições para o partido, para seus sindicatos, cooperativas e outras associações aumentaram constantemente. O partido tornou-se um corpo poderoso com um vasto orçamento e milhares de empregados. Controlava jornais, editoras, gráficas, salões de assembleias, pensões, cooperativas e fábricas para atender as necessidades das cooperativas. Mantinha uma escola para a formação da geração seguinte de executivos do partido. Era a agência mais importante da estrutura política do Reich e foi fundamental na Segunda Associação Internacional dos Trabalhadores.

Foi um erro grave não perceber esse dualismo que abrigava sob o mesmo telhado dois princípios e tendências radicalmente diferentes, incompatíveis e incapazes de serem fundidos. Era o traço mais característico do Partido Social-Democrata alemão e de todos os partidos formados segundo seu modelo. Os grupos pequeninos de zelosos marxistas — provavelmente nunca mais do que poucas centenas de pessoas — foram completamente segregados do resto dos membros do partido. Eles se comunicavam com seus amigos estrangeiros, especialmente com os marxistas austríacos (os "doutrinários austromarxistas"), com os revolucionários russos exilados e com alguns grupos italianos. Nos países anglo-saxões, o marxismo era praticamente desconhecido naquela época. Esses marxistas ortodoxos tinham pouco em comum com as atividades políticas diárias do partido. Seus pontos de vista e seus sentimentos eram estranhos, até repulsivos, não apenas para as massas, mas para muitos burocratas. As milhões de pessoas que votavam nos sociais-democratas não davam a menor atenção àquelas discussões teóricas sem fim a respeito da concentração de capital, do colapso do capitalismo, do capital financeiro e do imperialismo e das relações entre o materialismo marxista e a crítica kantiana. Elas toleravam esse grupo pedante porque viam que ele impressionava e assustava o mundo "burguês" de estadistas, empreendedores e clérigos, e que os professores universitários, nomeados pelo Estado, levavam-nos a sério e escreviam obras volumosas a respeito do marxismo. Porém, elas seguiam seu caminho e deixavam os sábios doutores seguirem os deles.

Muito já se disse sobre a suposta diferença fundamental entre o movimento trabalhista alemão e o britânico. Porém, não se reconhece que muitas dessas diferenças eram de caráter apenas acidental e externo. Os dois partidos trabalhistas desejavam o socialismo, os dois queriam atingir o socialismo gradualmente por meio de reformas, dentro do arcabouço da sociedade capitalista. Os dois movimentos trabalhistas eram, essencialmente, movimentos sindicalistas. Para o trabalho alemão no Reich imperial, o marxismo era apenas um ornamento. Os marxistas eram um pequeno grupo de *litterati*.

O antagonismo entre a filosofia marxista e a do trabalho organizado no Partido Social-Democrata e em seus sindicatos afiliados tornou-se crucial no instante que o partido teve que enfrentar novos problemas. O compromisso artificial entre o marxismo e o intervencionismo trabalhista foi rompido quando o conflito entre doutrina e políticas espalhou-se para áreas que até aquele momento não tinham tido nenhuma importância prática. A guerra colocou o suposto internacionalismo do partido à prova, assim como os acontecimentos do pós-guerra fizeram com suas supostas tendências democráticas e com seu programa de socialização.

3 - Os trabalhadores alemães e o Estado alemão

Para entender o papel desempenhado pelo movimento trabalhista social-democrata na Alemanha imperial, é indispensável uma concepção correta dos traços essenciais do sindicalismo e de seus métodos. Normalmente, o problema é tratado desde o ponto de vista do direito dos trabalhadores de se associarem entre si. Porém, a questão não é essa, absolutamente. Nenhum governo liberal jamais negou a ninguém o direito de formar associações. Além disso, não importa se as leis concedem ou não concedem aos empregados e aos assalariados o direito de romper contratos *ad libitum*. Afinal, se os trabalhadores são legalmente passíveis de indenizar o empregador em questão, a conveniência prática torna sem valor os direitos do empregador.

O principal método que os sindicatos podem aplicar e aplicam para a consecução de seus objetivos — termos mais favoráveis para o trabalho — é a greve. Nesse ponto de nossa investigação, não precisamos discutir outra vez se os sindicatos algum dia terão sucesso em aumentar os salários, de maneira duradoura e para todos os trabalhadores, acima dos valores fixados pelo mercado desimpedido. Basta que mencionemos o fato de que a teoria econômica — tanto a antiga teoria clássica, incluindo sua ala marxista, e a teoria moderna, incluindo sua ala socialista — responde essa pergunta com uma negativa categórica[91]. Aqui estamos interessados não apenas no problema de qual tipo de arma os sindicatos empregam em seus tratos com os empregadores. O fato é que todas as suas barganhas são conduzidas a partir da ameaça da suspensão do trabalho. Os porta-vozes

---

[91] Ver acima, a seção 6 (Intervencionismo) do capítulo III (Etatismo), p. **XX-YY**.

sindicais afirmam que um sindicato amarelo ou influenciado pela empresa é um sindicato espúrio, porque objeta contra o recurso a greve. Se os sindicatos não fossem ameaçar o empregador com uma greve, suas barganhas coletivas não teriam mais sucesso do que a barganha individual de cada trabalhador. Porém, uma greve pode ser frustrada pela recusa de alguns trabalhadores de participar ou pelo emprego de fura-greves pelo empregador. Os sindicatos usam intimidação e coerção contra qualquer pessoa que tente se opor aos grevistas. Eles recorrem a atos de violência contra as pessoas e contra a propriedade tanto de fura-greves quanto de empreendedores ou de executivos que tentam empregar fura-greves. Ao longo do século XIX, os trabalhadores de todos os países obtiveram esse privilégio, nem tanto por meio de sanções legislativas explícitas, mas da polícia e dos tribunais. A opinião pública adotou a causa dos sindicatos. Ela aprovou as greves, estigmatizou os fura-greves como canalhas traiçoeiros, aprovou a punição infligida pelo trabalho organizado a empregadores relutantes e a fura-greves e reagiu com força quando as autoridades tentaram interferir para proteger os agredidos. Um homem que se aventure a se opor aos sindicatos é praticamente um bandido a quem a proteção do governo é negada. Estabeleceu-se uma lei de costume que dá aos sindicatos o direito de recorrer a coerção e violência.

Essa resignação por parte dos governos foi menos evidente nos países anglo-saxões, onde o costume sempre admitiu um campo maior para que o indivíduo reparasse as injustiças pessoais do que na Prússia e no resto da Alemanha, onde a polícia era toda poderosa e acostumada a interferir em todas as esferas da vida. Ai de qualquer pessoa que, no reino dos Hohenzollern, fosse julgada culpada da menor infração de algum dos incontáveis decretos e "*verboten*"! A polícia ficava ocupada com interferências e os tribunais pronunciavam sentenças draconicas. Somente três tipos de infração eram tolerados. Os duelos, apesar de proibidos pelo código penal, eram praticamente livres, dentro de certos limites, para oficiais comissionados, estudantes universitários e homens dessa posição social. A polícia também fechava os olhos quando membros bêbados de clubes estudantis elegantes faziam baderna, perturbavam gente quieta e se compraziam em outros tipos de condutas desordenadas. De importância incomparavelmente maior, porém, era a indulgência concedida aos excessos normalmente conectados com as greves. Dentro de certa esfera, a ação violenta dos grevistas era tolerada.

É da natureza de toda aplicação da violência tender a uma transgressão do limite dentro do qual ela é tolerada e considerada legítima. Nem a melhor disciplina pode sempre impedir a polícia de agir com mais força do que as circunstâncias exigem ou os carcereiros de infligir brutalidades aos presos. Somente os formalistas, isolados da realidade, caem na ilusão de que soldados combatentes podem ser induzidos a observar estritamente as regras do combate. Mesmo que o campo costumeiramente atribuído para a ação violenta dos sindicatos fosse limitado de maneira mais precisa, teria havido transgressões. A tentativa de limitar esse privilégio especial levou repetidas vezes a conflitos entre autoridades e grevistas. E como as autoridades repetidas vezes não podiam não interferir, às vezes até com o uso de armas, disseminaram-se ilusões de que o governo ajudava os empregadores. Por esse motivo a atenção do público foi desviada do fato de que os empregadores e os fura-greves estavam, dentro de limites amplos, à mercê dos grevistas. Sempre que havia uma greve dentro de certos limites, não havia mais proteção governamental para os oponentes dos sindicatos. Assim, os sindicatos tornaram-se efetivamente órgãos públicos dotados do direito de usar violência para aplicar seus fins, assim como, mais tarde, as gangues de *pogrom* na Rússia tzarista e as SS na Alemanha nazista.

    O governo alemão ter concedido esses privilégios aos sindicatos tornou-se algo de máxima importância no desenvolvimento da situação alemã. Assim, a partir da década de 1870, greves bem sucedidas tornaram-se possíveis. É verdade que algumas greves tinham acontecido na Prússia antes disso. Porém, na época, as condições eram diferentes. Os empregadores não conseguiam encontrar fura-greves nas proximidades das fábricas localizadas em lugares pequenos. O estado atrasado das instalações de transporte, as leis que restringiam a liberdade de migração dentro do país e a falta de informação sobre as condições do mercado de trabalho em outros distritos impediam-nos de contratar trabalhadores de lugares distantes. Quando essas circunstâncias mudaram, as greves só podiam ter sucesso quando apoiadas por ameaças, por violência e por intimidação.

    O governo imperial nunca considerou seriamente alterar sua política pró-sindicatos. Em 1899, cedendo aparentemente às demandas dos empregadores e dos trabalhadores não sindicalizados, ele apresentou ao Reichstag uma lei para a proteção de trabalhadores não grevistas. Isso não passava de um truque, porque a falta de proteção para aqueles que estavam dispostos a trabalhar não se devia à inadequação do código penal existente, mas à negligência proposital das leis válidas por parte da polícia e de outras autoridades. Nem as leis nem as decisões dos tribunais desempenhavam qualquer papel real nessa questão. Como a polícia não interferia e os promotores públicos não processavam, as leis não eram aplicadas e os tribunais não tinham a oportunidade de julgar. Somente quando os sindicatos transgrediam os limites efetivos estabelecidos pela polícia, um caso podia ser levado ao tribunal. O governo estava firmemente decidido a não alterar esse estado de coisas. Ele não ansiava por induzir o Parlamento a concordar com a lei proposta e o parlamento, de fato, a rejeitou. Se o governo tivesse levado a lei a sério, o parlamento teria procedido de maneira muito diferente. O governo alemão sabia muito bem como fazer o Reichstag ceder a seus desejos.

O fato marcante da história alemã moderna foi o governo imperial ter entrado numa aliança virtual e numa cooperação política prática com todos os grupos hostis ao capitalismo, ao livre-comércio e a uma economia de mercado desimpedida. O militarismo Hohenzollern tentou combater o liberalismo "burguês" e o parlamentarismo "plutocrático" associando-se com os grupos de pressão trabalhista, agrícola e de pequenos empresários. Ele pretendia trocar aquilo que chamava de sistema de exploração injusta pela interferência governamental com as empresas e, num estágio posterior, pelo planejamento nacional completo.

As fundações ideológicas e especulativas desse sistema foram lançadas pelos socialistas de cátedra, um grupo de professores que monopolizava os departamentos das ciências sociais nas universidades alemãs. Esses homens, cujos princípios eram quase idênticos àqueles que os fabianos britânicos e os institucionalistas americanos viriam a adotar, agiam como que o cérebro do governo. O sistema mesmo era chamado por seus apoiadores de *Sozialpolitik*[92] ou *Das Soziale Königtum der Hohenzollern*[93]. Nenhuma dessas expressões se presta a uma tradução literal. Talvez devessem ser traduzidas como *New Deal*, porque seus traços principais — legislação trabalhista, seguridade social, esforços para aumentar o preço dos produtos agrícolas, incentivo das cooperativas, atitude simpática ao sindicalismo, restrições impostas a transações envolvendo ações, tributação pesada de empresas — correspondiam à política americana inaugurada em 1933[94].

A nova política foi inaugurada ao final da década de 1870 e foi anunciada solenemente numa mensagem imperial de 17 de novembro de 1881. O objetivo de Bismarck era superar os sociais-democratas em medidas benéficas aos interesses trabalhistas. Suas antiquadas inclinações autocráticas levaram-no a uma luta

---

[92] "Política social".
[93] "O reinado social dos Hohenzollern".
[94] Elmer Roberts usava a expressão "socialismo monárquico". Ver seu livro *Monarchical Socialism in Germany*. Nova York: C. Scribner, 1913.

inútil contra os líderes social-democratas. Seus sucessores abandonaram as leis antissocialistas, mas levaram adiante com firmeza a *Sozialpolitik*. Foi a respeito das políticas britânicas que Sidney Webb (1859-1947) disse, ainda em 1889: *"Agora se pode dizer com justiça que a filosofia socialista contemporânea é apenas a afirmação consciente e explícita de princípios de organização social que já foram adotados em grande parte de maneira inconsciente. A história econômica do século é um registro quase contínuo do progresso do socialismo"*[95]. Porém, naqueles anos a *Sozialpolitik* alemã estava muito à frente do reformismo britânico contemporâneo.

Os socialistas alemães de cátedra gabavam-se das realizações do progresso social de seu país. Eles se orgulhavam do fato de que a Alemanha estava na vanguarda de políticas pró-trabalhistas. Eles não percebiam que a Alemanha só podia eclipsar a Grã-Bretanha em matérias de legislação social e de sindicalismo porque suas tarifas protecionistas e seus cartéis elevavam os preços domésticos acima dos preços mundiais, ao passo que os ingleses ainda adotavam o livre-comércio. Os salários reais alemães não subiam mais do que a produtividade do trabalho. Não foi a *Sozialpolitik* do governo nem as atividades dos sindicatos que causaram a melhoria do padrão de vida geral, mas a evolução do empreendedorismo capitalista. Não era mérito do governo nem dos sindicatos que os empreendedores tivessem aperfeiçoado os métodos de produção e enchido o mercado de bens melhores e em maior quantidade. O trabalhador alemão podia consumir mais bens do que seu pai e do que seu avô porque, graças aos novos métodos de produção, seu trabalho era mais eficiente e produzia bens melhores e em maior quantidade. Porém, aos olhos dos professores, a queda nas taxas de mortalidade e o aumento do consumo *per capita* eram prova das bênçãos do sistema Hohenzollern. Eles atribuíam o aumento das exportações aos fatos de que a Alemanha era, agora, uma das nações mais poderosas e de que a marinha e o exército imperiais faziam as outras nações tremerem diante dela. A opinião pública estava plenamente convencida de que, se não fosse pela interferência do governo, os trabalhadores não estariam melhor do que estavam cinquenta ou cem anos antes.

Claro que os trabalhadores estavam dispostos a crer que o governo agia lentamente e que sua política pró-trabalhista podia ser muito mais rápida. Em cada medida nova eles viam apenas um incentivo para pedir mais. Porém, ao mesmo tempo em que criticavam o governo por sua lentidão, eles não desaprova-

---

[95] WEBB, Sidney. "The Development of the Democratic Ideal". In: SHAW, G. Bernard & WILSHIRE, H. G. (Ed.). *Fabian Essays in Socialism*. New York: The Homboldt Publishing Co., 1891. p. 4.

vam a atitude dos membros social-democratas do Reichstag que votavam contra todas as leis propostas pelo governo e apoiadas pelos membros "burgueses". Os trabalhadores concordavam tanto com os sociais-democratas, que chamavam toda nova medida pró-trabalhista de fraude insolente imposta ao trabalho pela burguesia, quanto com os professores nomeados pelo governo, que celebravam as mesmas medidas como as realizações mais benéficas da *kultur* alemã. Eles adoravam o aumento constante do padrão de vida, o qual atribuíam não ao funcionamento do capitalismo, e sim às atividades dos sindicatos e do governo. Eles não se arriscavam em levantes. Gostavam do fraseado revolucionário dos sociais-democratas porque assustava os capitalistas. Porém, a glória e o esplendor do Reich os fascinava. Eles eram cidadãos leais do Reich, a leal oposição de Sua Majestade.

Essa lealdade era tão firme e inabalável que resistiu ao teste das leis contra os sociais-democratas. Essas leis foram apenas um ponto da longa série de deslizes cometidos por Bismarck em suas políticas domésticas. Assim como Klemens von Metternich, Bismarck estava plenamente convencido de que a polícia conseguiria derrotar ideias. Porém, os resultados obtidos foram contrários a suas intenções. Os sociais-democratas surgiram da provação daqueles anos não menos revigorados do que, nos anos 1870, o Partido do Centro e a Igreja Católica tinham emergido do *Kulturkampf*, a grande campanha anticatólica. Nos doze anos em que as leis antissocialistas estiveram em vigor, entre 1878 e 1890, os votos socialistas aumentaram consideravelmente. As leis tocavam apenas aqueles socialistas que participavam ativamente da política. Elas não incomodaram seriamente os sindicatos e as massas que votavam nos socialistas. Precisamente naqueles anos, a política pró-trabalhista do governo deu seus maiores passos à frente. O governo queria superar os socialistas. Os trabalhadores perceberam que o Estado tornava-se cada vez mais seu próprio Estado e que cada vez mais apoiava sua luta contra os empregadores. Os inspetores de fábricas nomeados pelo governo eram a personificação viva dessa cooperação. Os trabalhadores não tinham motivo para ser hostis a esse Estado só porque ele incomodava os líderes dos partidos[96]. O membro individual do partido nos anos das leis antissocialistas recebia pontual e regularmente jornais e panfletos contrabandeados da Suíça e lia os discursos dos deputados socialistas no Reichstag. Ele era um "revolucionário"

---

[96] Naquela época, as pessoas da década de 1880, felizes, costumavam falar em "perseguições". Porém, em comparação com aquilo que desde então bolcheviques e nazistas fizeram com seus oponentes, essas perseguições não foram mais do que um incômodo.

leal e um monarquista um tanto crítico e sofisticado. Marx e o kaiser estavam ambos equivocados em sua crença de que esses sujeitos tranquilos ansiavam pelo sangue dos príncipes. Porém, Lassalle estava certo quando delineou a cooperação futura entre o Estado Hohenzollern e os proletários socialistas.

A lealdade incondicional dos proletários tornava o exército um instrumento obsequioso nas mãos dos comandantes. O liberalismo tinha abalado as fundações do absolutismo prussiano. Na época de sua supremacia, o rei e seus asseclas não confiavam mais na maior parte do exército. Eles sabiam que esse exército não podia ser usado contra o inimigo doméstico ou para guerras de agressão indisfarçada. O socialismo e o intervencionismo, o *New Deal* do kaiser, tinham restaurado a lealdade das Forças Armadas. Agora elas podiam ser usadas para qualquer propósito. Os homens responsáveis por essa nova tendência na política, os estadistas e os professores estavam plenamente cientes disso. Era só porque eles lutaram por esse objetivo que apoiaram a inauguração da *Sozialpolitik* e pediram sua intensificação. Os oficiais do exército estavam convencidos de que os soldados social-democratas eram homens completamente confiáveis. Os oficiais desaprovavam, é claro, o escárnio que o kaiser dirigia aos sociais-democratas assim como, em anos anteriores, tinham desaprovado as medidas de Bismarck contra eles (e também sua política anticatólica). Eles detestavam os discursos provocadores dos deputados socialistas, mas confiavam no soldado social-democrata. Eles próprios detestavam os empreendedores ricos tanto quanto os trabalhadores. Na época da campanha antissocialista, em 1889, seu lírico porta-voz, Detlev von Liliencron (1844-1909), admitiu isso com toda a franqueza[97]. Junkers e oficiais estavam firmemente fundidos numa coalizão prática com o trabalho por meio do instrumento que forja a maioria das uniões sólidas: o ódio mortal. Quando os sociais-democratas desfilavam nas ruas, os oficiais — à paisana — olhavam as colunas em marcha e comentavam, sorrindo: "Nós mesmos ensinamos esses rapazes a marchar direito. Eles marcharão muito bem sob nossas ordens quando chegar o dia da mobilização". Os acontecimentos posteriores provaram o quanto eram corretas essas expectativas.

Em 3 de agosto de 1914, Theobald von Bethmann-Hollweg (1856-1921), chanceler do Reich, recebeu os líderes de todos os grupos parlamentares para uma conversa. O camarada Philipp Scheidemann (1865-1939) relata: *"O chance-*

---

[97] Ver sua carta de 17 de setembro de 1889, publicada em: *Deutsche Rundschau*, XXI. Berlin, 1910, 663.

ler apertou a mão de cada um de nós. A mim me pareceu que ele apertou minha mão de maneira surpreendente, com firmeza e por bastante tempo e quando ele disse: 'Como vai, sr. Scheidemann?', tive a sensação de que ele queria me dar a entender: 'Bem, agora espero uma certa trégua em nossa antiga querela'"[98]. Essas eram as opiniões do grande líder popular do partido sobre os cinquenta anos de antagonismo. Não uma luta histórica do proletariado com consciência de classe contra os exploradores e os belicistas imperialistas, como costumavam declarar os porta-vozes oficiais nas reuniões dos partidos, mas só uma querela que podia ser encerrada com um aperto de mão.

4 - Os sociais-democratas dentro do sistema de castas alemão

O capitalismo melhorou a posição social e econômica do trabalho contratado. De ano a ano, o número de mãos empregadas nas indústrias alemãs aumentava. De ano a ano, as rendas e o padrão de vida do trabalho aumentavam. Os trabalhadores estavam mais ou menos contentes. Claro que eles tinham inveja da riqueza das classes médias superiores (mas não da riqueza dos príncipes e dos aristocratas) e ansiavam por mais. Porém, ao pensar nas condições que seus pais viviam e ao lembrar das experiências de suas próprias infâncias, eles tinham de confessar que as coisas, no fim das contas, não estavam tão mal. A Alemanha era próspera e as massas operárias participavam dessa prosperidade.

Ainda havia muita pobreza na Alemanha. Seria difícil que fosse diferente num país onde a opinião pública, o governo e quase todos os partidos políticos ansiavam por colocar obstáculos no caminho do capitalismo. Os padrões de vida eram insatisfatórios na agricultura do leste, na mineração de carvão e em alguns ramos da produção que não ajustaram seus métodos às condições alteradas. Porém, aqueles trabalhadores que não estavam eles mesmos envolvidos não estavam muito preocupados com o destino de seus colegas trabalhadores menos afortunados. O conceito de solidariedade de classe era uma das ilusões marxistas.

Porém, uma coisa contrariava os trabalhadores mais prósperos exatamente porque eles eram prósperos. Em sua capacidade de assalariados, eles não tinham posição definida na sociedade alemã. Sua nova casta não era reconhecida

---

[98] SCHEIDEMANN, Philipp. *Der Zusammenbruch*. Berlin: Verl. für Sozialwiss., 1921. p. 9.

pelas antigas castas estabelecidas. Os pequenos burgueses, pequenos comerciantes, donos de lojas e artesãos e a numerosa classe de pequenos funcionários a serviço do Reich, dos Estados individuais e das prefeituras, viravam o rosto para eles. As rendas desses pequenos burgueses não eram maiores do que as dos trabalhadores. Seus trabalhos eram, com frequência, mais tediosos do que o do trabalhador médio, mas eles eram arrogantes, presunçosos e desdenhavam dos assalariados. Não estavam dispostos a admitir os assalariados em seus clubes de boliche, a deixar que eles dançassem com suas filhas ou a encontrá-los socialmente. Pior de tudo, os burgueses não deixavam os operários ingressarem em suas associações de ex-guerreiros[99]. Aos domingos e em ocasiões de Estado, esses ex-guereiros, trajando corretas sobrecasacas negras com altos chapéus de seda e gravatas pretas, desfilavam gravemente pelas ruas principais, observando estritamente as regras das marchas militares. Os trabalhadores ficavam muito perturbados por não poder participar. Eles se sentiam envergonhados e humilhados.

Para esses agravos, a organização social-democrática oferecia um remédio eficaz. Os sociais-democratas davam aos trabalhadores seus próprios clubes de boliche, bailes e reuniões ao ar livre. Havia associações de proletários com consciência de classe de criação de canários, de filatelia, de xadrez, de esperanto etc. Havia associações atléticas independentes para os trabalhadores, com campeonatos operários. E havia desfiles proletários com bandas e bandeiras. Havia incontáveis comitês e conferências, presidentes e vice-presidentes, secretários honorários, tesoureiros honorários, membros de comitês, administradores, diretores e outros cargos. Os trabalhadores perderam seu sentimento de inferioridade e sua sensação de solidão. Eles não eram mais os enteados da sociedade. Estavam firmemente integrados numa grande comunidade, eram pessoas importantes que tinham o ônus de responsabilidades e de deveres. E seus porta-vozes oficiais, acadêmicos com diplomas e óculos, os convenceram de que eles eram não apenas bons, mas melhores do que os pequenos burgueses, classe que, de qualquer modo, estava fadada a desaparecer.

Aquilo que os sociais-democratas realmente conseguiram foi não implantar um espírito revolucionário nas massas, mas, pelo contrário, conciliá-las com o sistema de castas alemão. Eles se tornaram uma casta em si, com toda a estreiteza mental e todos os preconceitos de um grupo social. Eles não deixaram

---

[99] O nome oficial desses clubes era "Associações de Guerreiros" (*Kriegervereine*). Os membros eram homens que tinham servido nas Forças Armadas do Reich.

de lutar por salários mais altos, por menos horas de trabalho e por preços menores para os cereais, mas eram cidadãos não menos leais do que os membros daqueles outros grupos de pressão, os agricultores e os artesãos.

Um dos fenômenos paradoxais da Alemanha imperial foi que os trabalhadores social-democratas costumavam falar abertamente em rebelião em público, ao mesmo tempo que, em seus corações, permaneciam perfeitamente leais e que a classe média superior e os profissionais liberais, embora anunciassem com exuberância sua lealdade a rei e pátria, reclamassem em privado. Um dos principais objetos de suas preocupações era sua relação com o exército.

As lendas marxistas que deturparam cada ângulo da vida alemã, também distorceram isso. A burguesia, dizem elas, rendeu-se ao militarismo por estar ansiosa por obter comissões na reserva das Forças Armadas. Não ser oficial da reserva, é verdade, era um sério golpe na honra e na reputação de um homem da classe média superior. Os servidores civis, os homens profissionais, os empreendedores e os executivos que não conseguiam isso ficavam em forte desvantagem em suas carreiras e atividades empresariais. Porém, obter e manter uma comissão na reserva também não era algo sem dificuldades. Não era o fato de que um oficial da reserva estava proibido de estar conectado de qualquer modo com partidos de oposição que os fazia reclamar. Os juízes e os funcionários públicos eram, de todo modo, membros dos partidos que apoiavam o governo. Se não fossem, nunca teriam sido nomeados. Os empreendedores e os executivos empresariais eram, graças ao funcionamento do sistema intervencionista, obrigados a ser politicamente neutros ou a juntar-se a um dos partidos pró-governo. Porém, havia outras dificuldades.

Governado por preconceitos junkers, o exército exigia que, em sua vida privada e comercial, um oficial da reserva cumprisse estritamente o código do exército de conduta cavalheiresca. Não era digno de um oficial que um empreendedor ou um executivo fizesse qualquer trabalho manual em sua fábrica ou mesmo que mostrasse a um trabalhador como fazer seu trabalho. O filho de um empreendedor que trabalhasse por algum tempo com uma máquina a fim de familiarizar-se com o negócio, não podia ser comissionado. Nem o dono de uma grande loja que ocasionalmente atendesse um cliente. Um tenente da reserva que, por acaso, era um arquiteto de fama mundial, foi certa vez censurado por seu coronel porque um dia, enquanto supervisionava a redecoração do salão de recepções da prefeitura de uma grande cidade, tirou o paletó e pendurou pessoalmente um velho quadro na parede. Havia homens perturbados por não obter comissões de reserva, oficiais que secretamente ferviam de raiva por causa da atitude de seus superiores. Em suma, para um plebeu não era gostoso ser oficial da reserva no exército prussiano.

As classes inferiores, claro, não estavam familiarizadas com essas tribulações dos oficiais da reserva. Elas viam apenas a insolência com que esses homens compensavam, exageradamente, seus sentimentos de inferioridade. Porém, elas também observavam que os oficiais — tanto comissionados quanto não comissionados — ansiavam por assediar o dito homem de um ano, isto é, os formados do ensino secundário que só precisavam servir um ano. Eles ficavam exultantes quando os oficiais xingavam o filho do patrão e gritavam nas fileiras do exército que nem estudo nem riqueza, nem a grande empresa do pai, faziam a menor diferença.

A vida social da classe média alta era envenenada pela contínua fricção entre as pretensões dos oficiais nobres e da burguesia. Porém, os civis estavam indefesos. Eles tinham sido derrotados em sua luta pela reorganização da Alemanha.

5 - Os sociais-democratas e a guerra

Karl Marx não era pacifista. Era revolucionário. Desprezava as guerras dos imperadores e dos reis, mas trabalhava para a grande guerra civil, na qual os proletários do mundo, unidos, combateriam os exploradores. Assim como todos os demais utopistas da mesma espécie, ele estava convencido de que essa guerra seria a última. Quando os proletários tivessem conquistado e estabelecido seu regime perpétuo, ninguém estaria em posição de privá-los dos frutos de sua vitória. Nessa última guerra, Friedrich Engels atribuía a si próprio o papel de comandante-em-chefe. Ele estudava estratégia para estar à altura quando *o dia* chegasse.

Essa ideia da cooperação de todos os proletários na luta final pela libertação levou à fundação da Primeira Associação Internacional de Trabalhadores, em 1864. Essa associação não era muito mais do que uma mesa-redonda de doutrinários. Ela nunca adentrou o campo da ação política. Seu desaparecimento de cena atraiu tão pouca atenção quanto sua existência.

Em 1870, August Bebel e Karl Liebeknecht, dois dos cinco membros sociais-democratas do parlamento do norte alemão, opuseram-se à guerra com a França. Suas atitudes, como observou o socialista francês Gustave Hervé (1871-

1944), eram *"gestos pessoais que não tiveram nenhuma consequência e não obtiveram nenhuma resposta"*. As duas nações, os alemães e os franceses, diz Hervé, *"desejavam intensamente os campos de batalha. Os internacionalistas de Paris eram os defensores mais fanáticos da guerra definitiva [...]. A guerra franco-alemã foi o fracasso moral da Internacional"*[100].

A segunda Internacional, fundada em Paris em 1889, foi uma realização de um dos muitos congressos internacionais que aconteceram em cidades abençoadas por uma exposição mundial. Nos 25 anos que tinham passado desde a fundação da primeira Internacional, o conceito de uma grande revolução mundial perdeu grande parte de sua atração. O propósito da nova organização não podia mais ser apresentado como a coordenação das operações militares dos exércitos proletários de vários países. Era preciso encontrar outro objeto para suas atividades. Isso era muito difícil. Os partidos trabalhistas começaram a desempenhar um papel muito importante nas políticas domésticas de seus países. Estavam lidando com os problemas inumeráveis do intervencionismo e do nacionalismo econômico e não estavam preparados para submeter suas próprias táticas políticas à supervisão de estrangeiros. Havia muitos problemas graves em que o conflito de interesses entre os proletários de países diversos ficavam evidentes. Nem sempre era viável fugir da discussão dessas questões incômodas. Às vezes era preciso discutir até barreiras migratórias. O resultado era um embate violento de visões dissidentes e uma exposição escandalosa do dogma marxista de que existe uma solidariedade inabalável entre interesses proletários no mundo inteiro. Os analistas marxistas tinham certa dificuldade para esconder de maneira tolerável as fissuras que ficavam visíveis.

No entanto, foi possível encontrar um tema neutro e inócuo para as pautas das reuniões da Internacional: a paz. A discussão logo deixou clara a vacuidade das palavras de ordem marxistas. No congresso de Paris, Friedrich Engels declarou que era o dever de todos os proletários impedir a guerra a qualquer custo, até que eles próprios tivessem tomado o poder nos países mais importantes[101]. A Internacional discutia várias medidas à luz desse princípio: a greve geral, a recusa geral do serviço militar, a sabotagem ferroviária etc. Porém, era impossível não discutir se os interesses dos trabalhadores seriam realmente servidos pela destruição do sistema de defesas do próprio país. O trabalhador não tem pátria, diz o

---

100 HERVE, Gustave. *L'internationalisme*. Paris: Giard & Brière, 1910. p. 129ss.
101 KAUTSKY, Karl. *Sozialisten und Krieg*. Praga: Orbis, 1937. p. 300.

marxista. Ele não tem nada a perder além de suas correntes. Muito bem. Mas será mesmo indiferente para o trabalhador alemão trocar suas correntes alemãs por correntes russas? Deve o trabalhador francês deixar a república ser dominada pelo militarismo prussiano? Essa Terceira República, diziam os sociais-democratas alemães, é apenas uma plutodemocracia e uma república de mentira. Não cabe ao proletário francês lutar por ela. Todavia, esse argumento não convencia os franceses, que se aferravam a seu preconceito contra os Hohenzollern. Os alemães se ofendiam com o que chamavam de teimosia e de sentimentos pequeno-burgueses dos franceses, embora eles próprios deixassem claro que os sociais-democratas defenderiam incondicionalmente a Alemanha contra a Rússia. Até Bebel gabou-se de que, numa guerra com a Rússia, ele próprio, mesmo sendo velho, empunharia um rifle[102]. Engels, numa contribuição ao almanaque do partido dos trabalhadores francês de 1892, declarou: *"Se a República francesa auxiliar sua majestade, o Tzar e Autocrata de Todas as Rússias, os sociais-democratas alemães lamentarão por combatê-los, mas vão combatê-los mesmo assim"*[103]. O pedido que Engels colocava nessas palavras aos franceses concordava plenamente com as ingênuas demandas dos nacionalistas alemães. Eles também achavam que era dever da França isolar-se diplomaticamente e permanecer neutra numa guerra entre a Tríplice Aliança[104] e a Rússia ou ficar sem aliados numa guerra contra a Alemanha.

A quantidade de delírios e de insinceridade no comportamento da segunda Internacional era realmente impressionante. É ainda mais atordoante que as pessoas acompanhassem aquelas discussões loquazes com ávida atenção e estivessem convencidas de que os discursos e as resoluções fossem da máxima importância. Somente o viés pró-socialista e pró-marxista da opinião pública pode explicar esse fenômeno. Quem quer que estivesse livre disso conseguiria entender facilmente que se tratava apenas de palavras vazias. A oratória daqueles congres-

---

102 Idem. *Ibidem.*, p. 307.
103 Idem. *Ibidem.*, p. 352.
104 Denominado em alemão *Dreibund* e em italiano *Triplice Alleanza*, este acordo militar estabelecido formalmente em 20 de maio de 1882 entre o Império Alemão, Reino da Itália e Império Austro-Húngaro visava criar uma barreira político-militar para limitar a influência na Europa central, restringindo o poderio desta nação à Europa Ocidental. O pacto estabelecia que cada uma das três nações deveria garantir apoio às demais no caso de algum ataque de outras potências. Em oposição à Tríplice Aliança surgiu a Tríplice Entente, formada pela França, pelo Império Russo e pelo Reino Unido, cujas origens a Aliança Franco-Russa, de 1891, a Entente Cordiale, entre a França e o Reino Unido, de 1904, e a Entente Anglo-Russa de 1907, acarretariam na Primeira Guerra Mundial, de 1914 até 1918, na qual estes dois blocos entraram em conflito. (N. E.)

sos trabalhistas não significava mais do que os brindes feitos pelos monarcas em suas reuniões. O kaiser e o czar também falavam, nessas ocasiões, da camaradagem e da tradicional amizade que os ligava e asseguravam um ao outro que sua única preocupação era a manutenção da paz.

Dentro da segunda Internacional, o partido social-democrata alemão era supremo. Era o maior e mais bem organizado de todos os partidos socialistas. Assim, os congressos eram uma réplica exata das condições dentro do partido alemão. Os delegados eram marxistas que entremeavam seus discursos com citações de Marx. Porém, os partidos que eles representavam eram partidos de sindicatos, para os quais o internacionalismo era um conceito vazio. Eles lucraram com o nacionalismo econômico. Os trabalhadores alemães eram enviesados não apenas contra a Rússia, mas também contra a França e contra a Grã-Bretanha, os países do capitalismo ocidental. Assim como todos os outros alemães, eles estavam convencidos de que a Alemanha tinha um justo direito de reclamar colônias britânicas e francesas. Eles não viam problema com a política alemã para o Marrocos, exceto sua falta de sucesso[105]. Criticavam a administração de questões militares e navais, porém, sua preocupação era a prontidão para a guerra das Forças Armadas. Assim como todos os outros alemães, eles também viam na espada o principal instrumento da política externa. E eles tinham certeza demais de que a Grã-Bretanha e a França invejavam a prosperidade da Alemanha e planejavam agredi-la.

Foi um erro grave não reconhecer a mentalidade militarista das massas alemãs. Por outro lado, deu-se atenção demais aos textos de alguns socialistas que, assim como Max Schippel (1859-1929), Gerhard Hildebrand (1877-?) e outros, propunham que os sociais-democratas apoiassem abertamente a política agressiva do kaiser. Afinal, os sociais-democratas eram um partido de oposição, não era função deles votar a favor do governo. Essa atitude obsequiosa, porém, bastou para incentivar a tendência nacionalista da política estrangeira.

O governo estava plenamente ciente de que os trabalhadores social-democratas o apoiariam em caso de guerra. Quanto aos poucos marxistas ortodoxos, os líderes do governo tinham menos certeza; porém, eles sabiam muito bem que um largo abismo separava esses doutrinários das massas e estavam convencidos de que o grosso do partido apoiaria medidas preventivas contra os extremistas marxistas. Assim, eles se arriscaram a prender vários líderes do partido quan-

---

[105] ANDLER, Charles Philippe Théodore. *Le Socialisme impérialiste dans l'Allemagne contemporaine*. Op. cit., p. 107.

do a guerra começou. Depois perceberam que isso foi desnecessário. Porém, o comitê executivo do partido, mal-informado como sempre, nem sequer ficou sabendo que as autoridades tinham mudado de opinião e que não havia nada a temer da parte delas. Assim, em 3 de agosto de 1914, Friedrich Ebert, presidente do partido, e Otto Braun (1900-1974), seu tesoureiro, fugiram para a Suíça com os fundos do partido[106].

É um disparate dizer que os líderes socialistas, ao votar a favor dos créditos de guerra, traíram as massas. As massas aprovavam unanimemente a guerra do kaiser. Até aqueles poucos parlamentares e editores que discordavam eram obrigados a respeitar a vontade dos eleitores. Os soldados social-democratas eram os combatentes mais entusiasmados dessa guerra de conquista e hegemonia.

Depois, é claro, as coisas mudaram. As vitórias esperadas não vieram. Milhões de alemães foram sacrificados em ataques fracassados contras as trincheiras inimigas. Mulheres e crianças passavam fome. Aí, até os membros de sindicatos descobriram que erraram ao considerar a guerra uma oportunidade favorável para melhorar seu padrão de vida. O país ficou maduro para a propaganda radical. Porém, esses radicais não defendiam a paz. Eles queriam trocar a guerra de classe — a guerra civil — pela guerra contra o inimigo externo.

---

106 ZIEKURSCH, Johannes. *Politische Geschichte des neuen deutschen Kaiserreichs*. *Op. cit.*, Vol. III, p. 385.

CAPÍTULO VIII
ANTISSEMITISMO E RACISMO

1 - O PAPEL DO FASCISMO

O nazismo com frequência é visto primariamente como uma teoria do racismo.

O chauvinismo alemão reclama uma ancestralidade sublime para os alemães. Eles são os filhos da raça superior nórdico-ariana, que inclui todos aqueles que contribuíram para o desenvolvimento da civilização humana. O nórdico é alto, esguio, com cabelo claro e olhos azuis. É sábio, um guerreiro cavalheiresco, heroico, pronto para sacrificar-se e animado por um ardor "fáustico". O resto da humanidade é lixo, não muito melhor do que macacos. Afinal, diz Adolf Hitler, *"o abismo que separa os ditos seres humanos mais inferiores de nossas raças mais nobres é mais vasto do que o abismo entre os homens mais inferiores e os primatas superiores"*[107]. É óbvio que essa raça nobre tem um justo direito à hegemonia sobre o mundo.

Nesse formato, o mito nórdico serve à vaidade nacional. Porém, o nacionalismo político não tem nada em comum com o autoelogio e a arrogância alemãs. Os nacionalistas alemães não buscam a dominação mundial por terem ascendência nobre. Os racistas alemães não negam que aquilo que dizem dos alemães poderia ser dito, de maneira mais justificada, dos suecos ou dos noruegueses. Mesmo assim, eles chamariam esses escandinavos de lunáticos caso eles ousassem adotar as políticas que recomendam para sua própria nação germânica, pois os escandinavos carecem das duas condições que subjazem à agressividade germânica: altas taxas populacionais e uma posição geográfica estrategicamente vantajosa.

A afinidade idiomática das línguas indo-europeias era explicada antigamente a partir da hipótese de uma ascendência comum de todos esses povos. Essa

---

[107] Discurso na reunião do partido em Nuremberg, 3 de setembro de 1933. *Frankfurter Zeitung*, 4 de setembro de 1933.

hipótese ariana foi refutada cientificamente muito tempo atrás. A raça ariana é uma ilusão. A antropologia científica não reconhece essa fábula[108].

O primeiro livro mosaico diz que Noé é o ancestral de todos os homens que hoje vivem. Noé teve três filhos. De um deles, Sem, derivam os antigos hebreus, o povo que Moisés libertou da escravidão egípcia. O judaísmo ensina que todas as pessoas que abraçam a religião judaica são filhos desse povo. É impossível provar essa afirmativa. Nenhuma tentativa de prová-la jamais foi feita. Não existem documentos históricos que relatem a imigração dos judeus da Palestina para a Europa central ou oriental. Por outro lado, existem documentos disponíveis a respeito da conversão dos não judeus europeus ao judaísmo. Mesmo assim, essa hipótese da ancestralidade é amplamente aceita como dogma inabalável. Os judeus mantêm-na porque ela forma um ensinamento essencial de sua religião. Outros, porque ela pode justificar uma política de discriminação contra judeus. Os judeus são chamados de estranhos asiáticos porque, segundo essa hipótese, eles imigraram para a Europa apenas cerca de 1800 anos atrás. Isso também explica o uso do termo "semitas" para referir pessoas que professam a religião judaica e seus filhos. A expressão "línguas semíticas" é usada em filologia para referir à família de línguas à qual pertence o hebraico, idioma do Antigo Testamento. É um fato claro que o hebraico é a língua religiosa do judaísmo, assim como o latim é do catolicismo e o árabe, do islã.

Há mais de cem anos os antropólogos estudam os traços físicos das várias raças. O resultado incontroverso dessas investigações científicas é que os povos de pele branca, descendentes de europeus e de não europeus de ancestrais europeus emigrados, representam uma mistura de várias características físicas. Os homens tentaram explicar esse fato como o resultado do casamento entre os membros de cepas primitivas puras. Qualquer que seja a verdade disso, é certo que hoje não existem cepas puras dentro da classe ou raça de pessoas de pele branca.

Foram feitos novos esforços para coordenar certos traços físicos — características raciais — e certas características mentais e morais. Todos esses esforços também fracassaram.

Por fim, as pessoas tentaram, especialmente na Alemanha, descobrir as características físicas de uma suposta raça judaica ou semítica distintas das características dos europeus não judeus. Essas tentativas também fracassaram por

---

108 HOUZÉ, Émile. *L'Aryen et l'Anthroposociologie*. Bruxelas: Misch & Thron, 1906, p. 3ss; HERTZ, Friedrich. *Rasse und Kultur*. Leipzig: Kröner, 3a ed., 1925, p. 102ss.

completo. Revelou-se impossível diferenciar antropologicamente os alemães judeus dos não judeus. No campo da antropologia, não há nem uma raça judia, nem características raciais judaicas. A doutrina racial dos antissemitas pretende ser uma ciência natural. Porém, a forma material da qual ela deriva não é o resultado da observação de fenômenos naturais. É, segundo a genealogia do Gênesis e o dogma do ensinamento rabínico, que todos os membros de sua comunidade religiosa descendem dos súditos do rei David.

Os homens que vivem sob certas condições, com frequência adquirem na segunda geração, às vezes até na primeira, uma certa conformação física ou mental. Claro que essa é uma regra que tem muitas exceções. Porém, muitas vezes a pobreza ou a riqueza, o ambiente urbano ou rural, a vida dentro de casa ou ao ar livre, os picos montanhosos ou as terras baixas, os hábitos sedentários ou o trabalho físico duro, deixam sua marca particular no corpo de um homem. Açougueiros e relojoeiros, alfaiates e lenhadores, atores e contadores podem muitas vezes ser reconhecidos por sua expressão ou por sua constituição física. Os racistas ignoram intencionalmente esses fatos. Contudo, por si eles podem explicar a origem dos tipos que, na linguagem cotidiana, são chamados de aristocráticos ou plebeus, de tipo militar, de tipo intelectual ou de tipo judeu.

As leis promulgadas pelos nazistas para a discriminação contra os judeus e contra os filhos de judeus não têm nada a ver com considerações raciais propriamente ditas. Uma lei que discriminasse pessoas de uma certa raça teria de, primeiro, enumerar com exatidão biológica e fisiológica os traços característicos da raça em questão. Em seguida, teria que decretar o procedimento legal e as formalidades adequadas por meio dos quais a presença ou a ausência dessas características poderia ser devidamente estabelecida para cada indivíduo. As decisões finais executadas validamente desses procedimentos então teriam de formar a base da discriminação em cada caso. Os nazistas escolheram um caminho diferente. Eles dizem, é verdade, que querem discriminar não as pessoas que professam a religião judaica, mas as pessoas da raça judia. Porém, eles definem os membros da raça judia como pessoas que professam a religião judaica ou que descendem de pessoas que professavam a religião judaica. O traço legal característico da raça judaica é, na dita legislação racial de Nuremberg, o pertencimento do indivíduo em questão ou de seus ancestrais à comunidade religiosa do judaísmo. Se uma lei afirma tender a uma discriminação contra os míopes, mas define a miopia como a qualidade de ser careca, as pessoas que usam a terminologia geralmente aceita não diriam que essa é uma lei que leva as desvantagens para os míopes, mas para os carecas. Se os americanos querem discriminar os negros, eles não vão aos arquivos estudar a afiliação racial das pessoas em questão. Eles procuram no corpo do indivíduo traços de ascendência negra. Negros e brancos diferem em traços raciais — isto é, corporais. Porém, é impossível distinguir um alemão judeu de um não judeu a partir de qualquer traço racial.

Os nazistas falam continuamente de raça e de pureza racial. Eles dizem que suas políticas são um resultado da antropologia moderna. Porém, é inútil procurar considerações raciais em suas políticas. Eles consideram — excetuando os judeus e os filhos de judeus — que todos os homens brancos que falam alemão são arianos. Não discriminam, entre eles, segundo os traços físicos. Os povos de fala alemã, na opinião deles são alemães, ainda que não haja dúvida de que são descendentes de ancestrais eslavônicos, românicos ou mongóis (magiares ou fino-úgricos). Os nazistas afirmaram que estavam travando a guerra decisiva entre a raça superior nórdica e os fracotes humanos. Porém, nessa luta eles se aliaram com os italianos, que suas doutrinas racistas pintavam como raça pangaré, e com os mongóis japoneses, de olho estreito, pele amarela e cabelo escuro. Por outro lado, eles desprezam os nórdicos escandinavos que não simpatizam com seus próprios planos de supremacia mundial. Os nazistas chamam a si mesmos de antissemitas, mas ajudam as tribos árabes em sua luta contra os britânicos, considerados nórdicos pelos nazistas. Os árabes falam um idioma semítico e os estudiosos nazistas chamam-nos de semitas. Quem, nas lutas palestinas, tem o direito mais justo ao título de "antissemitas"?

Nem o próprio mito racial é produto da Alemanha. Sua origem é francesa. Seus fundadores, especialmente Joseph Arthur de Gobineau (1816-1882), queriam justificar os privilégios da aristocracia francesa demonstrando o berço franco cavalheiresco da nobreza. Daí surgiu na Europa Ocidental a crença equivocada de que os nazistas também reconhecem os direitos dos príncipes e nobres à liderança política e aos privilégios de casta. Os nacionalistas alemães, porém, consideram todo o povo alemão — com a exceção dos judeus e dos filhos dos judeus — uma raça homogênea de nobres. Dentro dessa raça nobre, eles não discriminam. Não se concebe um grau maior de nobreza do que ser alemão. Segundo as leis nazistas, todo o povo germanófono é composto de camaradas (*Volksgenossen*) e, assim, igual. A única discriminação que os nazistas fazem entre os alemães é segundo a intensidade do zelo com que exibem aquelas qualidades consideradas genuinamente alemãs. Todo alemão não judeu —

príncipe, nobre ou plebeu — tem o mesmo direito de servir sua nação e de distinguir-se nesse serviço.

É verdade que, nos anos que antecederam a Primeira Guerra Mundial, os nacionalistas também se aferraram ao preconceito, outrora muito popular na Alemanha, de que os junkers prussianos tinham um dom extraordinário para a liderança militar. Foi somente nesse aspecto que a velha lenda prussiana sobreviveu até 1918. As lições ensinadas pelo fracasso dos oficiais prussianos na campanha de 1806 já tinham sido há muito esquecidas. Ninguém ligava para o ceticismo de Otto von Bismarck. Bismarck, ele próprio filho de mãe não aristocrática, observou que a Prússia estava gerando oficiais de posições inferiores que chegavam à posição de comandantes de regimentos com uma qualidade sem paralelos em nenhum outro país, mas que, no que dizia respeito às posições superiores, a cepa prussiana nativa já não era tão fértil na produção de líderes capazes como fora nos dias de Frederico II[109]. Porém, os historiadores prussianos tinham louvado os feitos do exército prussiano até silenciar todos os críticos. Pan-germanos, católicos e sociais-democratas estavam unidos em sua repulsa pelos arrogantes junkers, mas plenamente convencidos de que esses junkers eram especialmente adequados à liderança militar e às comissões. As pessoas reclamavam da exclusão de oficiais não aristocratas da Guarda Real e de muitos regimentos da cavalaria e do tratamento desdenhoso que recebiam no resto do exército. Porém, elas nunca ousavam contestar as supremas qualificações militares dos junkers. Mesmo os sociais-democratas tinham plena confiança nos oficiais ativos do exército prussiano. A firme convicção de que a guerra resultaria numa esmagadora vitória alemã, partilhada por toda a nação alemã em 1914, baseava-se primariamente nessa superestimação do gênio militar dos junkers.

As pessoas não reparavam que a nobreza alemã, que há muito tempo já não desempenhava um papel de liderança na vida política, agora estava prestes a perder as rédeas do exército. Ela nunca tinha se destacado na ciência, na arte e na literatura. Sua contribuição nessas áreas não pode ser comparada a dos aristocratas britânicos, franceses e italianos. Porém, em nenhum outro país moderno a posição de aristocrata era mais favorável do que na Alemanha. No auge de sua vida e sucesso, Goethe escreveu, cheio de amargor: *"Não sei como são as condições nos países estrangeiros, mas na Alemanha somente os nobres*

---

[109] BISMARCK, Otto von. *Op. cit.*, I, 6.

podem atingir uma certa perfeição pessoal e universal. Um plebeu pode adquirir mérito. Pode, na melhor das hipóteses, cultivar a mente. Mas sua personalidade se dispersa, não importando o que ele tente"[110]. Todavia, foram os plebeus, não os nobres, que fizeram com que a Alemanha viesse a ser chamada de "nação de poetas e de pensadores".

Nas fileiras dos autores que formavam o pensamento político alemão não havia nobres. Até os conservadores prussianos tiravam suas ideologias de plebeus, de Friedrich Julius Stahl (1802-1861), de Johann Karl Rodbertus (1805-1875), de Otto Wagener (1888-1971), de Adolf Wagner (1890-1944). Entre os homens que desenvolveram o nacionalismo alemão não havia praticamente nenhum membro da aristocracia. O pan-germanismo e o nazismo eram, nesse sentido, movimentos "burgueses", assim como o socialismo, o marxismo e o intervencionismo. Nas fileiras da burocracia superior havia uma penetração constante de elementos não aristocráticos.

Nas Forças Armadas era a mesma coisa. O trabalho duro nos escritórios do Estado-Maior, nos serviços técnicos e na marinha não se adaptava às preferências e aos desejos dos junkers. Muitos cargos importantes no Estado-Maior eram ocupados por plebeus. A personalidade de maior destaque no militarismo da Alemanha do pré-guerra era o almirante Alfred von Tirpitz (1849-1930), que só se tornou nobre em 1900. Erich Ludendorff, Wilhelm Groener (1867-1939) e Max Hoffmann (1869-1927) também eram plebeus.

Porém, foi a derrota na Primeira Guerra Mundial que por fim destruiu o prestígio militar dos junkers. No exército alemão atual ainda há muitos aristocratas em fileiras superiores, porque os oficiais que obtiveram suas comissões nos últimos anos antes da Primeira Guerra Mundial agora tinham chegado ao topo da escada. Entre os líderes políticos do nazismo há poucos nobres — e os títulos destes são, muitas vezes, questionáveis.

Os príncipes alemães e os nobres, que denegriam sem parar o liberalismo e a democracia e que até 1933 lutaram obstinadamente pela preservação de seus privilégios, renderam-se completamente ao nazismo e fecharam os olhos para seus princípios igualitários. Eles podem ser encontrados nas fileiras dos mais fanáticos adoradores do Führer. Príncipes de sangue orgulham-se de servir como satélites de notórios escroques que têm cargos no partido. É o caso de se perguntar se agem por convicção sincera ou por covardia e medo. Porém, não pode haver

---

110 GOETHE, Johann Wolfgang von. *Wilhelm Meister's Lehrjahre*, Livro V, cap. iii.

dúvida de que a crença comum a muitos membros da aristocracia britânica, de que uma restauração das dinastias alemãs mudaria a mentalidade alemã e o temperamento da política, é inteiramente equivocada[111].

2. A LUTA CONTRA A MENTE JUDAICA

O nazismo quer combater a mente judaica. Mas ele não conseguiu até agora definir seus traços distintivos. A mente judaica é tão mítica quanto a raça judaica.

Os antigos nacionalistas alemães tentavam opor à mente judaica a visão de mundo "cristão-teutônica". A combinação de cristão e teutônico, porém, é inviável. Não existe um truque de exegese que possa justificar um direito alemão a uma posição preferencial dentro do reino do cristianismo. Os evangelhos não mencionam os alemães. Eles consideram todos os homens iguais perante Deus. Aquele que está ansioso para discriminar não apenas os judeus, mas também os descendentes cristãos dos judeus, não pode usar os evangelhos. Os antissemitas coerentes têm de rejeitar o cristianismo.

Não precisamos decidir aqui se o próprio cristianismo pode ser considerado judeu[112]. De qualquer modo, o cristianismo desenvolveu-se a partir do credo judaico. Ele reconhece os Dez Mandamentos como lei eterna e o Antigo Testamento como escritura sagrada. Os apóstolos e os membros da comunidade primitiva eram judeus. Poder-se-ia objetar que os ensinamentos de Cristo não estavam de acordo com os ensinamentos dos rabinos. Porém, permanece o fato de que Deus mandou o Salvador aos judeus e não aos vândalos, e que o Espírito Santo inspirou livros em hebraico e em grego, mas não em alemão. Se os nazistas estivessem dispostos a levar a sério seus mitos raciais e a ver neles mais do que oratória para reuniões de seu partido, teriam de erradicar o cristianismo com a mesma brutalidade com que tratam o liberalismo e o pacifismo. Eles não se arris-

---

111 O último duque soberano de Saxe-Coburg-Gotha, nascido e criado na Grã-Bretanha como neto da rainha Vitória (1819-1901), foi o primeiro príncipe alemão que — muito antes de 1933 — assumiu um cargo no Partido Nazista.
112 Atribui-se ao papa Pio XI (1857-1939) a frase: "Espiritualmente, somos semitas". SELDES, G. *The Catholic Crisis*. Nova York: J. Messner, 1939, p. 45.

caram nessa empreitada, não porque a considerassem inútil, mas porque sua *política* não tinha rigorosamente nada a ver com o racismo.

É de fato estranho, num país em que as autoridades xingam oficialmente os judeus e o judaísmo com termos imundos, que criminalizou os judeus por causa de seu judaísmo e na qual teoremas matemáticos, hipóteses físicas e procedimentos terapêuticos são boicotados, caso seus autores sejam suspeitos de serem "não arianos", que os sacerdotes continuem, em muitos milhares de igrejas de vários credos, a louvar os Dez Mandamentos revelados ao judeu Moisés, como o fundamento da lei moral. É estranho que num país onde não se pode publicar ou ler uma palavra de um autor judeu, sejam cantados os salmos e suas traduções, adaptações e imitações alemãs. É estranho que os exércitos alemães, que no Leste Europeu exultam em matar covardemente milhares de mulheres e crianças judias indefesas, sejam acompanhados por capelães do exército com Bíblias nas mãos. Porém, o Terceiro Reich está cheio dessas contradições.

Claro que os nazistas não seguem os ensinamentos morais dos evangelhos. Nem outros conquistadores e guerreiros. Não se permite que o cristianismo se torne um obstáculo no caminho da política nazista, assim como não se tornou obstáculo no caminho de outros agressores.

O nazismo não apenas não recusa explicitamente o cristianismo. Ele se declara solenemente um partido cristão. O ponto 24 do "Programa *inalterável* do Partido" proclama que o partido defende o *cristianismo positivo*, sem associar-se a nenhuma das várias igrejas e denominações cristãs. Nesse aspecto, o termo "positivo" significa neutralidade quanto aos antagonismos entre as várias igrejas e seitas[113].

É verdade que muitos autores nazistas se comprazem em denunciar o cristianismo, em zombar dele e em fazer planos para o estabelecimento de uma nova religião alemã. O partido nazista em si, porém, não combate o cristianismo, mas as igrejas cristãs enquanto estabelecimentos autônomos e agências independentes. Seu totalitarismo não pode tolerar a existência de nenhuma instituição que não esteja completamente submetida à soberania do Führer. Alemão nenhum tem o privilégio de questionar uma ordem emitida pelo Estado referindo-se a uma autoridade independente. A separação entre igreja e Estado é contrária aos

---

[113] Para outra interpretação do termo *"positiv"*, recomendamos a seguinte obra do grande defensor católico do nazismo: HUDAL, Alois. *Die Grundlagen des Nationalsozialismus*. Leipzig: Johannes Gunther Verlag, 1937. p. 59.

princípios do totalitarismo. O nazismo, por conseguinte, tem de almejar um retorno às condições que prevaleciam nas igrejas luteranas alemãs e também na Igreja Unida Prussiana antes da Constituição de Weimar. Na época, a autoridade civil era suprema na igreja também. O governante do país era o bispo supremo da Igreja Luterana de seu território. A ele pertencia a *jus circa sacra*.

    O conflito com a Igreja Católica tem natureza similar. Os nazistas não vão tolerar elo nenhum entre cidadãos alemães e estrangeiros ou instituições estrangeiras. Eles fecharam até mesmo os Rotary Clubs alemães porque estavam associados ao Rotary International, cuja sede fica em Chicago. Um cidadão alemão deve lealdade exclusivamente a seu Führer e a sua nação. Qualquer espécie de internacionalismo é mau. Hitler só poderia tolerar o catolicismo se o papa morasse na Alemanha e se subordinasse à máquina do partido.

    Tirando o cristianismo, os nazistas rejeitam, por considerar judaico, tudo o que deriva de autores judeus. Essa condenação inclui os textos daqueles judeus que, como Friedrich Julius Stahl, Ferdinand Lassalle, Ludwig Gumplowicz (1838-1909) e Walther Rathenau, contribuíram com muitas ideias essenciais para o sistema do nazismo. Porém, como dizem os nazistas, a mente judaica não se limita apenas aos judeus e a seus filhos. Muitos "arianos" foram imbuídos da mentalidade judaica — por exemplo, o poeta, escritor e crítico Gotthold Ephraim Lessing, o socialista Friedrich Engels, o compositor Johannes Brahms (1833-1897), o escritor Thomas Mann (1875-1955) e o teólogo Karl Barth (1886-1968). Também eles são condenados. Além disso, há escolas inteiras de pensamento, de arte e de literatura que são rejeitadas por serem consideradas judias. O internacionalismo e o pacifismo são judeus, mas atiçar a guerra também é. Também o liberalismo e o capitalismo, além do socialismo "espúrio" dos marxistas e dos bolcheviques. Os epítetos "judeu" e "ocidental" são aplicados às filosofias de Descartes e de Hume, ao positivismo, ao materialismo e ao empiriocriticismo, às teorias econômicas dos clássicos e do subjetivismo moderno. A música atonal, o estilo italiano de ópera, a opereta e as pinturas impressionistas também são judeus. Em suma, judeu é aquilo que qualquer nazista não gosta. Se alguém fosse juntar tudo aquilo que vários nazistas estigmatizaram como judeu, teria a impressão de que toda a nossa civilização foi criada exclusivamente por judeus.

    Por outro lado, muitos defensores do racismo alemão tentaram demonstrar que todos os homens eminentes de nações não germânicas eram nórdicos arianos de extração alemã. O ex-marxista Ludwig Woltmann (1871-1907), por exemplo, descobriu traços de germanismo em Francisco Petrarca (1304-1374),

Dante Alighieri (1265-1321), Ludovico Ariosto (1474-1533), Rafael Sanzio (1483-1520) e Michelangelo (1475-1564), cujo gênio seria uma herança de ancestrais teutônicos. Woltmann está plenamente convencido de ter provado que *"a civilização europeia inteira, inclusive nos países eslavos e latinos, é uma realização da raça alemã"*[114].

Seria uma perda de tempo nos determos nessas afirmações. Basta observar que vários representantes do racismo alemão contradizem-se tanto ao estabelecer os traços raciais da raça nobre e ao classificar racialmente os mesmos indivíduos. Muitas vezes eles contradizem até o que eles próprios disseram em outros textos. O mito da raça superior foi elaborado sem o menor cuidado[115].

Todos os defensores do nazismo insistem repetidas vezes que o marxismo e o bolchevismo são a essência da mente judaica e que a grande missão histórica do nazismo é livrar o mundo dessa peste. É verdade que essa atitude não impediu os nacionalistas alemães nem de cooperar com os comunistas alemães no solapamento da República de Weimar nem de treinar a SS em campos de artilharia e de aviação russos entre 1923 e 1933. Ou, no período entre agosto de 1938 e junho de 1941, de entrar numa íntima cumplicidade política e militar com a Rússia soviética. Mesmo assim, a opinião pública defende a visão de que o nazismo e o bolchevismo são filosofias — *Weltanschauungen* — implacavelmente opostas uma à outra. Na verdade, nos últimos anos houve, no mundo inteiro, dois grandes partidos políticos: os antifascistas, isto é, os amigos da Rússia (comunistas, companheiros de viagem, autoproclamados liberais e progressistas) e os anticomunistas, isto é, os amigos da Alemanha (partidos de camisas de diferentes cores, chamados não muito precisamente de "fascistas" por seus adversários). Nesses últimos anos, poucos têm sido os verdadeiros liberais e democratas. A maioria daqueles que assim se denominaram estiveram dispostos a apoiar medidas que, na verdade, são totalitárias e muitos louvaram entusiasmadamente os métodos ditatoriais russos.

O mero fato de que esses dois grupos estão lutando um contra o outro não prova necessariamente que eles sejam diferentes em suas filosofias e em seus primeiros princípios. Sempre houve guerras entre pessoas que aderiam aos mes-

---

114 Ver os livros: WOLTMANN, Ludwig: *Politische Anthropologic*. Eisenach, Leipzig: Thüringische Verlag, 1903; Idem. *Die Germanen und die Renaissance in Italien*. Leipzig: Thüringische verlagsanstalt, 1905; Idem. *Die Germanen in Frankreich*. Jena: Diederichs, 1907.
115 HERTZ, Friedrich, *op. cit.*, p. 159ss.

mos credos e filosofias. Os partidos da esquerda e da direita estão em conflito porque ambos almejam o poder supremo. Carlos V (1500-1558) costumava dizer: "Eu e meu primo, o rei da França, estamos de pleno acordo. Lutamos um com o outro porque ambos almejamos o mesmo fim: Milão". Hitler e Stalin almejam o mesmo fim: ambos querem governar os Estados bálticos, a Polônia e a Ucrânia.

Os marxistas não estão preparados para admitir que os nazistas também são socialistas. Aos olhos deles, o nazismo é o pior dos males do capitalismo. Por outro lado, os nazistas descrevem o sistema russo como o mais vil de todos os tipos de exploração capitalista e como uma maquinação demoníaca dos judeus do mundo para dominar os gentios. Porém, está claro que os dois sistemas, o alemão e o russo, devem ser considerados socialistas desde o ponto de vista econômico. E é só somente o ponto de vista econômico que importa na discussão a respeito de um partido ou de um sistema ser socialista. O socialismo é e sempre foi considerado um sistema de organização econômica da sociedade. É o sistema no qual o governo tem total controle da produção e da distribuição. Na medida em que o socialismo existente apenas dentro de países individuais pode ser considerado verdadeiro, tanto a Rússia quanto a Alemanha têm razão em chamar seus sistemas de socialistas.

Se nazistas e bolcheviques têm razão ao denominar-se partidos dos trabalhadores é outra questão. O *Manifesto do Partido Comunista* diz: "*O movimento proletário é movimento independente e autoconsciente da imensa maioria*" e é nesse sentido que os antigos marxistas definiam um partido de trabalhadores. Os proletários, explicavam eles, são a imensa maioria da nação. Eles próprios, não um governo benevolente ou uma minoria bem intencionada, tomam o poder e estabelecem o socialismo. Porém, os bolcheviques abandonaram esse esquema. Uma pequena minoria proclama-se a vanguarda do proletariado, assume a ditadura, dissolve à força o parlamento eleito pelo voto universal e governa com seu próprio direito e força. Claro que essa minoria governante afirma que aquilo que ela faz é o que melhor atende os interesses dos muitos e, aliás, da sociedade como um todo. Mas essa sempre foi a pretensão dos governantes oligárquicos.

Os bolcheviques estabeleceram o precedente. O sucesso do bando de Lenin incentivou a gangue de Mussolini e as tropas de Hitler. Tanto o fascismo italiano quanto o nazismo germânico adotaram os métodos políticos da Rússia soviética[116]. A única diferença entre o nazismo e o bolchevismo é que os nazistas

---

[116] Poucas pessoas percebem que o programa econômico do fascismo italiano, o *stato corporativo*, não era diferente do programa do socialismo de guildas britânico, tal como propagado durante a

tiveram uma minoria bem maior nas eleições que antecederam seu golpe de Estado do que os bolcheviques tiveram nas eleições russas no outono de 1917.

Os nazistas não apenas imitaram as táticas bolcheviques de tomada de poder. Copiaram muito mais. Importaram da Rússia o sistema de partido único e o papel privilegiado desse partido e de seus membros na vida pública, a posição suprema da polícia secreta, a organização de partidos afiliados no estrangeiro, os quais são usados na luta contra seus governos domésticos, na sabotagem e na espionagem, com o apoio de fundos públicos e com a proteção do serviço diplomático e consular, a execução administrativa e a prisão de adversários políticos, campos de concentração, a punição infligida a famílias de exilados, os métodos de propaganda. Eles tomaram emprestado dos marxistas até mesmo absurdos, como o modo de tratamento, camarada do partido (*Parteigenosse*), derivado do camarada (*Genosse*) marxista, e o uso de uma terminologia militar para todos os itens da vida civil e econômica[117]. A questão não é em quais aspectos os dois sistemas se assemelham, mas em quais diferem.

Já se mostrou em que diferem os padrões socialistas de Rússia e Alemanha[118]. Essas diferenças não se devem a nenhuma disparidade em suas visões filosóficas básicas. Elas são a consequência necessária das diferenças nas condições econômicas dos dois países. O padrão russo era inaplicável na Alemanha, cuja população não pode viver numa condição de autossuficiência. O padrão alemão parece muito ineficiente quando comparado com o sistema capitalista, incomparavelmente mais eficiente, mas ele é muito mais eficiente do que o método russo. Os russos vivem num nível econômico muito baixo, apesar da riqueza inexaurível de seus recursos naturais.

Primeira Guerra Mundial e nos anos seguintes pelos mais eminentes socialistas britânicos e por alguns continentais. A mais brilhante exposição dessa doutrina é o livro *A Constitution for the Socialist Commonwealth of Great Britain*, de Sidney Webb e Beatrice Webb (1858-1943), respectivamente Lorde e Lady Passfield, publicado em 1920. Em comparação com esse volume, os discursos de Mussolini e os textos dos professores italianos da *economia corporativa* parecem desajeitados. Claro que nem os socialistas de esquerda britânicos nem os fascistas italianos jamais fizeram qualquer tentativa séria de colocar em prática esse programa amplamente anunciado. Sua realização levaria ao caos total. O regime econômico da Itália fascista era, na verdade, uma imitação abortiva do *Zwangswirtschaft* alemão. Ver: MISES, Ludwig von. *Nationalökonomie*. Genebra: editions Union, 1940. p. 705-15.

117 Para uma comparação dos dois sistemas, ver: EASTMAN, Max. *Stalin's Russia*. Nova York: W.W. Norton & Co., 1940. p. 83-94.

118 Ver acima, p. 57-58.

Há desigualdade de rendas e de padrões de vida nos dois países. Seria inútil tentar determinar se a diferença nos padrões de vida do camarada do partido Goering e o camarada médio do partido é maior ou menor que a diferença entre o padrão do camarada Stalin e *seus* camaradas. O traço característico do socialismo não é a igualdade de renda, mas o controle total das atividades empresariais pelo governo, o poder exclusivo do governo de usar todos os meios de produção.

Os nazistas não rejeitam o marxismo porque ele almeja o socialismo, mas porque, como eles dizem, ele propõe o internacionalismo[119]. O internacionalismo de Marx não era nada além da aceitação de ideias setecentistas sobre as causas primeiras da guerra: os príncipes querem lutar entre si porque querem engrandecer-se por meio da conquista, ao passo que as nações livres não cobiçam as terras dos vizinhos. Porém, nunca ocorreu a Marx que essa propensão para a paz depende da existência de uma sociedade de mercado desimpedido. Nem Marx nem sua escola algum dia conseguiram apreender o sentido dos conflitos internacionais num mundo de etatismo e de socialismo. Eles se contentavam com a afirmação de que, na Terra Prometida do socialismo, não haveria mais conflito nenhum.

Já vimos o papel questionável que o problema da manutenção da paz desempenhou na segunda Internacional. Para a Rússia soviética, a terceira Internacional foi apenas um instrumento em sua guerra infatigável contra todos os governos estrangeiros. Os soviéticos anseiam tanto por conquista quanto qualquer conquistador do passado. Eles não cederam um centímetro das conquistas anteriores dos tzares, exceto quando foram obrigados. Aproveitaram cada oportunidade para expandir seu império. Claro que eles não usam mais os antigos pretextos de conquista tzaristas. Eles desenvolveram uma nova terminologia para esse fim. Porém, isso não facilita em nada a vida dos dominados.

Aquilo que os nazistas realmente têm em mente ao acusar a mente judia de internacionalismo é a teoria liberal do livre-comércio e das vantagens mútuas da divisão internacional do trabalho. Os judeus, dizem eles, querem corromper o espírito de heroísmo inato dos arianos com as doutrinas falaciosas das vantagens da paz. Seria difícil superestimar de maneira mais imprecisa a contribuição dos judeus à civilização moderna. A cooperação pacífica entre nações certamente é

---

[119] De maneira análoga, muitos autores cristãos rejeitam o bolchevismo apenas porque ele é anticristão. Ver: BERDYAEV, Nicolai. *The Origin of Russian Communism*. Londres: University of Michigan Press, 1937, p. 217-225.

mais do que um resultado de maquinações judias. O liberalismo e a democracia, o capitalismo e o comércio internacional não são invenções judias.

Por fim, os nazistas dizem que a mentalidade empresarial é judia. Tácito nos informa que as tribos germânicas de seu tempo consideravam desajeitado e vergonhoso adquirir com o suor aquilo que poderia ser adquirido com derramamento de sangue. Esse é também o primeiro princípio moral dos nazistas. Eles desprezam os indivíduos e as nações ansiosas por lucrar servindo outras pessoas. A seus olhos, o roubo é a maneira mais nobre de ganhar a vida. Werner Sombart contrastou dois espécimes de ser humano: o comerciante (*Häändler*) e o herói (*Helden*). Os britânicos são comerciantes e os alemães, heróis. Porém, com maior frequência o epíteto de comerciante é atribuído aos judeus.

Os nazistas simplesmente chamam tudo o que é contrário a suas próprias doutrinas e princípios de judeu e comunista. Quando executam reféns nos países ocupados, sempre declaram que puniram judeus e comunistas. Eles chamam o presidente dos Estados Unidos de judeu e comunista. Aquele que não está disposto a render-se a eles é, por isso mesmo, inequivocamente judeu. No dicionário nazista, os termos "judeu" e "comunista" são sinônimos de não nazista.

3. O INTERVENCIONISMO E A DISCRIMINAÇÃO LEGAL CONTRA OS JUDEUS

Na época anterior à ascensão do liberalismo, os indivíduos que professavam um certo credo religioso formavam uma ordem, uma casta própria. O credo determinava o pertencimento a um grupo que atribuía a cada membro privilégios e desqualificações (*privilegia odiosa*). Em apenas alguns países o liberalismo aboliu esse estado de coisas. Em muitos países europeus, nos quais em todos os outros aspectos é concedida liberdade de consciência e de prática religiosa, além da igualdade de todos os cidadãos perante a lei, o direito matrimonial e o registro de nascimentos, casamentos e óbitos permanece separado para cada grupo religioso. O pertencimento a uma igreja ou comunidade religiosa guarda um caráter jurídico peculiar. Cada cidadão é obrigado a pertencer a algum dos grupos religiosos e transfere essa qualidade aos filhos. O pertencimento e o procedimento a serem observados em casos de mudança de adesão religiosa são regulados por lei pública. Provisões especiais são feitas para as pessoas que não querem pertencer a nenhuma comunidade religiosa. Esse estado de coisas possibilita estabelecer a lealdade religiosa e de seus antepassados com precisão jurídica da mesma maneira como o parentesco pode ser determinado em casos de herança.

A importância desse fato pode ser elucidada contrastando-o com as condições relacionadas ao pertencimento a um grupo linguístico. O pertencimento a um grupo linguístico nunca teve qualidade de casta. Era e é uma questão de fato, mas não um *status* jurídico[120]. Via de regra, é impossível estabelecer o grupo linguístico a que pertenciam os antepassados de um morto. As únicas exceções são os antepassados que eram personalidades eminentes, escritores ou líderes políticos de grupos linguísticos. Também é impossível, na maioria dos casos, determinar se um homem mudou sua adesão linguística em algum momento de seu passado. Aquele que fala alemão e se declara alemão raramente precisa temer que essa declaração seja provada falsa por indícios documentais de que seus pais ou de que ele próprio no passado não eram alemães. Nem mesmo um sotaque estrangeiro o trairia. Em países de população linguisticamente mista, o sotaque e a inflexão de cada grupo influenciam-se mutuamente. Entre os líderes do nacionalismo alemão nas partes orientais da Alemanha e na Áustria, na Tchecoslováquia e nos outros países orientais, havia muitos homens que falavam alemão com forte sotaque eslavo, húngaro e italiano, cujos nomes soavam estrangeiros ou que tinham apenas pouco tempo antes trocado seus nomes nativos por nomes de sonoridade alemã. Havia até membros das SS nazistas cujos parentes vivos não entendiam alemão. Muitas vezes acontecia de irmãos e irmãs pertencerem a grupos linguísticos diversos. Não se podia tentar discriminar legalmente contra esses neófitos porque era impossível determinar os fatos de maneira juridicamente inquestionável.

Numa sociedade de mercado desimpedido, não há discriminação jurídica contra ninguém. Todos têm o direito de obter o lugar dentro do sistema social no qual podem trabalhar com sucesso e ganhar a vida. O consumidor tem a liberdade de discriminar, desde que esteja disposto a pagar o custo. Um tcheco ou um polonês podem preferir comprar a custo mais alto numa loja de propriedade de um eslavo em vez de comprar mais barato e melhor numa loja de propriedade de um alemão. Um antissemita pode dispensar ser curado de uma doença terrível usando o remédio "judeu" Salvarsan e recorrer a um remédio menos eficaz. Esse poder arbitrário é aquilo que os economistas chamam de soberania do consumidor.

---

[120] Podemos desconsiderar certas tentativas ocasionais, feitas na antiga Áustria, de dar estatuto jurídico ao caráter linguístico de um homem.

O intervencionismo significa discriminação compulsória, a qual promove os interesses de uma minoria de cidadãos aos custos da maioria. Mesmo assim, a discriminação pode ser aplicada também numa comunidade democrática. Vários grupos minoritários formam uma aliança e, portanto, um grupo majoritário a fim de obter privilégios para cada um deles. Por exemplo, os produtores de trigo de um país, os pecuaristas e os vinhateiros formam um partido agropecuário. Eles conseguem obter discriminações contra competidores estrangeiros e, portanto, privilégios para cada um dos três grupos. Os custos do privilégio concedido aos vinhateiros oneram o resto da comunidade — incluindo os pecuaristas e os produtores de trigo — e assim por diante para os outros.

Quem quer que veja os fatos desde esse ângulo — e, logicamente, eles não podem ser vistos por nenhum outro — percebe que os argumentos apresentados em favor dessa suposta política a favor dos produtores não se sustentam. Um grupo minoritário sozinho não poderia obter nenhum desses privilégios porque a maioria não toleraria. Porém, se todos os grupos minoritários, ou um número suficiente deles, obtiver um privilégio, cada grupo que não obtém um privilégio mais valioso do que o resto vai sofrer. A ascendência política do intervencionismo deve-se a não reconhecer essa verdade óbvia. As pessoas favorecem a discriminação e os privilégios porque não percebem que elas próprias são consumidoras e, nesse sentido, têm de pagar a conta. No caso do protecionismo, por exemplo, elas acreditam que somente os estrangeiros discriminados pelas tarifas de importação são prejudicados. É verdade que os estrangeiros são prejudicados, mas não apenas eles: os consumidores que precisam pagar preços mais altos sofrem junto.

Agora, onde quer que haja minorias judaicas — e, em todo país, os judeus são apenas uma minoria — é tão fácil discriminá-los legalmente quanto discriminar os estrangeiros porque a qualidade de ser judeu pode ser estabelecida da maneira juridicamente válida. É possível tornar bastante plausível a discriminação contra essa minoria indefesa. Ela parece promover os interesses de todos os não judeus. As pessoas não percebem que ela certamente prejudicará os interesses dos não judeus também. Se o acesso dos judeus à carreira médica é bloqueado, os interesses dos médicos não judeus são promovidos, mas os interesses dos doentes são prejudicados. Sua liberdade de escolher o médico em que confiam é restringida. Aqueles que não querem consultar um médico judeu não ganham nada, mas aqueles que querem são prejudicados.

Na maioria dos países europeus, é tecnicamente viável discriminar legalmente contra os judeus e contra os filhos dos judeus. Também é politicamente viável porque os judeus costumam ser minorias insignificantes cujos votos não contam muito nas eleições. E, por fim, isso é considerado economicamente razoável numa época em que a interferência governamental para a proteção do produtor menos eficiente contra competidores mais eficientes e mais baratos é considerada uma política benéfica. O dono de mercearia não judeu pergunta: "Por que não me proteger também? Vocês protegem o manufatureiro e o fazendeiro contra os estrangeiros que produzem melhor e a menor custo. Vocês protegem o trabalhador contra a competição do trabalho imigrante. Vocês deveriam me proteger contra a competição do meu vizinho, o dono de mercearia judeu".

A discriminação não precisa ter nada a ver com ódio ou com repugnância em relação àqueles aos quais é aplicada. Os suíços e os italianos não odeiam os americanos ou suecos. Mesmo assim, eles discriminam os produtos americanos e suecos. As pessoas nunca gostam de concorrentes. Porém, para o consumidor, os estrangeiros que lhe fornecem bens não são competidores, mas fornecedores. O médico não-judeu pode odiar seu concorrente judeu. Porém, ele pede a exclusão dos judeus da profissão médica precisamente porque muitos pacientes não judeus não apenas não odeiam médicos judeus como ainda os preferem a muitos médicos não judeus e os pagam. O fato de que as leis raciais nazistas impõem pesadas penalidades ao ato sexual entre judeus e "arianos" não indica a existência de ódio entre esses dois grupos. Seria desnecessário impedir pessoas que se odeiam de ter relações sexuais. Porém, numa investigação dedicada aos problemas políticos do nacionalismo e do nazismo, não precisamos lidar com as questões de patologia sexual envolvidas. Estudar os complexos de inferioridade e a perversão sexual responsável pelas leis raciais de Nuremberg e pelos bestialismos sádicos exibidos na morte e na tortura de judeus é tarefa para a psiquiatria.

Num mundo onde as pessoas aprenderam o sentido de uma sociedade de mercado e, portanto, defendem uma política pró-consumidor, não existe discriminação legal contra judeus. Quem quer que não goste de judeus pode, nesse mundo, não dar seu dinheiro a donos de lojas judeus, a médicos judeus, a advogados judeus. Por outro lado, num mundo de intervencionismo, só um milagre pode, em longo prazo, impedir a discriminação legalizada dos judeus. A política de proteger o produtor doméstico menos eficiente do produtor estrangeiro mais eficiente, o artesão do manufatureiro e a loja pequena da loja de departamentos e das cadeias de lojas seria incompleta se não protegesse o "ariano" do judeu.

Muitas décadas de propaganda antissemita intensiva não conseguiram impedir os "arianos" alemães de comprar em lojas de judeus, de consultar médicos e advogados judeus e de ler livros de autores judeus. Eles não davam seu dinheiro ao judeu sem saber o que faziam — os concorrentes "arianos" sempre faziam questão de lhes dizer várias vezes que aquelas pessoas eram judias. Quem quer que quisesse se livrar de seus competidores judeus não podia confiar num suposto ódio aos judeus. Precisava pedir que eles fossem discriminados legalmente.

Essa discriminação não resulta de nacionalismo ou de racismo. Ela é, basicamente — assim como o nacionalismo —, um resultado do intervencionismo e da política de favorecer o produtor menos eficiente em detrimento do consumidor.

Praticamente todos os autores que tratam do problema do antissemitismo tentaram demonstrar que os judeus, de algum jeito, por meio de seu comportamento ou de suas atitudes, instigaram o antissemitismo. Até os autores judeus e os oponentes não judeus do antissemitismo compartilham essa opinião. Eles também buscam as culpas judias que motivam o antissemitismo dos não judeus. Porém, se a causa do antissemitismo pudesse realmente ser encontrada nos traços distintivos dos judeus, essas propriedades teriam de ser virtudes e méritos extraordinários que qualificariam os judeus como a elite da humanidade. Se os judeus mesmos são culpados do fato de que aqueles cujos ideais são a guerra e o banho de sangue perpétuos, que cultuam a violência e anseiam por destruir a liberdade, consideram-nos os mais perigosos oponentes de seus esforços, deve ser porque os judeus são os grandes campeões da liberdade, da justiça e da cooperação pacífica entre as nações. Se os judeus incorreram no ódio dos nazistas por sua própria conduta, sem dúvida é porque aquilo que era grande e nobre na nação alemã, todas as realizações imortais do passado alemão, ou foi obra de judeus ou é afim à mente judaica. Como aqueles que desejam destruir a civilização moderna e voltar à barbárie colocaram o antissemitismo no topo de seus programas, essa civilização é, aparentemente, uma criação dos judeus. Nada mais lisonjeiro poderia ser dito de um indivíduo ou de um grupo do que dizer que os inimigos mortais da civilização têm razões fundamentadas para persegui-los.

A verdade é que, enquanto os judeus são os objetos do antissemitismo, sua conduta e suas qualidades não desempenharam um papel decisivo na incitação e na disseminação de sua versão moderna. Que eles formam uma minoria em todo lugar onde podem ser legalmente definidos de maneira precisa faz com que seja tentador, numa era de intervencionismo, discriminá-los. Os judeus, é claro, contribuíram para a ascensão da civilização moderna. Porém, essa civilização não é nem completamente, nem predominantemente realização deles. A paz e a liberdade, a razão e o pensamento, não são especificamente judeus. Muitas coisas boas e más acontecem na terra sem a participação dos judeus. Os antissemitas exageram grosseiramente quando veem nos judeus os grandes representantes da cultura moderna e os responsabilizam exclusivamente pelo fato de que o mundo mudou desde os séculos das invasões bárbaras[121].

Na idade das trevas, pagãos, cristãos e muçulmanos perseguiam os judeus por causa de sua religião. Esse motivo perdeu muito de sua força e ainda é válido apenas para relativamente poucos católicos e fundamentalistas que responsabilizam os judeus pela disseminação do livre pensamento. E essa ideia também é equivocada. Nem Hume nem Kant, nem Laplace nem Darwin eram judeus. A alta crítica da Bíblia foi desenvolvida por teólogos protestantes[122]. Os rabinos judeus opuseram-se a ela com rancor por muitos anos.

Nem o liberalismo, o capitalismo ou a economia de mercado são realizações judias. Alguns tentam justificar o antissemitismo denunciando os judeus como capitalistas e defensores do *laissez-faire*. Outros antissemitas — e, com frequência, os mesmos — culpam os judeus por serem comunistas. Essas acusações contraditórias anulam-se mutuamente. Porém, é um fato que a propaganda anticapitalista contribuiu muito para a popularidade do antissemitismo. Mentes simples não aprendem o sentido dos termos abstratos "capital" e "exploração", "capitalistas" e "exploradores"; elas colocam "judeus" no lugar deles. Porém, mesmo que os judeus fossem mais impopulares com algumas pessoas do que realmente acontece, não haveria discriminação contra eles se eles não fossem uma minoria que pode ser distinguida de maneira legalmente clara de outras pessoas.

4. A "facada nas costas"

O fim da Primeira Guerra Mundial expôs inequivocamente o núcleo do dogma nacionalista alemão. Erich Ludendorff, ídolo dos nacionalistas, teve de

---

121 Estamos lidando aqui com condições na Europa central e ocidental e nos Estados Unidos. Em muitas partes do Leste Europeu as coisas eram diferentes. Ali, a civilização moderna de fato era, predominantemente, uma realização judaica.
122 O bispo Alois Hudal (1885-1963) considera David Friedrich Strauss (1808-1874), a grande figura da crítica alemã, "não ariano" (*Op. cit.*, p. 23). Isso é incorreto: Strauss não tinha antepassados judeus (ver sua biografia escrita por Theodor Ziegler, I, 4-6). Por outro lado, anticatólicos nazistas dizem que Santo Inácio de Loyola (1491-1556), fundador da ordem jesuíta, tinha origem judia (SELDES, G., *op. cit.*, p. 261). Não existe prova dessa afirmação.

confessar ele próprio que a guerra estava perdida, que o Reich sofrera uma derrota esmagadora. A notícia dessa derrota não tinha sido prevista pela nação. Durante mais de quatro anos, o governo dissera ao povo crédulo que a Alemanha era vitoriosa. Não havia dúvida de que os exércitos alemães tinham ocupado quase o território inteiro da Bélgica e diversos departamentos da França, ao passo que os exércitos aliados tinham apenas alguns quilômetros quadrados do território do Reich. Os exércitos alemães tinham conquistado Bruxelas, Varsóvia, Belgrado e Bucareste. A Rússia e a Romênia tinham sido obrigadas a assinar tratados de paz ditados pela Alemanha. Olhem o mapa, diziam os estadistas alemães, se querem ver quem é vitorioso. A marinha britânica, gabavam-se eles, tinha sido varrida do mar do Norte e arrastava-se para os portos. A marinha mercante britânica era uma presa fácil para os submarinos alemães. Os ingleses passavam fome. Os cidadãos de Londres não conseguiam dormir com medo dos Zeppelins. Os Estados Unidos não estavam em posição de salvar os Aliados. Os americanos não tinham exército e, se tivessem, não teriam os navios para mandá-lo para a Europa. Os generais alemães tinham provado sua engenhosidade: Paul von Hindenburg, Erich Ludendorff e August von Mackensen (1849-1945) tinham se equiparado aos mais famosos líderes do passado e, nas Forças Armadas alemãs todos eram heróis, acima de tudo todos os intrépidos pilotos e as tripulações inabaláveis dos submarinos.

E agora, o colapso! Algo terrível e assustador tinha acontecido e a única explicação era a traição. Outra vez um traidor tinha emboscado o vencedor desde um canto oculto e seguro. Outra vez Hagen matava Siegfried. O exército vitorioso tinha sido apunhalado pelas costas. Enquanto os homens alemães combatiam o inimigo, adversários domésticos incitaram o povo do país à rebelião de novembro, o mais infame crime das eras. Não foi o *front* externo, mas o *front* interno que fracassou. Os culpados não eram nem os soldados, nem os generais, mas os fracotes do governo civil e do Reichstag que não contiveram a rebelião.

A vergonha e a contrição pelos acontecimentos de novembro de 1918 eram maiores entre os aristocratas, oficiais e notáveis nacionalistas porque eles agiram naqueles dias de um modo que eles próprios muito rapidamente acabariam considerando escandaloso. Vários oficiais em navios de guerra tentaram deter os amotinados, mas quase todos os outros oficiais curvaram-se à revolução. Vinte e dois tronos alemães foram esmagados sem qualquer tentativa de resistência. Dignatários da corte, ordenanças, ajudantes e guarda-costas silenciosamente aquiesceram quando os príncipes a quem tinham feito juramentos de lealdade pessoal até à morte foram destronados. O exemplo dado outrora pelos guardas suíços que morreram por Luís XVI e por sua consorte não foi imitado. Não havia sequer um vestígio do partido da pátria e dos nacionalistas quando as massas atacaram os castelos dos vários reis e duques.

A autoestima daquelas almas desalentadas encontrou a salvação quando alguns generais e líderes nacionalistas encontraram uma justificativa e uma desculpa: tinha sido obra dos judeus. A Alemanha era vitoriosa na terra, no mar e no ar, mas os judeus tinham dado uma facada nas costas das forças vitoriosas. Quem quer que ousasse refutar essa lenda era ele próprio denunciado como judeu ou como serviçal a soldo dos judeus. Nenhum argumento racional podia abalar a lenda. Ela tinha sido despedaçada. Cada um de seus trechos tinha sido demonstrado falso pelas evidências documentais. Uma massa avassaladora de material tinha sido trazida para sua refutação — em vão.

É preciso entender que o nacionalismo alemão conseguiu sobreviver à derrota da Primeira Guerra Mundial somente graças à lenda da facada nas costas. Sem ela, os nacionalistas teriam sido obrigados a abandonar seu programa, integralmente baseado na tese da superioridade militar alemã. A fim de manter esse programa, era indispensável poder dizer à nação: "Demos uma nova prova da nossa invencibilidade. Porém, nossas vitórias não nos trouxeram sucesso porque os judeus sabotaram nosso país. Se eliminarmos os judeus, nossas vitórias trarão sua recompensa".

Até aquela época, o antissemitismo tinha desempenhado apenas um pequeno papel na estrutura das doutrinas do nacionalismo alemão. Era só uma trama secundária, não uma questão política. Os esforços de discriminar os judeus vinham do intervencionismo, assim como o nacionalismo. Mas eles não desempenhavam um papel vital no sistema do nacionalismo político alemão. Agora o antissemitismo se tornava o ponto focal do credo nacionalista, sua questão principal. Esse era seu sentido na política doméstica. E muito rapidamente ele adquiriu igual importância nas relações exteriores.

5. O antissemitismo como fator na política internacional

Foi uma constelação muito estranha de forças políticas que transformou o antissemitismo num importante fator da política mundial.

Nos anos anteriores à Primeira Guerra Mundial, o marxismo varreu, triunfante, os países anglo-saxões. A opinião pública na Grã-Bretanha caiu no feitiço das doutrinas neomarxistas sobre o imperialismo, segundo as quais as guerras são travadas apenas por causa dos interesses de classe egoístas do capital. Os intelectuais e os partidos da esquerda sentiam muita vergonha da participação da Inglaterra na guerra. Eles estavam convencidos de que era moralmente injusto e politicamente insensato obrigar a Alemanha a pagar reparações e restringir seus armamentos. Eles estavam firmemente decididos a nunca mais deixar a Grã-Bretanha travar uma guerra. Fechavam os olhos de propósito para cada fato desagradável que pudesse enfraquecer sua ingênua confiança na onipotência da Liga das Nações. Superestimavam a eficácia das sanções e de medidas como a criminalização da guerra pelo Pacto Kellogg-Briand[123]. Favoreciam, para seu país, uma política de desarmamento que deixava o Império Britânico quase indefeso num mundo que se preparava incansavelmente para novas guerras.

Porém, ao mesmo tempo, as pessoas pediam ao governo britânico e à Liga das Nações para frear as aspirações das potências "dinâmicas" e para proteger, usando quaisquer meios — menos a guerra —, a independência das nações mais fracas. Elas usavam um linguajar forte contra o Japão e contra a Itália, porém, praticamente incentivavam, com sua oposição aos armamentos e com seu pacifismo incondicional, as políticas imperialistas desses países. Elas contribuíram, na Grã-Bretanha, para rejeitar as propostas do secretário Henry L. Stimson (1867-1950) para deter a expansão japonesa na China. Frustraram o Pacto Hoare-Laval[124], que teria deixado ao menos parte da Abissínia independente, mas não levantaram um dedo quando a Itália ocupou o país inteiro. Não mudaram de política quando Adolf Hitler tomou o poder e imediatamente começou a preparar-se para guerras que pretendiam dar à Alemanha a preponderância no conti-

---

[123] Assinado em 27 de agosto de 1928 e também conhecido como Pacto de Paris, este tratado internacional rascunhado pelo secretário de Estado norte-americano Frank B. Kellogg (1856-1937) e pelo ministro das relações internacionais francês Aristide Briand (1862-1932), teve 62 nações como signatárias, incluindo a Alemanha, a Itália, o Japão, a Rússia, a França, o Reino Unido e os Estados Unidos, dentre outras potências que, por intermédio do acordo diplomático, se comprometiam a renunciar à guerra como instrumento de política externa. (N. E.)

[124] Pacto secreto que foi proposto em 1936 pelo secretário britânico dos negócios estrangeiros Samuel Hoare (1880-1959), 1º Visconde de Templewood, ao primeiro-ministro francês Pierre Laval (1883-1945) que, com o intuito de finalizar a Segunda Guerra Ítalo-Etíope, iniciada em 1935, propunha oferecer à Itália a soberania sobre Ogaden e Tigré, dando a Benito Mussolini o domínio econômico so sul da Etiópia, mas preservando a autonomia do norte do país. (N. E)

nente europeu e, depois, no mundo inteiro. Sua política era uma política de avestruz diante da mais grave situação que a Grã-Bretanha teve de enfrentar[125].

Os partidos da direita não discordavam, em princípio, daqueles da esquerda. Eles só eram moderados no que diziam e ansiavam por encontrar um pretexto racional para a política de inatividade e de indolência na qual a esquerda aquiescia descontraidamente e sem pensar no futuro. Eles se consolavam com a esperança de que a Alemanha não planejava atacar a França, mas apenas combater a Rússia soviética. Era tudo pensamento positivo, uma recusa de ler os planos de Adolf Hitler expostos no livro *Mein Kampf* [*Minha Luta*], lançado originalmente em 1925. A esquerda ficou furiosa. Nossos reacionários, gritavam, estão ajudando Hitler porque estão colocando seus interesses de classe acima do bem-estar da nação. Porém, o incentivo que Hitler recebeu da Inglaterra não veio tanto dos sentimentos antissoviéticos de alguns membros das classes superiores, mas da condição dos armamentos britânicos pela qual a esquerda era ainda mais responsável do que a direita. A única maneira de deter Hitler teria sido gastar muito dinheiro para rearmar-se e retornar o alistamento militar obrigatório. A nação britânica inteira, não apenas a aristocracia, opunha-se fortemente a essas medidas. Sob essas condições, não deixava de ser razoável que um pequeno grupo de lordes e de plebeus ricos tentasse melhorar as relações entre os dois países. Claro que o plano não tinha perspectiva de sucesso. Os nazistas não podiam ser dissuadidos de seus objetivos por falas tranquilizadoras de ingleses com proeminência social. A repugnância popular britânica aos armamentos e ao alistamento militar obrigatório era um fator importante nos planos nazistas, mas as simpatias de uma dúzia de lordes não eram. Não era segredo que a Grã-Bretanha não conseguiria, bem no começo da nova guerra, mandar uma força expedicionária de sete divisões à França, como fizeram em 1914, que a Força Aérea real era numericamente muito inferior à Força Aérea alemã e que até a marinha britânica era menos tremenda do que nos anos entre 1914 e 1918. Os nazistas sabiam muito bem que muitos políticos na África do Sul opunham-se à participação desse domínio numa nova guerra e mantinham contatos próximos com os partidos antibritânicos nas Índias Ocidentais, no Egito e nos países árabes.

---

125 Uma manifestação impressionante dessa mentalidade é o livro *Which Way to Peace?* [*Que Caminho para a Paz?*], publicado por Bertrand Russell (1872-1970) em 1936. Uma crítica devastadora da política externa do Partido Trabalhista britânico aparece no editorial "The Obscurantists" ["Os obscurantistas"], em *Nineteenth Century and After*. no 769, março de 1941, p. 809-29.

O problema que a Grã-Bretanha tinha de enfrentar era simplesmente este: é do interesse da nação permitir que a Alemanha conquiste todo o continente europeu? O grande plano de Hitler era manter a Inglaterra neutra a todo custo até que se completassem as conquistas de França, Polônia, Tchecoslováquia e Ucrânia. Deveria a Grã-Bretanha prestar-lhe esse serviço? Quem respondesse a essa pergunta negativamente deveria não falar, mas agir. Porém, os políticos britânicos enterraram as cabeças na areia.

Considerando o estado da opinião pública britânica, a França deveria ter entendido que estava isolada e que enfrentaria o perigo nazista sozinha. Os franceses pouco sabiam da mentalidade alemã e das condições políticas germânicas. Porém, quando Hitler tomou o poder, todo político francês deveria ter percebido que o ponto principal de seus planos era a aniquilação da França. Claro que os partidos franceses de esquerda compartilhavam os preconceitos, as ilusões e os erros da esquerda britânica. Porém, na França havia um influente grupo nacionalista que sempre tinha desconfiado da Alemanha e defendido uma enérgica política antigermânica. Se os nacionalistas franceses em 1933 e nos anos posteriores tivessem defendido seriamente medidas para impedir o rearmamento alemão, teriam tido o apoio da nação inteira, com a exceção dos comunistas intransigentes. A Alemanha já tinha começado a rearmar-se na República de Weimar. Mesmo assim, em 1933 ela não estava pronta para uma guerra com a França, nem esteve nos anos seguintes. Ela teria sido obrigada ou a ceder a uma ameaça francesa ou a travar uma guerra sem perspectiva de sucesso. Naquela época, ainda era possível deter os nazistas com ameaças. E, mesmo que o resultado tivesse sido a guerra, a França teria tido força o suficiente para vencer.

Contudo, nesse momento aconteceu algo impressionante e inesperado. Aqueles nacionalistas franceses que, por mais de sessenta anos tinham sido fanaticamente antigermânicos, que escarneciam de tudo o que era alemão e que sempre tinham exigido uma política enérgica contra a República de Weimar, mudaram de opinião do dia para a noite. Aqueles franceses que desmereciam, chamando de judeus, todos os esforços para melhorar as relações franco-alemãs, que tinham atacado, denominando de maquinações judias, tanto os planos Dawes e Young[126] quanto

---

[126] Elaborado em agosto de 1924 por um comitê com representantes de dez países e presidido pelo financista e político norte-americano Charles G. Dawes (1865-1951) com o objetivo de viabilizar o pagamento das dívidas da Alemanha após o final da Primeira Guerra Mundial, em decorrência do Tratado de Versalhes, a proposta estabelecia as seguintes medidas: 1ª) A evacuação da região de Ruhr pelas tropas francesas; 2ª) O pagamento das indenizações começariam com 100 milhões de

os Tratados de Locarno[127] e que desconfiavam que a Liga das Nações fosse uma instituição judia, subitamente começaram a simpatizar com os nazistas. Eles se recusavam a reconhecer o fato de que Adolf Hitler ansiava por destruir a França de uma vez por todas. Hitler, sugeriam eles, é menos inimigo da França do que os judeus. Como um velho guerreiro, ele simpatiza com seus companheiros guerreiros franceses. Eles faziam pouco do rearmamento alemão. No mais, diziam, Hitler só está se rearmando para combater o bolchevismo judeu. O nazismo é o escudo da Europa contra o ataque dos judeus do mundo e seu maior representante, o bolchevismo. Os judeus anseiam por colocar a França em guerra contra os nazistas. Porém, a França sabe muito bem que não deve correr risco nenhum pelos judeus. A França não vai sangrar pelos judeus.

Não foi a primeira vez na história francesa que os nacionalistas colocaram seu antissemitismo acima de seu patriotismo francês. No caso Dreyfus, eles lutaram vigorosamente para permitir que um traiçoeiro oficial discretamente escapasse da punição enquanto um judeu inocente ficava na cadeia[128].

---

marcos e, em 4 anos, aumentariam até chegar em 250 milhões de marcos; 3ª) O Reichsbank, uma espécie do Banco Central da Alemanha, seria reorganizado sob supervisão dos aliados; 4ª) Empréstimos estrangeiros, com preferência dos Estados Unidos, seriam ofertados à Alemanha; 5ª) As fontes do capital para as indenizações seriam oriundas de tarifas alfandegárias, de taxas sobre os transportes e de impostos sobre mercadorias. Estas propostas foram aceitas pela Alemanha, que realizou os pagamentos da indenização até 1929 quando, diante da crise econômica decorrente da quebra da Bolsa de Nova York, se tornaram insustentáveis para o país germânico. Na busca de uma solução, foi elaborada uma nova proposta por uma comissão internacional, presidida pelo industrial e diplomata norte-americano Owen D. Young (1974-1962), que foi aceita pela Alemanha em 1930 e, por intermédio da qual, foram estabelecidas os respectivos pontos: 1º) Não pressionar a Alemanha a fazer o pagamento imediato das dívidas; 2º) Reduzir as obrigações alemãs dos originais 32,3 bilhões de dólares para somente 713 milhões de dólares; 3º) Cancelar os débitos de guerra das demais nações aliadas aos Estados Unidos. Em dezembro de 1932, o Congresso dos Estados Unidos rejeitou o perdão das dívidas tanto da Alemanha quanto dos países aliados e, em 1933, ao assumir o poder na Alemanha, os nazistas repudiaram o pagamento de qualquer indenização de guerra. (N. E.)
127 Tendo como fiadores o Reino Unido e a Itália, os sete tratados foram negociados pela Alemanha, pela Bélgica e pela França em 16 de outubro de 1925, na cidade de Locarno, na Suíça, e assinados em Londres no dia 1º de dezembro do mesmo ano. O objetivo destes acordos diplomáticos era garantir a manutenção das fronteiras entre a Bélgica e a Alemanha, bem entre esta última nação e a França. (N. E.)
128 Referência ao incidente favorável à propagação do antissemitismo na França tramada através de provas forjadas, que levou, em 1894, à condenação, à degradação e à prisão do capitão Alfred Dreyfus (1859-1935), um militar francês de origem judaica acusado de traição por supostamente entregar documentos secretos franceses ao Império Alemão, sendo descoberto em 1896 que o verdadeiro traidor era o comandante Charles-Ferdinand Walsin Esterhazy (1847-1923) sem, contudo, o inocente réu condenado ser libertado até 1906. (N. E.)

Já se disse que os nazistas corromperam os nacionalistas franceses. Talvez alguns políticos franceses tenham realmente aceitado propinas. Porém, politicamente, isso teve pouca importância. O Reich teria desperdiçado seus fundos. Os jornais e periódicos antissemitas tinham uma vasta circulação. Eles não precisavam de subsídios alemães. Hitler deixou a Liga, anulou as cláusulas do desarmamento do Tratado de Versalhes, ocupou a zona desmilitarizada do Reno, atiçou as tendências antifrancesas no norte da África. Os nacionalistas franceses majoritariamente criticavam esses atos somente para colocar toda a culpa nos adversários políticos da França: eram eles os culpados porque tinham adotado uma atitude hostil em relação ao nazismo.

Então Hitler invadiu a Áustria. Sete anos antes, a França tinha feito uma oposição vigorosa ao plano de uma união aduaneira austro-germânica. Agora, porém, o governo francês corria para reconhecer a violenta anexação da Áustria. Em Munique — em cooperação com a Grã-Bretanha e com a Itália —, ela forçou a Tchecoslováquia a ceder às reivindicações alemãs. Tudo isso com a aprovação da maioria dos nacionalistas franceses. Quando Mussolini, instigado por Hitler, proclamou as aspirações italianas para Savoia, Nice, Córsega e Túnis, as objeções dos nacionalistas foram tímidas. Nenhum Demóstenes ergueu-se para advertir a nação contra Filipe. Porém, se um novo Demóstenes tivesse se apresentado, os nacionalistas o teriam denunciado como filho de rabino ou sobrinho de algum Rothschild.

É verdade que a esquerda francesa também não se opôs aos nazistas e, nesse aspecto, ela não se distinguiu de seus amigos ingleses. Porém, isso não é desculpa para os nacionalistas. Eles foram influentes o bastante para induzir uma enérgica política antinazista na França. Porém, para eles, toda proposta de resistir realmente a Hitler era uma forma de perfídia judaica.

A nação francesa merece o crédito por amar a paz e por ter estado disposta a evitar a guerra mesmo ao custo do sacrifício. Porém, a questão não era essa. Não havia dúvida quanto às intenções dos nazistas. Naquelas condições, a única política apropriada teria sido frustrar os planos de Hitler a todo custo. Qualquer pessoa que ficasse falando dos judeus ao discutir as relações franco-alemãs abandonava a causa da própria nação. Era irrelevante se Hitler era amigo ou inimigo dos judeus. A existência da França estava em jogo. Somente isso tinha de ser considerado, não o desejo dos donos de lojas franceses ou dos médicos franceses de se livrar dos concorrentes judeus.

Foi por causa do antissemitismo que a França não impediu a tempo os esforços de Hitler, que negligenciou por muito tempo seus preparativos militares e que, por fim, quando já não era mais possível evitar a guerra, ela não estava pronta para lutar. Os antissemitas franceses serviram bem a Hitler. Sem eles, a nova guerra poderia ter sido evitada ou, ao menos, travada em condições muito mais favoráveis.

Quando a guerra veio, ela foi estigmatizada pela direita francesa como uma guerra por causa dos judeus e pelos comunistas franceses como uma guerra por causa do capitalismo. A impopularidade da guerra paralisou as mãos dos chefes militares. Retardou o trabalho nas fábricas de armamentos. Desde um ponto de vista militar, em junho de 1940 as coisas não estavam piores do que no começo de setembro de 1914 e menos desfavoráveis do que em setembro de 1870. Léon Gambetta (1838-1882), Georges Clemenceau (1841-1929) ou Aristid Briand (1862-1932) não teriam capitulado. Nem Georges Mandel (1885-1944). Porém, Mandel era judeu, o que o desqualificava para a liderança política. Assim, aconteceu o inacreditável: a França renegou seu passado, rotulou de judias as memórias de maior orgulho de sua história e celebrou a perda de sua independência política como uma revolução nacional e uma regeneração de seu verdadeiro espírito.

Não apenas na França, mas no mundo inteiro, o antissemitismo serviu de propaganda para o nazismo. O efeito nocivo do intervencionismo e de suas tendências à discriminação era tal que muita gente boa ficou incapacitada para avaliar problemas de política estrangeira desde qualquer ponto de vista que não fosse sua fome de discriminar seus concorrentes de sucesso. A esperança de ser libertado de um concorrente judeu fascinava as pessoas enquanto elas esqueciam tudo o mais, a independência de sua nação, a liberdade, a religião, a civilização. Havia e há partidos pró-nazista no mundo inteiro. Todo país europeu tem seus Quislings. Quisling comandou exércitos cujo dever era defender seu país. Eles capitularam de maneira ignominiosa, cooperaram com os invasores, tiveram a imprudência de chamar sua traição de verdadeiro patriotismo. Os nazistas têm um aliado em cada cidade ou aldeia onde há um homem ansioso por livrar-se de um concorrente judeu. A arma secreta de Hitler são as inclinações antijudaicas de muitos milhões de donos de lojas e de mercearias, de médicos e de advogados, de professores e de escritores.

A guerra atual só teve origem por causa do antissemitismo. Somente o antissemitismo possibilitou que os nazistas restaurassem a fé do povo alemão na invencibilidade de suas Forças Armadas levando, assim, a Alemanha outra vez à política de agressão e à luta por hegemonia. Somente o emaranhado antissemita de grande parte da opinião pública francesa impediu a França de conter Hitler quando ele ainda podia ser detido sem guerra. E foi o antissemitismo que ajudou os exércitos alemães a encontrar, em cada país europeu, homens dispostos a abrir-lhes as portas.

A humanidade pagou um preço realmente alto pelo antissemitismo.

CAPÍTULO IX
A República de Weimar e seu colapso

1. A Constituição de Weimar

O principal argumento apresentado em favor do militarismo Hohenzollern era sua suposta eficiência. A democracia, diziam os professores nacionalistas, pode ser uma forma de governo adequada a países pequenos, cuja independência é protegida pelas rivalidades mútuas das grandes potências, ou para nações como a Inglaterra e os Estados Unidos, protegidos por sua situação geográfica. Na Alemanha, porém, a situação é outra. A Alemanha é cercada de nações hostis. Ela está sozinha no mundo, suas fronteiras não são protegidas por barreiras naturais, sua segurança se baseia em seu exército, feito particular da casa de Hohenzollern. Seria uma tolice entregar esse instrumento invencível a um parlamento, a um corpo de civis falastrões e incompetentes.

Agora, porém, a Primeira Guerra Mundial tinha levado a uma derrota esmagadora e destruído o velho prestígio da família real, dos junkers, dos oficiais e dos funcionários públicos. O sistema parlamentar do ocidente tinha apresentado evidências de sua superioridade militar. A guerra a que o presidente Woodrow Wilson tinha atribuído o objetivo de tornar o mundo seguro para a democracia parecia um ordálio de fogo para a democracia. Os alemães começaram a rever seus credos políticos. Eles se voltaram para a democracia. O termo "democracia", quase esquecido por meio século, voltou a se popularizar nas últimas semanas da guerra. A democracia significava, nas mentes dos alemães, o retorno às liberdades civis, os direitos do homem, suspensos durante a guerra, e, acima de tudo, a substituição do governo parlamentar pelo semidespotismo monárquico. Esses pontos estavam, como todo alemão sabia, implicados no programa oficial do partido parlamentar mais numeroso, o social-democrata. Os homens esperavam que os sociais-democratas agora fossem realizar os princípios democráticos de seu programa e estavam prontos para apoiar esse partido em seus esforços de reconstrução política.

Porém, das fileiras dos marxistas veio uma resposta que ninguém fora do pequeno grupo de especialistas marxistas profissionais poderia ter previsto. Nós, proletários com consciência de classe, proclamavam os marxistas, não temos nada a ver com seus conceitos burgueses de liberdade, de parlamentarismo e de democracia. Não queremos a democracia, mas a ditadura do proletariado, isto é, a nossa ditadura. Não estamos preparados para conceder a vocês, parasitas burgueses, os direitos do homem, a dar-lhes o direito ao voto e representação parlamentar. Somente os marxistas e os proletários vão governar a partir de agora. Se vocês interpretaram mal nossa posição sobre a democracia, o erro é seu. Se tivessem estudado os textos de Marx com cuidado, vocês estariam melhor informados.

No segundo dia da revolução, os sociais-democratas em Berlim nomearam um novo governo para o Reich, os Mandatários do Povo. Esse governo era uma ditadura dos sociais-democratas. Era formado pelos delegados apenas daquele partido e não havia planos de dar aos outros partidos uma participação no governo[129].

Ao fim da guerra, o velho Partido Social-Democrata foi dividido em três grupos: os socialistas majoritários, os socialistas independentes e os comunistas. Metade dos membros do governo pertencia aos socialistas majoritários, a outra metade aos socialistas independentes. O mais radical dos três grupos não participou do estabelecimento do governo por abominar a cooperação com a maioria de socialistas moderados, acusados por eles de traidores sociais. Esses radicais, o grupo Spartacus ou Partido Comunista, exigia o extermínio imediato da burguesia. Seu programa resumido era: todo o poder deve ficar nas mãos dos sovietes de trabalhadores e de soldados. Eles rejeitavam energicamente todo plano de conceder direitos políticos a pessoas que não eram membros de seu próprio partido e opunham-se fanaticamente ao sistema parlamentar. Queriam organizar a Alemanha segundo o padrão soviético e "liquidar" a burguesia à maneira russa. Estavam

---

[129] É importante entender que os sociais-democratas, apesar de ser o maior grupo individual no Reichstag da Alemanha monárquica, tinha números muito menores do que todos os outros partidos combinados. Eles nunca obtiveram o apoio da maioria dos eleitores. Nunca durante a República de Weimar todos os partidos marxistas juntos conseguiram reunir uma maioria absoluta de votos ou conquistar uma maioria absoluta no Reichstag.

convencidos de que o mundo inteiro estava à beira da grande revolução proletária, a qual destruiria o capitalismo e estabeleceria o paraíso comunista perpétuo, e ansiavam por dar sua contribuição a essa gloriosa empreitada. Os socialistas independentes simpatizavam com as visões dos comunistas, mas não se pronunciavam tanto. Essa mesma reserva tornava-os dependentes dos comunistas, cuja expressão radical dava o tom. Os socialistas majoritários não tinham nem opiniões próprias nem uma ideia clara de qual política deveriam adotar. Sua irresolução não se devia a uma mudança de opinião quanto às suas convicções socialistas, mas à percepção de que grande parte dos trabalhadores alemães tinha levado a sério os pontos democráticos do programa social-democrata e se opunha ao abandono do parlamentarismo. Eles ainda acreditavam que socialismo e democracia eram compatíveis e, aliás, que o socialismo só pode realizar-se dentro de uma comunidade democrática. Eles não reconheciam nem a incompatibilidade entre socialismo e democracia nem entendiam por que a Alemanha deveria preferir o método russo de ditadura ao princípio ocidental da democracia.

Os comunistas ansiavam por tomar o poder por meio da violência. Eles confiavam no auxílio russo, mas sentiam-se fortes o bastante para conquistar mesmo sem essa assistência estrangeira, porque estavam plenamente convencidos de que a maioria esmagadora da nação alemã os apoiava. Assim, achavam desnecessário fazer preparativos especiais para o extermínio da burguesia. Enquanto os adversários ficassem quietos, era desnecessário dar o primeiro golpe. Se a burguesia começasse algo, seria fácil derrotá-la. E os primeiros acontecimentos confirmaram essa visão. No Natal de 1918, irrompeu em Berlim um conflito entre o novo governo e uma tropa comunista briguenta, a Divisão Popular de Marinheiros. Os marinheiros resistiam ao governo. Os Mandatários do Povo, em pânico, chamaram para ajudá-los um corpo ainda não dispersado do antigo exército, cuja guarnição ficava nos arredores de Berlim, uma tropa de cavalaria desmontada da antiga Guarda Real, comandada por um general aristocrático. Houve confusão. Então o governo mandou os guardas recuarem. Eles tinham obtido um ligeiro sucesso tático, mas o governo retirou suas forças por não ter confiança na própria causa. Não queria combater os "camaradas". Esse combate sem importância convenceu os socialistas independentes que o avanço vitorioso do comunismo não poderia ser detido. A fim de não perder sua popularidade e de não chegar tarde demais para participar no governo comunista prospectivo, eles retiraram seus representantes do corpo dos Mandatários do Povo. Os socialistas majoritários agora estavam sozinhos no governo, únicos responsáveis por tudo o que acontecia no Reich, pela anarquia crescente, pelo fornecimento insatisfatório de comida e de outras necessidades, pela rápida disseminação do desemprego. Aos olhos dos radicais, eles eram os defensores da reação e da injustiça.

Não podia haver dúvida quanto aos planos desses radicais. Eles ocupariam os prédios do governo e aprisionariam, talvez até matassem, os membros do governo. Em vão, Noske, que o governo nomeara comandante-em-chefe, tentou organizar uma tropa de socialistas majoritários. Nenhum social-democrata estava disposto a lutar contra os comunistas. A situação do governo parecia desesperada quando, em 5 de janeiro de 1919, os comunistas e socialistas independentes iniciaram a batalha nas ruas de Berlim e tomaram o controle da parte principal da capital. Porém, nesse risco supremo, o socorro apareceu.

Os marxistas relatam os acontecimentos que se seguiram desta maneira: as massas eram unânimes em seu apoio aos líderes radicais marxistas e em seu desejo de realizar o socialismo. Porém, infelizmente elas eram crédulas o bastante para confiar que o governo, composto apenas dos antigos chefes social-democratas, não os impediriam nesses esforços. Todavia, Friedrich Ebert, Gustav Noske e Philipp Scheidemann os traíram. Esses traidores, ansiosos por salvar o capitalismo, tramaram com os remanescentes do antigo exército e com as gangues contratadas pelos capitalistas, os corpos livres. As tropas da reação partiram para cima dos líderes comunistas, os quais não suspeitavam de nada, assassinaram-nos e dispersaram as massas, as quais tinham perdido seus líderes. Assim começou uma política de reação que, enfim, culminou na queda da República de Weimar e na ascensão do nazismo.

Essa versão dos fatos ignora a mudança radical que aconteceu nas últimas semanas de 1918 na mentalidade política da nação alemã. Em outubro e no começo de novembro de 1918, a grande maioria da nação estava sinceramente preparada para apoiar um governo democrático. Como os sociais-democratas eram considerados um partido democrático, como eles eram o partido parlamentar mais numeroso, havia quase unanimidade na disposição de confiar-lhes o papel de liderança na formação do futuro sistema de governo popular. Mas aí veio o choque. Homens de destaque entre os marxistas rejeitavam a democracia e declaravam-se a favor da ditadura do proletariado. Tudo o que tinham professado por cinquenta anos, em suma, era mentira. Toda aquela conversa tinha apenas um objetivo em vista: colocar Rosa Luxemburgo, uma estrangeira, no lugar dos Hohenzollern. Os olhos dos alemães tinham sido abertos. Como eles poderiam ter-se deixado iludir pelos *slogans* dos democratas? A democracia, como eles aprenderam, era um termo evidentemente inventado para enganar os tolos. Na verdade, como os conservadores sempre tinham afirmado, os advogados da democracia queriam estabelecer o governo da multidão e a ditadura dos demagogos.

    Os comunistas tinham subestimado grosseiramente a capacidade intelectual da nação alemã. Eles não percebiam que era impossível lidar com os alemães com os mesmos métodos que tinham sido bem-sucedidos na Rússia. Quando se gabavam de que, em cinquenta anos de agitação pró-democrática, eles nunca tinham sido sinceros na defesa da democracia. Quando diziam aos alemães: "Seus bobos, como fomos inteligentes ao enganar vocês! Agora pegamos vocês!", isso era demais não apenas para o resto da nação, mas até para a maioria dos antigos membros do partido social-democrata. Em algumas semanas, o marxismo e o socialismo marxista — não o socialismo como sistema econômico — tinham perdido todo o seu antigo prestígio. A própria ideia de democracia tornou-se desesperadamente suspeita. A partir daquele momento, o termo "democracia" foi, para muitos alemães, sinônimo de fraude. No começo de 1919, os comunistas já eram muito menos numerosos do que seus líderes acreditavam. E a grande maioria do trabalho organizado era firmemente contra eles.

    Os nacionalistas rapidamente entenderam essa mudança de mentalidade. Aproveitaram a oportunidade. Algumas semanas antes, eles estavam num estado de desespero. Agora aprendiam a encenar seu retorno. A lenda da "facada nas costas" já tinha restaurado sua autoconfiança perdida. E agora eles viam qual deveria ser sua futura política. Primeiro eles deveriam sufocar o estabelecimento de uma ditadura vermelha e impedir os comunistas de exterminar todos os não proletários.

    O antigo partido conservador e alguns grupos afiliados tinham mudado em novembro o nome de seu partido para Partido Popular Nacionalista Alemão (*Deustch-nationale Volkspartei*). Em seu primeiro manifesto, de 24 de novembro de 1818, eles pediam "a mudança da ditadura de uma única classe para o governo parlamentar, único sistema apropriado à luz dos acontecimentos recentes". Também pediam liberdade para o indivíduo e liberdade de consciência, liberdade de expressão e liberdade para as ciências e direito igualitário ao voto. Pela segunda vez na história alemã, um partido que era essencialmente antidemocrático apresentava ao eleitorado, por razões puramente táticas, um programa de liberalismo e democracia. Os métodos marxistas encontravam adeptos. Os nacionalistas tinham tirado proveito da leitura de Vladimir Lenin e de Nikolai Bukharin (1888-1938). Agora elaboravam um plano preciso para suas futuras operações e para a tomada do poder. Decidiram apoiar a causa do governo parlamentar, da liberdade e da democracia no futuro imediato, a fim de poder derrubá-la num momento posterior. Estavam prontos para cooperar com a execução da primeira parte desse programa não apenas com os católicos, mas também com os socialistas majoritários e com seus antigos líderes, que tremiam nos palácios do governo da Wilhelmstrasse.

A fim de evitar o bolchevismo e de salvar o parlamentarismo e a liberdade nesse período intermediário, era necessário derrotar as Forças Armadas dos comunistas e dos socialistas independentes. Os remanescentes disponíveis do antigo exército, quando liderados por comandantes capazes, eram fortes o bastante para uma intervenção bem-sucedida contra os comunistas.

Porém, esses comandantes não foram encontrados nas fileiras dos generais. Paul von Hindenburg era um idoso. Seu papel na guerra tinha consistido simplesmente em deixar Erich Ludendorff agir livremente. Agora, sem Ludendorff, ele não podia fazer nada. Os outros generais aguardavam as ordens de Hindenburg, eles careciam de iniciativa. Porém, a desintegração da disciplina do exército já tinha chegado tão longe que essa apatia dos generais já não conseguia impedir suas ações. Oficiais mais jovens, às vezes até tenentes, preencheram a lacuna. Com soldados desmobilizados, que não tinham muita vontade de voltar a trabalhos honestos e preferiam a vida aventureira das tropas ao trabalho regular, alguns desses oficiais formaram corpos livres, liderando-os e lutando por conta própria. Outros oficiais afastaram os oficiais mais escrupulosos do Estado Maior e, às vezes, sem o devido respeito forçaram os generais a participar da guerra civil.

Os Mandatários do Povo já tinham perdido toda esperança de salvação quando, de repente, o socorro apareceu. Tropas invadiram Berlim e abafaram a revolta comunista. Karl Liebknecht (1871-1919) e Rosa Luxemburgo foram presos e depois assassinados. Essa vitória não encerrou a guerra civil. Ela continuou por meses nas províncias e volta e meia reapareceu em Berlim. Porém, a vitória anunciada pelas tropas em janeiro de 1919 em Berlim resguardou as eleições para a Assembleia Constituinte, a sessão desse parlamento, e a promulgação da Constituição de Weimar. Guilherme II costumava dizer: "Onde meus guardas pisam, não se fala mais em democracia". A democracia de Weimar era de um tipo peculiar. Os cavaleiros dos guardas do kaiser tinham lutado por ela e a conquistado. A Constituição de Weimar só pôde ser deliberada e votada porque os adversários nacionalistas da democracia preferiam-na à ditadura dos comunistas. A nação alemã obteve o governo parlamentar como um presente das mãos de inimigos mortais da liberdade, que aguardavam uma oportunidade para tomar esse presente de volta.

Foi em vão que a maioria socialista e seu afiliado, o Partido Democrata, inventou outra lenda a fim ocultar esses tristes fatos. Nos primeiros meses após a Revolução de Novembro, disseram eles, os marxistas discutiam em seus círculos partidários a questão de qual forma de governo melhor atenderia aos interesses do trabalho alemão. As disputas eram, às vezes, bem violentas porque alguns radicais tentavam perturbá-las. Porém, enfim, após cuidadosas deliberações, os trabalhadores decidiram que a democracia parlamentar seria a forma mais apropriada de governo. Essa magnânima renúncia à ditadura foi o resultado de uma decisão voluntária, dando mais uma prova da maturidade política do trabalho alemão.

Essa interpretação dos acontecimentos evita cautelosamente tratar do problema principal. No começo de janeiro de 1919, havia apenas *um* problema político na Alemanha: a escolha entre o totalitarismo bolchevique com a ditadura conjunta de Rosa Luxemburgo e Karl Liebknecht de um lado e, de outro, o parlamentarismo. Essa luta não poderia ser decidida pelos métodos pacíficos da democracia. Os comunistas não estavam preparados para ceder à maioria. Eles eram uma tropa armada, tinham conquistado o controle da maior parte da capital e de muitos outros lugares. Não fosse pelas gangues e tropas nacionalistas e pelos remanescentes do antigo exército, poderiam ter tomado o poder no Reich e estabelecido o bolchevismo na Alemanha. Havia apenas um fator que podia impedir seu ataque, e que realmente o impediu: as Forças Armadas da direita.

Os marxistas moderados estão corretos ao afirmar que não apenas os burgueses e os fazendeiros, mas também a maior parte do trabalho organizado, se opunham à ditadura e preferiam o governo parlamentar. Porém, naquela época, a questão não era mais se um homem estava disposto a votar num partido, mas se estava pronto para dar a vida por suas convicções. Os comunistas eram apenas uma pequena minoria, mas restava apenas um meio de combatê-los: com armas letais. Quem quer que quisesse a democracia — fosse do ponto de vista de sua *Weltanschauung* ou simplesmente por achá-la o mal menor — tinha de atacar as fortalezas do comunismo ou expulsar seus bandos armados e colocar o governo no controle da capital e do resto do país. Todo mundo sabia que esse era o estado de coisas. Cada membro dos socialistas majoritários estava plenamente ciente de que não combater os comunistas com armas equivalia a ceder ao comunismo. Porém, apenas alguns funcionários do governo fizeram sequer uma débil tentativa de organizar a resistência e seus esforços fracassaram porque todos os seus amigos políticos recusaram-se a cooperar.

É muito importante entender as ideias que, naqueles dias fatídicos, moldaram as atitudes dos socialistas majoritários. Essas ideias brotavam da essência mesma do pensamento marxista. Elas reaparecem sempre e em todo lugar em que pessoas imbuídas de doutrinas marxistas têm de enfrentar situações similares. Encontramos nelas um dos principais motivos pelos quais o marxismo — deixando de lado seu fracasso econômico — é o fracasso mais evidente da história até no campo da ação política.

Os marxistas alemães — lembrando: não os comunistas, mas aqueles que rejeitavam sinceramente a ditadura — argumentavam assim: "É indispensável esmagar os comunistas para preparar o caminho para o socialismo democrático" (naqueles dias de dezembro de 1918 e de janeiro de 1919, os marxistas não comunistas ainda estavam envolvos na ilusão de que a maioria das pessoas apoiava o programa socialista *deles*). É necessário derrotar a revolta comunista com uma resistência armada. Mas esse não é nosso ofício. Ninguém pode esperar que nós, marxistas e proletários que somos, peguemos em armas contra nossa classe e nossos camaradas de partido. É preciso fazer um trabalho sujo, mas não cabe a nós fazê-lo. Nossos princípios são contrários a essa política. Devemos nos aferrar ao princípio de classe e de solidariedade de partido. No mais, isso prejudicaria nossa popularidade e colocaria em risco nosso sucesso na eleição vindoura. De fato, estamos numa posição muito infeliz. Porque os comunistas não se sentem eles próprios obrigados pela mesma ideia. Eles podem nos combater porque têm a enorme vantagem de nos denunciar como traidores sociais e reacionários. Não podemos pagar na mesma moeda. Eles são revolucionários ao combater-nos, mas nós pareceríamos reacionários ao combatê-los. No reino do pensamento marxista, os mais radicais estão sempre certos ao desprezar e ao atacar os membros mais prudentes do partido. Ninguém acreditaria em nós se os chamássemos de traidores e de renegados. Como marxistas, nessa situação não podemos deixar de adotar uma atitude de não resistência.

Esses marxistas excessivamente sofisticados não enxergavam o que o povo alemão — entre os quais milhões de velhos membros do partido — percebia muito bem: que essa política significava a abdicação do marxismo alemão. Se um partido no poder precisa admitir: "isto precisa ser feito agora, esta é a necessidade do momento, porém, não podemos fazer isso porque não está de acordo com nosso credo", outra pessoa tem de preencher essa lacuna — ele renuncia de uma vez por todas a seus direitos de liderança política.

Os marxistas não comunistas culpam severamente Ebert, Noske e outros de seus líderes por sua cooperação com os vencedores nacionalistas das forças comunistas. Porém, essa cooperação consistia em nada mais do que algumas consultas. É provável que os Mandatários do Povo, assustados, assim como seus aliados, não escondessem, nessas conversas com os comandantes nacionalistas, que estavam assustados e impotentes e adorariam ser salvos. Porém, aos olhos dos defensores obstinados do princípio de solidariedade de classe, isso já significava traição.

O fato que se destaca nisso tudo é que o comunismo alemão foi derrotado apenas pela direita, enquanto os marxistas não comunistas ansiavam por permanecer neutros. Não fosse pela intervenção armada nacionalista, a Alemanha teria se tornado bolchevique em 1919. O resultado dos acontecimentos de janeiro de 1919 foi um enorme aumento no prestígio dos nacionalistas. A eles cabia a glória de ter salvo a nação, ao passo que os sociais-democratas tornaram-se desprezíveis. Todo novo levante comunista repetia a mesma experiência. Os nacionalistas combatiam os comunistas sozinhos, enquanto os sociais-democratas hesitavam em opor-se a seus "camaradas comunistas". Os sociais-democratas governavam a Prússia, o Estado supremo e alguns dos Estados menores do Reich, mas só governavam graças ao apoio que tinham dos nacionalistas do Reichswehr e dos corpos livres. A partir daquele momento, os sociais-democratas ficaram à mercê da direita.

A República de Weimar era considerada tanto pelos nacionalistas quanto pelos comunistas apenas um campo de batalha na luta pela ditadura. Ambos se armavam para a guerra civil, ambos tentaram várias vezes iniciar o ataque e tiveram de ser repelidos pela força. Os nacionalistas, contudo, ficavam mais poderosos a cada dia, ao passo que os comunistas iam gradualmente ficando paralisados. Realmente não era uma questão de todos e do número de membros do parlamento. Os centros de gravidade desses partidos ficavam fora de questões parlamentares. Os nacionalistas podiam agir livremente. Tinham o apoio da maioria dos intelectuais, dos assalariados, dos empreendedores, dos agricultores e de parte do trabalho qualificado. Conheciam os problemas da vida alemã. Podiam ajustar suas ações às condições políticas e econômicas cambiantes da nação e de cada uma de suas províncias. Os comunistas, por outro lado, tinham que obedecer a ordens emitidas por chefes russos ignorantes que não conheciam a Alemanha e eram forçados a mudar suas políticas de um dia para o outro, sempre que o comitê central de Moscou os mandava fazer isso. Nenhum homem inteligente ou honesto poderia suportar essa escravidão. A qualidade intelectual e moral dos líderes comunistas alemães estava, por isso, muito abaixo do nível médio dos políticos alemães. Eles nem podiam competir com os nacionalistas. Os comunistas desempenharam na política alemã o papel apenas de sabotadores e de conspiradores. Depois de janeiro de 1919, eles não tinham mais nenhuma chance de sucesso. Claro que os dez anos de desgoverno nazista reavivaram o comunismo alemão. No dia do colapso de Hitler, eles seriam o partido mais forte na Alemanha.

Os alemães teriam decidido, em 1918, a favor da democracia, caso tivessem tido essa opção. Porém, do jeito que as coisas estavam, eles só podiam escolher entre duas ditaduras: a dos comunistas ou a dos nacionalistas. Entre esses dois partidos ditatoriais não havia terceiro grupo pronto para defender o capitalismo e seu corolário político, a democracia. Nem os socialistas majoritários e seus afiliados, o Partido Democrático, nem o Partido de Centro, católico, adequavam-se à adoção da democracia "plutocrática" e do republicanismo "burguês". Seu passado e suas ideologias opunham-se fortemente a essa atitude. Os Hohenzollern perderam o trono porque rejeitavam o parlamentarismo britânico. A República de Weimar fracassou porque rejeitou o republicanismo francês na forma que teve entre 1875 e 1930 na Terceira República. A República de Weimar não tinha programa além de buscar um caminho intermediário entre dois grupos que queriam a ditadura. Para os defensores do governo, o parlamentarismo não era o melhor sistema de governo. Era apenas uma medida emergencial, um expediente. Os socialistas majoritários queriam ser marxistas moderados e nacionalistas moderados, marxistas nacionalistas e nacionalistas marxistas. Os católicos queriam combinar o nacionalismo e o socialismo com o catolicismo, mas manter a democracia. Esse tipo de ecletismo está condenado ao fracasso. Não tem apelo para a juventude. Ele sucumbe em todo conflito com adversários resolutos.

Só restava uma alternativa ao nacionalismo: adotar o livre-comércio irrestrito. Ninguém na Alemanha considerava uma reviravolta como essa, que teria exigido o abandono de todas as medidas da *Sozialpolitik*, do controle governamental e da pressão dos sindicatos. Os partidos que julgavam estar combatendo o nacionalismo radical — os sociais-democratas e seus satélites, depois os comunistas, o centro e alguns grupos agrícolas — eram, pelo contrário, defensores fanáticos do etatismo e do hiperprotecionismo. Porém, eram tacanhos demais para ver que essas políticas colocavam o tremendo problema da autarquia para a Alemanha. Eles simplesmente fecharam os olhos. Não devemos superestimar as capacidades intelectuais das massas alemãs. Porém, elas não eram burras demais para ver que a autarquia era o problema focal da Alemanha e que somente os partidos nacionalistas tinham alguma ideia (embora espúria) de como lidar com ela. Enquanto os outros partidos punham de lado a discussão de seus riscos, os nacionalistas ofereciam um plano de solução. Como esse plano de conquista mundial foi o único oferecido aos alemães, eles o aprovaram. Ninguém lhes disse que havia outra saída. Os marxistas e os católicos não foram agudos o suficiente para observar que o plano nazista de dominação mundial estava fadado ao fracasso militar. Estavam ansiosos para não ferir a vaidade do povo, firmemente seguro de sua própria invencibilidade. Porém, mesmo que os adversários da agressão tivessem exposto de maneira adequada os riscos e os perigos de uma nova guerra, o cidadão comum ainda teria preferido os nazistas. Afinal, os nazistas mais cautelosos e sutis diziam: temos um plano preciso para a salvação da Alemanha. Trata-se de um plano muito arriscado e não podemos garantir seu sucesso. Porém, de qualquer modo, ele nos dá uma chance e ninguém mais tem nenhuma ideia de como lidar com nossa grave situação. Se você se desviar, seu destino está selado. Se nos seguir, ao menos há uma perspectiva de sucesso.

A conduta da esquerda alemã era tão política de avestruz quanto a da esquerda na Grã-Bretanha e na França. De um lado, a esquerda defendia a onipotência estatal e, por conseguinte, o hiperprotecionismo. De outro, nem se preocupava com o fato de que, dentro de um mundo de autarquia, a Alemanha estava fadada à fome. Os refugiados marxistas alemães gabam-se de que seus partidos fizeram alguns esforços — muito débeis e tímidos, na verdade — para impedir o rearmamento alemão. Porém, isso era apenas prova de sua inconstância e de sua incapacidade de ver a realidade como era. Quem quer que quisesse manter a paz tinha de combater o etatismo. Porém, a esquerda não era menos fanática em seu apoio ao etatismo do que a direita. A nação alemã inteira favorecia uma política de interferência governamental nas empresas que resultaria em *Zwangwirtshaft*. Porém, somente os nazistas perceberam que, se a Rússia podia viver como autarquia, a Alemanha não podia. Assim, os nazistas foram bem-sucedidos porque não se depararam com nenhum partido que defendia o *laissez-faire*, isto é, uma economia de mercado.

2. A socialização abortiva

Os sociais-democratas tinham colocado no topo dos programas do partido a exigência da socialização (*Vergesellschaftfung*) dos meios de produção. Isso teria ficado claro e inequívoco se as pessoas tivessem sido capazes de interpretá-la como expropriação forçada dos meios de produção pelo Estado e, por conseguinte, como gerenciamento governamental de todos os ramos da atividade econômica. Porém, os sociais-democratas enfaticamente afirmavam que não era esse, de jeito nenhum, o sentido de sua reivindicação básica. A nacionalização (*Verstaatilichung*) e a socialização, insistiam, eram duas coisas inteiramente distintas. As medidas de nacionalização e de municipalização (*Verstadlichung*) de várias fábricas e empresas, que o Reich e seus Estados membros consideravam desde a década de 1880 parte essencial de suas políticas socioeconômicas, eram, afirmavam, nem uma socialização nem os primeiros passos dela. Elas eram, pelo contrário, o resultado de uma política capitalista extremamente nociva aos interesses do trabalho. A experiência desfavorável com essas preocupações nacionalizadas e municipalizadas, portanto, não tinha importância para a demanda socialista por socialização. Porém, os marxistas não explicavam o que realmente significa a socialização e como ela difere da nacionalização. Fizeram algumas tentativas desajeitadas, mas muito rapidamente passaram a evitar discutir esse problema desconfortável. O tema virou tabu. Nenhum alemão decente era temerário o bastante para violar a proibição levantando essa questão.

A Primeira Guerra Mundial trouxe uma tendência para o socialismo de guerra. Um ramo empresarial após o outro foi centralizado, isto é, colocado à força sob a administração de um comitê cujos membros — os empreendedores do ramo em questão — eram apenas um corpo consultivo do comissário do governo. Assim, o governo obteve o pleno controle de todos os ramos empresariais vitais. O programa Hindenburg defendia uma aplicação abrangente desse sistema para todos os ramos do comércio e da produção alemães. Sua execução teria transformado a Alemanha numa comunidade puramente socialista de padrão *Zwangwirtschaft*. Porém, o programa Hindenburg ainda não tinha sido completamente realizado quando o Império Alemão caiu.

O socialismo de guerra era extremamente impopular na Alemanha. As pessoas o culpavam até por aquilo que não era sua culpa. Ele não era o único culpado da fome alemã. O bloqueio, a ausência de milhões de trabalhadores que serviam nas Forças Armadas e o fato de que grande parte do esforço produtivo tinha que ser dirigido para a produção de armamentos e de munições contribuiu para a penúria ainda mais do que a inadequação dos métodos de produção socialistas. Os sociais-democratas deveriam ter notado também essas coisas. Mas eles não queriam perder nenhuma oportunidade que pudesse ser explorada para a distorção demagógica dos fatos. Atacavam o *Zwangwirtschaft* em si. O *Zwangwirtschaft* era o pior tipo de exploração e de abuso capitalista, afirmavam, e tinha demonstrado a necessidade urgente da substituição do capitalismo pelo socialismo.

O fim da guerra trouxe derrota militar, revolução, guerra civil, fome e desolação. Milhões de soldados desmobilizados, muitos dos quais tinham guardado suas armas, voltaram para casa. Eles roubavam as lojas militares. Paravam trens para vasculhá-los atrás de comida. Junto com operários demitidos por fábricas que tinham sido obrigadas de um dia para o outro a cessar a produção de munições, eles salteavam o campo aberto atrás de pão e de batatas. Os aldeões organizavam a resistência armada. As condições eram caóticas. Os socialistas inexperientes e ignorantes que tinham tomado o governo não sabiam o que fazer. Não tinham a menor ideia de como lidar com a situação. Suas ordens e contraordens desintegraram o aparato da administração. As massas com fome pediam comida e ganhavam discursos bombásticos.

Nessa emergência, o capitalismo deu prova de sua adaptabilidade e eficiência. Os empreendedores, enfim desafiando as incontáveis leis e decretos do *Zwangwirtschaft*, tentaram fazer suas fábricas funcionar de novo. A necessidade mais urgente era retomar a produção para exportação a fim de comprar comida e matérias-primas nos países neutros e nos Bálcãs. Sem essas importações, a Alemanha estaria condenada. Os empreendedores tiveram sucesso em seus esforços e, assim, salvaram a Alemanha. As pessoas diziam que eles só pensavam no lucro, mas competiam pelos bens trazidos ao mercado e ficavam contentes por adquirir produtos absolutamente necessários. Os desempregados outra vez arrumaram empregos. A Alemanha começou a voltar ao normal.

Os socialistas não se preocupavam muito com o afrouxamento do *Zwangwirstschaft*. Na opinião deles, esse sistema, longe de ser socialista, era um mal capitalista que precisava ser abolido tão cedo quanto possível. Agora, a socialização real tinha de começar.

Porém, o que significava a socialização? Era, diziam os marxistas, nem o tipo de coisa representada pela nacionalização de ferrovias e minas estatais nem o socialismo de guerra do *Zwangwirtschaft*. Mas o que mais poderia ser? Os marxistas de todos os grupos tinham de admitir que não sabiam. Por mais de cinquenta anos eles defenderam a socialização como ponto focal do programa do partido. Agora que tinham tomado o poder, precisavam começar a executar seu programa. Agora tinham de socializar. Porém, logo ficou evidente que eles não sabiam o que significava a socialização. Foi mesmo muito desconfortável.

Felizmente, os líderes socialistas se lembraram que existe uma classe de pessoas cujo ofício é saber tudo: os professores oniscientes. O governo nomeou um comitê de socialização. A maioria de seus membros era de social-democratas. Porém, não era deles que se esperava a solução da charada, mas dos professores. Os professores nomeados pelo governo não eram social-democratas. Eram proponentes daquela *Sozialpolitik* que, em anos anteriores, tinham favorecido a nacionalização e a municipalização de várias empresas e, em anos recentes, tinham servido de apoio à economia planejada, o *Zwangwirtschaft*. Eles sempre tinham apoiado precisamente o reformismo que os marxistas ortodoxos acusavam de embromação marxista, nocivo aos interesses dos proletários.

O comitê de socialização deliberou por muitos anos, procurando cabelo em ovo, destilando definições excessivamente sofisticadas, rascunhando planos espúrios e vendendo péssima economia. Suas minutas e seus relatórios, reunidos em prateleiras de grossos volumes, repousam nas bibliotecas para a edificação das gerações futuras. São um sinal da decadência intelectual trazida pelo marxismo e pelo etatismo. Mas não responderam à pergunta sobre o que mais a socialização poderia significar além da nacionalização (*Verstaatlichung*) ou do planejamento (*Zwangwirtschaft*).

Só existem dois métodos de socialização e ambos foram aplicados pelo governo imperial alemão. Há, de um lado, a nacionalização pura e simples, hoje o método da Rússia soviética. E há, de outro lado, o planejamento central, o *Zwangwirtschaft* do programa Hindenburg e o método dos nazistas. Os marxistas alemães tinham vetado a si mesmos os dois caminhos por meio de sua demagogia hipócrita. Os marxistas da República de Weimar não apenas não ampliaram a tendência para a socialização. Eles toleraram o virtual abandono das medidas de socialização mais eficazes inauguradas pelo governo imperial. Seus adversários, entre os quais destacava-se o regime do chanceler católico Heinrich Brüning (1885-1970), retomaram depois a política do planejamento e os nazistas aperfeiçoaram esses esforços estabelecendo um planejamento abrangente, o socialismo alemão do tipo *Zwangwirtschaft*.

Os trabalhadores alemães, tanto os social-democratas quanto os comunistas, não estavam muito preocupados com a socialização. Para eles, como observou Kautsky, a revolução significava apenas uma oportunidade de aumentar os salários. Salários mais altos, seguros-desemprego maiores e menos horas de trabalho eram mais importantes para eles do que a socialização.

Essa situação não era o resultado de traição dos líderes socialistas, mas das contradições inerentes ao credo social-democrata. Os marxistas defendiam um programa cuja realização tornaria o Estado onipotente e totalitário, mas também falavam incansavelmente de livrar-se "de todo esse entulho estatal", do "definhamento do Estado". Eles defendiam a socialização, mas rejeitavam os únicos dois métodos disponíveis para sua consecução. Falavam de frustrar o sindicalismo como meio de melhorar as condições dos trabalhadores, mas faziam das políticas sindicalistas o ponto focal de sua ação política. Ensinavam que o socialismo não poderia ser atingido antes que o capitalismo tivesse chegado à plena maturidade e escarneciam, chamando de pequeno-burguesas todas as medidas projetadas para frear ou retardar a evolução do capitalismo. Porém, eles próprios exigiam essas medidas com veemência e fanatismo. Essas contradições e incoerências, não maquinações de capitalistas ou de empreendedores, levaram à queda do marxismo alemão.

É verdade que os líderes dos social-democratas eram incompetentes; alguns eram corruptos e insinceros. Mas isso não era acidente. Nenhum homem inteligente conseguiria não enxergar as falhas essenciais da doutrina marxista. A corrupção é um mal intrínseco a todo governo não controlado por uma opinião pública vigilante. Aqueles que estavam preparados para levar a demanda por socialização a sério abandonaram as fileiras do marxismo e foram para as do nazismo. Afinal, os nazistas, embora fossem ainda mais corruptos moralmente, almejavam de maneira inequívoca a realização do planejamento central.

3. Os partidos armados

A Revolução de Novembro trouxe uma ressurgência de um fenômeno que tinha desaparecido da história alemã muito tempo antes. Aventureiros militares formaram bandos armados ou *Freikorps* e agiam por conta própria. Os revolucionários comunistas tinham inaugurado esse método, mas logo os nacionalistas o adotaram e o aperfeiçoaram. Oficiais dispensados do antigo exército reuniam soldados desmobilizados e garotos desajustados e ofereciam a proteção deles aos camponeses ameaçados pelos saques dos citadinos esfomeados e à população das fronteiras do leste, que sofriam com invasões guerrilheiras polonesas e lituanas. Os donos de terras e os agricultores davam-lhes cama e comida em troca de seus serviços. Quando a condição que fez sua interferência parecer útil mudou, essas gangues começaram a chantagear donos de terras, empresários e outras pessoas ricas e a extrair dinheiro deles. Elas se tornaram uma calamidade pública.

O governo não ousava dissolvê-las. Alguns dos bandos tinham lutado bravamente contra os comunistas. Outros tinham defendido com sucesso as províncias do leste contra poloneses e lituanos. Eles se gabavam desses feitos e a juventude nacionalista não escondia sua simpatia por eles. Os antigos líderes do partido nacionalista eram profundamente hostis a esses líderes de gangues ingovernáveis, que não seguiam seus conselhos e cujas ações estouvadas iam de encontro a seus planos ponderados. As extorsões dos corpos livres eram um pesado ônus para donos de terra e camponeses. Os bancos não eram mais necessários como proteção contra os levantes comunistas. O Reichswehr, o novo exército reorganizado segundo as provisões do Tratado de Versalhes, agora era forte o bastante para a tarefa. Os campeões nacionalistas tinham toda razão em suspeitar que os rapazes que formavam esses corpos tinham a esperança de substituí-los na liderança do movimento nacionalista. Eles imaginaram um plano inteligente para suprimi-los. O Reichswehr iria incorporá-los e assim torná-los inócuos. À medida que ficava cada vez mais difícil para os capitães dos corpos livres prover fundos para sustentar seus homens, estes ficavam dispostos a aceitar a oferta e a obedecer às ordens dos oficiais do exército.

Contudo, essa solução infringia o Tratado de Versalhes, que limitara o tamanho do Reichswehr a cem mil homens. Assim, surgiram conflitos com os representantes franceses e britânicos. As potências aliadas exigiam a total dissolução do dito Reichswehr negro. Quando o governo, respeitando a decisão, decidiu dissolver a mais importante tropa negra, a brigada Ehrhardt de marinheiros, apressou o começo da insurreição Kapp.

A guerra, a guerra civil e a mentalidade revolucionária dos marxistas e dos nacionalistas tinham criado um tal espírito de brutalidade que os partidos políticos deram a suas organizações um caráter militar. Tanto a direita nacionalista quanto a esquerda marxista tinham suas Forças Armadas. Essas tropas partidárias, é claro, eram totalmente diferentes dos corpos livres formados por nacionalistas impetuosos e por comunistas radicais. Seus membros eram pessoas que tinham seus empregos normais e que estavam ocupadas da segunda-feira ao meio-dia de sábado. Nos fins de semana elas vestiam os uniformes e desfilavam com bandas, bandeiras e, muitas vezes, com suas armas de fogo. Tinham orgulho de ser membros dessas associações, mas não tinham vontade de combater. Não eram movidas por um espírito de agressão. Sua existência, seus desfiles, sua vanglória e os discursos provocadores de seus chefes eram um incômodo, mas não uma séria ameaça à paz doméstica.

Após o fracasso das tentativas revolucionárias de Kapp em março de 1920, de Hitler e de Ludendorff em novembro de 1923 e de vários levantes comunistas, dos quais o mais importante foi o tumulto de Holz em março de 1921, a Alemanha estava no caminho de volta para condições normais. Os corpos livres e as gangues comunistas lentamente começaram a desaparecer do cenário político. Ainda faziam alguma guerrilha entre si e contra a polícia. Porém, esses combates cada vez mais degeneravam em gangsterismo e em baderna. Esses tumultos e as tramas de alguns aventureiros não podiam colocar em risco a estabilidade da ordem social.

Porém, o Partido Social-Democrata e a imprensa cometeram o deslize de denunciar repetidamente os poucos corpos livres nacionalistas que ainda operavam e a insistir veementemente em sua dissolução. Essa atitude era uma provocação aos partidos nacionalistas, que rejeitavam os aventureiros tanto quanto os social-democratas, mas não ousavam abandoná-los abertamente. Eles respondiam pedindo a dissolução também das formações comunistas. Porém, os sociais-democratas estavam numa posição similar quanto aos bandos marxistas. Eles os odiavam e os temiam, mas não queriam combatê-los abertamente.

Na República de Weimar, assim como no Reich de Bismarck, os principais poderes do governo civil não eram atribuídos ao governo do Reich, mas aos governos dos Estados membros. A Prússia era o maior Estado e também o mais rico. Sua população, a mais numerosa. Era o centro de gravidade do Reich ou, melhor dizendo, o Reich. O fato de que o partido conservador tinha dominado a Prússia tinha dado aos conservadores hegemonia sobre a Alemanha imperial. O fato de que os sociais-democratas governavam a Prússia na República de Weimar tornava-os supremos no Reich republicano. Quando o golpe de Estado do chanceler Papen, em 20 de julho de 1932, derrubou o regime socialista na Prússia, a luta pelo Reich estava praticamente decidida.

O governo bávaro relutava em dissolver os bancos nacionalistas em seu território. Não era simpatia pelos nacionalistas, mas um particularismo provinciano que determinava essa atitude. Desobedecer a autoridade central era para ele uma questão de princípios. O governo do Reich ficava de mãos atadas porque tinha apenas um meio de impor sua vontade a um Estado-membro desobediente, a saber, a guerra civil. Nessa situação difícil, o governo social-democrata prussiano recorreu a uma medida fatídica. Em 22 de fevereiro de 1924, em Magdeburg, fundou o *Reichsbanner Schwarz-Rot-Gold*. Não era uma tropa privada como as outras Forças Armadas do partido. Era um exército do partido governante da Prússia que tinha total apoio do governo prussiano. Um destacado funcionário prussiano, o governador da província da Saxônia, foi nomeado seu chefe. O Reichsbanner seria uma associação não partidária de todos os homens leais ao sistema republicano de governo e à Constituição de Weimar. Na prática, porém, era uma instituição social-democrata. Seus líderes insistiam que membros de outros partidos leais eram bem-vindos em suas fileiras. Porém, a imensa maioria dos membros era de social-democratas que até aquele momento tinham sido membros das várias Forças Armadas locais e provinciais do Partido Social-Democrata. Assim, a fundação do Reichsbanner não aumentou as forças militares dos sociais-democratas, mas apenas deu-lhes uma organização nova, mais centralizada, e a sanção do Estado prussiano. Os membros do Partido de Centro, católico, nunca foram muito numerosos no Reichsbanner e logo desapareceram por completo de suas fileiras. O terceiro partido leal, os Democratas, não passava de um afiliado insignificante dos social-democratas.

Os sociais-democratas tentaram justificar a fundação do Reichsbanner apontando o viés nacionalista do Reichswehr, os cem mil soldados que formavam o exército do Reich. Porém, a revolta Kapp tinha demonstrado que os socialistas tinham uma arma muito eficaz disponível para derrotar os nacionalistas na greve geral. A única ameaça grave à República de Weimar eram as simpatias nacionalistas dentro das fileiras do trabalho organizado. Os chefes social-democratas não conseguiam ser bem-sucedidos contra essas tendências. Muitos simpatizavam com elas em segredo.

A sinistra importância da fundação do Reichsbanner foi ter dado a Hitler um bom ponto de partida. Seu *putsch* em Munique, em novembro de 1923, resultara num fracasso completo. Quando ele saiu da prisão, em dezembro de 1924, suas perspectivas políticas eram sombrias. A fundação do Reichsbanner era exatamente o que ele queria. Todos os não marxistas, isto é, a maior parte da população, estavam aterrorizados com os discursos provocadores de seus chefes e com o fato de que, ao fim de seu primeiro ano de existência, seus membros chegavam a três milhões — mais do que todos os membros dos *Wehrverbände* da direita juntos[130]. Assim como os sociais-democratas, eles superestimaram a força do Reichsbanner e sua disposição para lutar. Assim, muita gente estava preparada para ajudar as Tropas de Assalto nazistas.

Porém, essas Tropas de Assalto eram muito diferentes das outras Forças Armadas partidárias tanto da esquerda quanto da direita. Seus membros não eram homens de mais idade que tinham combatido na Primeira Guerra Mundial e agora queriam manter seus empregos para poder sustentar suas famílias. As Tropas de Assalto nazistas eram compostas, assim como tinham sido os corpos livres, de rapazes sem emprego que viviam da briga. Estavam disponíveis toda hora, todo dia, não só aos fins de semana e feriados. Não era certo que as forças partidárias — da direita ou da esquerda — estivessem prontas para o combate quando gravemente atacadas. Era certo que elas nunca estariam prontas para fazer uma campanha de agressão. Porém, as tropas de Hitler eram pugnazes. Eram baderneiros profissionais. Lutariam por Hitler numa guerra civil sangrenta caso os adversários do nazismo não tivessem cedido sem resistência em 1933.

Hitler obteve subsídios de grandes empresas no primeiro período de sua carreira. Extorquiu somas muito mais vultosas no segundo período de sua luta por supremacia. Thyssen e o resto pagavam-no, mas não com propinas. Hitler tomava o dinheiro deles assim como um rei toma o tributo dos súditos. Se tivessem se recusado a dar-lhe o que pedia, ele teria sabotado seus planos ou até os assassinado. Essas medidas drásticas eram desnecessárias. Os empreendedores preferiam ser reduzidos pelo nazismo ao *status* de gerentes de loja a ser liquidados pelo comunismo ao estilo russo. Nas condições da Alemanha, eles não dispunham de uma terceira opção.

Força e dinheiro nada podem contra ideias. Os nazistas não deviam sua conquista da Alemanha nem por terem obtido alguns milhões de *reichsmarks* das grandes empresas nem por serem guerreiros implacáveis. A grande maioria da nação alemã há muitos anos era tanto socialista quanto nacionalista. Os membros social-democratas dos sindicatos simpatizavam tanto com o radicalismo nacionalista quanto os camponeses, os católicos e os donos de lojas. Os comunistas deviam seus votos, em grande parte, à ideia de que o comunismo era o melhor meio de estabelecer a hegemonia alemã na Europa e de derrotar o capitalismo ocidental. Os empreendedores e empresários alemães deram sua contribuição

---

130 STAMPFER, Friedrich. *Die vierzehn Jahre der ersten Deutschen Republik*. Karlsbad: Graphia, 1936, p. 365.

para o triunfo do nazismo, mas todas as outras camadas da nação também deram. Nem as igrejas, católicas e protestantes, foram exceção.

Grandes mudanças ideológicas certamente não podem ser explicadas dizendo que o dinheiro de alguém foi gasto para que elas acontecessem. A popularidade do comunismo nos Estados Unidos de hoje pode ser o que for, mas não é o resultado nem das portentosas subvenções do governo russo nem do fato de que alguns milionários subsidiam jornais e periódicos de esquerda. E embora seja verdade que alguns banqueiros judeus, assustados com o nazismo e com o antissemitismo, contribuíram para fundos de partidos socialistas e que a maior doação jamais feita para o estudo de ciências sociais na Alemanha tenha sido a de um mercador de grãos para a fundação de um instituto marxista na Universidade de Frankfurt, o marxismo alemão não era, como dizem os nazistas, produto de especuladores judeus.

O *slogan* "solidariedade nacional" (*Volksgemeinschaft*) dominava tanto a mentalidade alemã que ninguém ousou resistir aos nazistas quando estes deram seu golpe final. Os nazistas esmagaram as esperanças de muitos grupos que outrora os apoiavam. As grandes empresas, os donos de terras e os agricultores, os artesãos e os donos de lojas, as igrejas, todos se decepcionaram. Mas o prestígio dos itens principais do credo nazista — nacionalismo e socialismo — era tão avassalador que essa insatisfação não teve consequências importantes.

Somente uma coisa poderia pôr fim ao governo nazista: uma derrota militar. O bloqueio e o bombardeio de cidades alemãs por aviões britânicos e americanos enfim convencera os alemães de que o nazismo não é melhor meio de tornar sua nação próspera.

4. O Tratado de Versalhes

Os quatro tratados de paz de Versalhes, Saint Germain, Trianon e Sèvres formam, juntos, o mais desajeitado acordo diplomático jamais firmado. Serão lembrados como exemplos destacados de fracasso político. Seu objetivo era trazer paz duradoura. O resultado foi uma série de pequenas guerras e, por fim, uma nova guerra mundial ainda mais terrível. Eles pretendiam resguardar a independência de Estados pequenos. Os resultados foram o desaparecimento da Áustria, da Abissínia, da Albânia, da Tchecoslováquia. Foram projetados para tornar o mundo um lugar seguro para a democracia. Os resultados foram Stalin, Hitler, Mussolini, Francisco Franco (1892-1975), Miklós Horthy (1868-1957).

Porém, uma crítica que se costuma fazer ao Tratado de Versalhes é totalmente desprovida de fundamento. A propaganda alemã conseguiu convencer a opinião pública nos países anglo-saxões de que os termos do tratado eram extremamente injustos com a Alemanha, que as penúrias que infligiram aos alemães levaram-nos ao desespero e que o nazismo e a guerra atual são o resultado da Alemanha ter sido maltratada. Isso é inteiramente falso. A ordem política dada à Europa pelos quatro tratados era muito insatisfatória. A resolução dos problemas do Leste Europeu foi feita com tanto desprezo pelas condições reais que o resultado foi o caos. Mas o Tratado de Versalhes não foi injusto com a Alemanha, nem mergulhou o povo alemão na miséria. Se as provisões do tratado tivessem sido aplicadas, teria sido impossível para a Alemanha rearmar-se e atacar de novo. O problema não foi o tratado ser ruim no que dizia respeito à Alemanha, mas as potências vitoriosas permitirem que a Alemanha descumprisse algumas de suas cláusulas mais importantes.

O tratado obrigava a Alemanha a ceder territórios não germânicos que a Prússia tinha conquistado e cuja população, majoritariamente não germanófona, era decididamente contrária ao governo alemão. O único direito que a Alemanha tinha sobre aquelas regiões vinha de conquistas anteriores. Não foi — como diziam os propagandistas alemães — o roubo mais escandaloso jamais cometido que o Reich tenha sido obrigado a devolver aquilo que os Hohenzollern tinham tomado em épocas pregressas. O tema favorito da propaganda alemã era o Corredor Polonês. O que, gritavam os porta-vozes nazistas e seus amigos estrangeiros, os britânicos e os franceses teriam dito se um pedaço de terra fosse cortado de seu país, dividindo-o em duas partes desconectadas, a fim dar uma passagem a alguma outra nação? Esses pronunciamentos impressionavam a opinião pública no mundo inteiro. Os próprios poloneses explicavam pouco o assunto. Em todos esses anos eles foram governados por uma oligarquia incompetente e corrupta, e essa gangue governante não tinha força intelectual para combater a propaganda alemã.

Os fatos verdadeiros são os seguintes: na Idade Média, os Cavaleiros Teutônicos conquistaram a região que hoje é conhecida como Prússia Oriental. Mas eles não tiveram sucesso em suas tentativas de conquistar o território que, em 1914, era a província prussiana Prússia Ocidental. Assim, a Prússia Oriental não se juntou ao Império Alemão. Entre as fronteiras ocidentais da Prússia Oriental e as fronteiras orientais do Sacro Império havia um pedaço de terra governado pelos reis da Polônia, que era parte da Polônia e habitado por poloneses. Esse pedaço de terra, a saber, a Prússia Ocidental, foi, em 1772, anexado pela Prússia na primeira partição da Polônia. É importante ter em conta que a Prússia Ocidental (e o mesmo vale para a província prussiana de Posen) foi anexada pela Prússia, não pelo Império Alemão. Essas províncias não pertenciam nem ao Sacro Império, que se desintegrou em 1806, nem à Confederação Alemã que, entre 1815 e 1866, era a organização política da nação alemã. Elas eram como que a "propriedade privada" dos reis da Prússia. O fato de que o rei da Prússia, em sua capacidade de eleitor-marquês de Brandemburgo e de duque da Pomerânia, era membro do Sacro Império e da Confederação Alemã, tinha. legal e constitucionalmente, mais importância para essas províncias orientais do que um dia teve para a Grã-Bretanha o fato de que o rei da Inglaterra era, em sua capacidade de eleitor (e depois de rei) de Hanover, um príncipe do Sacro Império e, depois, membro da Confederação Alemã. Até 1866, a relação dessas províncias com a Alemanha era como a relação da Virgínia ou de Massachusetts com a Alemanha entre 1714 e 1766 e da Escócia entre 1714 e 1837. Eram países estrangeiros governados por um príncipe que, por acaso, ao mesmo tempo governava um país alemão.

Foi somente em 1866 que o rei da Prússia incorporou essas províncias, por meio de sua própria decisão soberana, à Confederação da Alemanha do Norte e, em 1871, ao Império Alemão. Ninguém perguntou às pessoas que moravam nessas regiões se elas concordavam ou não. Aliás, elas não concordavam. Elas mandaram parlamentares poloneses ao Reichstag alemão e queriam muito preservar seu idioma polonês e sua lealdade à tradições polonesas. Durante cinquenta anos, resistiram a cada tentativa do governo prussiano de germanizá-las.

Quando o Tratado de Versalhes renovou a independência polonesa e devolveu as províncias de Posen e da Prússia Ocidental à Polônia, ele não deu um *corredor* à Polônia. Simplesmente desfez os efeitos das conquistas prussianas (não alemãs) anteriores. Não era culpa dos pacificadores nem dos poloneses que os Cavaleiros Teutônicos tivessem conquistado uma região que não estava anexa ao Reich.

O Tratado de Versalhes devolveu a Alsácia-Lorena à França e Schlwswig Setentrional à Dinamarca. Também não roubou a Alemanha nesses casos. A população desses países opunha-se violentamente ao governo alemão e queria livrar-se de seu jugo. O único direito que a Alemanha tinha de oprimir essas pessoas vinha da conquista. O resultado lógico da derrota era ceder o butim das conquistas anteriores.

A segunda provisão do tratado que costumava ser duramente criticada tinha a ver com as reparações. Os alemães devastaram grande parte da Bélgica e do nordeste da França. Quem pagaria a reconstrução dessas áreas? A França e a

Bélgica, que foram agredidas, ou a Alemanha, a agressora? Os vitoriosos ou os derrotados? O tratado decidiu que a Alemanha deveria pagar.

Não precisamos entrar numa discussão detalhada do problema das reparações. Aqui basta determinar se as reparações realmente significavam miséria e fome para a Alemanha. Vejamos quais foram a renda e os pagamentos de reparações da Alemanha no período de 1925 a 1930.

Ano	Renda *per capita* em reichsmarks	Pagamentos de reparações *per capita* em reichsmarks	Pagamentos de reparações como porcentagem da renda
1925	961	16,25	1,69
1926	997	18,30	1,84
1927	1.118	24.37	2,18
1928	1.185	30,75	2,60
1929	1.187	38,47	3,24
1930	1.092	26,10*	2,39

*Renda *per capita*: *Statistiches Jahrbuch für das Deutsche Reich*. Reparações *per capita*: cifras obtidas dividindo os pagamentos de reparações por 65 milhões. Como a população da Alemanha aumentou ligeiramente durante o período, a proporção real deve ser ligeiramente inferior àquela mostrada na tabela.

É grotescamente equivocado afirmar que esses pagamentos deixaram a Alemanha pobre e condenaram os alemães à fome. Eles não teriam afetado seriamente o padrão de vida alemão nem se os alemães tivessem pago essas somas do próprio bolso e não, como efetivamente fizeram, com dinheiro tomado emprestado no estrangeiro.

Para os anos entre 1925 e 1929, há cifras disponíveis a respeito do aumento do capital alemão. Esses aumentos são em milhões de reichsmarks[131]:

1925	5,770
1926	10,123
1927	7,125
1928	7,469
1929	6,815

---

[131] "Zuwachs an bereitgestelltem Geldkapital", *Vierteljahrshefte zur Konjunkturforschung*, edição especial 22. Berlim: Reimar Hobbing, 1931. p. 29.

Entre setembro de 1924 e julho de 1931, a Alemanha pagou, a título de reparações, segundo os planos Dawes e Young, 10,821 milhões de reichsmarks. Então, os pagamentos pararam por completo. Contra esse fluxo para o exterior, a dívida privada e pública da Alemanha, a maior parte da qual teve origem no mesmo período, equivalia a cerca de 20,5 bilhões de reichsmarks. A isso podem ser acrescentados cerca de 5 bilhões de reichsmarks de investimentos estrangeiros diretos na Alemanha. É óbvio que a Alemanha não sofria de falta de capital. Se fossem necessárias mais provas, elas poderiam ser encontradas no fato de que a Alemanha investiu, no mesmo período, cerca de 10 bilhões de reichsmarks no exterior[132].

As reparações não eram responsáveis pela penúria econômica da Alemanha. Porém, se os Aliados tivessem insistido no pagamento, teriam prejudicado seriamente o rearmamento alemão.

A campanha contra as reparações resultou num completo fiasco para os Aliados e no pleno sucesso da recusa alemã de pagar. Aquilo que os alemães pagaram foi pago em empréstimos estrangeiros, os quais foram repudiados depois. Assim, o ônus todo recaiu efetivamente sobre os estrangeiros.

Quanto a possíveis reparações futuras, é extremamente importante conhecer as causas básicas do não pagamento anterior. Os Aliados, desde o comecinho das negociações, estavam prejudicados por sua adesão às doutrinas monetárias espúrias da economia estatista atual. Eles estavam convencidos de que os pagamentos representavam um risco para a manutenção da estabilidade monetária da Alemanha e que a Alemanha só poderia pagar caso sua balança comercial fosse "favorável". Eles estavam preocupados com um problema espúrio de "transferência". Estavam dispostos a aceitar a tese alemã de que pagamentos "políticos" têm efeitos radicalmente diversos de pagamentos originados de transações comerciais. Esse enredamento em falácias mercantilistas levou-os a não fixar o total devido no próprio Tratado de Paz, mas a adiar a decisão para negociações posteriores. Além disso, induziu-os a estipular pagamentos em gêneros, a inserir a cláusula de "proteção de transferência" e, por fim, a concordar com a moratória Hoover de julho de 1931 e com o cancelamento de todos os pagamentos de reparações.

A verdade é que a manutenção da estabilidade monetária e de um sistema monetário sólido não tem rigorosamente nada a ver com o equilíbrio de pagamentos ou do comércio. Somente uma coisa coloca em risco a estabilidade mone-

---

132 STOLPER, Gustav. *German Economy 1870-1940*. New York: Reynal & Hitchcock, 1940. p. 179.

tária: a inflação. Se um país nem emite quantidades adicionais de papel-moeda nem expande o crédito, não terá nenhum problema monetário. Um excesso de exportações não é um pré-requisito para o pagamento de reparações. A causalidade, antes, é inversa. O fato de que uma nação faça esses pagamentos tende a criar esse excesso de exportações. Não existe um problema de "transferência". Se o governo alemão cobra a quantia necessária para os pagamentos (em reichsmarks) tributando seus cidadãos, cada pagador de impostos alemão deve reduzir na mesma medida seu consumo de produtos alemães ou importados. No segundo caso, a quantidade de câmbio estrangeiro que, de outro modo teria sido usada para a compra desses bens importados, fica disponível. No primeiro caso, os preços dos produtos domésticos caem e isso tende a aumentar as exportações e, assim, a quantidade de câmbio estrangeiro disponível. Assim, cobrar domesticamente a quantidade de reichsmarks necessários para o pagamento automaticamente proporciona a quantidade de câmbio estrangeiro necessária para a transferência. Nada disso, é claro, depende sob qualquer aspecto dos pagamentos serem "políticos" ou comerciais.

O pagamento de reparações, é verdade, teria prejudicado o pagador de impostos alemão. Teria-o forçado a restringir seu consumo. Em todas as circunstâncias, alguém tem de pagar pelos danos infligidos. Aquilo que os agressores não pagaram teve de ser pago pelas vítimas da agressão. Mas ninguém teve pena das vítimas, ao passo que centenas de autores e de políticos no mundo inteiro choraram lágrimas reais e de crocodilo pelos alemães.

Talvez tivesse sido politicamente mais sábio escolher outro método para fixar a quantidade a ser paga todos os anos pela Alemanha. Por exemplo, o pagamento anual poderia ter sido estabelecido em alguma relação fixa com as somas a serem gastas nas Forças Armadas alemãs. Para cada reichsmark gasto no exército e na marinha alemães, um múltiplo poderia ser pago como parcela. Todavia, todo plano teria fracassado enquanto os Aliados estivessem sob o encanto de falácias mercantilistas.

O influxo dos pagamentos alemães necessariamente tornava-se "desfavorável" à balança comercial dos países recebedores. Suas importações excediam suas exportações *porque* eles recebiam as reparações. Do ponto de vista das falácias mercantilistas, esse efeito parecia alarmante. Os Aliados estavam, ao mesmo tempo, ansiosos por fazer a Alemanha pagar e por não receber os pagamentos. Eles simplesmente não sabiam o que queriam. Porém, os alemães sabiam muito bem o que *eles* queriam. Eles queriam não pagar.

A Alemanha reclamava que as barreiras comerciais das outras nações tornavam seus pagamentos ainda mais insuportáveis. Essa reclamação tinha fundamento. Os alemães teriam tido razão caso tivessem realmente tentado prover os meios necessários para os pagamentos em dinheiro por meio de um aumento das exportações. Porém, aquilo que eles pagavam em dinheiro lhes era fornecido por empréstimos estrangeiros.

Os Aliados estavam equivocados na medida em que culpavam os alemães pelo fracasso das cláusulas de reparação do tratado. Deveriam, antes, ter acusado seus próprios preconceitos mercantilistas. Essas cláusulas não teriam fracassado caso houvesse, nos países aliados, um número suficiente de vozes influentes que soubessem como refutar as objeções lançadas pelos nacionalistas alemães.

Os observadores estrangeiros equivocaram-se completamente quanto ao papel desempenhado pelo Tratado de Versalhes na agitação dos nazistas. O núcleo de sua propaganda não era a injustiça do tratado. Era a lenda da "facada nas costas". Somos, eles costumavam dizer, a nação mais poderosa da Europa, até do mundo. A guerra outra vez evidenciou nossa invencibilidade. Podemos, se quisermos, acabar com todas as outras nações. Mas os judeus nos apunhalaram pelas costas. Os nazistas só mencionavam o tratado para demonstrar a total vilania dos judeus.

"Nós, a nação vitoriosa", diziam, "fomos obrigados a nos render por causa do crime de novembro. Nosso governo paga reparações, embora ninguém seja forte o bastante para nos obrigar a isso. Nossos governantes judeus e marxistas obedecem as cláusulas de desarmamento do tratado porque querem que paguemos esse dinheiro aos judeus do mundo". Hitler não combateu o tratado. Combateu os alemães que tinham votado no parlamento alemão para que ele fosse aceito e que objetaram contra seu rompimento unilateral. Que a Alemanha era poderosa o bastante para anular o tratado, os nacionalistas consideravam já ter provado pela lenda da "facada nas costas".

Muitos críticos aliados e neutros do Tratado de Versalhes costumavam afirmar que era um erro dar à Alemanha qualquer motivo de rancor. Essa visão era errônea. Mesmo que o tratado tivesse deixado o território europeu da Alemanha intocado, que não a tivesse forçado a ceder suas colônias, que não tivesse imposto pagamentos de reparação e a limitação dos armamentos, uma nova guerra não teria sido evitada. Os nacionalistas alemães ansiavam por conquistar mais espaço de habitação. Ansiavam por chegar à autarquia. Estavam convencidos de que suas perspectivas militares de vitória eram excelentes. Seu nacionalismo agressivo não era consequência do Tratado de Versalhes. Os ressentimentos dos nazistas tinham pouco a ver com o tratado. Eles diziam respeito ao *Lebensraum*.

Houve comparações frequentes do Tratado de Versalhes com os acordos de 1814 e de 1815. O sistema de Viena conseguiu resguardar a paz europeia por muitos anos. Seu tratamento generoso dos franceses vencidos supostamente evitou que a França planejasse guerras de vingança. Se os Aliados tivessem tratado a Alemanha de maneira similar, afirma-se, teriam obtido resultados melhores.

Um século e meio atrás, a França era o grande poder da Europa continental. Sua população, sua riqueza, sua civilização e sua eficiência militar eclipsavam as de outras nações. Se os franceses daquela época fossem nacionalistas no sentido moderno, teriam tido a oportunidade de obter e de manter a hegemonia no continente por algum tempo. Porém, o nacionalismo era alheio aos franceses do período revolucionário. É verdade que eles eram chauvinistas. Consideravam-se (talvez com bases mais firmes do que alguns outros povos) a flor da humanidade. Tinham orgulho de sua liberdade recém-adquirida. Acreditavam que era seu dever assistir outras nações em sua luta contra a tirania. Eram chauvinistas, patriotas e revolucionários. Mas não eram nacionalistas. Não ansiavam por conquistas. Não começaram a guerra. Monarcas estrangeiros os atacaram. Eles derrotaram os invasores. Foi então que generais ambiciosos, o principal dos quais foi Napoleão, levaram-nos à expansão territorial. Os franceses certamente conspiravam no começo, mas ficaram cada vez mais relutantes ao perceber que estavam sangrando por causa da família Bonaparte. Depois de Waterloo, ficaram aliviados. Agora não precisavam mais preocupar-se com o destino de seus filhos. Poucos franceses reclamaram da perda da Renânia, dos Países Baixos ou da Itália. Francês nenhum chorou porque José não era mais rei da Espanha ou porque Jerônimo não era mais rei da Vestfália. Austerlitz e Jena tornaram-se reminiscências históricas. A arrogância do cidadão edificava-se com a poesia que louvava o imperador e suas batalhas, mas ninguém agora tinha vontade de subjugar a Europa.

Outra vez, os acontecimentos de junho de 1848 dirigiram a atenção para o sobrinho do imperador. Muitos esperavam que ele superasse as novas dificuldades domésticas da mesma maneira como seu tio lidara com a primeira revolução. Não há dúvida de que o terceiro Napoleão devia sua popularidade exclusivamente à glória do tio. Ninguém o conhecia na França e ele não conhecia ninguém. Ele tinha visto o país uma vez apenas, através das barras da cela, e falava francês com sotaque alemão. Era só o sobrinho, herdeiro de um grande nome, nada mais. Certamente, os franceses não o escolheram porque queriam novas guerras. Ele os trouxe para o lado dele convencendo-os que seu governo resguardaria a paz. O império significa paz, era esse o *slogan* de sua propaganda. Sevastopol Solferino não aumentaram sua popularidade. Antes, diminuíram-na. Victor Hugo, o grande campeão da glória do primeiro Napoleão, atacava incansavelmente seu sucessor.

O trabalho do Congresso de Viena poderia perdurar, em suma, porque a Europa amava a paz e considerava a guerra um mal. O trabalho de Versalhes estaria condenado ao fracasso nesta era de nacionalismo agressivo.

Aquilo que o Tratado de Versalhes realmente tentou realizar estava contido em suas cláusulas militares. A restrição dos armamentos alemães e a desmilitarização da Renânia não prejudicavam a Alemanha porque nação nenhuma ousava atacá-la. Porém, elas teriam permitido que a França e a Grã-Bretanha impedissem uma nova agressão alemã caso estivessem seriamente decididas a impedi-la. Não é culpa do tratado que as nações vitoriosas não tenham tentado aplicar suas provisões.

5. A depressão econômica

A grande inflação alemã foi o resultado das doutrinas monetárias dos socialistas de cátedra. Ela teve pouco a ver com o curso dos acontecimentos militares e políticos. O presente autor previu-a em 1912. O economista americano B. M. Anderson (1886-1949) confirmou essa previsão em 1917. Porém, a maior parte daqueles que, entre 1914 e 1923, estavam em posição de influenciar as políticas monetárias e bancárias da Alemanha e todos os jornalistas, escritores e políticos que lidavam com esses problemas, acreditavam no delírio de que um aumento na quantidade de papel-moeda não afeta os preços dos bens e as taxas de câmbio. Eles culpavam o bloqueio ou a ganância pelo aumento dos preços dos bens e a balança de pagamentos desfavorável pelo aumento das taxas de câmbio. Não levantaram um dedo para deter a inflação. Como todos os que são pró-inflação, eles queriam combater apenas as consequências indesejáveis, mas inevitáveis, da inflação, isto é, o aumento dos preços dos bens. Sua ignorância dos problemas econômicos levou-os ao controle de preços e à restrição do câmbio. Eles nunca conseguiriam entender por que essas tentativas estavam condenadas ao fracasso. A inflação não era nem um ato de Deus nem uma consequência do Tratado de Versalhes. Era a aplicação prática das mesmas ideias etatistas que tinham gerado o nacionalismo. Todos os partidos políticos alemães tinham responsabilidade na inflação. Todos se aferraram ao erro de que não era o aumento de créditos bancários, mas a balança de pagamentos desfavorável que estava desvalorizando a moeda.

A inflação tinha pauperizado as classes médias. As vítimas juntaram-se a Hitler. Mas não fizeram isso porque tinham sofrido, mas porque acreditavam que o nazismo melhoraria sua situação. Um homem sofrer de má digestão não explica por que ele consulta um picareta. Ele consulta o picareta porque acha que o homem vai curá-lo. Se tivesse outras opiniões, consultaria um médico. A existência de dificuldades econômicas na Alemanha não explica o sucesso do nazismo. Outros partidos também, como, por exemplo, os sociais-democratas e os comunistas, recomendaram seus próprios remédios.

A Alemanha foi atacada pela grande depressão a partir de 1929, mas não em maior medida do que outras nações. Pelo contrário. Nos anos dessa depressão, os preços dos alimentos e das matérias-primas que a Alemanha importava diminuiu mais do que os preços das manufaturas que ela exportava.

A depressão teria resultado numa queda de salários. Porém, como os sindicatos não permitiam cortes salariais, o desemprego aumentou. Tanto os sociais-democratas quanto os comunistas confiavam que o aumento do desemprego iria fortalecê-los. Mas esse aumento ajudou o nazismo.

A grande depressão foi internacional. Somente na Alemanha, porém, ela resultou na vitória de um partido que recomendava a panaceia dos armamentos e da guerra.

6. O NAZISMO E O TRABALHO ALEMÃO

Uma charada que tem deixado perplexos quase todos os autores que lidam com os problemas do nazismo é esta: havia na Alemanha muitos milhões de pessoas organizadas nos partidos Social-Democrata, Comunista e do Centro católico. Eram membros dos sindicatos afiliados a esses partidos. Como os nazistas conseguiram derrubar essas massas de adversários decididos e estabelecer seu sistema totalitário? Esses milhões mudaram de ideia do dia para a noite? Ou eram covardes que cederam ao terror das Tropas de Assalto e aguardaram o dia da redenção? Os trabalhadores alemães ainda são marxistas? Ou são defensores sinceros do sistema nazista?

Essa formulação do problema contém um erro fundamental. As pessoas presumem que os membros dos vários clubes partidários e sindicatos eram social-

-democratas, comunistas ou católicos por convicção e que aprovavam plenamente os credos e programas de seus líderes. Em geral, não se leva em conta que a lealdade ao partido e a participação nos sindicatos eram praticamente obrigatórias. Embora o sistema da loja fechada não tenha sido levado na Alemanha de Weimar ao extremo que é na Alemanha nazista de hoje e em alguns ramos da indústria estrangeira, ele tinha ido longe o bastante. Na maior parte da Alemanha, e na maior parte dos ramos da produção alemã, era praticamente impossível que um trabalhador ficasse de fora de todos os grandes grupos sindicalistas. Se ele quisesse um emprego ou não quisesse ser demitido, ou se quisesse o seguro-desemprego, tinha de pertencer a um desses sindicatos. Eles exerciam uma pressão econômica e política a que todo indivíduo tinha de ceder. Juntar-se ao sindicato tornou-se praticamente uma questão de rotina para o trabalhador. Ele fazia isso porque todos faziam e porque era arriscado não fazer. Não cabia a ele investigar a *Weltanschauung* de seu sindicato. Os burocratas do sindicato também não se preocupavam com os princípios ou sentimentos dos membros. Seu primeiro objetivo era trazer o máximo de trabalhadores possível para as fileiras de seus sindicatos.

Esses milhões de trabalhadores organizados eram forçados a repetir, nem que fosse da boca para fora, os credos de seus partidos, a votar em seus candidatos nas eleições para o parlamento e para cargos sindicais, a assinar os jornais do partido e a evitar críticas diretas à política do partido. Porém, a experiência cotidiana mesmo assim trazia a evidência de que havia algo de errado com seus partidos. Todos os dias eles descobriam novas barreiras comerciais estabelecidas por nações estrangeiras contra as manufaturas alemãs — isto é, contra os produtos do seu próprio trabalho. Como os sindicatos, com poucas exceções, não estavam preparados para concordar com cortes salariais, cada nova barreira imediatamente resultava num aumento do desemprego. Os trabalhadores perderam a confiança nos marxistas e no Centro. Perceberam que aqueles homens não sabiam como lidar com seus problemas e que tudo que faziam era acusar o capitalismo. O trabalhador alemão era radicalmente hostil ao capitalismo, mas achava insatisfatório, neste caso, denunciá-lo. Os trabalhadores não podiam esperar que a produção se mantivesse caso as exportações caíssem. Por isso, ficaram interessados nos argumentos nazistas. Esses acontecimentos, diziam os nazistas, são as limitações de nossa infeliz dependência de mercados estrangeiros e dos caprichos de governos estrangeiros. A Alemanha está condenada caso não consiga conquistar mais espaço e atingir a autossuficiência. Todos os esforços para melhorar as condições do trabalho serão em vão enquanto forem obrigados a servir de escravos assalariados de capitalistas estrangeiros. Essas palavras impressionaram os trabalhadores. Eles não abandonaram nem seus sindicatos nem os clubes partidários, pois isso teria consequências muito sérias para eles. Ainda votavam nos sociais-democratas, nos comunistas ou nos católicos por pura inércia. Mas ficaram indiferentes ao socialismo, tanto católico quanto marxista, e começaram a simpatizar com o nacional-socialismo. Anos antes de 1933, as fileiras dos sindicatos alemães já estavam cheias de pessoas que simpatizavam secretamente com o nazismo. Assim, o trabalhador alemão não foi muito perturbado quando os nazistas enfim incorporaram à força todos os membros de sindicatos a seu front do trabalho. Eles se voltaram para o nazismo porque os nazistas tinham um programa para lidar com seu problema mais urgente: as barreiras estrangeiras ao comércio. Os demais partidos careciam desse programa.

A remoção dos burocratas sindicalistas impopulares agradou os trabalhadores não menos do que as humilhações infligidas pelos nazistas aos empreendedores e executivos. Os patrões foram reduzidos à posição de gerentes de loja. Tinham de curvar-se aos todo-poderosos chefes do partido. Os trabalhadores exultavam com os infortúnios de seus empregadores. Era seu triunfo quando o patrão, espumando de raiva, era forçado a marchar em suas fileiras nos desfiles dos feriados estatais. Era um bálsamo para seus corações.

Então veio o *boom* do rearmamento. Não havia mais desempregados. Muito rapidamente houve falta de trabalhadores. Os nazistas conseguiram resolver um problema que os sociais-democratas não tinham conseguido. Os trabalhadores ficaram entusiasmados.

É altamente provável que os trabalhadores agora tenham tomado plena consciência do lado sombrio da situação. Eles perderam as ilusões[133]. Os nazistas não os levaram para a terra onde jorra o leite e o mel. No deserto das cartelas de ração, as sementes do comunismo prosperam. No dia da derrota, o front do trabalho desabará assim como os sindicatos marxistas e católicos desabaram em 1933.

---

[133] Porém, o *Times* de Londres, ainda em 6 de outubro de 1942, reportava, de Moscou, que o interrogatório de prisioneiros de guerra alemães por autoridades russas mostrava que a maioria dos trabalhadores qualificados ainda eram grandes apoiadores dos nazistas. Em particular, os homens na faixa etária entre 25 e 35 anos, os do Ruhr e de outros centros industriais mais antigos.

7. Os críticos estrangeiros do nazismo

Hitler e sua gangue conquistaram a Alemanha usando violência brutal, assassinatos e crimes. Porém, as doutrinas do nazismo tinham dominado a mente alemã bem antes. A persuasão, não a violência, tinha convertido a imensa maioria da nação aos princípios do nacionalismo militante. Se Hitler não tivesse conseguido vencer a corrida da ditadura, outra pessoa teria vencido. Ele precisou eclipsar muitos candidatos: Kapp, o general Ludendorff, o capitão Hermann Erhardt (1881-1971), o major Waldemar Pabst (1830-1970), Forstrat Escherich (1880-1941), Strasser e muitos outros. Hitler não tinha inibições e, assim, derrotou seus competidores mais instruídos ou mais escrupulosos.

O nazismo conquistou a Alemanha porque nunca se deparou com nenhuma resistência intelectual adequada. Ele teria conquistado o mundo inteiro se, depois da queda da França, a Grã-Bretanha e os Estados Unidos não tivessem começado a combatê-lo seriamente.

A crítica contemporânea do programa nazista não serviu a esse fim. As pessoas estavam ocupadas tratando de meros acessórios da doutrina nazista. Elas nunca discutiam planemante a essência dos ensinamentos nacional-socialistas. O motivo é óbvio. *Os princípios fundamentais da ideologia nazista não diferem das ideologias sociais e econômicas que são aceitas.* A diferença diz respeito apenas à aplicação dessas ideologias aos problemas particulares da Alemanha.

São estes os dogmas da atual ortodoxia "heterodoxa":

1. O capitalismo é um sistema injusto de exploração. Ele fere a imensa maioria para o benefício de uma pequena minoria. A propriedade privada dos meios de produção impede a plena utilização de recursos naturais e de melhorias técnicas. Lucros e juros são tributos que as massas são obrigadas a pagar a uma classe de parasitas ociosos. O capitalismo é a causa da pobreza e sempre leva à guerra;
2. É, portanto, o maior dever do governo popular trocar o gerenciamento de capitalistas e de empreendedores pelo controle governamental das empresas;
3. Tetos de preços e salários mínimos diretamente aplicados pelo governo ou indiretamente pela ação livre dos sindicatos são meios adequados para melhorar a vida dos consumidores e para, permanentemente, elevar o padrão de vida de todos os assalariados. São os passos no caminho para emancipar por completo as massas (com o estabelecimento final do socialismo) do jugo do capital (podemos notar, de passagem, que Marx, em seus últimos anos, opôs-

-se violentamente a essas proposições. O marxismo atual, porém, endossa-as por completo);
4. Uma política de dinheiro fácil, isto é, de expansão do crédito, é um método útil para aliviar os ônus impostos pelo capital às massas e tornar o país mais próspero. Ela não tem nada a ver com a recorrência periódica da depressão econômica. Crises econômicas são um mal intrínseco ao capitalismo desenfreado;
5. Todos aqueles que negam as afirmativas anteriores e dizem que o capitalismo serve melhor às massas e que o único método eficaz para melhorar permanentemente as condições econômicas de todas as camadas da sociedade é o acúmulo progressivo de novo capital são apologistas mal-intencionados e tacanhos dos interesses de classe egoístas dos exploradores. Um retorno ao *laissez-faire*, ao livre-comércio, ao padrão-ouro e à liberdade econômica estão fora de questão. A humanidade felizmente nunca voltará a essas ideias e a essas políticas do século XIX e da era vitoriana (observemos de passagem que, tanto o marxismo quanto o sindicalismo, têm todo o direito aos epítetos "do século XIX" e "vitoriano");
6. A vantagem que se tira do comércio exterior está exclusivamente na exportação. As importações são ruins e deveriam ser impedidas o máximo possível. A situação mais feliz que uma nação pode encontrar-se é a de não precisar de nenhuma importação do exterior. (Os "progressistas", é verdade, não têm entusiasmo por esse dogma e, às vezes, até o rejeitam como erro nacionalista; porém, seus atos políticos são amplamente ditados por ele).

Quanto a esses dogmas, não há diferença: de um lado, entre os liberais britânicos e o partido trabalhista britânico e, de outro, os nazistas. Não importa que os britânicos considerem esses princípios um desenvolvimento natural do liberalismo e da democracia econômica enquanto os alemães, com bases mais sólidas, considerem-nos antiliberais e antidemocráticos. Não é muito mais importante que na Alemanha ninguém tenha a liberdade de enunciar visões discordantes, enquanto na Grã-Bretanha um dissidente receba apenas risos e seja desprezado.

Aqui, não precisamos tratar da refutação das falácias nesses seis dogmas. Essa tarefa cabe aos tratados que expõem os problemas básicos da teoria econômica. A tarefa já foi feita. Basta que enfatizemos que quem quer que não tenha a coragem ou a perspicácia de atacar essas premissas não está em posição de ver problemas nas conclusões que os nazistas tiram delas. Os nazistas também desejam o controle governamental das empresas. Também buscam a autarquia para a própria nação. A marca distintiva de suas políticas é que eles se recusam a aquiescer às desvantagens que a aceitação do mesmo sistema, por parte de outras nações, imporia a estas. Eles não estão preparados para ficar permanentemente "presos", como dizem, dentro de uma área comparativamente superpopulosa, onde a produtividade do trabalho é inferior à de outros países.

Tanto que os adversários alemães e estrangeiros do nazismo foram derrotados na batalha intelectual contra ele porque estavam enredados no mesmo dogmatismo intransigente e intolerante. A esquerda britânica e os progressistas americanos querem um controle abrangente das empresas em seus próprios países. Eles admiram os métodos soviéticos de gerenciamento econômico. Ao rejeitar o totalitarismo alemão, eles contradizem a si mesmos. Os intelectuais alemães viam no abandono do padrão-ouro e do livre-comércio por parte da Grã-Bretanha uma prova da superioridade das doutrinas e métodos alemães. Agora eles percebem que os anglo-saxões imitam seu próprio sistema de gerenciamento econômico em praticamente todos os aspectos. Eles ouvem cidadãos eminentes desses países declararem que suas nações se aferrarão a essas políticas no período do pós-guerra. Por que os nazistas não ficariam convencidos, diante disso tudo, de que foram os pioneiros de uma ordem social nova e melhor?

Os chefes do Partido Nazista e suas Tropas de Assalto são gangsters sádicos. Porém, os intelectuais e os trabalhadores alemães toleraram seu governo porque concordavam com as doutrinas sociais, econômicas e políticas básicas do nazismo. Quem quer que quisesse combater o nazismo em si, antes do irromper da guerra atual, e a fim de evitá-lo (e não apenas expulsar a gentalha que hoje ocupa o governo alemão), teria de mudar as mentes do povo alemão. Isso estava além do poder dos defensores do etatismo.

Uma das objeções mais comuns levantadas contra os nazistas dizia respeito à suposta incoerência de sua política populacional. É contraditório, diziam, reclamar de um lado da superpopulação relativa da Alemanha e querer mais *Lebensraum* e tentar, de outro, aumentar a taxa de natalidade. Porém, aos olhos dos nazistas não havia incoerência nenhuma nessas atitudes. O único remédio para o mal da superpopulação que eles conheciam estava no fato de que os alemães eram numerosos o bastante para travar uma guerra por mais espaço, ao passo que as nações pequenas submetidas ao mesmo mal da superpopulação comparativa eram fracas demais para salvar-se. Quanto mais soldados a Alemanha pudesse convocar, mais fácil seria libertar a nação do mal da superpopulação. A doutrina de base era errada, mas quem não atacasse a doutrina inteira não poderia realmente ver problemas nos esforços de criar o máximo possível de buchas de canhão.

Um motivo pelo qual as objeções contra o despotismo dos nazistas e as atrocidades que eles cometeram tiveram tão pouco efeito é que muitos dos próprios críticos estavam inclinados a desculpar os métodos soviéticos. Por isso, os nacionalisas alemães podiam afirmar que seus adversários — tanto alemães quanto estrangeiros — estavam sendo injustos com os nazistas ao acusá-los de práticas que julgavam com maior brandura nos russos. E disseram que era santarronice e hipocrisia quando os anglo-saxões atacaram suas doutrinas raciais. Será que os britânicos e os americanos, retrucaram, observam eles próprios o princípio da igualdade de todas as raças?

Os críticos estrangeiros acusam o sistema nazista de capitalista. Nesta era de anticapitalismo fanático e de apoio entusiasmado pelo socialismo, censura nenhuma parece desacreditar um governo de maneira mais abrangente aos olhos da opinião elegante do que a qualificação pró-capitalista. Porém, eis uma acusação aos nazistas que é infundada. Vimos num capítulo anterior que o *Zwanswirtschaft* é um sistema socialista de controle extensivo das empresas pelo governo.

É verdade que ainda existe lucro na Alemanha. Algumas empresas ainda obtêm lucros bem maiores do que nos últimos anos do regime de Weimar. Porém, a importância desse fato é bem diferente daquilo que julgam os críticos. Há um controle estrito dos gastos privados. Nenhum capitalista ou empreendedor alemão (gerente de loja) ou qualquer pessoa tem a liberdade de gastar mais dinheiro para o consumo próprio do que o governo considera adequado à sua posição no serviço da nação. O que sobrar deve ser depositado nos bancos, investido em títulos domésticos ou em ações de corporações alemãs inteiramente controladas pelo governo. Guardar dinheiro ou cédulas é estritamente proibido e punido como alta traição. Mesmo antes da guerra não havia importações de bens de luxo e sua produção doméstica foi interrompida há muito tempo. Ninguém tem liberdade de comprar mais comida e roupas além da ração determinada. Os aluguéis estão congelados. Móveis e todos os outros bens são impossíveis de obter. Viajar ao estrangeiro só é permitido se você está a serviço do governo. Até pouco tempo atrás, um pouco de moeda estrangeira era fornecido a turistas que queriam passar férias na Suíça ou na Itália. O governo nazista preocupava-se em não suscitar a raiva de seus amigos italianos impedindo seus cidadãos de visitar a Itália. O caso da Suíça era diferente. O governo suíço, cedendo às demandas de um dos ramos mais importantes de seu sistema econômico, insistiu que parte do pagamento pelas exportações alemãs para a Suíça fosse equilibrada pelos gastos dos turistas alemães. Como a quantidade total de exportações alemãs para a Suíça e de exportações suíças para a Alemanha era fixada por um acordo bilateral, não importava para a Alemanha como a Suíça distribuía o excesso. A soma atribuída aos turistas alemães que viajavam à Suíça era deduzida daquela destinada ao repagamento de dívidas alemãs a bancos suíços. Assim, os acionistas dos bancos suíços pagavam as despesas dos turistas alemães.

As empresas alemãs não têm a liberdade de distribuir seus lucros aos acionistas. A quantidade de dividendos é estritamente limitada de acordo com uma técnica jurídica altamente complicada. Já se disse que isso não é um freio verdadeiro, pois as empresas têm a liberdade de sobrevalorizar suas ações. Trata-se de um erro. Elas têm a liberdade de aumentar o valor nominal de suas ações somente a partir de lucros realizados, declarados e tributados nos anos anteriores, mas não distribuídos aos acionistas.

Como todo consumo privado é estritamente limitado e controlado pelo governo e como toda renda não consumida precisa ser investida, o que significa, na prática, emprestada ao governo, lucros altos não são nada mais do que um método sutil de tributação. O consumidor tem de pagar preços altos e as empresas têm lucro nominal. Porém, quanto maiores forem os lucros, mais incham os fundos do governo. O governo fica com o dinheiro ou na forma de tributos ou na de empréstimos. E todos devem saber que esses empréstimos um dia serão repudiados. Há muitos anos as empresas alemãs não podem substituir seus equipamentos. Ao fim da guerra, os ativos das empresas consistirão, principalmente, de maquinário desgastado e de dívidas duvidosas contra o governo. A Alemanha em guerra vive de seus bens de capital, isto é, do capital nominalmente e aparentemente possuído por seus capitalistas.

Os nazistas interpretam as atitudes das outras nações quanto ao problema das matérias-primas como um reconhecimento da justiça de suas próprias demandas. A Liga das Nações estabeleceu que o atual estado de coisas é insatisfatório e fere os interesses das nações que se dizem despossuídas. O quarto ponto da Declaração do Atlântico, de 14 de agosto de 1941, em que os chefes de governo do Reino Unido e dos Estados Unidos deram a conhecer "certos princípios em comum das políticas nacionais de seus respectivos países, nos quais baseiam sua esperança para um futuro melhor para o mundo", diz o seguinte: "Eles se esforçarão, com o devido respeito pelas obrigações existentes, a ampliar o gozo, por todos os Estados, grandes ou pequenos, vencedores ou vencidos, de acesso, em termos iguais, ao comércio e às matérias-primas do mundo, necessários para sua prosperidade econômica".

A Igreja Católica Romana está numa guerra mundial, acima das partes beligerantes. Há católicos dos dois lados. O papa está em posição de ver o conflito com imparcialidade. Assim, foi muito importante aos olhos dos nazistas que o papa tenha descoberto as causas primeiras da guerra no "egoísmo frio e calculista que tende a acumular os recursos e materiais econômicos destinados ao uso de todos em tal medida que as nações menos favorecidas pela natureza ficam sem acesso a eles" e ainda declarasse que considerava *"admitida a necessidade de uma participação de todos nas riquezas naturais do mundo, inclusive daquelas nações que, na realização deste princípio, pertencem à categoria de* doadoras *e não à de* recebedoras*"*[134].

Bem, dizem os nazistas, todos admitem que nossas queixas são razoáveis. E, acrescentam eles, neste mundo que busca a autarquia de nações totalitárias, o único modo de resolvê-las é redistribuir a soberania territorial.

Muitas vezes se disse que os riscos da autarquia temidos pelos nazistas ainda estavam muito distantes, que a Alemanha ainda podia expandir suas exportações e que sua renda *per capita* continuava a aumentar. Essas objeções não impressionaram os alemães. Eles queriam realizar a igualdade econômica, isto é, que a produtividade do trabalho alemão fosse tão grande quanto a de qualquer outra nação. Os assalariados dos países anglo-saxões, objetavam, hoje gozam de um padrão de vida muito melhor do que antigamente. Mesmo assim, os "progressistas" não consideram esse fato uma justificação do capitalismo, antes aprovando as demandas trabalhistas por maiores salários e pela abolição do sistema salarial. É injusto, dizem os nazistas, objetar contra as demandas nazistas quando ninguém objeta contra as do trabalhismo anglo-saxão.

O argumento mais fraco apresentado contra a doutrina nazista era o *slogan* pacifista: a guerra não resolve nada. Afinal, não se pode negar que a atual situação de soberanias territoriais é o resultado de guerras travadas no passado. A espada libertou a França do domínio dos reis ingleses e fez dela uma nação independente, converteu a América e a Austrália em terras de homens brancos e garantiu a autonomia das repúblicas americanas. Batalhas sangrentas tornaram a França e a Bélgica predominantemente católicas e o norte da Alemanha e os Países Baixos predominantemente protestantes. Guerras civis protegeram a unidade dos Estados Unidos e da Suíça.

Duas objeções eficazes e irrefutáveis poderiam ter sido levantadas perfeitamente contra os planos de agressão alemã. Uma é que os próprios alemães

---

[134] Transmissão da noite de Natal. *The New York Times,* 25 de dezembro de 1941.

contribuíram tanto quanto podiam para o estado de coisas que julgavam tão deplorável. A outra é que a guerra é incompatível com a divisão internacional do trabalho. Porém, "progressistas" e nacionalistas não estavam em posição de questionar o nazismo com esses argumentos. Eles próprios não estavam interessados na manutenção da divisão internacional de trabalho. Eles defendiam o controle governamental das empresas, o qual necessariamente leva ao protecionismo e, por fim, à autarquia.

As doutrinas falaciosas do nazismo não aguentam a crítica da economia sólida, da qual hoje se escarnecem, chamando-a de "ortodoxa". Porém, quem quer que se aferre aos dogmas do neomercantilismo popular e defenda o controle governamental das empresas não é capaz de refutá-las. A "heterodoxia" fabiana e keynesiana resultou numa confusa aceitação dos princípios do nazismo. Sua aplicação nas políticas práticas frustrou todos os esforços de formar uma frente comum de todas as nações ameaçadas pelas aspirações do nazismo.

CAPÍTULO X

O NAZISMO COMO PROBLEMA MUNDIAL

1. O ESCOPO E AS LIMITAÇÕES DA HISTÓRIA

Uma função da pesquisa histórica é rastrear os acontecimentos históricos até suas origens. O historiador precisa demonstrar como qualquer situação histórica desenvolveu-se a partir de condições previamente existentes — naturais e sociais — e como as ações dos homens, assim como ocorrências além do controle humano, transformaram um estado anterior num estado subsequente. Essa retrospecção analítica não pode prosseguir indefinidamente. Cedo ou tarde a história chega a um ponto onde seus métodos de interpretação não têm mais utilidade. Nesse momento, o historiador não pode fazer nada além de estabelecer a operação de um fator que levou à consecução do resultado. A maneira habitual de expressar isso em palavras é falar em individualidade ou em particularidade.

O mesmo vale essencialmente para as ciências naturais. Elas também, inevitavelmente, cedo ou tarde, chegam a um ponto que deve ser tomado simplesmente como um *datum* da experiência, como o "dado". Seu escopo é interpretar (ou, como as pessoas antigamente preferiam dizer, explicar) as mudanças que ocorrem como resultado de forças que operam no universo. Elas remontam um fato a outros fatos, mostram-nos que o a, o b e o n são o resultado do x. Porém, existem alguns x que, ao menos em nossa época, não podem ser remontados a outras fontes. As gerações vindouras podem conseguir levar ainda mais longe os limites do nosso conhecimento. Porém, não pode haver dúvida de que sempre haverá alguns itens que não podem ser remontados a outros.

A mente humana não é nem mesmo capaz de apreender de modo coerente o sentido de um conceito como a causa última de todas as coisas. A ciência natural nunca irá mais longe do que o estabelecimento de alguns fatores últimos que não podem ser analisados e remontados às fontes, nascentes ou causas.

O termo "individualidade", segundo o uso dos historiadores, significa: aqui nos deparamos com um fator que não pode ser remontado a outros fatores. Ele não oferece interpretação nem explicação. Pelo contrário, ele estabelece que teremos que lidar com um dado inexplicável da experiência histórica. Por que César cruzou o Rubicão? Os historiadores podem nos dar vários motivos que podem ter influenciado a decisão de César, mas não podem negar que outra decisão teria sido possível. Talvez Marcus Tullius Cicero (106 a.C-43 a.C) ou Marco Júnio Bruto (85 a.C-42 a.C), diante de uma situação similar, tivessem agido diferente. A única resposta correta é: ele cruzou o Rubicão porque era César.

É enganoso explicar o comportamento de um homem ou de um grupo referindo-se a seu caráter. O conceito de caráter equivale ao conceito de individualidade. Aquilo que chamamos de caráter de um homem ou de um grupo é a totalidade do nosso conhecimento a respeito de sua conduta. Se tivessem agido de um modo diferente do modo como agiram, nossas ideias a respeito do seu caráter seriam diferentes. É um erro explicar o fato de que Napoleão coroou a si mesmo imperador e tentou, de maneira bastante tola, invadir o círculo das velhas dinastias europeias como resultado de seu caráter. Se ele *não* tivesse trocado sua dignidade consular vitalícia por ser imperador e *não* tivesse se casado com uma arquiduquesa, teríamos de dizer, da mesma maneira, que esse era um traço peculiar de seu caráter. A referência ao caráter não explica mais do que a famosa explicação do efeito soporífico do ópio por sua *virtus dormitiva qui facit sensus assupire*[135].

Assim, é vão esperar qualquer ajuda da psicologia, seja individual ou de massas. A psicologia não nos leva além dos limites fixados no conceito de individualidade. Ela não *explica* por que infortúnios amorosos levam algumas pessoas ao alcoolismo, outras ao suicídio, outras a escrever versos desajeitados, ao passo que inspirou Francisco Petrarca e Johann Wolfgang von Goethe a escrever poemas imortais e Beethoven a compor música divina. A classificação de homens em vários tipos de caráter não é um expediente muito proveitoso. Os homens são classificados segundo sua conduta e, então, as pessoas acreditam terem dado uma explicação ao deduzir a conduta de sua classificação. Além disso, todo indivíduo ou grupo tem traços que não se encaixam no leito procrusteano da classificação.

---

135 "Potência adormecedora, que acalma os sentidos". (N. T.)

A fisiologia também não pode resolver o problema. A fisiologia não é capaz de explicar como fatos e circunstâncias exteriores produzem ideias e ações definidas dentro da consciência humana. Mesmo que soubéssemos tudo a respeito da operação das células e dos nervos cerebrais, não conseguiríamos explicar — além de nos referirmos à indivudalidade — por que fatos ambientais idênticos levam, com indivíduos diferentes e com os mesmos indivíduos em momentos diferentes, a ideias e a ações distintas. A visão de uma maçã caindo levou Isaac Newton às leis da gravidade. Por que não outras pessoas antes dele? Por que um homem chega à solução correta de uma equação e outras pessoas não chegam? No que difere o processo fisiológico que resulta na solução matematicamente correta do processo que leva à solução incorreta? Por que os mesmos problemas de locomoção em montanhas cobertas de neve levaram os noruegueses a inventar os esquis e os habitantes dos Alpes não tiveram essa inspiração?

Pesquisa histórica nenhuma pode evitar referir-se ao conceito de individualidade. Nem a biografia lidando com a vida de apenas uma personalidade nem a história de povos e de nações pode levar sua análise além de um ponto em que a última coisa a dizer é: individualidade.

2 - A falácia do conceito de "caráter nacional"

A principal deficiência do conceito de caráter, quando aplicado como explicação, é a permanência que se lhe atribui. O indivíduo do grupo é concebido como alguém dotado de caráter estável, cujas ideias e ações são o resultado. O criminoso não é criminoso porque cometeu um crime. Ele comete o crime porque é criminoso. Assim, o fato de que um homem um dia cometeu um crime é prova de que ele é criminoso e torna plausível que ele seja culpado de qualquer outro crime que lhe seja atribuído. Essa doutrina influenciou profundamente o processo penal na Europa continental. O Estado anseia por provar que o réu já cometeu outros crimes em sua vida pregressa. A defesa, igualmente, anseia por melhorar a imagem do réu demonstrando que sua vida pregressa era imaculada[136]. Porém, o homem que já cometeu vários assassinatos pode ser inocente do assassinato pelo qual está sendo julgado, ao passo que um homem,

---

[136] Essas afirmações não se aplicam ao processo penal americano.

após sessenta anos de conduta impecável, pode ter cometido um crime abominável.

O conceito de caráter de uma nação é uma generalização de traços descobertos em vários indivíduos. Trata-se, principalmente, do resultado de uma indução precipitada e mal considerada de um número insuficiente de amostras mal-escolhidas. Nos velhos tempos, os cidadãos alemães da Boêmia viam poucos tchecos além de cozinheiros e de empregadas. Daí concluíram que os tchecos são servis, submissos e cheios de medo. Um estudante da história política e religiosa tcheca antes os qualificaria como rebeldes e amantes da liberdade. Porém, o que é que nos dá o direito de buscar características comuns dos vários indivíduos de um agregado que inclui, de um lado, Jan Hus (1369-145) e Jan Žižka (1360-1424) de Trocnov e, de outro, lacaios e camareiras? O critério aplicado à formação do conceito da classe "tchecos" é o uso da língua tcheca. Presumir que todos os membros de um grupo linguístico devem ter certos outros traços em comum é uma *petitio principii*.

A interpretação mais popular da ascendência do nazismo explica-o como o resultado do caráter nacional alemão. Aqueles que adotam essa teoria vasculham a literatura e a história alemãs atrás de textos, de citações e de atos que indicam agressividade, rapacidade e sede de conquista. Desses bocadinhos de conhecimento eles deduzem o caráter nacional alemão e, desse caráter assim estabelecido, a ascensão do nazismo.

É, de fato, muito fácil juntar muitos fatos da história alemã e muitas citações de autores alemães que podem ser usados para demonstrar uma propensão à agressão intrínseca aos alemães. Porém, não é menos fácil descobrir essas características na história e na literatura de outros grupos linguísticos, por exemplo, os italianos, os franceses e os ingleses. A Alemanha nunca teve autores de panegíricos mais sublimes e eloquentes do que Thomas Carlyle e John Ruskin, um poeta e autor chauvinista mais eminente do que Joseph Rudyard Kipling (1865-1936), conquistadores mais implacáveis e maquiavélicos do que Warren Hastings (1732-1818) e Lorde Robert Clive (1725-1774), um soldado mais brutal do que o major William Stephen Raikes Hodson (1821-1858).

Muitas vezes as citações são tiradas de contexto e, por isso, totalmente distorcidas. Na Primeira Guerra Mundial, os propagandistas britânicos costumavam citar repetidas vezes alguns versos do *Fausto,* de Goethe. Mas omitiam que o personagem em cuja boca estavam aqueles versos, Euphorion, é uma contrapartida de Lorde George Byron (1788-1824), que Goethe admirava mais do que qualquer outro poeta contemporâneo (excetuando Schiller), embora o romantismo de Byron não tivesse apelo para seu próprio classicismo. Aqueles versos não expressam sob nenhum aspecto os princípios do próprio Goethe. *Fausto* termina com o elogio do trabalho produtivo. Dua ideia-guia é que somente a autossatisfação advinda de prestar serviços úteis a seus semelhantes pode tornar um homem feliz. A obra é um panegírico da paz, da liberdade e da segurança — como dizem os nazistas com desdém — "burguesa". Euphorion-Byron representa um ideal diferente: o anseio incansável por fins inacessíveis aos seres humanos, o desejo de aventura, de combate e de glória que resulta em fracasso e em morte prematura. É sem sentido citar como prova do militarismo inato aos alemães as estrofes em que Euphorion responde ao elogio da paz feito pelos pais com um louvor apaixonado da guerra e da vitória.

Havia na Alemanha, assim como em todas as outras nações, aqueles que louvavam a agressão, a guerra e a conquista. Mas também havia outros alemães. Os maiores não serão encontrados nas fileiras daqueles que glorificam a tirania e a hegemonia mundial alemã. Por acaso, Heinrich von Kleist, Wilhelm Richard Wagner (1813-1883) e Detlev von Liliencron (1844-1909) são mais representativos do caráter nacional do que Kant, Goethe, Schiller, Mozart e Beethoven?

A ideia de um caráter nacional é obviamente arbitrária. Ela deriva de um julgamento que omite todos os fatos desagradáveis que contradizem o dogma pré-concebido.

É inaceitável aplicar procedimentos estatísticos ao estabelecimento do caráter de uma nação. A questão não é descobrir como os alemães teriam votado no passado, caso tivessem precisado decidir por plebiscitos, qual curso as políticas públicas de seu país deveriam seguir. Mesmo que essa investigação pudesse ser realizada com sucesso, seus resultados não nos dariam nenhuma informação útil para nosso caso. A situação política de cada período tem sua forma única, sua individualidade. Não temos justificativa para deduzir de eventos pregressos conclusões aplicáveis ao momento atual. Nossos problemas não se resolveriam caso soubéssemos que a maioria dos godos aprovava a invasão do Império Romano ou se a maioria dos alemães do século XII era a favor do tratamento dispensado por Barbarossa aos milaneses. A situação atual tem muito pouco em comum com as do passado.

O método habitual aplicado é escolher algumas personalidades famosas do passado e do presente de uma nação e considerar suas opiniões e ações representativas pelas da nação inteira. Esse método teria sido falho mesmo que as pessoas fossem conscienciosas o bastante para confrontar essas pessoas escolhidas arbitrariamente com outras que tinham ideias contrárias e agiram de maneira diferente. É inaceitável atribuir a mesma importância representativa aos princípios de Kant e aos de um professor de filosofia não muito inteligente.

É contraditório, de um lado, considerar apenas pessoas *famosas* representativas e ignorar o resto e, de outro, tratar até mesmo essas, selecionadas arbitrariamente pela fama, como se constituíssem um grupo indiferenciado de iguais. Uma pessoa desse grupo pode destacar-se do resto do grupo tanto quanto o grupo se destaca da nação inteira. Centenas de poetastros e de rimadores não têm mais peso do que Goethe, único.

É correto falar da mentalidade de uma nação numa certa época histórica se, com esse termo, concebemos a mentalidade da maioria. Mas ela pode mudar. A mentalidade alemã não permaneceu a mesma na época do feudalismo medieval, do Iluminismo, dos dias do liberalismo e da nossa época.

É provável que, hoje, cerca de 80% de todos os europeus falantes de alemão sejam nazistas. Se deixarmos de fora os judeus, os austríacos e os suíços falantes de alemão, poderíamos dizer que mais de 90% dos alemães apoiam a luta de Hitler pela hegemonia mundial. Porém, isso não pode ser explicado pela referência à caracterização dos alemães contemporâneos dada por Tácito. Essa explicação não é melhor do que o método dos nazistas de provar a suposta barbárie dos anglo-saxões atuais citando a execução de Joana d'Arc (1412-1431), o extermínio em massa dos aborígenes da Tasmânia pelos colonos britânicos e as crueldades descritas em *Uncle Tom's Cabin* [*A cabana do pai Tomás*], de Harriet Beecher Stowe (1811-1896).

Não existe caráter nacional estável. Explicar o nazismo alegando que os alemães têm uma tendência inata a adotar os princípios do nazismo é um círculo vicioso.

3 - O Rubicão da Alemanha

Este livro tenta esclarecer a ascensão do nazismo, tenta mostrar como, a partir das condições do industrialismo moderno e das doutrinas e políticas socioeconômicas atuais, desenvolveu-se uma situação em que a imensa maioria do povo alemão não viu meio de evitar o desastre e de melhorar de vida, exceto aqueles indicados pelo programa do Partido Nazista. Por um lado, eles viram, numa era que passava rapidamente para a autarquia econômica, um futuro sombrio para uma nação que não consegue nem alimentar nem vestir seus cidadãos com seus recursos naturais domésticos. Por outro lado, eles acreditavam que eram poderosos o bastante para evitar essa calamidade conquistando uma quantidade suficiente de *Lebensraum*.

Essa explicação da ascensão do nazismo vai até onde pode ir uma investigação histórica. Ela deve parar nos pontos que limitam nossos esforços de estudar acontecimentos históricos. Ela precisa recorrer aos conceitos de individualidade e de particularidade irrepetível.

Afinal, o nazismo não era o único meio concebível de lidar com os problemas que preocupam a Alemanha atual. Havia e há outra solução: o livre-comércio. Claro que a adoção de princípios de livre-comércio exigiria o abandono do intervencionismo e do socialismo e o estabelecimento de uma economia de livre mercado. Mas por que isso deveria ser descartado como se fosse fora de questão? Por que os alemães não conseguem perceber a futilidade do intervencionismo e a inviabilidade do socialismo?

Não é explicação suficiente nem desculpa válida dizer que todas as outras nações também se aferram ao etatismo e ao nacionalismo econômico. A Alemanha foi ameaçada antes e de um jeito pior, pelos efeitos da tendência à autarquia. O problema foi primeiro e antes de tudo alemão, embora depois tivesse preocupado outras grandes nações. A Alemanha foi obrigada a encontrar uma solução. Por que ela escolheu o nazismo e não o liberalismo, a guerra e não a paz?

Se quarenta ou sessenta anos atrás a Alemanha tivesse adotado o livre-comércio incondicional, a Grã-Bretanha, as colônias de sua coroa, a Índia britânica e alguns outros países europeus menores também não teriam abandonado o livre-comércio. A causa do livre-comércio teria recebido uma vigorosa propulsão. O curso da história mundial teria sido diferente. O maior progresso do protecionismo, o particularismo monetário e a discriminação contra o trabalho e o capital estrangeiros teriam sido freados. A maré teria sido contida. Não é improvável que outros países tivessem imitado o exemplo estabelecido pela Alemanha. De qualquer modo, a prosperidade alemã não teria sido ameaçada pelo avanço maior de outras nações para a autarquia.

Porém, os alemães nem sequer consideraram essa alternativa. Os poucos homens que advogavam a liberdade incondicional no comércio exterior e doméstico eram objeto de risos e tratados como idiotas, desprezados e chamados de reacionários, silenciados por ameaças. Na década de 1890, a Alemanha já era quase unânime em seu apoio a políticas projetadas como preparativos para a guerra iminente por mais espaço, a guerra por hegemonia mundial.

Os nazistas derrotaram todos os demais partidos socialistas, nacionalistas e intervencionistas dentro da Alemanha porque não tiveram medo de seguir seu programa a sua conclusão lógica definitiva. As pessoas confiavam que eles estavam falando sério. Eles ofereciam uma solução radical para o problema do comércio exterior e, com esse radicalismo, eles superaram os demais partidos, os quais defendiam essencialmente a mesma solução, mas com moderação e de maneira vacilante e incompleta. Era o mesmo com os outros problemas. Havia, por exemplo, as cláusulas territoriais do Tratado de Versalhes. Todos os partidos alemães, sem exceção, consideravam essas provisões deploráveis, as mais infames já infligidas à Alemanha e uma das principais causas de suas dificuldades econômicas. Os comunistas não mencionavam particularmente essas cláusulas, mas seus ataques ao tratado inteiro, vergonhosíssimo produto do imperialismo capitalista, como diziam, incluía essas cláusulas. Com os pacifistas não era diferente. Porém, somente os nazistas eram sinceros e coerentes o bastante para proclamar que não havia esperança de readquirir as províncias perdidas, exceto por meio de uma guerra vitoriosa. Assim, somente eles pareciam oferecer um remédio para um suposto mal que todos denunciavam.

Contudo, é impossível explicar por que, em todos esses anos cruciais, os alemães nunca consideraram seriamente a outra alternativa ao nacionalismo: o liberalismo e o livre-comércio. A fatídica decisão contra o livre-comércio e contra a paz e em favor do nacionalismo e da guerra não pode ser explicada. Numa situação histórica única irrepetível, a nação alemã escolheu a guerra e rejeitou a solução pacífica. Foi um acontecimento histórico individual, que não pode ser mais analisado ou explicado. Eles cruzaram seu Rubicão.

Podemos dizer que eles agiram assim porque eram alemães da era do nacionalismo. Porém, isso não explica nada.

A Guerra Civil Americana teria sido evitada caso os nortistas tivessem aceito a secessão. A Revolução Americana não teria acontecido se os colonos não estivessem dispostos a travar uma guerra arriscada por sua independência. Essas características dos americanos de 1776 e de 1861 são fatos definitivos, casos individuais de acontecimentos históricos.

Não podemos explicar por que algumas pessoas, diante de uma alternativa, escolhem *a* e não *b*.

Claro que o método escolhido pela Alemanha fere não apenas todos os demais povos, mas também os alemães. Os alemães não atingirão os fins buscados. As guerras por *Lebensraum* se mostrarão desastrosas para eles. Porém, não sabemos por que os americanos, nos dois casos mencionados acima, usaram sua opção de um modo que os acontecimentos posteriores mostraram ser benéficos para eles e para a civilização ocidental, ao passo que os alemães escolheram o caminho da catástrofe.

O mesmo se pode dizer da conduta das nações ameaçadas pelos planos de agressão alemães. O estado atual do mundo se deve não apenas às malévolas aspirações dos nacionalistas alemães, mas igualmente ao fato do resto do mundo não tê-los contido com medidas apropriadas. Se as vítimas tivessem suas rivalidades mútuas por uma cooperação política e militar mútua, a Alemanha teria sido obrigada a abandonar seus planos. Todos sabiam que havia apenas um modo de deter os agressores e de impedir a guerra: a segurança coletiva. Por que os ameaçados não adotaram esse esquema? Por que preferiram aferrar-se a suas políticas de nacionalismo econômico, que tornou vãos todos os planos para a formação de uma frente única de todas as nações pacíficas? Por que não abandonaram o etatismo a fim de poder abolir barreiras comerciais? Por que, assim como os alemães, eles não consideraram um retorno ao *laissez-faire*?

O etatismo não apenas produziu uma situação que, para os alemães, tinha na conquista sua única saída, como também tornava fúteis todas as tentativas de deter a Alemanha a tempo. Enquanto os alemães estavam ocupados rearmando para "o momento", a principal preocupação da Grã-Bretanha era prejudicar os interesses dos franceses e de todas as outras nações impedindo suas exportações para a Grã-Bretanha. Toda nação ansiava por usar sua soberania para o estabelecimento do controle governamental das empresas. Essa atitude necessariamente supunha uma política de isolamento e de nacionalismo econômico. Toda nação travava uma guerra econômica contínua contra toda outra nação. Cada cidadão rejubilava quando o último relatório estatístico mostrava um aumento de exportações ou uma queda nas importações. Os belgas se regozijavam quando diminuíam as importações dos Países Baixos. Os neerlandeses se regoziavam quando conseguiam reduzir o número de turistas neerlandeses a visitar a Bélgica. O governo suíço subsidiava turistas franceses que visitavam a Suíça. O goveno francês subsidiava os turistas suíços que visitivam a França. O governo polonês penalizava seus cidadãos por visitar países estrangeiros. Se um polonês, um tcheco, um húngaro ou um romeno quisesse consular um médico vienense ou mandar o filho a uma escola suíça, tinha que candidatar-se a uma licença especial da agência de controle cambial.

Todos estavam convencidos de que isso era loucura — a menos que fosse um ato do seu próprio governo. Todo dia os jornais reportavam exemplos de medidas especialmente paradoxais de nacionalismo econômico e criticavam-nas severamente. Porém, nenhum partido político estava preparado para demolir as muralhas comerciais do seu próprio país. Todos eram a favor do livre-comércio para todas as outras nações e de hiperprotecionismo para a própria nação. Não parecia ocorrer a ninguém que o livre-comércio começa em casa, porque praticamente todos defendiam o controle governamental das empresas dentro do seu próprio país.

Para essa atitude, também, a história não tem como oferecer nenhuma explicação melhor do que o recurso à noção de individualidade ou de particularidade. Diante de um problema grave, as nações escolheram o caminho do desastre.

4 - A alternativa

A realidade do nazismo encara todos com uma alternativa: ou esmagam o nazismo ou renunciam à autodeterminação, isto é, à liberdade e à sua própria existência como seres humanos. Caso cedam, serão escravos num mundo dominado pelos nazistas. Suas civilizações perecerão, não terão mais liberdade de escolher, de agir e de viver como querem. Simplesmente terão que obedecer. O Führer, vigário do "Deus alemão", se tornará senhor supremo. Caso não aquiesçam a esse estado de coisas, precisam lutar desesperadamente até que o poder nazista seja completamente esfacelado. Não há como fugir dessa alternativa. Uma paz negociada, resultado de um impasse, não significaria nada além de um armistício temporário. Eles retomarão a agressão. Nada pode parar essas guerras além da vitória decisiva ou a derrota final do nazismo.

É um erro fatal olhar essa guerra como se ela fosse uma das muitas guerras travadas nos últimos séculos entre os países da civilização ocidental. Esta é uma guerra total. Não é apenas o destino de uma dinastia, de uma província ou de um país que está em jogo, mas o destino de todas as nações e de todas as civilizações. A Europa não teve que encontrar um perigo similar desde as invasões tártaras no século XIII. A sorte dos derrotados seria pior do que a dos gregos e dos sérvios sob jugo turco. Os turcos não tentaram varrer do mapa os gregos e sérvios vencidos ou erradicar sua língua e seu credo cristão. Porém, os nazistas têm outras coisas guardadas para os conquistados: o extermínio daqueles que resistem obstinadamente à raça superior, a escravização para aqueles que se submetam espontaneamente.

Numa guerra assim, a questão da neutralidade não se apresenta. Os neutros sabem muito bem qual será seu destino caso os nazistas conquistem as Nações Unidas. Seus clamores de que estão prontos para lutar por sua independência, caso os nazistas os ataquem, são em vão. No caso de uma derrota das Nações Unidas, uma ação militar por parte da Suíça ou da Suécia não seria mais do que um gesto simbólico. Nas condições atuais, a neutralidade é igual ao apoio, na prática, ao nazismo.

O mesmo vale para os homens e mulheres germanófonos, quer sejam, quer não sejam cidadãos do Reich. Há cidadãos que querem preservar a própria imagem afirmando que não são nazistas, mas que não podem evitar combater nas fileiras de seus concidadãos. É um dever do homem, dizem eles, ser incondicionalmente fiel a seu próprio grupo linguístico, independentemente de sua causa estar certa ou errada. Foi essa ideia que fez com que alguns cidadãos da Áustria, da Suíça e de vários países americanos ficarem a favor dos nazistas ou adotarem uma atitude que eles julgavam ser de neutralidade.

Porém, essa doutrina da solidariedade ilimitada de todos os membros de um grupo linguístico é um dos principais vícios do nacionalismo. Ninguém estaria preparado para manter esse princípio de solidariedade em relação a outros grupos. Se a maioria dos habitantes de uma cidade ou de uma província decidisse combater o resto de um país, poucos admitiriam que a minoria tinha uma obrigação moral de ficar com a maioria e de apoiar sua ação. A questão na luta entre o nazismo e o resto da humanidade é se a comunidade de pessoas que falam a mesma língua é a única coletividade social legítima ou se a supremacia deve ser atribuída à grande sociedade que abrange todos os seres humanos. Esse é o combate da humanidade contra as reivindicações do particularismo intransigente de um grupo. A partir de bases melhores do que aquelas a partir das quais os nazistas negam aos austríacos e aos suíços os direitos de autonomia moral e política e de soberania irrestrita, os membros da sociedade humana devem negar esses direitos aos vários grupos linguísticos. Nenhuma cooperação humana e nenhuma paz duradoura são concebíveis se os homens colocarem a lealdade a qualquer grupo particular acima da lealdade à humanidade, à lei moral e ao princípio da autonomia e da responsabilidade moral de cada indivíduo. Renan tinha razão ao afirmar que o problema é se um homem pertence a algum grupo particular ou a si mesmo[137].

---

[137] Ver acima, seção 5 (Imperialismo Colonial) do capítulo (Etatismo e nacionalismo).

Os próprios nazistas percebem claramente que, sob as condições produzidas pela divisão internacional do trabalho e do estado atual do industrialismo, o isolamento de nações ou países tornou-se impossível. Eles não querem retirar-se do mundo e viver em seu próprio solo num isolamento esplêndido. Eles não querem destruir a grande sociedade que abrange o mundo. Eles pretendem organizá-la como oligarquia. Somente eles governarão nessa oligarquia. Aos outros cabe obedecer e ser seus escravos. Nessa luta, quem quer que não tome a parte daqueles que combatem os nazistas promove a causa do nazismo.

Isso vale hoje para muitos pacifistas e objetores de consciência. Podemos admirar seus motivos nobres e suas intenções sinceras. Porém, não há dúvida de que suas atitudes resultam em cumplicidade com o nazismo. A não resistência e a obediência passiva são precisamente aquilo que os nazistas querem para a realização de seus planos. Kant tinha razão ao afirmar que a prova do valor moral de um princípio é se ele pode ser aceito ou não (os pragmatistas diriam: se ele "funcionaria" ou "não funcionaria") como regra universal de conduta. A aceitação geral do princípio de não resistência e da obediência passiva pelos não nazistas destruiria a nossa civilização e reduziria todos os não alemães à escravidão.

Existe apenas um meio de salvar nossa civilização e de preservar a dignidade humana. É varrer radical e implacavelmente o nazismo. Só depois da total destruição do nazismo o mundo poderá retomar seus esforços para melhorar a organização social e construir a boa sociedade.

A alternativa é entre humanidade e bestialidade, entre cooperação humana pacífica e despotismo totalitário. Todos os planos de uma terceira solução são ilusórios.

PARTE 4

O Futuro da Civilização Ocidental

CAPÍTULO XI

Os delírios do planejamento mundial

1 - O termo "planejamento"

É óbvio que, nesta era de divisão internacional do trabalho, de um lado e de outro, de interferência governamental nas empresas, a soberania irrestrita para cada nação levará ao nacionalismo econômico e, por meio dele, ao conflito. Ninguém ousa negar que o nacionalismo econômico e a paz são incompatíveis. Portanto, todos os projetos para o estabelecimento de um estado de coisas mundial mais satisfatório incluem propostas para a substituição de algum tipo de cooperação internacional para os antagonismos permanentes do nacionalismo econômico. A mais popular dessas sugestões chama-se planejamento mundial ou planejamento internacional. O planejamento é a panaceia da nossa época. As pessoas estão convencidas de que ele vai curar todos os males das questões domésticas e estrangeiras. O prestígio da palavra "planejamento" é tão grande que sua mera menção é considerada uma solução de problemas econômicos.

Ao lidar com questões domésticas, o planejamento é usado como sinônimo de socialismo. Às vezes, somente o padrão alemão de socialismo — *Zwangswirtschaft* — é chamado de planejamento, ao passo que o termo "socialismo", por si, é reservado para o padrão russo. De qualquer modo, o planejamento sempre significa o planejamento por parte de autoridades governamentais e a execução desses planos por ordem do governo, aplicada pelo poder de polícia. O planejamento é a antítese do livre-comércio e da propriedade privada dos meios de produção. O planejamento e o capitalismo são totalmente incompatíveis. Num sistema de planejamento, a produção é conduzida segundo as ordens do governo, não segundo os planos de empreendedores capitalistas que anseiam lucrar servindo da melhor maneira os desejos dos consumidores.

É um delírio acreditar que o planejamento e a livre empresa podem ser conciliados. Compromisso nenhum é possível entre os dois métodos. Quando as várias empresas têm liberdade de decidir o que produzir e como, há capitalismo. Quando, por outro lado, as autoridades do governo tomam essas decisões, há planejamento socialista. Então, as várias empresas não são mais empreendimentos capitalistas, são órgãos estatais subordinados, obrigados a obedecer ordens. O antigo empreendedor torna-se um gerente de loja como o *Betriebsführer* da Alemanha nazista.

A ideia de planejamento pelos grupos organizados dos vários ramos da produção é muito popular entre alguns empresários. Isso equivaleria a uma substituição da livre empresa e da competição por cartéis compulsórios. O capitalismo seria posto de lado e, em seu lugar, haveria um sindicalismo de empreendedores, algo como uma réplica do sistema medieval de guildas. O resultado não seria o socialismo, mas um monopólio abrangente com todas as suas consequências nocivas. A oferta seria prejudicada e haveria sérios obstáculos no caminho das melhorias técnicas. A livre empresa não seria preservada, havendo uma posição privilegiada daqueles que *agora* possuem e operam fábricas, protegendo-os da competição de recém-chegados eficientes. Seria uma abdicação parcial do Estado em prol de pequenos grupos de homens ricos.

Em referência a assuntos internacionais, a palavra "planejamento" às vezes significa socialismo mundial com um gerenciamento mundial unitário. Com maior frequência, porém, significa a substituição do intervencionismo independente de cada governo nacional pelo intervencionismo cooperativo de todos os governos ou de muitos deles. Teremos de discutir essas duas concepções.

Porém, antes de começar um exame econômico dos problemas envolvidos, é desejável fazer algumas observações sobre as raízes psicológicas da popularidade da ideia de planejamento.

2 - O complexo de ditador

O homem nasce associal e antissocial. O recém-nascido é um selvagem. O egoísmo é sua natureza. Somente a experiência de vida e os ensinamentos dos pais, irmãos, irmãs, colegas e, depois, de outras pessoas, obrigam-no a reconhecer as vantagens da cooperação social e, assim, mudar de comportamento. O selvagem, desse modo, se volta para a civilização e para a cidadania. Aprende que sua vontade não é toda poderosa, que precisa adaptar-se aos outros e ajustar suas ações a seu ambiente social e que os objetivos e as ações de outras pessoas são fatos que ele tem de levar em conta.

O neurótico carece da capacidade de adaptar-se a seu ambiente. Ele é associal, nunca chega a um ajuste com os fatos. Porém, gostando ou não, a realidade faz o que quer. Está além da capacidade do neurótico eliminar a vontade e as ações de seus semelhantes e varrer tudo diante de si. Assim, ele escapa para devaneios. O fraco, que carece da força para enfrentar a vida e a realidade, entrega-se a devaneios de ditadura e de poder subjugar todos os demais. A terra de seus sonhos é a terra em que sua vontade é a única a decidir, é o reino em que somente ele dá ordens e todos os demais obedecem. Nesse paraíso, só acontece o que ele quer que aconteça. Tudo é bom e razoável, isto é, tudo corresponde exatamente às suas ideias e desejos e é razoável desde o ponto de vista de sua razão.

No segredo desses devaneios, o neurótico atribui a si o papel de ditador. Ele próprio é César. Ao dirigir-se a seus concidadãos, ele precisa ser mais modesto. Ele pinta uma ditadura operada por outra pessoa. Porém, esse ditador é apenas seu substituto e faz-tudo, ele só age como o neurótico quer que ele aja. Um devaneador que se abstivesse dessa cautelosa restrição e propusesse a si mesmo para o cargo de ditador correria o risco de ser considerado lunático e assim tratado. Os psiquiatras chamariam sua insanidade de megalomania.

Pessoa nenhuma jamais recomendou uma ditadura que tivesse fins diferentes daqueles que ela própria aprovava. Quem defende a ditadura sempre defende o governo irrestrito da própria vontade, embora operada por um intermediário, um amanuense. Essa pessoa quer um ditador feito à sua própria imagem.

Agora podemos apreender as causas da popularidade do planejamento. Tudo que os homens fazem tem que ser planejado, é a realização de planos. Nesse sentido, toda atividade econômica significa planejamento. Porém, aqueles que desdenham da *produção anárquica* e defendem a *economia planejada* anseiam por eliminar os planos de todos os demais. Somente *uma* vontade teria o direito de querer, somente *um* plano deveria ser realizado, a saber, o plano aprovado pelo neurótico, o plano razoável, o único plano. Todos os obstáculos deveriam ser removidos, o poder de todas as outras pessoas deveria ser esfacelado, nada deveria impedir o infeliz neurótico de arranjar o mundo segundo seus caprichos. Todo meio é correto se ajuda a levar a razão do devaneador ao trono.

A aprovação unânime do planejamento por nossos contemporâneos é apenas aparente. Os defensores do planejamento discordam quanto aos planos. Eles só concordam em refutar os planos apresentados por outras pessoas.

Muitas falácias populares quanto ao socialismo devem-se à crença equivocada de que todos os amigos do socialismo defendem o mesmo sistema. Pelo contrário: todo socialista quer seu próprio socialismo, não o de outra pessoa. Ele disputa o direito dos outros socialistas de denominar-se socialista. Aos olhos de Stalin, os trotskistas e os mencheviques não são socialistas, mas traidores, e vice-versa. Os marxistas dizem que os nazistas são defensores do capitalismo. Os nazistas dizem que os marxistas defendem o capital judeu. Se um homem diz socialismo ou planejamento, ele sempre tem em mente seu próprio tipo de socialismo, seu próprio plano. Assim, o planejamento não significa realmente estar preparado para cooperar em paz. Significa conflito.

3 - Um governo mundial

O estabelecimento de um governo mundial supranacional é uma ideia antiga dos pacifistas.

Esse governo mundial não é necessário para a manutenção da paz, porém, caso a democracia e uma economia desimpedida de mercado dominem por toda parte. No livre capitalismo e no livre-comércio, nenhuma provisão especial ou instituição internacional é necessária para proteger a paz. Se não há mais discriminação contra estrangeiros, se todos têm a liberdade de viver e de trabalhar onde querem, não existem mais causas de guerra.

Podemos conceder aos socialistas que o mesmo vale para um Estado mundial socialista, desde que os governantes desse Estado não discriminem contra nenhuma raça, grupo linguístico ou religião. Porém, se, pelo contrário, for aplicada discriminação, nada pode impedir o irromper de guerras caso aqueles prejudicados por ela julguem ser fortes o suficiente para varrê-la para longe.

Toda conversa a respeito do estabelecimento de uma autoridade mundial para impedir conflitos armados por meio de uma força policial mundial é vã caso grupos ou nações favorecidas não estejam preparados para renunciar a seus privilégios especiais. Caso esses privilégios sejam mantidos, um Estado mundial só pode ser concebido como governo despótico das nações desprivilegiadas pelas nações privilegiadas. Uma comunidade democrática de nações livres é incompatível com qualquer discriminação contra grandes grupos.

Um parlamento mundial eleito pelo sufrágio universal e igual de todos os adultos obviamente nunca aceitaria barreiras à migração e ao comércio. É absurdo presumir que os povos da Ásia estariam preparados para tolerar as leis de imigração da Austrália e da Nova Zelândia ou que as nações predominantemente industriais da Europa fossem concordar com uma política de protecionismo para os países que produzem matérias-primas e alimentos.

Não podemos nos deixar enganar pelo fato de que, dentro de países individuais, grupos minoritários conseguiram obter privilégios benéficos para si mesmos e prejudiciais à maior parte da nação. Já tratamos o suficiente desse fenômeno. Imagine que presumamos que a complexidade do problema das consequências econômicas do protecionismo confunda tanto as mentes dos legisladores internacionais que os representantes dos prejudicados por barreiras comerciais, temporariamente iludidos, retirassem sua oposição. Não é muito provável, mas poderia acontecer. Porém, é certo que um parlamento mundial, em que os representantes daqueles prejudicados pelo funcionamento de barreiras de imigração formassem uma maioria compacta, jamais aceitaria que estas fossem permanentemente preservadas. Esses são os duros fatos que tornam ilusórios os planos ambiciosos de um Estado democrático mundial. Nas condições atuais, é utópico entregar-se a esses projetos.

Já observamos que a manutenção de barreiras de migração contra nações totalitárias que almejam a conquista mundial é indispensável para a defesa política e militar. Sem dúvida, seria errado afirmar que, nas condições atuais, todo tipo de barreira migratória resulta dos interesses de classe equivocados do trabalho. Porém, contrariando a doutrina marxista do imperialismo, quase geralmente aceita hoje, é necessário enfatizar que os capitalistas e os empreendedores, em sua capacidade de empregadores, não têm o menor interesse no estabelecimento de barreiras migratórias. Mesmo que concordássemos com a doutrina falaciosa segundo a qual os lucros e os juros existem porque os empreendedores e capitalistas retêm parte daquilo que deveria ser justamente pago ao trabalhador, é óbvio que nem seus interesses de curto prazo nem seus interesses de longo prazo dirigem capitalistas e empreendedores a medidas que elevam os salários domésticos. O capital não favorece barreiras migratórias mais do que a *Sozialpolitik*, cujo resultado inextricável é o protecionismo. Se os interesses egoístas de classe das grandes empresas fossem supremos no mundo, como nos dizem os marxistas, não haveria barreiras comerciais. Os proprietários das fábricas mais eficientes — na liberdade econômica doméstica — não têm interesse em protecionismo. Eles só pedem tarifas de importação para compensar o aumento de custos causado por políticas pró-trabalho.

Enquanto houver barreiras de imigração, os salários fixados no mercado de trabalho doméstico permanecerão num nível maior naqueles países onde as condições físicas da produção forem mais favoráveis — como, por exemplo, nos Estados Unidos — do que em países que oferecem condições menos favoráveis. Tendências a uma equalização dos salários estão ausentes quando a migração dos trabalhadores é impedida. No livre-comércio combinado com barreiras migratórias, prevaleceria nos Estados Unidos uma tendência à expansão daqueles ramos de produção em que os salários formam uma parte comparativamente pequena dos custos totais de produção. Os ramos que exigem comparativamente mais trabalho (por exemplo, o ramo do vestuário) encolheriam. As importações resultantes não trariam nem maus negócios nem desemprego. Seriam compensadas por um aumento da exportação de bens que podem ser produzidos com maior vantagem neste país. Aumentariam o padrão de vida nos Estados Unidos e no exterior. Se algumas empresas são ameaçadas pelo livre-comércio, os interesses da maior parte da indústria e da nação inteira não são. É falacioso o principal argumento em favor do protecionismo americano, a saber, que ele é necessário para manter o alto padrão de vida da nação. Os salários americanos são protegidos pelas leis de imigração.

A legislação pró-trabalhista e as táticas sindicais resultam na elevação dos salários acima do nível garantido pelas leis de imigração. Os ganhos sociais produzidos por esses métodos são apenas superficiais. Se não há tarifa, eles resultam ou numa queda dos salários ou no desemprego porque a força competitiva das indústrias domésticas é enfraquecida e porque suas vendas caem concomitantemente. Se há tarifas protecionistas, elas elevam os preços daquelas *commodities* que exigem proteção por causa do aumento dos custos de produção domésticos. Assim, os trabalhadores são prejudicados em sua capacidade de consumidores.

Os investidores não sofreriam, caso fosse negada proteção às indústrias domésticas. Eles têm a liberdade de investir naqueles países em que as condições parecem oferecer as maiores chances de lucro. Somente os interesses do capital já investido em alguns ramos da indústria são favorecidos pela proteção.

A melhor evidência de que as grandes empresas não tiram uma vantagem da proteção é dada pelo fato de que as maiores empresas operam fábricas em vários países. Esse é precisamente o traço característico de empresas de grande escala na era atual de hiperprotecionismo[138]. Porém, seria mais lucrativo para elas (e, é claro, ao mesmo tempo mais vantajoso para os consumidores) poder concentrar toda a sua produção em fábricas localizadas onde as condições são mais favoráveis.

A verdadeira barreira ao uso pleno das forças produtivas não é, como dizem os marxistas, o capital ou o capitalismo, mas as políticas desenhadas para reformar e frear o capitalismo, as quais Marx chamava de pequeno-burguesas. Ao mesmo tempo, essas políticas geram nacionalismo econômico e trocam a cooperação pacífica dentro da divisão internacional de trabalho por conflitos internacionais.

4 - Produção planejada

As sugestões mais realistas do planejamento mundial não supõem o estabelecimento de um Estado mundial com um parlamento mundial. Elas propõem acordos e regulamentações internacionais para a produção, o comércio exterior, a moeda e o crédito e, por fim, os empréstimos e investimentos estrangeiros.

Os planejadores às vezes descrevem suas propostas como medidas para combater a pobreza e a carência. A descrição é ambígua. Todas as políticas econômicas são projetadas como soluções para a pobreza. O *laissez-faire* também é um método de abolição da pobreza. Tanto a história quanto a teoria econômica demonstraram que ela foi mais bem-sucedida do que qualquer outra política. Quando os japoneses tentaram expandir suas exportações vendendo mais barato, eles também buscavam melhorar a vida das massas japonesas. Se o nacionalismo econômico de outros países não tivesse impedido seus esforços, eles não apenas teriam atingido esse fim como, ao mesmo tempo, teriam elevado os padrões de vida dos países importadores ao prover bens mais baratos a seus povos.

É necessário enfatizar que aqui não estamos tratando de planos de caridade internacional. Muito sofrimento seria aliviado caso algumas nações estivessem dispostas a ajudar as massas com fome dos países pobres distribuindo gratuitamen-

---

[138] Por exemplo, a indústria automotiva americana ou as preocupações dos grandes produtores de petróleo, de margarina e de sabão. A indústria automotiva alemã não defende o protecionismo. Na Alemanha, a Associação de Produtores de Maquinário foi a única organização que (até 1933) teve a coragem de combater abertamente o programa protecionista dos partidos nacionalistas.

te comida e roupas. Porém, essas ações estão fora do escopo de considerações estritamente econômicas. São modos de consumo, não de produção de bens.

No mercado desimpedido, os preços são os guias e os reguladores da produção. Os bens são produzidos quando podem ser produzidos com lucro e não são produzidos quando a produção envolve perdas. Uma indústria que dá lucro tende a expandir-se e uma indústria que não dá tende a encolher. Uma indústria dá lucro se os preços que o produtor pode obter pelos produtos não cobrem o custo dos materiais e do trabalho necessários para sua produção. Os consumidores, portanto, determinam, ao comprar ou não comprar, quanto deve ser produzido em cada ramo da indústria. A quantidade de trigo produzida é determinada pelo preço que os consumidores estão dispostos a pagar. Uma expansão da produção além desses limites significaria que fatores de produção (trabalho e capital) que, segundo as demandas dos consumidores, são necessários para a produção de outras *commodities*, seriam dirigidos para a satisfação de necessidades que os consumidores consideram menos urgentes. No capitalismo desimpedido, prevalece uma tendência a fixar a quantidade de produção em todas as áreas num nível em que o produtor ou produtores marginais, isto é, aqueles que trabalham nas condições mais desfavoráveis, nem lucram nem perdem.

Sendo essas as condições, uma regulamentação que leve à expansão da produção de uma *commodity* não teria propósito caso o governo ou a autoridade internacional não subsidiasse os produtores submarginais a fim de indenizá-los pelas perdas incorridas. Porém, isso resultaria numa restrição correspondente da produção de outras *commodities*. Fatores de produção seriam retirados dos outros ramos para serem usados para expandir a indústria subsidiada. Os consumidores que, como pagadores de impostos, oferecem os meios necessários para os subsídios, precisam restringir seu consumo. Eles obtêm quantidades menores de *commodities* quando preferiam quantidades maiores e têm a oportunidade de obter mais de outras *commodities* pelas quais sua demanda é menos intensa. A intervenção do governo não atende seus desejos individuais. No fundo, eles não podem considerar seu resultado uma melhora de sua condição.

Não está no poder dos governos aumentar a oferta de uma commodity *sem que haja uma restrição correspondente na oferta de outras* commodities *demandadas com maior urgência pelos consumidores*. A autoridade pode reduzir o preço de uma *commodity* somente aumentando os preços de outras.

Claro que há centenas de milhões de pessoas que estariam dispostas a consumir mais trigo, açúcar, borracha ou latão, caso os preços fossem menores. As vendas de toda *commodity* aumentam com a queda nos preços. Porém, nenhuma interferência governamental poderia tornar essas *commodities* mais baratas sem elevar os preços de outras *commodities*, por exemplo, a carne, a lã ou a pasta de papel. Um aumento generalizado da produção só pode ser obtido pelo aprimoramento de métodos técnicos, pelo acúmulo de capital adicional e por um uso mais eficiente de todos os fatores de produção. Nenhum planejamento — nacional ou internacional — pode produzir um abaixamento geral de preços reais e desagravar aqueles para os quais os preços estão altos demais.

Porém, a maior parte dos defensores do planejamento internacional não tem a menor intenção de baratear matérias-primas e alimentos. Pelo contrário. O que eles de fato têm em mente é aumentar os preços e restringir a oferta. Eles enxergam a melhor promessa nas políticas com as quais vários governos — principalmente nos últimos vinte anos — tentaram efetivar restrições e aumentos de preços em prol de grupos especiais de produtores e em detrimento dos consumidores. É verdade que alguns desses arranjos só funcionaram por um breve período e, em seguida, desabaram, ao passo que muitos nem sequer funcionaram. Contudo, segundo os planejadores, isso se deveu a falhas na execução técnica. É da essência de todos os projetos de planejamento econômico do pós-guerra que os métodos serão aprimorados a ponto de ser bem-sucedidos no futuro.

O fato perigoso é que, se o governo tem impedimentos para tornar uma comunidade mais barata por meio da intervenção, ele certamente tem o poder de torná-la mais cara. Os governos têm o poder de criar monopólios, eles podem forçar os consumidores a pagar preços de monopólio e usam esse poder com liberalidade.

Nada mais desastroso poderia acontecer na área das relações econômicas internacionais do que a realização desses planos. Ela dividiria as nações em dois grupos: as exploradoras e as exploradas, aquelas que restringem a produção e cobram preços de monopólio e aquelas obrigadas a pagar preços de monopólio. Ela engendraria conflitos de interesse insolúveis e, inevitavelmente, resultaria em novas guerras.

Os proponentes desses esquemas tentam justificar suas sugestões observando que as condições são muito insatisfatórias para os produtores de matérias-primas e de alimentos. Eles insistem, nessas linhas, que há excesso de produção e que os preços são tão baixos que os produtores perdem dinheiro. O objetivo de seus planos, dizem, é restabelecer a lucratividade da produção.

É verdade que grande parte da produção dessas *commodities* não compensa. A tendência para a autarquia dificulta para as nações industriais vender suas manufaturas no estrangeiro. Por conseguinte, elas precisam restringir sua compra de comida e de matérias-primas. Por isso, é necessário restringir a produção de comida e de matérias-primas. Os produtores submarginais têm que falir. É muito infeliz, mas eles nada podem fazer além de culpar os políticos de seus próprios países que são responsáveis pelas políticas hiperprotecionistas. O único modo de aumentar as vendas de café e de fazer os preços subirem num mercado não monopolizado é comprar mais produtos dos países nos quais o consumo de café se expandiria, caso suas exportações aumentassem. Porém, os grupos de pressão dos produtores rejeitam essa solução e buscam preços de monopólio. Eles querem trocar a operação do mercado desimpedido por esquemas de monopólio. Num mercado desimpedido, a restrição da produção de matérias-primas e de alimentos, tornada inevitável pelas políticas protecionistas dos países produtores, aconteceria automaticamente com a eliminação dos produtores submarginais — isto é, aqueles para os quais a produção não compensa a preços de mercado. Porém, os governos querem efetivar uma restrição muito maior em prol do estabelecimento de preços de monopólio.

Com frequência, se diz que o mecanismo do mercado capitalista não funciona mais nas condições atuais. Os produtores submarginais, diz o argumento, não vão à falência. Eles continuam a produção. Assim, os preços caem a um nível no qual a produção não compensa mais para produtor nenhum. Por isso é necessária a intervenção governamental.

O fato é verdadeiro, porém, sua interpretação e as conclusões tiradas da interpretação são inteiramente erradas. A razão pela qual os produtores submarginais não param de produzir é que eles confiam que a intervenção do governo tornará seu negócio lucrativo outra vez. Sua produção continuada inunda o mercado, de modo que os preços não cobrem mais os custos nem dos outros produtores. Nesse caso, e em muitos outros, os efeitos insatisfatórios de uma intervenção governamental anterior são apresentados como argumentos para mais intervenções. As exportações caem porque as importações estão freadas. Assim, os preços dos bens de exportação também caem e, em seguida, surge a demanda por medidas que façam os preços aumentar.

Olhemos outra vez as condições na agricultura americana. Desde seus princípios coloniais, houve uma mudança contínua da agricultura de solos menos férteis para solos mais férteis. Sempre houve fazendas submarginais nas quais a produção tinha que ser encerrada porque a competição de fazendeiros que produziam a custos menores fazia com que elas não fossem lucrativas. Com o New Deal, porém, as coisas mudaram. O governo interferiu em prol dos fazendeiros submarginais. Todos os fazendeiros tiveram de submeter-se a uma restrição proporcional da produtividade. O governo embarcou num vasto esquema de restrição da produtividade, elevando preços e subsidiando os fazendeiros. Ao interferir em prol do benefício especial do fazendeiro submarginal, ele prejudicou todos os consumidores de alimentos e de algodão e, também, o pagador de impostos. Onerou o resto da nação para pagar o butim de alguns grupos. Assim, dividiu a nação em classes de conflito: uma classe de recebedores de butim e uma classe mais numerosa de pagadores de butim. Esse é o resultado inevitável do intervencionismo. O governo pode dar a qualquer grupo somente o que tira de outro.

Os conflitos domésticos engendrados por essas políticas são realmente muito sérios. Porém, na esfera das relações internacionais, eles são incomparavelmente mais desastrosos. Na medida que são cobrados preços de monopólio por comida e por matérias-primas, as queixas dos despossuídos são justificadas.

Essas são as perspectivas do planejamento internacional ou mundial na esfera da produção de matérias-primas e de alimentos. Seria difícil imaginar um programa cuja realização contribuiria mais para o engendramento de futuros conflitos e guerras.

5 - Acordos de comércio exterior

Na era do *laissez-faire*, tratados comerciais eram considerados um meio de abolir gradualmente as barreiras comerciais e todas as outras medidas de discriminação contra estrangeiros. Naquela época, a cláusula da nação mais favorecida era um requisito desses tratados.

Depois a maré virou. Com a ascensão do intervencionismo, as importações foram consideradas desastrosas para a prosperidade econômica de qualquer nação. A discriminação contra os estrangeiros passou então a ser considerada um bom meio de promover o bem-estar de um país. O sentido dos tratados comerciais mudou radicalmente. Os governos ficaram ansiosos por levar a melhor uns sobre os outros nas negociações. Cada tratado era valorizado na medida em que prejudicava as exportações da outra nação e parecia incentivar as exportações da própria nação. O tratamento da nação mais favorecida abriu caminho para a discriminação hostil.

No longo prazo, não pode existir um protecionismo "moderado". Se as pessoas consideram as importações um mal, não vão se deixar deter no caminho da autarquia. Por que tolerar um mal se parece haver um modo de se livrar dele? O protecionismo inevitavelmente levaria ao sistema de licenças e de cotas e ao controle cambial. O objetivo último da política de comércio exterior de praticamente toda nação hoje é impedir todas as importações. Isso significa autarquia.

É vão esperar mudanças meramente técnicas nos métodos aplicados nas negociações internacionais relacionadas a questões de comércio exterior. Se Atlantis decide impedir o acesso a roupas manufaturadas no estrangeiro, não faz diferença se seus delegados têm de negociar diretamente com os delegados de Thule ou se o tema pode ser tratado por um conselho internacional, no qual as outras nações estão representadas. Se Atlantis está preparada para admitir uma quantidade limitada — uma cota — de roupas de Thule somente porque deseja vender uma cota correspondente de trigo para Thule, não é provável que ceda à sugestão de separar parte dessa cota para outras nações. Se pressão ou violência são aplicadas a fim de forçar Atlantis a mudar suas regulamentações de importação para que quantidades maiores de roupas possam ser importadas, Atlantis recorrerá a outros métodos de intervencionismo. Num regime de interferência governamental nas empresas, o governo tem inúmeros meios de penalizar as importações. Esses meios podem ser menos fáceis de aplicar, mas podem ser não menos eficazes do que tarifas, cotas ou a proibição total das importações.

Nas condições atuais, um corpo internacional de planejamento de comércio exterior seria uma assembleia dos delegados de governos associada às ideias de hiperprotecionismo. É uma ilusão presumir que essa autoridade estaria em posição de dar qualquer contribuição genuína ou duradoura à promoção do comércio exterior.

Algumas pessoas se aferram à crença de que, se o livre-comércio universal e uma divisão mundial de trabalho são muito equivocados, ao menos os países vizinhos deveriam adotar uma cooperação econômica mais próxima. Suas economias poderiam complementar-se mutuamente, afirma-se, se eles estivessem dispostos a formar blocos econômicos regionais. Essa doutrina, desenvolvida originalmente pelo nacionalismo alemão, é falaciosa.

Via de regra, países vizinhos oferecem condições naturais similares para a produção, especialmente na agricultura. É menos provável que seus sistemas econômicos complementem-se do que eles serem competidores no mercado mundial. Uma união aduaneira entre Espanha e Portugal, entre Bulgária e Iugoslávia ou entre a Alemanha e a Bélgica, faria pouco sentido. Os principais problemas do comércio exterior não são regionais. As condições da exportação de vinho espanhol não melhorariam com o livre-comércio com Portugal e vice-versa. O mesmo vale para a produção de máquinas na Alemanha e na Bélgica ou para a produção agrícola na Bulgária e na Iugoslávia.

6 - Planejamento monetário

O padrão-ouro era um padrão internacional. Ele protegia a estabilidade das taxas cambiais. Era um corolário do livre-comércio e da divisão internacional do trabalho. Portanto, aqueles que favoreciam o etatismo e o protecionismo racial desdenharam dele e defenderam sua abolição. Sua campanha teve sucesso.

Mesmo no apogeu do liberalismo, os governos não deixavam de efetivar esquemas de dinheiro fácil. A opinião pública não está preparada para perceber que os juros são um fenômeno de mercado que não pode ser abolido por interferência governamental. Todos dão mais valor a uma fatia de pão disponível para ser consumida hoje do que a uma fatia de pão que só estará disponível daqui a dez ou cem anos. Enquanto isso for verdade, toda atividade econômica precisa levar isso em conta. Até um gerenciamento socialista seria obrigado a levar isso absolutamente a sério.

Numa economia de mercado, a taxa de juros tende a corresponder à quantidade dessa diferença na valorização entre bens futuros e bens presentes. É verdade que os governos podem reduzir a taxa de juros no curto prazo. Podem emitir mais papel-moeda. Podem abrir o caminho para a expansão do crédito pelos bancos. Podem, assim, criar um *boom* artificial e a aparência de prosperidade. Porém, esse *boom* cedo ou tarde acabará e produzirá uma depressão.

O padrão-ouro colocou um freio nos planos governamentais de dinheiro fácil. Era impossível entregar-se à expansão de crédito e aferrar-se à paridade do ouro fixada permanentemente por lei. Os governos tiveram de escolher entre o padrão-ouro e sua política — desastrosa no longo prazo — de expansão do crédito. O padrão-ouro não acabou. Os governos o destruíram. Ele era tão incompatível com o etatismo quanto o livre-mercado. Os vários governos saíram do padrão-ouro porque ansiavam por elevar os preços e os salários domésticos acima do nível do mercado mundial e porque queriam estimular as exportações e dificultar as importações. A estabilidade das taxas de câmbio era, aos olhos dele, uma maldade, não uma bênção[139].

Nenhum acordo internacional, nenhum planejamento internacional é necessário caso um governo queira voltar ao padrão-ouro. Toda nação, seja rica ou pobre, poderosa ou frágil, pode a qualquer momento voltar a adotar o padrão-ouro. A única condição exigida é o abandono da política de dinheiro fácil e dos esforços para combater as importações por meio da desvalorização.

A questão envolvida aqui não é se uma nação deveria retornar à paridade particular com o ouro que um dia estabelecera e há muito tempo abandonara. Essa política significaria deflação, é claro. Porém, todo governo tem a liberdade de estabilizar a taxa de câmbio existente entre sua unidade monetária nacional e o ouro e manter essa taxa estável. Se não houver mais expansão de crédito nem mais inflação, o mecanismo do padrão-ouro ou do padrão de câmbio-ouro voltará a funcionar.

Todos os governos, porém, estão firmemente decididos a não abandonar nem a inflação nem a expansão do crédito. Todos eles venderam as almas ao diabo do dinheiro fácil.

É um grande conforto para todo governo ser capaz de deixar seus cidadãos felizes com gastos. Assim, a opinião pública atribuirá o *boom* resultante a seus atuais governantes. A queda inevitável ocorrerá depois e pesará sobre seus sucessores. É a típica política de *après nous le déluge*. Lorde Keynes, campeão dessa política, diz: "No longo prazo, estaremos todos mortos"[140]. Porém, infelizmente, quase todos nós sobreviveremos ao longo prazo. Estamos destinados a passar décadas pagando a orgia de dinheiro fácil de alguns poucos anos.

A inflação é essencialmente antidemocrática. O controle democrático é um controle orçamental. O governo só tem uma fonte de renda: os impostos. Nenhuma tributação é legal sem o consentimento parlamentar. Porém, se o governo tem outras fontes de renda, então pode libertar-se desse controle.

Se a guerra se torna inevitável, um governo genuinamente democrático é obrigado a dizer a verdade ao país. Ele tem que dizer: "Somos compelidos a lutar

---

139 Essa é a essência dos ensinamentos monetários de Lorde Keynes. A escola keynesiana advoga apaixonadamente a instabilidade das taxas de câmbio.

140 Lorde Keynes não inventou essa expressão para recomendar políticas de curto prazo, mas para criticar alguns métodos e afirmativas inadequados da teoria monetária. Ver: KEYNES, John Maynard. *Monetary Reform*. New York: Harcourt, Brace and Company, 1924. p. 88. Porém, é a expressão que melhor caracteriza as políticas econômicas recomendadas por Lorde Keynes e por sua escola.

por nossa independência. Vocês, cidadãos, precisam assumir o ônus. Vocês têm que pagar mais impostos e, portanto, restringir seu consumo". Porém, se o partido no governo não quer prejudicar sua popularidade com uma tributação pesada, ele recorre à inflação.

Foram-se os dias em que a maioria das pessoas de autoridade consideravam a estabilidade das taxas de câmbio uma vantagem. A desvalorização da moeda de um país hoje é um meio regular de restringir importações e de expropriar capital estrangeiro. É um dos métodos do nacionalismo econômico. Poucas pessoas hoje querem taxas de câmbio estáveis para seus próprios países. Seu próprio país, na opinião delas, está enfrentando as barreiras comerciais de outras nações e a desvalorização progressiva dos sistemas monetários de outras nações. Por que elas se arriscariam a demolir suas próprias muralhas comerciais?

Alguns dos proponentes de uma nova moeda internacional acreditam que o ouro não se adequa a esse serviço precisamente por representar um freio à expansão do crédito. O que eles querem é um dinheiro de papel universal emitido por uma autoridade internacional ou por um banco emissor internacional. As nações individuais seriam obrigadas a manter suas moedas locais atreladas à moeda mundial. Somente a autoridade mundial teria o direito de emitir mais papel-moeda ou de autorizar a expansão do crédito pelo banco mundial. Assim, haveria estabilidade de taxas de câmbio entre os vários sistemas monetários locais, ao mesmo tempo em que seriam preservadas as supostas bênçãos da inflação e da expansão do crédito.

Esses planos, porém, não levam em conta o ponto crucial. Em todo caso de inflação ou de expansão do crédito há dois grupos, o dos que ganham e o dos que perdem. Os credores são os que perdem. A perda deles é o lucro dos devedores. Porém, isso não é tudo. Os resultados mais fatídicos da inflação derivam do fato de que o aumento de preços e salários que ela causa ocorre em momentos diferentes e em medidas diferentes para vários tipos de bens e de trabalho. Algumas classes de preços e de salários sobem mais rapidamente e atingem um nível mais elevado do que outras. Enquanto a inflação está acontecendo, algumas pessoas gozam do benefício dos preços maiores dos bens e dos serviços que vendem, ao passo que os preços dos bens e dos serviços que compram ainda nem subiram ou não subiram na mesma medida. Essas pessoas têm um ganho indevido em função de sua posição afortunada. Para elas, a inflação é um bom negócio. Seus ganhos derivam das perdas de outros setores da população. Os perdedores são os que estão na infeliz situação de vender serviços e bens cujos preços ainda nem subiram ou não subiram no mesmo nível que os preços das coisas que compram para seu próprio consumo. Dois dos maiores filósofos do mundo, David Hume e John Stuart Mill, deram-se ao trabalho de construir um esquema de mudanças inflacionárias no qual o aumento de preços e de salários ocorre no mesmo tempo e na mesma medida para todos os bens e serviços. Ambos fracassaram nesse esforço. A teoria monetária moderna nos deu a demonstração irrefutável de que essa desproporção e essa não simultaneidade são traços inevitáveis de toda mudança na quantidade de moeda e de crédito[141].

Num sistema de inflação mundial ou de expansão de crédito mundial, cada nação ansiará por pertencer à classe dos que ganham e à dos que perdem. Ela pedirá o máximo possível da quantidade adicional de papel-moeda ou crédito para seu próprio país. Como método nenhum poderia eliminar as desigualdades mencionadas acima e como não se poderia encontrar nenhum princípio justo para a distribuição, surgiriam antagonismos que não teriam solução satisfatória. As populosas nações pobres da Ásia, por exemplo, defenderiam uma quantidade determinada *per capita*, procedimento que resultaria na elevação dos preços das matérias-primas que produzem mais rapidamente do que dos preços dos bens manufaturados que compram. As nações mais ricas pediriam uma distribuição segundo as rendas nacionais, a quantidade total de volume de negócios ou segundo outros padrões similares. Não há esperança de que seria possível chegar a algum acordo.

7 - Planejando transações de capital internacional

As sugestões mais impressionantes para o planejamento internacional dizem respeito a empréstimos e a investimentos estrangeiros. Elas almejam uma distribuição justa do capital disponível.

Presumamos que os capitalistas americanos estejam dispostos a conceder um empréstimo ao governo da Venezuela ou a investir numa mina no Chile. O que pode um órgão internacional fazer nesse caso? Certamente não terá o poder de obrigar os capitalistas americanos a emprestar o dinheiro à China e não à

---

141 Ver: MISES, Ludwig von. *Theory of Money and Credit*. New York: Foundation for Economic Education, 1934. p. 137-45; Idem. *Nationalökonomie*. Genebra: Editions Union, 1940. p. 375-78.

Venezuela ou fazer o investimento nas ferrovias persas e não na mineração chilena.

Ou talvez o governo americano quisesse, por várias razões, subsidiar a construção de rodovias no México. A autoridade internacional ordenaria que ele, em vez disso, subsidiasse a indústria têxtil grega?

O mercado internacional de capitais foi desintegrado pelo nacionalismo econômico, assim como todos os demais ramos do internacionalismo econômico. Como investimentos e empréstimos são negócios, não caridade, os capitalistas perderam o incentivo para investir no estrangeiro. Será difícil, e vai demorar um bom tempo, reconstruir o mercado internacional de moeda e capital. A interferência de autoridades internacionais não ajudaria esses esforços. O mais provável é que os dificulte.

É provável que os sindicatos sejam hostis à exportação de capitais porque anseiam por elevar o máximo possível a produtividade marginal doméstica do trabalho. Muitos governos colocam um embargo geral sobre a exportação de capitais. Os empréstimos e investimentos estrangeiros não são permitidos sem uma licença especial do governo. Não é provável que ocorra uma mudança imediatamente depois da guerra.

Os países mais pobres fizeram tudo o que podiam para promover a desintegração do mercado internacional de capitais. Tendo infligido todo o mal possível aos capitalistas e empreendedores estrangeiros, hoje eles anseiam por obter novos capitais estrangeiros. Porém, hoje eles só se deparam com hesitação. Os capitalistas não querem devedores em quem não podem confiar, e o trabalho não está disposto a deixar o capital emigrar.

CAPÍTULO XII
Esquemas de paz

1 - Controle de armamentos

Seria uma ilusão presumir que alguma nação hoje esteja disposta a abandonar o protecionismo. Como os partidos no poder preferem a interferência governamental com as empresas e o planejamento nacional, eles não podem demolir as barreiras comerciais criadas por seus próprios países. Assim, os incentivos para a guerra e para a conquista não desaparecerão. Toda nação terá que estar pronta para repelir a agressão. A preparação para a guerra será o único meio de evitar a guerra. A velha máxima *Si vis pacem para bellum* será verdadeira outra vez.

Porém, nem a abolição de barreiras comerciais protegeria a paz se as barreiras migratórias não fossem também abolidas. As nações comparativamente superpovoadas dificilmente aceitarão um estado de coisas que resulte num padrão de vida menor para elas. Por outro lado, é óbvio que nenhuma nação poderia, sem colocar em risco sua independência, abrir suas fronteiras para os cidadãos de Estados totalitários que buscam conquistas. Assim, somos obrigados a reconhecer que, nas condições atuais, arranjo nenhum pode eliminar as causas primeiras da guerra. As perspectivas não são boas para relações internacionais mais amigáveis no período vindouro do pós-guerra.

É até mesmo duvidoso se valeria a pena concluir um tratado de paz formal com a Alemanha após sua derrota. As coisas mudaram consideravelmente nos últimos trinta anos. Os tratados internacionais em geral e, especialmente os tratados de paz, não são o que costumavam ser. Isso não é culpa apenas dos alemães que bravateiam que tratados são apenas pedaços de papel. Os Aliados também não estão livres dessa culpa.

Um dos maiores deslizes cometidos em 1919 pelos Aliados foi o estranho arranjo das negociações de paz. Por séculos, as negociações de paz foram conduzidas segundo os costumes de cavalheiros. Os delegados de ambas as partes, vitoriosas e derrotadas, encontrar-se-iam como pessoas civilizadas se encontram para fazer negócios. Os vitoriosos nem humilhavam nem insultavam os vencidos. Eles os tratavam como cavalheiros e como iguais. Discutiam seus problemas mútuos numa linguagem comedida e educada. Essas eram as ancestrais regras e observâncias da diplomacia.

As potências aliadas romperam com esse uso. Comprazeram-se em tratar os delegados alemães com desprezo e com insultos. Os delegados ficavam confinados nas casas que lhes eram designadas, guardas ficavam postados nas portas, delegado nenhum tinha o direito de sair da casa. Foram levados como prisioneiros da estação de trem até seus aposentos e dos aposentos à sala de reuniões e, dali, foram levados do mesmo jeito. Quando entravam na sala de reuniões, os delegados dos vitoriosos respondiam seus cumprimentos com evidente desdém. Conversa nenhuma entre os delegados alemães e os delegados vitoriosos era permitida. Os alemães receberam um rascunho do tratado junto com o pedido para devolver uma resposta escrita numa data fixada.

Essa conduta foi indesculpável. Se os Aliados não queriam cumprir o costume longamente estabelecido do direito internacional que exigia a discussão oral entre os delegados, deveriam ter informado o governo alemão disso de antemão. Os alemães poderiam ter sido poupados de enviar uma delegação de homens eminentes. Para o procedimento escolhido pelos Aliados, um portador de cartas teria bastado como delegado alemão. Porém, os sucessores de Charles--Maurice de Talleyrand-Périgord (1754-838) e de Benjamin Disraeli (1804-1881) queriam gozar plenamente de seu triunfo.

Mesmo que os Aliados tivessem agido de maneira menos ofensiva, claro que o Tratado de Versalhes não teria sido essencialmente diferente. Se uma guerra resulta não num impasse, mas na vitória de uma das partes, o tratado de paz é sempre ditado. Os vencidos concordam com termos que não aceitariam em outras circunstâncias. A essência de um tratado de paz é a compulsão. Os derrotados cedem porque não estão em posição de continuar a lutar. Um contrato entre cidadãos pode ser anulado pelos tribunais caso uma das partes possa provar que foi obrigada a assinar sob coação. Porém, essas noções de direito civil não se aplicam a tratados entre nações soberanas. Nesse caso, ainda prevalece a lei do mais forte.

A propaganda alemã confundiu essas questões evidentes. Os nacionalistas alemães sustentavam a tese de que o Tratado de Versalhes era inválido porque tinha sido ditado e não aceito espontaneamente pela Alemanha. A cessão da Alsácia-Lorena, das províncias polonesas e do Schleswig setentrional é inválida, diziam, porque a Alemanha rendeu-se à coerção. Porém, eles eram incoerentes o bastante para não aplicar o mesmo argumento aos tratados nos quais a Prússia adquiriu, desde 1740, as províncias da Silésia, Prússia Ocidental, Posen, Saxônia, Renânia, Vestfália e Schleswig-Holstein. Deixaram de mencionar o fato de que a Prússia tinha conquistado e anexado, sem tratado nenhum, o reino de Hanover, o eleitorado de Hessen, o ducado de Nassau e a república de Frankfurt. Das doze províncias que, em 1914, formavam o reino da Prússia, nove eram espólios de guerras bem-sucedidas entre 1740 e 1866. Os franceses, também em 1871, não cederam a Alsácia-Lorena ao Reich por vontade própria.

Porém, é simplesmente impossível discutir com nacionalistas. Os alemães estão plenamente convencidos de que a compulsão aplicada por eles a outras nações é perfeitamente justa, ao passo que a compulsão aplicada a eles próprios é criminosa. Eles nunca aceitarão um tratado de paz que não satisfaça seu apetite por mais espaço. Uma nova guerra de agressão travada por eles não dependerá de terem assinado ou não assinado um tratado de paz. É vão esperar que os nacionalistas alemães cumpram as cláusulas de qualquer tratado caso as condições para um novo ataque pareçam propícias.

Uma nova guerra é inevitável caso as Nações Unidas não consigam estabelecer uma ordem mundial que impeça os alemães e seus aliados de rearmar-se. Enquanto existir nacionalismo econômico, as Nações Unidas terão que vigiar suas muralhas dia e noite.

A aliança das nações vitoriosas precisa ser duradoura. A Alemanha, a Itália e o Japão têm que ser totalmente desarmados. Devem ser privados do direito de manter exércitos, marinhas ou esquadrões aéreos. Só se pode permitir que tenham uma pequena força policial armada apenas com rifles. Nenhum tipo de produção de armamentos pode ser tolerado. As armas e a munição de seus policiais têm que lhes ser dados pelas Nações Unidas. Eles não podem ter permissão para pilotar nem para construir avião nenhum. A aviação comercial em seus países deve ser operada por empresas estrangeiras, com aviões estrangeiros e com pilotos estrangeiros. Porém, o meio principal de impedir seu rearmamento deveria ser um controle estrito das importações por parte das Nações Unidas. Não se pode permitir às nações agressoras nenhuma importação caso elas dediquem parte de sua produção a armamentos ou caso tentem entesourar matérias-primas importadas. Esse controle seria fácil de estabelecer. Caso qualquer país, sob o pretexto da neutralidade, não esteja pronto para cooperar incondicionalmente com esse arranjo, seria necessário aplicar os mesmos métodos também contra esse país.

Nenhuma produção sucedânea poderia frustrar a eficácia desse arranjo. Porém, caso uma mudança nas possibilidades tecnológicas coloque em risco o funcionamento do sistema de controle, será fácil forçar o país em questão a render-se. A proibição de todas as importações de alimentos é uma arma de grande impacto.

Não é uma solução muito agradável para o problema, mas é a única que poderia funcionar satisfatoriamente, desde que as nações vitoriosas mantenham sua aliança depois da guerra.

É errado considerar o desarmamento unilateral injusto com os vencidos. Se eles não planejam novas agressões, não precisam de armas. Se sonham com novas guerras e são detidos pela falta de armas, o desarmamento unilateral os favorecerá não menos do que as nações vitoriosas. Ainda que eles fossem privados dos instrumentos com que atacam outros povos, sua independência e seu direito de governar a si próprios permaneceria intocado.

Devemos ver as condições como realmente são, não como queremos que sejam. Caso esta guerra não resulte na impossibilidade dos alemães travarem uma nova guerra, eles cedo ou tarde tentarão atiçar um novo conflito. Como as nações vitoriosas não vão conceder-lhes o que eles querem, a hegemonia mundial, eles não desistirão de seus planos de agressão enquanto as duas vantagens estratégicas das grandes cifras populacionais e das linhas interiores permanecerem inalteradas. O nazismo ressuscitaria numa nova forma e com um novo nome.

O acordo de paz ainda terá de fazer provisões especiais para a punição daqueles nazistas responsáveis por assassinar e por torturar pessoas inocentes. Terá que obrigar a nação alemã a pagar indenizações pelos roubos cometidos por seus governantes e turbas. Isso não reviverá os assassinados. Será impossível, após a passagem dos anos, alocar a cada indivíduo prejudicado a compensação justa. Porém, é da máxima importância responsabilizar os alemães por todos os seus atos. Seria absurdo permitir que todas as suas atrocidades ficassem impunes. Os nazistas veriam isso como um sucesso e como uma justificativa de seu comportamento. Eles pensariam: "No fim das contas, tivemos um sucesso parcial. Reduzimos a população e a riqueza das raças 'inferiores'. O grande ônus da guerra recai sobre eles, não sobre nós". Seria escandaloso, de fato, que os alemães sofressem menos as consequências de suas agressões do que os agredidos.

O Pacto Kellog criminalizou a guerra. A Alemanha, a Itália, o Japão, a Hungria e a Romênia assinaram esse documento. Se havia qualquer sentido nesse pacto, era que os agressores são culpados de um ato ilegal e devem ser responsabilizados por ele. Os cidadãos daquelas nações que não se opuseram abertamente aos ditadores não podem alegar inocência.

Todo esforço de fazer a paz perdurar será inútil caso as pessoas não abandonem o culto de heróis espúrios e não parem de ter pena do agressor derrotado mais do que de suas vítimas. O culto de Napoleão, quase universal na Europa oitocentista, era um insulto ao bom senso. Ele certamente não tinha desculpas para as invasões da Espanha e da Rússia, não era nenhum mártir, gozou de infinitamente mais conforto em Santa Helena do que os muitos milhares que ele fez com que fossem aleijados e mutilados. Foi um ultraje que os responsáveis pela violação da neutralidade belga em 1914 tenham permanecido impunes. Isso foi uma justificação tardia de sua descrição desdenhosa dos tratados como pedaços de papel usado. A atitude da opinião pública — fora da França e da Bélgica — quanto às reparações alemãs foi um grave equívoco. Ela incentivou o nacionalismo alemão. Esses deslizes precisam ser evitados no futuro.

2 - Uma crítica de outros arranjos propostos

É vão esperar que a derrota vá mudar a mentalidade dos derrotados e deixá-los mais amantes da paz. Eles só se aferrarão à paz caso as condições sejam tais que não permitam a esperança de conquistas. São inúteis todos os arranjos baseados no pressuposto de que algum partido alemão, imediatamente após a derrota, vá renunciar à agressão e embarcar voluntariamente numa política de cooperação sincera. Um político alemão que se oponha à guerra, caso haja qualquer chance real de sucesso numa nova agressão, terá o destino de Matthias Erzberger (1875-1921) e de Rathenau.

Os alemães um dia vão recuperar a razão. Vão lembrar-se de que a civilização moderna foi, em certa medida, realização deles. Reencontrarão o caminho de volta aos ideais de Schiller e de Goethe. Porém, esse processo de recuperação precisa vir de dentro. Ele não pode ser forçado à Alemanha — nem à Itália ou ao Japão — por um exército vitorioso ou por uma educação compulsória por parte de professores estrangeiros. Os alemães têm que aprender que seu nacionalismo agressivo é suicida e que ele já infligiu males irreparáveis a eles próprios. Terão que rejeitar espontaneamente seus princípios atuais e adotar outra vez todas aquelas ideias que hoje descartam por considerar cristãs, ocidentais e judaicas. De seu próprio povo terá que surgir homens que se dirijam a eles com as palavras um dia usadas por São Remígio no batismo do rei Clóvis: "Adorai aquilo que outrora queimavas e queimai aquilo que outrora adoravas".

    Alguns grupos conceberam um plano para o desmembramento político da Alemanha. Eles recordam que a Alemanha na época do *Deutscher Bund*, entre 1815 e 1866, era dividida em cerca de quarenta Estados soberanos e que, naquela época, os alemães não ousavam agressões. Naqueles anos, a nação era próspera. Se todos os príncipes alemães tivessem cumprido a obrigação que lhes foi imposta pelo acordo de Viena, de conceder a seus cidadãos instituições parlamentares, os alemães não teriam tido motivo de mudar sua organização política. A Confederação Alemã protegeu-os da agressão estrangeira ao mesmo tempo que os protegia de travar guerras de conquista. Assim, o sistema mostrou-se benéfico tanto para a Alemanha quanto para a Europa como um todo.

    Esses apologistas tardios do príncipe Metternich ignoram os fatos mais importantes da história alemã. Não percebem que os alemães daquela época eram liberais e que suas ideias de grandeza nacional eram radicalmente distintas daquelas do nacionalismo moderno. Eles amavam os valores que Schiller louvara. "O Império Alemão e a nação alemã", disse Schiller no rascunho do poema inacabado "Grandeza alemã", *"são duas coisas diferentes. A glória da Alemanha nunca esteve incorporada nas pessoas de seus líderes. O alemão estabeleceu seus valores à distância dos valores políticos. Mesmo que o império se perca, a dignidade alemã permanecerá intocada. Ela é uma eminência moral, incorporada na civilização e no caráter nacionais, que não dependem de vicissitudes políticas"*[142]. Essas eram as ideias dos alemães do começo do século XIX. Num mundo que caminhava para o verdadeiro liberalismo, os alemães também eram entusiasmadamente liberais. Teriam visto o *Deutscher Bund* como uma solução satisfatória para o problema político, não fosse ele o reino de príncipes despóticos. Hoje, nesta era de nacionalismo, os alemães também são nacionalistas. Precisam enfrentar um problema econômico muito sério e seus preconceitos etatistas impedem-nos de enxergar qualquer solução que não seja a conquista de *Lebensraum*. Eles cultuam a "força bruta", cuja eliminação Schiller esperava. Nessas condições, o nacionalismo não poderia ser derruba-

---

[142] CASSIRER, Ernst. *Freiheit und Form, Studien zur deutschen Geistesgeschichte*. Berlim: Bruno Cassirer, 1916. p. 475ss.

do por uma partição do Reich em vários Estados independentes. Em cada um desses Estados, o calor das paixões nacionalistas se intensificaria. O espírito belicoso praticamente coordenaria e unificaria suas atividades políticas e militares, mesmo que, formalmente, a independência de cada seção fosse ser preservada até o dia da nova mobilização.

A história da Europa central poderia ter tomado um curso diferente. Uma parte das pessoas que hoje estudam em alemão clássico, aprendido na escola ou em casa e usado em conversas com pessoas com quem não falam no dialeto local, poderia estar usando outra das línguas atuais ou uma língua própria. Um grupo de pessoas que usam o dialeto baixo alemão (*Platt*) criou o holandês. Outro grupo mais numeroso dos alemães baixos juntou-se à comunidade linguística dos altos alemães. O processo político e econômico que tornou os holandeses uma nação com língua própria poderia ter resultado numa diminuição mais importante do grupo linguístico germânico. Se a Contrarreforma e o jesuitismo não tivessem aleijado toda a liberdade espiritual, intelectual e literária na Baviera e na Áustria, a língua da chancelaria saxônica, que deve sua supremacia à versão de Martinho Lutero (1483-1546) da Bíblia e aos textos protestantes dos dois primeiros séculos da Reforma, poderia ter encontrado uma forte rival numa língua literária desenvolvida a partir do dialeto bávaro. Seria possível entregar-se a devaneios assim tanto em relação ao dialeto suábio quanto aos idiomas eslavônicos e bálticos do nordeste. Porém, esses sonhos não podem alterar fatos históricos e a realidade política. Os alemães, hoje, são o grupo linguístico mais numeroso da Europa. A era do etatismo e do nacionalismo tem que reconhecer a importância desse fato. A maior parte do grupo germanófono afirma o princípio de nacionalidade. Eles querem um Estado alemão unificado que inclua todos os germanófonos. A França e a Grã-Bretanha não merecem nenhum crédito pelo fato de que os austríacos e os suíços rejeitam esses planos e anseiam por ficar de fora do Reich. Pelo contrário, numa paixão suicida, franceses, e depois ingleses, fizeram muito para enfraquecer a Áustria não apenas perante a Prússia, mas até perante os turcos. A Grã-Bretanha foi aliada da Prússia na Guerra dos Sete Anos. Que motivo tinha Napoleão III para atacar a Áustria? Deve-se notar que a constelação atual do Eixo é apenas um retorno da liga de 1866, quando a Prússia e a Itália atacaram a Áustria, os nacionalistas húngaros prepararam um levante com a ajuda de Bismarck e o príncipe Hohenzollern da Romênia tentou armar-se com o objetivo de dar um toque final. Naquela época, os governos e a opinião pública, tanto em Paris quanto em

Londres, simpatizavam com os agressores. Foi só depois que franceses e ingleses descobriram que estavam trabalhando *pour le roi de Prusse*[143].

Nosso problema seria mais simples se todos os homens falassem a mesma língua ou se os vários grupos linguísticos ao menos tivessem um tamanho mais similar. Porém, a presença de setenta milhões de nacionalistas alemães no Reich é um dado, um ponto de partida necessário, da política atual, que não pode ser posto de lado pelo desmembramento do Reich. Seria um delírio fatal presumir que o problema poderia ser resolvido dessa maneira. Resguardar a independência da Áustria e da Suíça deve, é verdade, ser o principal objetivo de todos os futuros planos para uma reconstrução da Europa. Porém, o desmembramento do antigo Reich (o *Altreich*, como dizem os alemães, a fim de distingui-lo de *Gross-Deutschland*, incluindo a Áustria e os Sudetos) seria uma medida inútil.

Atribui-se a Georges Clemenceau ter dito que há vinte milhões de alemães demais. Alguns fanáticos sugeriram como panaceia o extermínio completo de todos os nazistas. Isso resolveria o problema de um modo que, desde o ponto de vista nazista, seria o resultado lógico da guerra total. O conceito nazista da vitória total supõe o extermínio radical de franceses, tchecos, poloneses, judeus e de outros grupos.Eles já começaram a executar esse plano. Assim, eles não podem, logicamente, dizer que é injusto ou bárbaro caso as Nações Unidas aproveitem sua vitória para exterminar os cidadãos "arianos" do Reich. Nem poderiam os italianos, os japoneses, os magiares e os romenos. Porém, as Nações Unidas não são brutamontes como os nazistas e os fascistas.

Alguns autores acreditam que o problema de populações linguisticamente mistas poderia ser resolvido pelo transplante forçado e pela troca de minorias. Eles referem os resultados supostamente favoráveis desse procedimento, aplicado no caso da Turquia e da Grécia. Parece, de fato, um método bastante óbvio de lidar com as consequências desagradáveis da promiscuidade linguística. Segregue os grupos em disputa e você impede novos embates.

Esses planos, porém, são inviáveis. Eles desconsideram o problema fundamental dos antagonismos atuais: a desigualdade das várias partes da superfície da Terra. A promiscuidade linguística é o resultado de migrações de homens que anseiam por melhorar seu padrão de vida. Os trabalhadores vão de lugares onde a produtividade marginal do trabalho é baixa para lugares onde ela é alta — em outras palavras, de áreas comparativamente superpopulosas para aquelas compa-

---

143 "Para o rei da Prússia". (N. T.)

rativamente subpopulosas. Impedir essas migrações ou tentar desfazê-las pela expulsão forçada e pela repatriação dos imigrantes não resolve o problema, mas apenas agrava os conflitos.

O mesmo vale para camponeses. Por exemplo, há os agricultores alemães do Banat, uma das regiões mais férteis da Europa. Essas pessoas imigraram no século XVIII. Naquela época, a região tinha um nível de civilização muito baixo, era pouco povoada e estava devastada pelo desgoverno turco e pelas guerras contínuas. Hoje, o Banat é motivo de disputa entre sérvios, romenos e húngaros. A minoria alemã é um incômodo para os três reclamantes. Eles todos adorariam se livrar dos alemães. Porém, que tipo de compensação poderiam eles oferecer em troca de suas fazendas? Não há fazendas nos países habitados por maiorias alemãs que sejam propriedades de sérvios e de romenos, nem fazendas equivalentes que sejam propriedades de húngaros nas fronteiras da Alemanha. A expropriação e a expulsão dos camponeses alemães não seria um passo para a pacificação. Isso apenas criaria novos rancores. Condições similares prevalecem por todo o Leste Europeu.

Aqueles que creem na ilusão de que a segregação poderia resolver os problemas internacionais do nosso tempo estão cegos para a realidade. O fato mesmo de que os australianos conseguiram manter a homogeneidade linguística e racial em seu país contribuiu para motivar os japoneses à agressão. A política de portas fechadas é uma das causas primeiras das nossas guerras.

Na Grã-Bretanha e nos Estados Unidos, muitas pessoas têm medo da perspectiva de uma Alemanha comunista. Elas receiam o contágio. Porém, esses receios não têm fundamento. O comunismo não é uma doença e não se espalha por meio de germes. País nenhum vai pegar comunismo porque ele se aproximou de suas fronteiras. Se houver alguma chance de um regime comunista chegar ao poder nos Estados Unidos ou na Grã-Bretanha, as mentalidades dos cidadãos desses países são responsáveis. Simpatias pró-comunistas dentro de um país não têm nada a ver com os vizinhos serem ou não serem comunistas.

Se a Alemanha se tornar comunista, não caberá a outras nações interferir. Os vários amigos do comunismo nos países anglo-saxões opor-se-ão a impedir que um país adote um sistema que eles próprios consideram o único benéfico e que defendem para seus próprios países. Os adversários inteligentes do comunismo não entenderão por que sua nação deveria tentar impedir os alemães de infligir mal a si próprios. As limitações do comunismo paralisariam e desintegrariam o aparato industrial alemão e, assim, enfraqueceriam seu poder militar com maior eficiência do que qualquer intervenção estrangeira.

A força militar da Rússia está na distância e na vastidão de seu território. Ela é inexpugnável porque é espaçosa e intransponível. Invasores derrotaram os exércitos russos, mas ninguém conseguiu superar os obstáculos geográficos. Charles XII (1682-1718), Napoleão Bonaparte, Paul von Hindenburg e Adolf Hitler penetraram fundo na Rússia. Seu próprio avanço vitorioso foi a ruína de seus exércitos. Os britânicos e os franceses, na Guerra da Crimeia, assim como os japoneses, quarenta anos atrás, apenas rasparam a beira do império do tzar. A guerra atual outra vez provou a tese da antiga doutrina militar prussiana de que é inútil derrotar forças russas. Após ter facilmente conquistado centenas de milhares de quilômetros quadrados, os exércitos nazistas foram vencidos pela vastidão do território. O principal problema que um general invasor tem de enfrentar na Rússia é como retirar suas forças com segurança. Nem Napoleão nem Hitler resolveram esse problema.

A administração econômica comunista não enfraqueceu a capacidade da Rússia de repelir a agressão, não interferiu nos fatores geográficos. O comunismo na Alemanha, isto é, a liquidação total da burguesia e a substituição do socialismo burocrático de padrão soviético pelo *Zwangswirtschaft* prejudicaria gravemente ou até destruiria a capacidade da Alemanha de exportar manufaturas. Aqueles que acreditam que uma Alemanha comunista poderia rearmar-se com a mesma facilidade que a Rússia não reconhecem a diferença fundamental entre os dois países. A Rússia não é obrigada a importar matérias-primas estrangeiras, mas a Alemanha é. Sem a exportação de bens manufaturados, a Alemanha não estaria em posição de importar todas as matérias-primas necessárias para seu rearmamento. O motivo dos nazistas preferirem o sistema do *Zwangswirtschaft* ao sistema soviético foi eles terem reconhecido plenamente o fato de que fábricas geridas diretamente por burocratas não podem competir no mercado mundial. Foi o comércio exterior alemão que trouxe os materiais necessários para a construção da formidável máquina de *Blitz*. O bolchevismo não prejudicou o potencial de defesa da Rússia. Ele aniquilaria o potencial de agressão da Alemanha.

O verdadeiro perigo do comunismo na Alemanha está na probabilidade de que seu inevitável fracasso econômico possa restaurar o prestígio que o nazismo perdeu com a derrota nesta guerra. Assim como os resultados insatisfatórios do regime nazista hoje popularizam o comunismo entre as massas alemãs, as más consequências do comunismo poderiam contribuir para uma reabilitação do nazismo. O problema alemão é precisamente esse: a Alemanha não tem um partido pronto para apoiar o liberalismo, a democracia e o capitalismo e só enxerga duas alternativas: o nazismo, isto é, o socialismo de padrão alemão de planejamento abrangente (*Zwangswirtschaft*) de um lado ou, de outro, o bolchevismo, isto é, socialismo de padrão russo com administração estatal imediata. Nenhum desses dois sistemas poderia resolver o problema econômico alemão. Ambos levarão a Alemanha a uma política de conquista de mais *Lebensraum*.

3 - A união das democracias ocidentais

A principal necessidade é uma cooperação duradoura entre as nações hoje unidas em seus esforços para esmagar a agressão totalitária. Plano nenhum funcionará se as nações em questão não transformarem sua aliança atual numa união permanente e duradoura. Caso elas retomem suas políticas do pré-guerra após a vitória, caso retomem as rivalidades políticas e a guerra econômica, o resultado será uma repetição dos desenvolvimentos de 1919 a 1939. Não pode haver nem cooperação política real nem solidariedade e segurança coletiva entre nações que se combatem na esfera econômica.

Caso as democracias ocidentais não tenham sucesso em estabelecer uma união permanente, os frutos da vitória serão perdidos outra vez. Sua desunião dará aos agressores derrotados a oportunidade de, outra vez, adentrar a cena de tramas e de intrigas políticas, de rearmar-se e de formar uma coalizão nova e mais forte para um novo ataque. Caso não optem pela solidariedade real, as democracias estão condenadas. Elas não podem proteger seu estilo de vida se tentarem preservar aquilo que a terminologia da diplomacia chama de "soberania nacional"[144]. Elas têm de escolher entre investir uma nova autoridade supranacional com todo o poder e ser escravizadas por nações que não estão dispostas a tratá-las em pé de igualdade. A alternativa à incorporação em um novo sistema democrático supranacional não é a soberania irrestrita, mas, em última instância, ser subjugadas pelas potências totalitárias.

Isso é óbvio no caso de nações pequenas, como os holandeses, os dinamarqueses, os noruegueses. Eles só puderam viver em paz enquanto o sistema deveras abusado do equilíbrio de poder europeu os protegia. Sua independência era resguardada pelas rivalidades mútuas e pelo ciúme das grandes potências. Os

---

[144] Claro que a preservação da plena soberania de cada nação não impediria a cooperação passiva, caso as nações retornassem a uma economia de livre-mercado sem qualquer barreira comercial ou migratória.

países da América Latina gozaram de sua independência porque a doutrina Monroe e a marinha britânica impediam qualquer tentativa de invasão. Esses dias se foram. Hoje essas pequenas nações precisam elas próprias proteger sua independência. Elas terão que renunciar a seu orgulhoso isolacionismo e a suas pretensões intransigentes de qualquer jeito. A única questão real é se elas se tornarão escravas num sistema totalitário ou livres numa democracia supranacional.

Quanto à Grã-Bretanha e à França, não pode haver dúvida nenhuma de que elas trarão sua própria condenação, caso não estejam dispostas a abandonar suas aspirações tradicionais de soberania nacional irrestrita. Isso pode valer ainda mais para a Austrália e para a Nova Zelândia.

E ainda há os Estados Unidos e o Canadá. Ao longo do século XIX, eles permaneceram na feliz posição de ilhéus. Milhares de milhas de oceano separavam-nos de invasores potenciais. Eles estavam seguros porque as condições técnicas impossibilitavam a agressão. Porém, nesta era de poder aéreo, eles se tornaram vizinhos próximos de perigosos inimigos. Não é impossível que, em mais dez ou vinte anos, uma invasão do continente norte-americano seja tecnicamente tão fácil para a Alemanha ou para o Japão quanto foi a ocupação dos Países Baixos em 1940 e a das Filipinas em 1941 e em 1942. Os cidadãos dos EUA e do Canadá precisarão perceber que não existe outro jeito para eles de viver em paz além de cooperar com todos os demais povos democráticos.

É, portanto, óbvio que as democracias ocidentais precisam desistir de todas as novas medidas de guerra econômica em suas relações mútuas. É verdade que existe, ainda, a firme convicção pública de que é absurdo esperar um retorno geral do livre-comércio no mundo inteiro. Porém, se não forem removidas as barreiras comerciais entre os países individuais que formam a união democrática sugerida, não haverá união nenhuma. Nesse aspecto, todos os planos propostos para um acordo de pós-guerra concordam. Todos se baseiam na expectativa de que as democracias vão parar de lutar umas contra as outras com os métodos do nacionalismo econômico. Mas eles não entendem o que é essa solução e quais devem ser suas consequências.

Deve-se enfatizar repetidamente que o nacionalismo econômico é o corolário do etatismo, seja intervencionista ou socialista. Somente países que se aferrem a uma política de capitalismo desimpedido, hoje geralmente desdenhada por ser considerada reacionária, podem ficar sem barreiras comerciais. Caso um país não queira abandonar a interferência governamental nas empresas e, mesmo assim, renuncie ao protecionismo em suas relações com as outras nações-membros da nova união a ser formada, ele tem que investir todo o poder na autoridade que governa essa união e entregar *completamente* sua própria soberania à autoridade supranacional. Porém, é totalmente improvável que nossos contemporâneos aceitem isso.

O cerne da questão foi negligenciado porque prevalece a crença de que o estabelecimento de uma união federal resolveria o problema. Alguns poderes, diz-se, devem ser dados ao governo da união supranacional, o resto deveria ficar com os governos das nações-membros. O governo federal teve muito sucesso em muitos países, especialmente nos Estados Unidos e na Suíça. Não há motivo, diz-se, para suspeitar de que ele não se mostraria muito satisfatório na grande união federal das democracias ocidentais sugerida por Clarence Streit (1896-1986)[145].

Infelizmente, nem o sr. Streit nem os defensores de projetos similares levam em conta as mudanças que ocorreram na estrutura desses dois governos federais (como no caso de todas as outras federações) com a disseminação do intervencionismo econômico e do socialismo. Os sistemas federativos dos Estados Unidos e da Suíça foram ambos fundados numa época que não julgava que cabia ao governo civil interferir nos negócios dos cidadãos. Havia, nos Estados Unidos, tarifas aduaneiras federais, um correio federal e um sistema de moeda nacional. Porém, em praticamente todos os outros aspectos, o governo civil não se ocupava do controle das empresas. Os cidadãos tinham a liberdade de gerir seus próprios negócios. A única tarefa do governo era proteger a paz interna e externa. Nessas condições, era simples dividir poderes entre o governo federal e os governos dos vários Estados membros. Ao governo federal eram atribuídas questões que iam além dos limites dos Estados: relações exteriores, defesa contra agressão estrangeira, proteção do comércio entre os Estados, administração dos correios e da alfândega. Além disso, o governo federal não interferia nas questões locais dos Estados e os Estados não interferiam naquilo que se considerava ser a vida privada dos cidadãos.

Esse equilíbrio na distribuição de poderes jurisdicionais foi inteiramente perturbado pela política do intervencionismo. Novos poderes cabiam não aos Estados-membros, mas ao governo federal. Cada passo na direção de maior interferência governamental e de mais planejamento significa, ao mesmo tempo, uma expansão da jurisdição do governo central. Washington e Berna um dia fo-

---

145 STREIT, Clarence. *Union Now*. London: Jonathan Cape, 1939; Idem. *Union Now with Great Britain*. London: Jonathan Cape, 1941.

ram as sedes de governos federais. Hoje são capitais no verdadeiro sentido da palavra e os Estados e os cantões estão praticamente reduzidos à condição de províncias. É um fato muito significativo que os adversários da tendência para mais controle governamental descrevam essa oposição como uma luta contra Washington e contra Berna, isto é, contra a centralização. Ela é concebida como uma disputa entre direitos dos Estados e o poder central.

Essa evolução não é acidental. Ela é o resultado inevitável de políticas de interferência e de planejamento. Essas medidas precisam ser implementadas em base nacional quando não há barreiras comerciais entre os Estados-membros. Não existe a possibilidade de adotar essas medidas apenas para um Estado. É impossível elevar os custos de produção dentro de um território que não está protegido por barreiras comerciais. Dentro de um sistema de intervencionismo, a ausência de barreiras comerciais interestaduais transfere o centro de gravidade política para o governo federal. Desde o ponto de vista formalista do direito constitucional, os Estados Unidos e a Confederação Suíça ainda podem ser classificados como federações, mas, efetivamente, se dirigem cada vez mais para a centralização.

Isso é ainda mais válido num sistema socialista. As várias repúblicas que formam nominalmente a União Soviética têm uma existência apenas espúria. A União Soviética é um governo inteiramente centralizado[146]. O mesmo vale para a Alemanha. Os nazistas trocaram a constituição federal por um governo unitário.

Seria um erro acreditar que a resistência a uma unificação internacional de governos só viria de considerações de orgulho e vaidade nacionais. Esses obstáculos não seriam intransponíveis. A principal fonte de oposição teria raízes mais profundas. A transferência da soberania das autoridades nacionais para uma autoridade supranacional implica em uma mudança total na estrutura das forças políticas. Grupos de pressão que eram muito poderosos no arcabouço nacional e que estavam em posição de moldar políticas podem tornar-se impotentes no arcabouço supranacional e vice-versa. Mesmo que estejamos dispostos a pôr

---

[146] O decreto do Soviete Supremo de 1º de fevereiro de 1944 (ver *The New York Times*, 3 de fevereiro de 1944) não interfere de maneira nenhuma na perfeita centralização do gerenciamento econômico e na administração doméstica soviéticos. A condução de todas as questões econômicas e administrativas de todo o território submetido aos soviéticos permanece nas mãos dos órgãos centrais de Moscou. Somente eles têm o poder e o direito de dirigir todas as atividades econômicas e políticas. E agora, assim como antes, o comitê central de Moscou nomeia e demite todas as autoridades de todas as dezesseis repúblicas nominalmente independentes.

de lado a delicada questão das barreiras migratórias, esse fato é evidente. Os produtores americanos de algodão anseiam por preços mais altos de algodão e, embora sejam apenas minoria nos Estados Unidos, estão na posição de forçar uma política de preços altos de algodão à sua nação. É duvidoso que, dentro de uma união que inclua muitos países que importam algodão, sua influência seja a mesma. Por outro lado, a indústria automotiva britânica está protegida da competição americana por medidas protecionistas muito eficientes. Ela não gostaria de perder essa vantagem. Seria possível multiplicar indefinidamente os exemplos.

A oposição mais séria e perigosa à unificação supranacional do governo viria do mais poderoso dos grupos de pressão modernos: o trabalho. Os trabalhadores dos países onde os salários são mais altos sentir-se-iam prejudicados pela competição de países com salários inferiores. Eles achariam essa competição injusta, acusariam-na de *dumping*. Porém, eles não concordariam com a única medida que poderia elevar os salários nos países com condições menos favoráveis de produção: a liberdade migratória.

A interferência governamental moderna com as empresas é uma política de proteção de grupos de pressão influentes dos efeitos da livre competição numa economia de mercado desimpedida. Os grupos de pressão em questão consideram um fato mais ou menos inalterável que, na ausência de barreiras comerciais entre as várias partes de uma nação, eles não podem ser protegidos da competição dentro de seu próprio país. O produtor de laticínios de Nova York não pede tarifas de importação sobre o queijo e a manteiga de Wisconsin e os trabalhadores de Massachusetts não pedem leis de imigração contra a intrusão do trabalho barato do sul. Eles mais ou menos se submetem ao fato de que não há barreiras nem comerciais nem migratórias dentro dos Estados Unidos. As tentativas de erigir barreiras comerciais interestaduais só tiveram sucesso em grau pequeno. A opinião pública opõe-se a esses esforços[147].

Por outro lado, as pessoas estão tão influenciadas pelos princípios geralmente aceitos do nacionalismo econômico que aceitam as desvantagens que o protecionismo lhes impõe. O consumidor pouco protesta contra uma tarifa de importação que o obriga a pagar mais do que o preço do mercado mundial para o benefício de produtores de algum bem dentro de seu próprio país. Porém, é mui-

---

147 Ver: BUELL, Raymond Leslie. *Death by Tariff*. Chicago: University of Chicago Press, 1938; MELDER, Frederick Eugene. *State Trade Walls*. New York: Public Affairs Committee, Incorporated, 1939.

to duvidoso que ele fosse tolerar do mesmo jeito alguma tarifa de importação criada em prol de produtores de outras partes de uma união supranacional. Será que o consumidor americano estaria disposto a pagar preços mais altos por um bem a fim de promover os interesses da indústria inglesa? Será que ele não perceberia que a discriminação assim aplicada aos produtos mais baratos de origem alemã, italiana ou japonesa é prejudicial a seus interesses? Podemos nos perguntar se uma política supranacional de protecionismo não careceria dos fundamentos ideológicos que viabilizam o protecionismo nacional.

O principal obstáculo para o estabelecimento de uma união aduaneira supranacional com livre-comércio interno entre as nações-membros é o fato de que essa união aduaneira exige uma supremacia ilimitada das autoridades supranacionais e uma aniquilação quase completa dos governos nacionais, caso se mantenha o etatismo. Nas condições atuais, faz pouca diferença se a constituição da união sugerida de democracias ocidentais seja moldada segundo o padrão jurídico do governo unitário ou federal. Só existem duas alternativas disponíveis: barreiras comerciais entre os Estados-membros com todas as suas sinistras consequências, o nacionalismo econômico, rivalidades e discórdia ou livre-comércio entre os Estados-membros e (qualquer que seja o termo constitucional adotado) um governo estritamente centralizado. No primeiro caso, não haveria união, mas desunião. No segundo, o presidente dos Estados Unidos e o primeiro-ministro da Grã-Bretanha seriam praticamente reduzidos ao *status* de governadores provinciais e o congresso e o parlamento, a assembleias provinciais. É improvável que os americanos ou os britânicos concordem facilmente com essa solução do problema[148].

As políticas de interferência governamental nas empresas e de planejamento nacional geram o nacionalismo econômico. O abandono do nacionalismo econômico, condição indispensável para o estabelecimento da paz duradoura, só pode ser obtido por uma unificação do governo, caso as pessoas não queiram retornar ao sistema de economia desimpedida de mercado. Esse é o cerne da questão.

A fraqueza do plano do sr. Streit está no fato de que ele não está ciente desse problema fundamental. É impossível evitar essa dificuldade com uma solu-

---

[148] É inútil perguntar às pessoas se elas são a favor de que sua própria nação renuncie à soberania. A maioria dos leigos não entende o sentido do termo "soberania". A formulação correta da questão seria: você defende um sistema em que a sua nação poderia ser obrigada a submeter-se a uma medida à qual a maioria de seus concidadãos se opõe? Você está disposto a ver leis essenciais do seu país (por exemplo, leis migratórias) alteradas por um parlamento da União no qual os membros do seu país são apenas uma minoria?

ção meramente legalista. A precariedade do projeto da união não é de natureza constitucional. Ela está na essência das práticas intervencionistas e socialistas, ela deriva das doutrinas atuais sociais e econômicas e ela não pode ser descartada por algum arranjo constitucional especial.

Porém, não esqueçamos que essa união precisa ser estabelecida para que qualquer arranjo de paz funcione. A alternativa à realização de uma união das democracias ocidentais é um retorno às sinistras condições que prevaleceram entre 1918 e 1939 e, por conseguinte, a guerras novas e ainda mais horrendas.

4 - A paz no Leste Europeu

As tentativas de resolver os problemas políticos do Lleste Europeu com a aplicação do princípio de nacionalidade foram um fracasso total. Naquele canto do mundo, é impossível estabelecer limites que separem clara e nitidamente os vários grupos linguísticos. Grande parte desse território é linguisticamente misto, isto é, habitado por pessoas de línguas diferentes. As rivalidades e os ódios mútuos dessas nações fazem delas presas fáceis para o "dinamismo" das três grandes potências adjacentes: a Alemanha, a Rússia e a Itália. Por si, cedo ou tarde elas logo perderão a independência, a menos que abandonem a discórdia.

As duas guerras mundias tiveram origem nessa área. Duas vezes as democracias ocidentais desembainharam a espada para defender a independência ameaçada dessas nações. Porém, o ocidente não tem nenhum interesse material verdadeiro na preservação da integridade desses povos. Se as democracias ocidentais conseguirem estabelecer uma ordem que as proteja de novas agressões, não fará diferença para elas se Varsóvia é a capital de um Estado polonês independente ou de uma cidade provinciana da Rússia ou da Alemanha ou se Atenas é uma cidade grega ou italiana. Nem o poder econômico nem o poder militar das democracias ocidentais ficaria seriamente em risco se Rússia, Alemanha e Itália fossem dividir essas terras entre si. Também não fará diferença para eles se uma língua e uma literatura lituanas continuarem a existir ou desaparecerem.

O interesse das democracias ocidentais em assuntos do Leste Europeu é altruísta e desprendido. É o resultado de uma simpatia desinteressada, de um entusiasmo pela liberdade e de um senso de justiça. Esses sentimentos foram extremamente explorados por todas essas nações do leste. Seus amigos no ocidente não querem ajudá-las a oprimir minorias ou a invadir seus vizinhos mais fracos.

Quando os democratas ocidentais louvaram Kossuth, não lhes ocorreu que estavam defendendo e impiedosa opressão de eslovacos, croatas, sérvios, ucranianos e romenos. Quando expressaram suas simpatias à Polônia, não pretendiam aprovar os métodos usados por poloneses contra ucranianos, lituanos e alemães. Eles buscavam promover o liberalismo e a democracia, não uma tirania nacionalista.

É provável que os líderes políticos dos grupos linguísticos do Leste Europeu ainda não tenham percebido a mudança que está ocorrendo nas atitudes das nações ocidentais. Eles têm razão em esperar que a independência política de suas nações vá ser restaurada após o fim vitorioso da guerra. Mas estão gravemente equivocados se presumem que as nações europeias travarão uma terceira guerra mundial por eles. Eles próprios precisam estabelecer uma ordem política que lhes permita viver em paz com seus vizinhos imediatos e defender sua independência contra futuras agressões das grandes potências Rússia, Alemanha e Itália.

Todos os planos sugeridos anteriormente para a formação de uma união aduaneira europeia oriental ou danubiana, ou para uma simples restauração do império austro-húngaro, estavam condenadas ao fracasso porque se baseavam em pressupostos errôneos. Seus autores não reconheciam que uma união aduaneira, na era atual de intereferência governamental nas empresas, é incompatível com a manutenção da soberania das nações-membros. Eles não captaram o fato de que, nas condições atuais, uma federação significa que todo o poder está na prática investido no governo federal supranacional e que os governos nacionais estão reduzidos ao *status* de províncias. O único modo de substituir a desunião existente no Leste Europeu por paz e por cooperação é o estabelecimento de um governo unitário — a menos que as nações retornem ao *laissez-faire*.

O governo unitário é mais adequado e indispensável no Leste Europeu por também oferecer a única solução para o problema particular das fronteiras e das minorias linguísticas. Uma federação jamais teria sucesso nesse aspecto. Num sistema federativo, a constituição atribui alguns poderes governamentais ao governo federal e outros aos governos locais dos Estados-membros. Enquanto a constituição permanecer inalterada, o governo federal não tem o poder de interferir em questões que estão sob a jurisdição dos Estados-membros. Esse sistema pode funcionar e só funcionou com povos homogêneos, entre os quais existe uma forte sensação de unidade nacional e onde nenhuma diferença linguística, religiosa ou racial divide a população.

Presumamos que a constituição de uma suposta federação do Leste Europeu conceda a cada minoria linguística o direito de estabelecer escolas onde seu próprio idioma é ensinado. Nesse caso, seria ilegal para um Estado-membro impedir o estabelecimento dessas escolas direta ou abertamente. Porém, se as normas de construção ou a administração da saúde pública e dos bombeiros são jurisdição exclusiva dos Estados-membros, um governo local poderia usar seus poderes para fechar a escola afirmando que o prédio não cumpre os requisitos fixados pelas regulamentações. As autoridades federais estariam indefesas. Elas não teriam o direito de interferir nem mesmo se as bases apresentadas se mostrassem um mero subterfúgio. Todo tipo de prerrogativa constitucional concedida aos Estados-membros poderia ser abusada por um governo local.

Se queremos abolir toda discriminação contra grupos minoritários, se queremos dar a todos os cidadãos liberdade e igualdade efetivas e não meramente formais, devemos investir todos os poderes exclusivamente no governo central. Isso não prejudicaria os direitos de um governo local leal que ansiasse por usar seus poderes de maneira justa. Isso, porém, dificultaria o retorno aos métodos pelos quais todo o aparato administrativo do governo é usado para fazer mal a minorias.

Uma federação no Leste Europeu jamais aboliria as implicações políticas das fronteiras. Em cada Estado-membro restaria o problema das minorias. Haveria opressão de minorias, ódio e irredentismo. O governo de cada Estado-membro continuaria a considerar seus vizinhos como adversários. Os agentes diplomáticos e consulares dessas três grandes potências vizinhas tentariam lucrar com essas disputas e rivalidades e, talvez, conseguissem perturbar o sistema inteiro.

Os principais objetivos da nova ordem política que precisa ser estabelecida no Leste Europeu devem ser:

1. Conceder a cada cidadão a plena oportunidade de viver e de trabalhar livremente sem ser incomodado por nenhum grupo linguístico dentro das fronteiras do Leste Europeu. Ninguém deveria ser perseguido ou desqualificado por causa de sua língua materna ou de seu credo. Todo grupo linguístico deve ter o direito de usar seu próprio idioma. Nenhuma discriminação deve ser tolerada contra grupos minoritários ou seus membros. Todo cidadão deve ser tratado de tal modo que chamará o país de "meu país" sem reservas e o governo de "nosso governo";

2. Não levar nenhum grupo linguístico a esperar melhorias em seu *status* político com uma mudança na organização territorial. A diferença entre um grupo linguístico governante e minorias linguísticas oprimidas precisa desaparecer. Não pode haver "irredenta";

3. Desenvolver um sistema forte o bastante para defender sua independência da agressão por parte dos vizinhos. Suas Forças Armadas devem ser capazes de repelir, sem assistência estrangeira, um ato isolado de agressão vindo da Alemanha, da Itália ou da Rússia. Esse sistema só deve depender do auxílio das democracias ocidentais contra uma agressão comum de, ao menos, dois desses vizinhos.

O território inteiro do Leste Europeu deve, portanto, ser organizado como uma unidade política que segue um governo democrático estritamente unitário. Dentro dessa área, cada indivíduo deve ter o direito de escolher onde deseja viver e trabalhar. As leis e as autoridades devem tratar todos os nativos — isto é, todos os cidadãos do Leste Europeu — do mesmo jeito, sem privilégios ou sem discriminação a favor de indivíduos ou grupos ou contra eles.

Chamemos essa nova estrutura política de "União Democrática do Leste" (UDL). Dentro desse arcabouço, as antigas unidades políticas podem continuar a funcionar. Um deslocamento das entidades historicamente desenvolvidas não é necessário. Uma vez que o problema das fronteiras tenha sido privado de suas desastrosas implicações políticas, a maior parte dos corpos nacionais existentes pode permanecer intacta. Tendo perdido seu poder de infligir danos aos vizinhos, eles podem mostrar-se muito úteis para o progresso da civilização e do bem-estar humano. Claro que esses Estados, outrora independentes, no arcabouço da UDL não serão nada além de províncias. Mantendo todas as suas formas honorárias, seus reis ou presidentes, suas bandeiras, hinos, feriados estatais e desfiles, terão de cumprir estritamente as leis e as provisões administrativas da UDL. Porém, na medida em que não tentem violar essas leis e regulamentações, serão livres. O governo leal e obediente à lei de cada Estado não será prejudicado, mas fortemente apoiado pelo governo central.

Comissários especiais da UDL terão de supervisionar o funcionamento dos governos locais. Contra todos os atos administrativos das autoridades locais, as partes prejudicadas terão o direito de apelar a esse comissário e ao governo central, desde que esses atos não estejam sob a jurisdição de um tribunal. Todos os desacordos entre governos locais serão adjudicados em última instância pelo governo central, que só é responsável perante o parlamento central. A supremacia do governo central não será limitada por nenhuma prerrogativa constitucional das autoridades locais. Os desacordos serão resolvidos pelo governo central e pelo parlamento central, que julgarão e decidirão cada problema à luz de suas implicações para o funcionamento suave do sistema total. Se, por exemplo, surgir uma disputa em torno da cidade de Vilnius — um dos inúmeros pontos nevrálgicos do leste —, a solução será buscada não apenas entre os governos locais poloneses e lituanos ou entre os membros poloneses e lituanos do parlamento central. O governo central e o parlamento central tentarão encontrar uma solução que também possa ser aplicada com justiça a casos similares que surjam em Budweis, em Temesvár ou em Tessalônica.

Desse modo, pode ser possível ter um governo unitário com um grau praticamente satisfatório de descentralização administrativa.

A UDL teria de incluir todos os territórios entre as fronteiras orientais da Alemanha, da Suíça e da Itália e as fronteiras ocidentais da Rússia, incluindo todos os países dos Bálcãs. Teria que incluir a área que, em 1933, formava os Estados soberanos de Albânia, Áustria, Bulgária, Tchecoslováquia, Danzig, Estônia, Grécia, Hungria, Letônia, Lituânia, Polônia, Romênia e Iugoslávia. Teria de incluir o território que, em 1913, abrangia as províncias prussianas Prússia Oriental, Prússia Ocidental, Posen e Silésia. As primeiras três dessas províncias não pertenciam nem ao Sacro Império nem à Confederação Alemã. A Silésia era parte do Sacro Império somente como adjunta do reino da Boêmia. Nos séculos XVI e XVII, ela era governada por duques que pertenciam a um ramo dos Piasta, a antiga família real da Polônia. Quando Frederico, *o Grande*, embarcou em 1740 na conquista da Silésia, tentou justificar-se observando que era o herdeiro legítimo da família Piasta. Todas as quatro províncias são habitadas por uma população linguisticamente mista.

A Itália deve ceder à UDL todos os países europeus que ocupou desde 1913, incluindo as ilhas Dodecaneso e também a parte oriental da província de Veneza-Friuli, distrito habitado por pessoas de idioma reto-romano.

Assim, a UDL incluirá cerca de 1.8 milhão de quilômetros quadrados, com cerca de 120 milhões de pessoas que usam 17 idiomas diferentes. Esse país, unido, será forte o bastante para defender sua independência contra um dos três vizinhos poderosos, a Rússia, a Alemanha e a Itália.

O problema mais delicado da UDL será o linguístico.

Todas as dezessete línguas precisam, é claro, ser tratadas igualmente. Em todo distrito, condado ou comunidade, os tribunais, os órgãos do governo e as prefeituras terão de usar todas as línguas que, naquele distrito, condado ou comunidade, forem faladas por mais de 20% da população.

O inglês deve ser usado como língua internacional subsidiária para as relações entre membros dos diferentes grupos linguísticos. Todas as leis seriam publicadas em inglês e em todos os dezessete idiomas nacionais. Esse sistema pode parecer estranho e complicado. Mas temos que lembrar que funcionou de maneira muito satisfatória na Áustria, com seus oito idiomas. Contrariando uma noção disseminada e errônea, o alemão não tinha preeminência constitucional na antiga Áustria.

Os governos do Leste Europeu abusaram do sistema de educação compulsória a fim de obrigar as minorias a abandonar seus próprios idiomas e a adotar a língua da maioria. A UDL teria de ser estritamente neutra sob esse aspecto. Haveria somente escolas particulares. Qualquer cidadão ou grupo de cidadãos teria o direito de gerir uma instituição educacional. Se essas escolas atendessem os padrões fixados pelo governo central, seriam subsidiadas com um valor por cada aluno. Os governos locais teriam o direito de assumir a administração de algumas escolas, mas mesmo nesses casos os orçamentos da escola seriam mantidos independentes do orçamento geral do governo local; nenhum dinheiro público, além daquele alocado pelo governo central na forma de subsídios para essas escolas, poderia ser usado.

Os políticos e os estadistas dessas nações orientais hoje só estão unidos por um ponto: a rejeição a essa proposta. Eles não enxergam que a única alternativa são conflitos e guerras permanentes entre eles e, talvez, a divisão de seus territórios entre Alemanha, Rússia e Itália. Eles não percebem porque confiam na invencibilidade das forças britânicas e americanas. Não conseguem imaginar que americanos e britânicos tenham outra coisa a fazer no mundo além de travar uma sequência infinita de guerras mundiais em prol deles.

Seria uma mera fuga da realidade para os representantes de refugiados dessas nações tentar nos convencer de que pretendem dispor pacificamente de suas reivindicações mútuas no futuro. É verdade que os refugiados poloneses e tchecos, antes da Alemanha invadir a Rússia, fizeram um acordo a respeito da delimitação de suas fronteiras e da futura cooperação política. Porém, esse esquema não funcionará quando efetivamente for posto em prática. Temos ampla experiência de que todos os acordos desse tipo fracassam porque os nacionalistas radicais nunca os aceitam. Todos os esforços de entendimento entre alemães e tchecos na velha Áustria resultaram em desastre porque a juventude fanática rejeitava as propostas dos líderes mais velhos e mais realistas. Naturalmente, refugiados estão mais dispostos a fazer concessões do que homens no poder. Durante a Primeira Guerra Mundial, tchecos e eslovacos, assim como sérvios, croatas e eslovenos, chegaram a um entendimento no exílio.

Além disso, devemos lembrar que a área reclamada tanto por tchecos quanto por poloneses é comparativamente pequena e de importância menor para cada grupo. Não há esperança de que um acordo similar algum dia possa ser concretizado entre os poloneses de um lado, e os alemães, lituanos, russos ou ucranianos de outro. Ou entre tchecos de um lado e os alemães, húngaros ou eslovacos de outro. O que é necessário não é delimitação de linhas de fronteira específicas entre dois grupos, mas um sistema em que o desenho de linhas de fronteira não crie mais descontentamento, inquietação e irredentismo entre as minorias. A democracia só pode ser mantida no leste por um governo imparcial. Dentro da UDL proposta, nenhum grupo linguístico individual seria suficientemente numeroso para dominar o resto. O mais numeroso seriam os poloneses e eles seriam cerca de 20% da população total.

Poder-se-ia objetar que o território atribuído à UDL é grande demais e que os diferentes grupos linguísticos envolvidos não têm nada em comum. Pode realmente parecer estranho que os lituanos cooperem com os gregos, embora nunca antes eles tenham tido relações mútuas além das relações diplomáticas comuns. Porém, precisamos ter em mente que a função mesmo da UDL seria criar paz numa parte do mundo assolada por embates ancestrais entre grupos linguísticos. Dentro da área inteira atribuída à UDL, é impossível encontrar uma única linha de fronteira incontroversa. Se a UDL tem que incluir tanto lituanos quanto poloneses, porque há uma grande área em que poloneses e lituanos vivem inextricavelmente misturados e que é reclamada vigorosamente pelas duas nações, ela tem de incluir também os tchecos, porque as mesmas condições que há entre poloneses e tchecos subsistem entre poloneses e lituanos. Os húngaros, outra vez, têm de ser incluídos pelas mesmas razões, assim como os sérvios e, por conseguinte, as outras nações que reclamam pares do território conhecido como Macedônia, isto é, búlgaros, albaneses e gregos.

Para que a UDL funcione suavemente, não é necessário que os gregos considerem os lituanos amigos ou irmãos (embora pareça provável que eles tenham mais amizade por eles do que por seus vizinhos imediatos). O que é necessário é tão somente a convicção dos políticos de todos esses povos de que não é mais possível oprimir homens que, por acaso, falam uma língua diferente. Eles não precisam se amar. Basta que eles parem de infligir mal uns aos outros.

A UDL incluiria muitos milhões de cidadãos germanófonos, e mais de cem mil cidadãos de língua italiana. Não se pode negar que o ódio engendrado pelos métodos usados pelos nazistas e fascistas durante a guerra atual não vai desaparecer de imediato. Será difícil para poloneses e tchecos reunirem-se para colaborar com alemães e para sérvios e eslovenos cooperarem com italianos.

Porém, nenhuma dessas objeções pode ser considerada válida. Não existe outra solução para o problema do Leste Europeu. Não existe outra solução que possa dar a essas nações uma vida de paz e de independência política.

5 - Os problemas da Ásia

Quando a era do liberalismo teve sua aurora, as nações ocidentais começaram a ter escrúpulos a respeito de suas empreitadas coloniais. Elas sentiram vergonha da maneira como tratavam os povos atrasados. Perceberam o contraste entre os princípios de suas políticas domésticas e os métodos aplicados na conquista e na administração colonial. Que direitos tinham elas, liberais e democratas que eram, de governar nações estrangeiras sem o consentimento dos governados?

Mas então elas tiveram uma inspiração. Era o fardo do homem branco levar as bênçãos da civilização moderna a povos atrasados. Seria injusto dizer que essa exculpação era só santarronice e hipocrisia. A Grã-Bretanha tinha reformulado radicalmente seu sistema colonial a fim de ajustá-lo à melhor promoção possível do bem-estar dos nativos. Nos últimos cinquenta anos, a administração britânica dos assuntos indianos e coloniais foi, principalmente, governo *para* o povo.

Porém, não foi governo *pelo* povo. Foi governo por uma raça superior estrangeira. Sua justificativa estava no pressuposto de que os nativos não são capazes de autogoverno e que, por si, seriam vitimados pela impiedosa opressão de conquistadores menos civilizados e menos benevolentes do que os ingleses. Ainda havia a implicação de que a civilização ocidental, com a qual os britânicos pretendiam deixar os nativos subjugados felizes, era bem-vinda por eles. Podemos presumir que realmente fosse. A prova é que todas essas raças de cor ansiavam e anseiam não apenas por adotar os métodos técnicos da civilização ocidental, mas também por aprender as doutrinas e ideologias políticas ocidentais. Foi precisamente essa aceitação do pensamento ocidental que, enfim, levou-as a gritar contra o governo absoluto dos invasores.

As demandas por liberdade e por autodeterminação por parte dos povos asiáticos são resultado de sua ocidentalização. Os nativos estão combatendo os europeus com ideologias emprestadas destes. A maior realização das políticas europeias oitocentistas para a Ásia é que árabes, hindus e chineses tenham, enfim, compreendido o sentido das doutrinas políticas ocidentais.

Os povos asiáticos não têm justificativa para culpar os invasores por atrocidades cometidas em anos anteriores. Indefensáveis como foram esses excessos desde o ponto de vista dos princípios e juízos liberais, eles não tiveram nada de extraordinário quando comparados com os padrões dos usos e costumes orientais. Não fosse a infiltração de ideias ocidentais, o oriente talvez nunca tivesse se perguntado se era correto matar e torturar os inimigos. Seus métodos autóctones eram muito mais brutais e abomináveis. É paradoxal mencionar esses rancores antigos no momento em que as mais numerosas nações asiáticas só podem mesmo preservar suas civilizações com a ajuda militar dos anglo-saxões.

Uma derrota das Nações Unidas seria a condenação dos chineses, dos hindus e dos muçulmanos do oeste asiático e todas as nações menores da Ásia e da África. A vitória das Nações Unidas lhes trará autonomia política. Eles obterão a oportunidade de mostrar se absorveram do ocidente mais do que os métodos modernos de guerra total e de destruição total.

O problema das relações entre oriente e ocidente é obscurecido pelas limitações e deficiências dos modos atuais de lidar com questões políticas. Os marxistas ignoram de propósito a desigualdade das condições naturais de produção em diferentes partes do mundo. Assim eles eliminam de seu raciocínio o ponto essencial. Eles bloqueiam o próprio caminho ou a uma interpretação satisfatória do passado ou a um entendimento das tarefas do futuro.

Diante da desigualdade de recursos naturais, hoje já não existem mais questões internas de um país que não digam respeito ao resto da humanidade. É dos interesses vitais de cada nação que no mundo inteiro sejam aplicados os métodos mais eficientes de produção. O bem-estar de todos é prejudicado se, por exemplo, os países que têm as condições mais favoráveis para a produção de borracha não usem seus recursos da maneira mais eficiente. O atraso econômico de um país prejudica todos os demais. A autarquia em um país pode rebaixar o padrão de vida em todos os países. Se uma nação diz: "Nos deixe em paz, não queremos interferir nos seus assuntos e não vamos permitir que você cuide dos nossos", ela pode fazer mal a todos os demais povos.

Foram essas considerações que levaram as nações ocidentais a obrigar a China e o Japão a abandonar seu isolamento ancestral e a abrir seus portos ao comércio exterior. As bênçãos dessa política foram mútuas. A queda nas cifras de mortalidade no oriente deixa isso claro. Oriente e ocidente sofreriam ambos se a autonomia política das nações asiáticas resultasse numa queda de sua produção ou em sua retirada parcial ou completa do comércio internacional.

Podemos nos perguntar se os campeões do *Home Rule* asiático entenderam plenamente a importância desse fato. Nas cabeças deles, ideias modernas estão curiosamente misturadas com ideias atávicas. Eles se orgulham de suas antigas civilizações. Tendem a desprezar o ocidente. Têm um reconhecimento muito mais agudo das falhas da Europa e dos Estados Unidos, de seu militarismo e de seu nacionalismo, do que de suas grandes realizações. O totalitarismo marxista tem mais apelo para eles do que os "preconceitos burgueses" da liberdade, do capitalismo e da democracia. Será que eles percebem que, para suas nações, existe apenas um caminho para a prosperidade, a saber, a adoção incondicional do industrialismo ocidental?

A maioria dos líderes das nações orientais está convencida de que o ocidente se voltará para o socialismo. Porém, isso não vai alterar a questão principal. O atraso do oriente trará para um ocidente socialista os mesmos problemas que traria para um ocidente capitalista.

A era do isolamento nacional de países individuais acabou com o progresso da divisão de trabalho. Nação nenhuma pode, hoje, ser indiferente às condições internas de outros países.

6 - O papel da Liga das Nações

A Liga das Nações, estabelecida pelo Pacto de 1919 em Genebra, não era um governo mundial internacional. Era, principalmente, uma organização para conferências periódicas dos delegados daqueles governos nacionais que estavam dispostos a frequentá-las. Não havia órgãos executivos internacionais. Havia apenas uma equipe cujo dever consistia, principalmente, em escrever relatórios e em coletar materiais estatísticos. Além disso, muitos membros das equipes consideravam-se não agentes do corpo internacional, mas representantes não oficiais dos governos de suas próprias nações. Eles eram nomeados por recomendação de seus próprios governos. Queriam servir a seus próprios governos bem, a fim de um dia obter posições melhores no serviço civil de seus próprios países. Alguns desses funcionários não apenas não tinham um espírito internacionalista como eram imbuídos do espírito do nacionalismo. Havia algumas figuras estranhas entre eles. Vidkun Quisling (1887-1945), por exemplo, serviu algum tempo como funcionário da Liga. Meinoud Rost van Tonningen (1894-1945) foi por muitos anos membro do secretariado e, em 1931, tornou-se delegado da Liga em Viena. Deixou esse importante cargo depois de alguns anos para tornar-se vice-presidente do Partido Nazista Holandês e, hoje, é uma das figuras de destaque do governo biônico dos Países Baixos. É verdade que na Liga também trabalharam alguns dos nossos contemporâneos mais brilhantes e idealistas. Porém, infelizmente, as condições paralisaram seus esforços e a maioria foi embora decepcionada.

Pouco importará se a Liga das Nações for ou não for restaurada. Ela contribuiu muito pouco para a promoção da paz e da cooperação internacional. Ela não será mais bem-sucedida no futuro. O nacionalismo frustrará seu trabalho, assim como frustrou nos anos anteriores a 1939.

Muitos americanos de renome acusam o próprio país pelo fracasso da Liga. Se os Estados Unidos tivessem entrado na Liga, dizem, isso teria dado a essa instituição o prestígio necessário para a realização de suas tarefas. Isso é um erro. Embora formalmente não fosse membro da Liga, os Estados Unidos deram um apoio valioso a seus esforços. Não teve muito peso o fato dos Estados Unidos não terem contribuído para sua arrecadação, nem mandado delegados oficiais para suas reuniões. O mundo sabia muito bem que a nação americana apoiou os esforços para manter a paz. A cooperação oficial americana em Genebra não teria detido as nações agressoras.

Como todas as nações hoje entregam-se ao nacionalismo, os governos são necessariamente defensores do nacionalismo. Pouco se pode esperar para a causa da paz das atividades desses governos. Uma mudança de doutrinas e de ideologias econômicas é necessária, não instituições, órgãos ou conferências especiais.

A principal limitação de muitos planos sugeridos para uma paz durável é que eles não reconhecem esse fato. Defensores eminentes da Liga das Nações, como o professor John Bell Condliffe (1891-1981) e o professor James Edward Meade (1907-1995), confiam que os governos terão a sabedoria de erradicar, por meio de esforços comuns e de acordos mútuos, as excrescências mais inaceitáveis do nacionalismo econômico e de mitigar os conflitos com algumas concessões aos reclamantes[149]. Eles recomendam moderação e comedimento no uso da soberania nacional. Porém, ao mesmo tempo, eles advogam mais controle governa-

---

149 MEADE, J. E. *The Economic Basis of a Durable Peace*. New York: Oxford University Press, 1940; CONDLIFFE, J. B. *Agenda for a Postwar World*. New York: W. W. Norton & Co., Inc., 1942.

mental, sem suspeitar que isso necessariamente levará todo governo a um nacionalismo intransigente. É vão esperar que um governo comprometido com os princípios do etatismo possa renunciar a buscar mais isolamento. Podemos presumir que há, em todo país, homens dispostos a aprovar as propostas dos srs. Condliffe e Meade, porém, são minorias cujas opiniões não encontram grande resposta. Quanto mais uma nação avança no caminho do controle público das empresas, mais ela é obrigada a retirar-se da divisão internacional do trabalho. Exortações bem-intencionadas de economistas de espírito internacionalista não podem dissuadir um governo intervencionista de medidas de nacionalismo econômico.

A Liga das Nações pode continuar a combater doenças contagiosas, o tráfico de drogas e a prostituição. Ela pode continuar a agir, no futuro, como órgão internacional de estatísticas. Pode desenvolver seu trabalho no campo da cooperação intelectual. Contudo, é uma ilusão esperar que ela possa prestar mais do que serviços menores à promoção da paz.

CONCLUSÃO

I

Os liberais do século XVIII tinham plena confiança na perfectibilidade do homem. Todos os homens, diziam eles, são iguais e dotados da faculdade de apreender o sentido de complicadas inferências. Assim, eles apreenderão os ensinamentos da economia e da filosofia social, perceberão que somente dentro de uma economia de livre-mercado podem os interesses devidamente compreendidos (isto é, de longo prazo) de todos os indivíduos e de todos os grupos de indivíduos estarem em completa harmonia. A humanidade está à beira de uma era de prosperidade duradoura e de paz perpétua porque a razão, de agora em diante, será suprema.

O otimismo era inteiramente baseado no pressuposto de que todas as pessoas de todas as raças, nações e países são inteligentes o bastante para compreender os problemas da cooperação social. Nunca ocorreu aos velhos liberais duvidar desse pressuposto. Eles estavam convencidos de que nada poderia deter o progresso do Iluminismo e a disseminação do pensamento são. Esse otimismo estava por trás da confiança de Abraham Lincoln (1809-1865) de que *"não dá para enganar todo mundo o tempo todo"*.

As teorias econômicas nas quais se baseia a doutrina liberal são irrefutáveis. Há mais de 150 anos todos os esforços desesperados para refutar os ensinamentos do que um dos grandes precursores do totalitarismo e do nazismo, Thomas Carlyle, chamou de "a ciência péssima", fracassaram miseravelmente. Nenhum desses pretensos economistas pôde abalar a teoria do comércio exterior de David Ricardo ou os ensinamentos a respeito da interferência do governo com uma economia de mercado. Ninguém teve sucesso nas tentativas de rejeitar a

CONCLUSÃO

demonstração de que nenhum cálculo econômico é possível num sistema socialista. A demonstração de que dentro de uma economia de mercado não há conflito entre interesses devidamente compreendidos não pôde ser refutada.

Porém, será que todos os homens entenderão devidamente seus próprios interesses? E se não entenderem? Esse é o ponto fraco no apelo liberal por um mundo livre de cooperação pacífica. A realização do plano liberal é impossível porque — ao menos em nossa época — as pessoas carecem da capacidade mental para absorver os princípios da economia sólida. A maioria dos homens é burra demais para acompanhar cadeias complicadas de raciocínio. O liberalismo fracassou porque as capacidades intelectuais da imensa maioria foram insuficientes para o esforço de compreensão.

É inútil esperar uma mudança no futuro próximo. Os homens às vezes não conseguem enxergar nem os fatos mais simples e óbvios. Nada deveria ser mais fácil de entender do que a vitória ou a derrota no campo de batalha. E, no entanto, dezenas de milhões de alemães estão firmemente convencidos de que não foram os Aliados, mas a Alemanha, que venceu a Primeira Guerra Mundial. Nenhum alemão nacionalista jamais admitiu que o exército alemão foi derrotado no Marne tanto em 1914 quanto em 1918. Se essas coisas são possíveis entre os alemães, como podemos esperar que os hindus, adoradores da vaca, captem as teorias de David Ricardo e de Jeremy Bentham?

Num mundo democrático, a realização até mesmo dos planos socialistas dependeria que a maioria reconhecesse que eles são convenientes. Deixemos de lado por um instante todas as dúvidas a respeito da viabilidade econômica do socialismo. Presumamos que os socialistas estejam certos em sua própria avaliação do planejamento socialista. Karl Marx, imbuído do misticismo hegeliano do *Weltgeist*[150], estava convencido de que certos fatores dialéticos operam na evolução das coisas humanas e que esses fatores movem os proletários, a imensa maioria, para a realização do socialismo — naturalmente, o tipo de socialismo que ele mesmo imagina. Ele pressupõe tacitamente tanto que o socialismo é mais adequado aos interesses do proletariado e que os proletários vão compreendê-lo. Disse Franz Oppenheimer (1864-1943), outrora professor da Universidade de Frankfurt, dominada pelo marxismo: *"O indivíduo erra muitas vezes na busca dos próprios interesses, uma classe nunca erra no longo prazo"*[151].

---

150 "Espírito do mundo". (N. T.)
151 OPPENHEIMER, Franz. *System dez Soziologie*. Jena: G. Fischer, 1926. Vol. II, p. 559.

Marxistas recentes abandonaram essas ilusões metafísicas. Eles tiveram de enfrentar o fato de que, embora o socialismo seja, em muitos países, o credo político da vasta maioria, não há unanimidade quanto ao tipo de socialismo que deve ser adotado. Eles aprenderam que há muitos tipos diferentes de socialismo e muitos partidos socialistas lutando ferozmente entre si. Eles não têm mais esperança de que um único padrão de socialismo possa ser aprovado pela maioria e que seu próprio ideal terá o apoio de todo o proletariado. Apenas uma elite, estão convencidos hoje esses marxistas, tem a capacidade intelectual de entender as maravilhas do verdadeiro socialismo. Essa elite — a autoproclamada vanguarda do proletariado, não sua massa — tem o dever sagrado, concluem, de tomar o poder pela ação violenta, de exterminar todos os adversários e de estabelecer o milênio socialista. Nessa questão de procedimento há perfeita concórdia entre Vladimir Lenin e Werner Sombart, entre Josef Stalin e Adolf Hitler. Eles só discordam quanto a quem é essa elite.

Os liberais não podem aceitar essa solução. Eles não acreditam que uma minoria, mesmo que seja a verdadeira elite da humanidade, possa silenciar a maioria de maneira duradoura. Eles não acreditam que a humanidade possa ser salva por coerção e opressão. Eles anteveem que as ditaduras resultarão em conflitos, guerras e revoluções sem fim. O governo estável exige o consentimento livre dos governados. A tirania, mesmo a tirania de déspotas benevolentes, não pode trazer paz e prosperidade.

Não há remédio disponível se os homens não conseguirem perceber o que é mais adequado a seu próprio bem-estar. O liberalismo é inviável porque a maior parte das pessoas ainda não é esclarecida o bastante para apreender seu sentido. Havia um erro psicológico no raciocínio dos antigos liberais. Eles superestimavam tanto a capacidade intelectual do homem médio quanto a capacidade da elite de converter seus concidadãos menos judiciosos para ideias sãs.

II

As questões essenciais dos problemas internacionais atuais podem ser condensadas da seguinte maneira:

1. A paz duradoura só é possível no capitalismo perfeito, até hoje nunca e em lugar nenhum completamente tentado ou realizado. Nesse mundo jeffersoniano

CONCLUSÃO

de economia desimpedida de mercado, o escopo das atividades governamentais limita-se à proteção da vida, da saúde e da propriedade dos indivíduos contra a agressão violenta ou fraudulenta. As leis, a administração e os tribunais tratam nativos e estrangeiros do mesmo modo. Conflito internacional nenhum pode surgir: não existem causas econômicas para a guerra;

2. A mobilidade livre do trabalho tende a uma equalização da produtividade do trabalho e, portanto, dos salários no mundo inteiro. Se os trabalhadores de países comparativamente subpopulosos buscam preservar seu padrão de vida superior com barreiras migratórias, eles não podem evitar ferir os interesses dos trabalhadores das áreas comparativamente superpopulosas. (No longo prazo, também, eles ferem os próprios interesses);

3. A interferência do governo nas empresas e as políticas sindicalistas combinam-se para elevar os custos de produção domésticos e, assim, reduzir a força competitiva das indústrias domésticas. Assim, elas não conseguem atingir seus fins nem no curto prazo caso não sejam complementadas por barreiras migratórias, por proteção para a produção doméstica e — no caso das indústrias de exportação — pelo monopólio. Como toda dependência do comércio exterior restringe o poder do governo de controlar as empresas domésticas, o intervencionismo necessariamente almeja a autarquia;

4. O socialismo, quando não operado em escala mundial, é imperfeito caso o país socialista dependa de importações do exterior e, ainda assim, precise produzir bens para vender no mercado. Não faz diferença se os países estrangeiros aos quais ele precisa vender e dos quais deve comprar são socialistas ou não. Também o socialismo tem de almejar a autarquia;

5. O protecionismo e a autarquia significam discriminação contra o trabalho e o capital estrangeiros. Eles não apenas reduzem a produtividade do esforço humano e, assim, o padrão de vida de todas as nações, como também criam conflitos internacionais;

6. Há nações que, por falta de recursos naturais adequados, não podem alimentar e vestir sua população com recursos domésticos. Essas nações só podem buscar a autarquia embarcando numa política de conquista. Com elas, a beli-

cosidade e a ânsia de agressão são o resultado de sua adesão aos princípios do etatismo;

7. Se um governo nacional impede o uso mais produtivo dos recursos de seu país, ele fere os interesses de todas as outras nações. O atraso econômico de um país com recursos naturais ricos fere todos aqueles cujas condições poderiam ser melhoradas por uma exploração mais eficiente dessa riqueza natural;

8. O etatismo também almeja a igualdade de renda dentro do país. Porém, por outro lado, ele resulta numa perpetuação das desigualdades desenvolvidas historicamente entre nações mais pobres e mais ricas. As mesmas considerações que levam as massas dentro de um país para uma política de igualdade de renda motivam os povos de países comparativamente superpopulosos a uma política agressiva em relação aos países comparativamente subpopulosos. Eles não estão dispostos a suportar sua pobreza relativa para todo o sempre apenas porque seus ancestrais não fizeram o esforço de apropriar-se de áreas mais dotadas pela natureza. Aquilo que os "progressistas" afirmam quanto aos assuntos domésticos — que as ideias tradicionais de liberdade não passam de uma fraude no que diz respeito aos pobres e que a verdadeira liberdade significa igualdade de renda —, os porta-vozes das nações "despossuídas" declaram a respeito das relações internacionais. Aos olhos dos nacionalistas alemães, somente uma liberdade conta: *Nahrungsfreiheit* (a liberdade de não importar comida), isto é, um estado de coisas no qual sua nação poderia produzir dentro de suas fronteiras todos os alimentos e matérias-primas de que precisa para gozar do mesmo padrão de vida que as mais favorecidas das outras nações. Essa é a noção deles de liberdade e de igualdade. Eles se consideram revolucionários que lutam por seus direitos imprescritíveis contra os interesses declarados de uma hoste de nações reacionárias;

9. Um governo mundial socialista também poderia abolir as desigualdades desenvolvidas historicamente entre os cidadãos de áreas comparativamente subpopulosas. Porém, as mesmas forças que frustraram as tentativas dos antigos liberais de acabar com todas as barreiras que impediam a livre mobilidade do trabalho, dos bens, e do capital, opor-se-ão violentamente a esse tipo de gerenciamento mundial socialista. O trabalho nos países comparativamente subpopulosos dificilmente cederá os privilégios que herdou. É improvável que os

CONCLUSÃO

trabalhadores aceitem políticas que, durante um longo período de transição, rebaixem seu próprio padrão de vida e melhorem apenas as condições materiais das nações menos privilegiadas. Os trabalhadores do ocidente esperam do socialismo um aumento imediato de seu próprio bem-estar. Eles rejeitariam vigorosamente qualquer plano de estabelecer um sistema democrático de governo mundial em que seus votos fossem superados pelos da imensa maioria de povos menos privilegiados;

10. O governo federal só pode funcionar numa economia de livre mercado. O etatismo exige um governo estritamente centralizado, caso não haja barreiras comerciais que isolem os Estados-membros uns dos outros. Os planos atuais para uma federação mundial ou mesmo apenas para uma federação de democracias ocidentais são, portanto, ilusórios. Se as pessoas se recusam a abandonar o etatismo, elas só podem fugir da maldição do nacionalismo econômico investindo todos os poderes num governo unificado supranacional do mundo ou de uma união de nações democráticas. Porém, infelizmente, os interesses de poderosos grupos de pressão opõem-se a essa renúncia à soberania nacional.

É inútil ficar devaneando. O controle governamental das empresas engendra conflitos para os quais não se pode encontrar nenhuma solução pacífica. Era fácil impedir homens desarmados de cruzar fronteiras. É muito mais difícil impedir exércitos. Os socialistas e outros etatistas puderam ignorar ou calar as advertências dos economistas. Eles não puderam ignorar nem calar o estrondo do canhão e a detonação das bombas.

Toda a oratória que defende a onipotência governamental não pode anular o fato de que existe apenas um sistema que garante a paz durável: uma economia de livre mercado. O controle governamental leva ao nacionalismo econômico e, assim, resulta em conflito.

III

Muitas pessoas consolam-se dizendo:

Sempre houve guerras. Haverá guerras e revoluções no futuro também. Os sonhos de liberalismo são ilusórios. Mas não há motivo para alarme. A humanidade conviveu muito bem no passado, apesar de lutas quase contínuas. A civilização não acabará se os conflitos continuarem no futuro. Ela pode florescer bastante sob condições bem menos perfeitas do que aquelas pintadas pelos utopistas liberais. Muitos estavam contentes nos governos de Nero (37-68) ou de Maximilien de Robespierre (1758-1794), na época das invasões bárbaras, ou da Guerra dos Trinta Anos. A vida vai continuar, as pessoas vão se casar e ter filhos, trabalhar e celebrar festivais. Grandes pensadores e poetas passaram suas vidas em circunstâncias deploráveis, mas isso não os impediu de fazer seu trabalho. As turbulências políticas presentes e futuras também não vão impedir as gerações futuras de realizar grandes coisas.

Há, porém, uma falácia nesse raciocínio. A humanidade não tem a liberdade de voltar de um estágio superior de divisão de trabalho e de prosperidade econômica para um estágio inferior. Um resultado da era do capitalismo é que a população da Terra hoje é vastamente superior ao que era às vésperas da era capitalista e seus padrões de vida são muito superiores. Nossa civilização se baseia na divisão internacional do trabalho. Ela não pode sobreviver na autarquia. Os Estados Unidos e o Canadá sofrerão menos do que outros países, mas, mesmo com eles, o isolamento econômico resultaria numa queda tremenda na prosperidade. A Europa, seja unida ou dividida, estaria condenada num mundo onde cada país fosse economicamente autossuficiente.

Temos que considerar ainda o ônus da contínua preparação para a guerra exigida por esse sistema econômico. Por exemplo, para estar em posição de repelir ataques da Ásia, a Austrália e a Nova Zelândia teriam que ser transformadas em campos militares. Sua população inteira — menos do que dez milhões de pessoas — dificilmente seria forte o bastante para defender seus litorais antes que chegasse o auxílio dos outros países anglo-saxões. Elas teriam que adotar um sistema moldado no antigo *Militärgrenze* austríaco ou no da antiga fronteira americana, mas adaptado às condições muito mais complexas do industrialismo moderno. Porém, aqueles valentes croatas e sérvios que defenderam o império Habsburgo e, portanto, a Europa contra os turcos, eram camponeses que viviam em autossuficiência econômica em suas herdades familiares. Os homens da fronteira americana também. Foi uma pequena calamidade para eles terem que vigiar as fronteiras em vez de arar o solo. Suas esposas e filhos, na sua ausência, cuidaram das fazendas. Uma comunidade industrial não pode ser operada nesses termos.

As condições serão um pouco melhores em outras áreas. Porém, para todas as nações, a necessidade de estarem prontas para defender-se significará um pesado ônus. As condições não apenas econômicas, mas morais e políticas, serão afetadas. O militarismo suplantará a democracia, as liberdades civis desaparecerão onde quer que a disciplina militar precise ser suprema.

A prosperidade dos últimos séculos foi condicionada pelo progresso constante e rápido da acumulação de capital. Muitos países da Europa já estão no caminho do consumo de capital e da erosão de capital. Outros países virão atrás. O resultado será desintegração e pauperização.

Desde o declínio do Império Romano, o ocidente não vivencia as consequências de uma regressão na divisão de trabalho ou de uma redução do capital disponível. Não conseguiríamos nem sequer imaginar o que está por vir.

IV

Essa catástrofe afeta primariamente a Europa. Se a divisão internacional do trabalho desintegrar-se, a Europa só poderia alimentar uma fração de sua população atual e segundo um padrão muito mais baixo. A experiência cotidiana, devidamente entendida, ensinará aos europeus quais são as consequências de suas políticas. Mas será que eles vão aprender a lição?

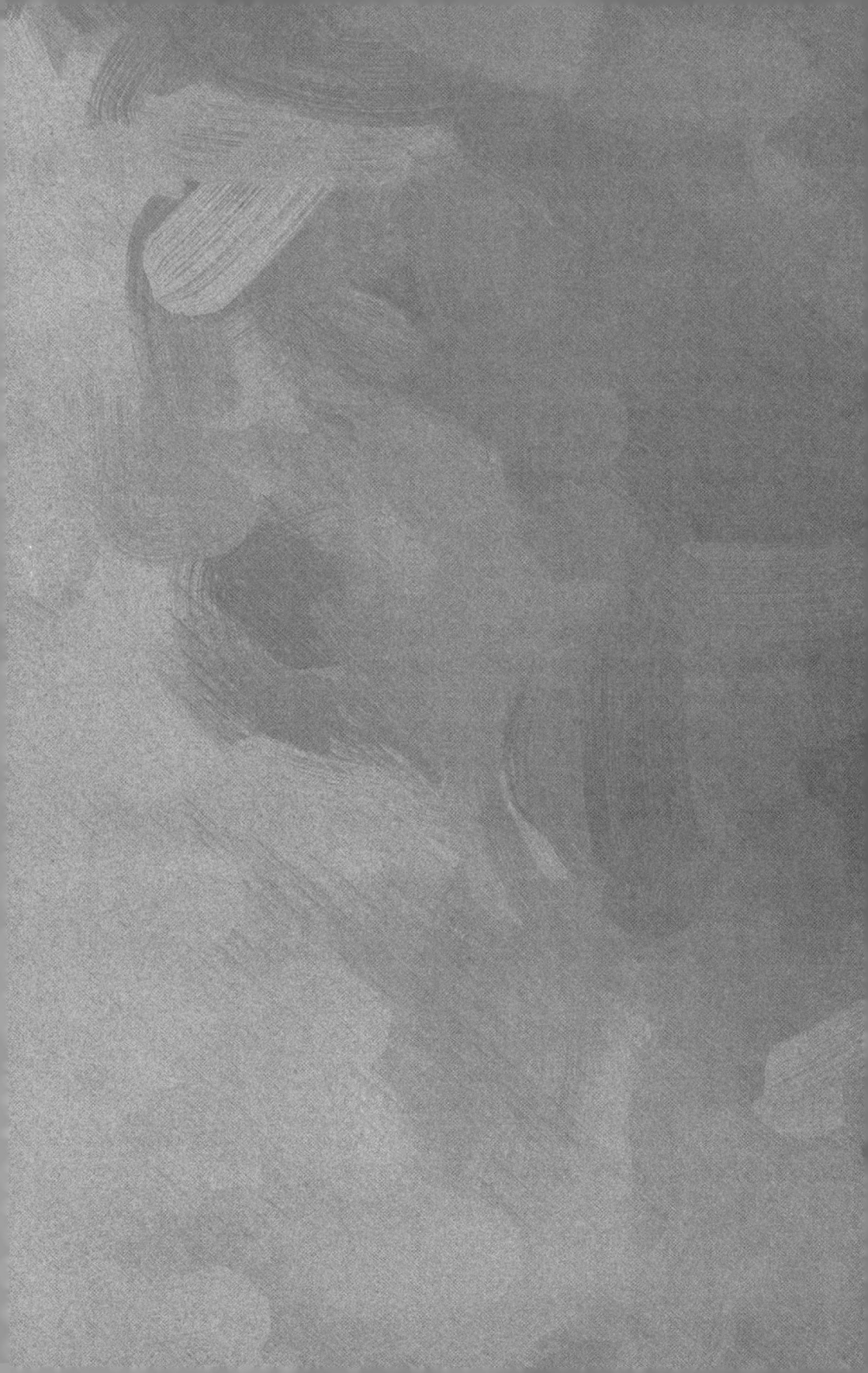

Esta obra foi composta pela Spress em Minion Pro (texto) e Russa (título) e impressa em Pólen 80g, pela Colorsystem para a LVM em julho de 2021.

Acompanhe a LVM Editora nas Redes Sociais

f https://www.facebook.com/LVMEditora/

📷 https://www.instagram.com/lvmeditora/